THORSTEN REINHARD

Die beiderseits zu vertretende Unmöglichkeit im Synallagma

Münsterische Beiträge zur Rechtswissenschaft

Herausgegeben im Auftrag der Rechtswissenschaftlichen Fakultät
der Westfälischen Wilhelms-Universität in Münster durch die Professoren
Dr. Hans-Uwe Erichsen Dr. Helmut Kollhosser Dr. Jürgen Welp

Band 120

Die beiderseits zu vertretende Unmöglichkeit im Synallagma

Von

Thorsten Reinhard

Duncker & Humblot · Berlin

Die Deutsche Bibliothek – CIP-Einheitsaufnahme

Reinhard, Thorsten:
Die beiderseits zu vertretende Unmöglichkeit im Synallagma /
von Thorsten Reinhard. – Berlin : Duncker und Humblot, 1998
(Münsterische Beiträge zur Rechtswissenschaft ; Bd. 120)
Zugl.: Münster (Westfalen), Univ., Diss., 1998
ISBN 3-428-09514-6

D 6

Fotoprint: Berliner Buchdruckerei Union GmbH, Berlin
Printed in Germany

ISSN 0935-5383
ISBN 3-428-09514-6

Gedruckt auf alterungsbeständigem (säurefreiem) Papier
entsprechend ISO 9706 ♾

Vorwort

Die vorliegende Arbeit wurde im Wintersemester 1997/1998 von der Rechtswissenschaftlichen Fakultät der Westfälischen Wilhelms-Universität in Münster als Dissertation angenommen.

Meinem verehrten Doktorvater, Herrn Professor Dr. Jürgen Schmidt, bin ich für seine freundliche Förderung zu besonderem Dank verpflichtet. Er stand mir bei Auswahl und Gestaltung des Themas mit seinem Rat stets hilfsbereit zur Seite. Ihm und Herrn Professor Dr. Dr. h.c. Wilfried Schlüter habe ich überdies für eine ebenso rasche wie wohlmeinende Begutachtung der Arbeit zu danken. Mein Dank gilt ferner den Herren Professoren Dres. Erichsen, Kollhosser und Welp, die meine Arbeit in die von ihnen herausgegebene Reihe „Münsterische Beiträge zur Rechtswissenschaft" aufgenommen haben.

Schließlich empfinde ich große Dankbarkeit gegenüber meiner Frau Barbara. Obwohl die Anfertigung der Arbeit einiges an gemeinsamer Lebenszeit kostete, hat sie sich der Mühe unterzogen, die Arbeit auf ihre fachlichen und sprachlichen Unzulänglichkeiten durchzusehen. Ihre Anregungen waren mir sehr wertvoll.

Die Arbeit berücksichtigt Rechtsprechung und Schrifttum bis einschließlich Oktober 1997.

Münster, im März 1998 *Thorsten Reinhard*

Inhaltsverzeichnis

Einleitung 17

Erster Teil

Die Regelung der beiderseits zu vertretenden Unmöglichkeit im BGB

A. Nachträgliche Unmöglichkeit 20

I. Voraussetzungen und Fallgruppen beiderseitigen Vertretenmüssens 20

1. Fallgruppe: Kumulatives Zusammenwirken der Parteien 21

a) Vertretenmüssen des Schuldners 22

b) Vertretenmüssen des Gläubigers 22

c) Zusammentreffen der Parteibeiträge 23

aa) Einseitige Verantwortlichkeit aufgrund unterbrochenen Zurechnungszusammenhangs 24

bb) Zusammentreffen unterschiedlicher Verschuldensgrade 25

d) Fallsammlung zum kumulativem Vertretenmüssen 26

2. Fallgruppe: Alternative Kausalität der Parteihandlungen 27

a) Differenzierung der Fälle alternativer Kausalität 28

b) Vorliegen eines beiderseitigen Vertretenmüssens 29

aa) Honsell: Notwendigkeit eines Zusammenwirkens der Parteien 29

bb) Mögliche Regelungskonzepte 30

(1) Anwendung des § 323 BGB 30

(2) Vergleich mit der Regelung des beiderseitigen Vertretenmüssens 31

c) Fallsammlung 32

3. Fallgruppe: Hypothetische Kausalität 32

4. Fallgruppe: Gemeinsame Verursachung des Schadens 34

5. Fallgruppe: Eintritt der Unmöglichkeit während des Annahmeverzugs des Gläubigers 35

a) Formen des Annahmeverzugs ... 36

b) Zusammentreffen von Annahmeverzug und Unmöglichkeit ... 37

c) Vertretenmüssen des Schuldners ... 37

d) Vertetenmüssen des Gläubigers ... 38

aa) 1. Auffassung: Annahmeverzug bedeutet kein Vertretenmüssen ... 38

bb) 2. Auffassung: Vertretenmüssen, wenn Annahmeverzug zu vertreten ... 40

cc) 3. Auffassung: Bloßer Annahmeverzug reicht aus ... 41

dd) Stellungnahme zum Streitstand ... 42

e) Fallsammlung ... 44

6. Fallgruppe: Unmöglichkeit und Leistungsverzug ... 45

a) Konstellationen des Leistungsverzugs ... 46

aa) Verzug des Schuldners der unmöglichen Leistung ... 46

bb) Leistungsverzug des Vertragsgegners ... 46

cc) Zusammenfallen von Leistungs- und Annahmeverzug beim Gläubiger ... 46

b) Auswirkungen des Leistungsverzugs auf ein beiderseitiges Vertretenmüssen ... 47

aa) Einwand eigener Vertragsuntreue ... 47

bb) Leistungsverzug als Unmöglichkeitsbeitrag ... 48

(1) Stellungnahmen speziell zum beiderseitigen Vertretenmüssen ... 50

(2) Stellungnahmen allgemein zur Unmöglichkeit als Verzugsfolge ... 51

(3) Eigene Stellungnahme ... 53

(a) Leistungsverzug des Schuldners der unmöglichen Leistung ... 53

(b) Leistungsverzug des Vertragsgegners ... 55

(c) Vergleich zu Annahmeverzug und Fazit ... 56

c) Fallsammlung ... 57

7. Fallgruppe: Unmöglichkeit nach Vertragsaufsage ... 57

a) Vertragsaufsage als Leistungsstörung ... 58

b) Gegenseitige Vertragsuntreue ... 59

aa) Für die Untersuchung irrelevante Konstellationen der Vertragsaufsage ... 59

bb) Eintritt der Unmöglichkeit während des Schwebezustands des Vertrags ... 60

(1) 1. Lösung: Unbeachtlichkeit der Unmöglichkeit ... 60

(2) 2. Lösung: Wertung der Unmöglichkeit als eigene Vertragsuntreue ... 61
(3) Eigene Stellungnahme ... 63
c) Fallsammlung ... 66
8. Fallgruppe: Unmöglichkeit nach Übergang der Gegenleistungsgefahr auf den Gläubiger ... 66
a) Regelung der Preisgefahr durch das BGB ... 67
b) Beiderseitige Unmöglichkeitshaftung ... 67
c) Fallsammlung ... 70
9. Fallgruppe: Unmöglichkeit und vorvertragliches Verschulden ... 70
a) Vorvertragliches Mitverschulden i.R.d. § 254 BGB ... 71
b) Übertragbarkeit der Problematik auf die beiderseits zu vertretende Unmöglichkeit ... 72
c) Diskussion des Streitstands ... 72
10. Fallgruppe: Beiderseitige Unmöglichkeit ... 74
11. Zusammenfassung der Ergebnisse ... 75
II. Rechtsfolgen der beiderseits zu vertretenden Unmöglichkeit ... 77
1. Kriterien einer adäquaten Lösung ... 78
a) Angemessenheit der praktischen Ergebnisse ... 78
aa) Abwägung der Parteibeiträge ... 79
bb) §§ 324 Abs. 1, 325 BGB als Extremwerte beiderseitiger Verantwortlichkeit ... 79
cc) Proportionalität von Verantwortlichkeit und wirtschaftlicher Belastung ... 80
dd) Kritik dieses Abwägungsmodells ... 81
b) Dogmatische Stimmigkeit der Begründung ... 83
2. Darstellung und Kritik bisheriger Ansätze ... 84
a) Alternative Anwendung der Unmöglichkeitsnormen ... 84
aa) Lösung gemäß §§ 323, 324, 325 BGB ... 84
(1) Begründungen des Modells ... 85
(2) Überzeugungskraft der Begründungen ... 86
(a) Unstimmigkeiten in der Begründung Honsells ... 87
(b) *Exkurs*: Unmittelbare Geltung des Unmöglichkeitsrechts nach Schultze ... 89

(c) Unstimmigkeiten bei Ballhaus 92
(3) Diskussion der Ergebnisse 92
bb) Lösung über §§ 324, 325; 254 BGB 93
(1) Unmodifizierte Anwendung der §§ 324, 325 BGB 94
(2) Modifikation der §§ 324 Abs. 1, 325 BGB durch § 254 BGB 94
(a) Das Modell des RG 94
(b) Die Position des BGH 96
(3) Kritik beider Varianten 97
(a) Dogmatische Einwände 97
(b) Einwände gegen die Ergebnisse 100
b) Anwendung nur einer Unmöglichkeitsnorm 101
aa) Lösungen nach § 323 BGB bzw. §§ 324, 254 BGB analog 102
bb) Lösung nach § 325 BGB analog 103
(1) Begründung für § 325 BGB als Ausgangspunkt 103
(2) Modifikation des § 325 BGB 104
(a) Beschränkung der Rechte aus § 325 BGB 104
(b) Gewähr zusätzlicher Ausgleichsansprüche für den Schuldner 107
(3) Bewertung der Ergebnisse 108
(a) Schadenersatz nach der Surrogationstheorie 109
(b) Schadenersatz nach der Differenztheorie 111
(c) Rücktritt und Abstandnahme vom Vertrag 114
(d) Forderung des Surrogats 116
(e) Interessenausgleich trotz Rechtswahl des Gläubigers? 117
(aa) Angemessenheit der Gläubigerrechtswahl 118
(bb) Anspruch des Schuldners auf die Gegenleistung in natura 119
(4) Bewertung der Begründung 120
(a) § 325 BGB als Ausgangspunkt des Modells 120
(b) Kritik der einschränkenden Ansätze 122
(c) Kritik der erweiternden Lösungen 125
(5) Ergebnis der Kritik 127
c) Lösung durch kumulative Anwendung der §§ 324 Abs. 1, 325 BGB 127
aa) Darstellung der einzelnen Ansätze 128

(1) "Teilweise" Anwendung der §§ 324 Abs. 1, 325 BGB 129
(2) Beiderseitige Kürzung der Ansprüche gemäß § 254 BGB 130
(3) Anwendung des § 254 BGB nur auf die Rechte des Gläubigers 131
(4) §§ 324 Abs. 1, 325 BGB ergänzende Vorschläge 132
bb) Diskussion der Ergebnisse 135
(1) Schadenersatz 135
(a) Bei ungekürzter Gegenleistung: Surrogationsmethode 135
(b) Bei gekürzter Gegenleistung: Differenzmethode 136
(2) Rücktritt und Abstandnahme 137
(3) Surrogat 138
cc) Kritik der Begründungen 139
(1) Kritik der "teilweisen" Anwendung der §§ 324 Abs. 1, 325 BGB 139
(2) Kritik der auf § 254 BGB basierenden Ansätze 140
(a) Schadenersatz nach der Differenztheorie 141
(b) Schadenersatz nach der Surrogationsmethode 144
(c) Rücktritt und Abstandnahme 145
(d) Herausgabe des Surrogats 147
dd) Ergebnis der Kritik der kumulativen Ansätze 147
d) Zusammenfassung und Fazit zum Streitstand 148
3. Eigener Lösungsvorschlag 148
a) Ausgangspunkt und Grundannahme 149
b) Herleitung der Rechtsfolgen mittels ergänzender Vertragsauslegung 151
aa) Begriff der ergänzenden Auslegung 152
bb) Maßstäbe der ergänzenden Vertragsauslegung 153
(1) Die einzelnen Kriterien 153
(2) Kombination der Kriterien in Rechtsprechung und Literatur 154
(3) Maßstab für die vorliegende Vertragsergänzung 156
(a) Notwendige Beschränkung auf objektive Merkmale 156
(b) Ergänzung ohne vertragsspezifischen Anhalt? 157
(c) "Treu und Glauben" als alleiniges Kriterium der Ergänzung 158
cc) Raum für ergänzende Auslegung 160
(1) Vorrang vorhandenen dispositiven Rechts 161

(2) Vorrang einer Fortbildung des Unmöglichkeitsrechts 163

(a) Ergebnislosigkeit einer Fortbildung des Unmöglichkeitsrechts 163

(b) Ergänzende Vertragsauslegung als subsidiäres Instrument 164

(aa) Die überwiegende Position in Rechtsprechung und Literatur . 165

(bb) Die Position von Sandrock 166

(3) Vorrang einer auf § 242 BGB gestützten Rechtsfortbildung 169

dd) Auslegung als Quelle der Rechtsfortbildung 173

(1) Rechtsnormqualität der einzelnen Ergänzung 173

(2) Entstehung richter- bzw. gewohnheitsrechtlicher Normen 173

(a) Der spezielle Fall der beiderseits zu vertretenden Unmöglichkeit 173

(b) Vertragsergänzung als ein Modell der Rechtsfortbildung 175

c) Inhalt einer ergänzenden Vertragsauslegung 177

aa) Bewertungsmaßstab für die Parteibeiträge 177

bb) Rechtsfolgen nach der Rechtswahl des Gläubigers 178

(1) Schadenersatz 179

(a) Mit Leistungsaustausch - "Surrogationstheorie" 179

(b) Ohne Leistungsaustausch - "Differenztheorie" 180

(aa) Gegenleistung ist Geldschuld 181

(bb) Anderer Inhalt als Gegenleistung 181

(2) Vertragslösung - "Rücktritt und Abstandnahme" 182

(3) Reduktion des Unmöglichkeitsschadens 184

(a) Forderung des Surrogats 185

(aa) Isoliertes Geltendmachen des Surrogats 185

(bb) Surrogat als Teil des Schadenersatzes 186

(b) Anrechnung ersparter Aufwendungen des Schuldners 187

d) Fazit zu Ergebnis und Begründung des Vorschlags 189

e) Zusammenfassung des Lösungsvorschlags 190

B. Anfängliche Unmöglichkeit 191

I. Objektive Unmöglichkeit 191

1. Grundregel der §§ 306, 307 BGB 192

a) Anwendung des § 254 BGB i.R.d. § 307 BGB 192

b) Ausnahme von § 307 Abs. 1 S. 2 BGB bei Arglist 194
2. Ausnahmen von § 306 BGB - Garantiehaftung 195
II. Subjektive Unmöglichkeit 196
1. Voraussetzungen eines beiderseitigen Vertretenmüssens 196
a) Haftung des Schuldners für sein anfängliches Unvermögen 196
b) Verantwortlichkeit des Gläubigers 198
c) Beiderseitiges Vertretenmüssen 199
aa) Notwendiges Vertretenmüssen auf Schuldnerseite 199
bb) Kenntnis des Gläubigers vom Unvermögen 200
cc) Zusammentreffen der Beiträge 202
d) Fallsammlung 203
2. Rechtsfolgen 203
a) Rechtsfolgen bei einseitiger Verantwortlichkeit 203
b) Rechtsfolgen beiderseitigen Vertretenmüssens 204
3. Zusammenfassung 206

Zweiter Teil

Rechtsfolgen der beiderseits zu vertretenden Unmöglichkeit nach der Schuldrechtsreform und im UN-Kaufrecht

A. UN-Kaufrecht und Reformentwurf als mit dem BGB konkurrierende Regelungsmodelle 207
I. Systematische Unterschiede gegenüber dem geltenden BGB 208
II. Auswirkungen der Unterschiede auf die vorliegende Untersuchung 209
B. Kommissionsentwurf 211
I. Rechtsfolgen der Unmöglichkeit nach dem Reformentwurf 211
1. Erfüllungsanspruch 211
2. Schadenersatz 211
a) Schadenersatz "statt der Leistung", § 283 BGB-KE 212
b) Schadenersatz "wegen Nichtausführung des Vertrags", § 327 BGB-KE 212
3. Rücktritt, § 323 BGB-KE 214
4. Surrogat, § 281 BGB-KE 214
5. Gegenleistungsanspruch, § 324 BGB-KE 216

6. Zusammenfassung und Vergleich mit dem BGB ... 216

II. Regelung der beiderseits zu vertretenden Unmöglichkeit ... 216

1. Rücktritt vom Vertrag und Anspruch auf die Gegenleistung ... 217

2. Schadenersatz ... 218

a) Schadenersatz statt der Leistung - Austauschlösung ... 218

b) Schadenersatz wegen Nichtausführung - Differenzlösung ... 218

3. Surrogat ... 219

III. Bewertung des Entwurfs ... 220

1. Behandlung der beiderseitigen Verantwortlichkeit ... 220

a) Alles-oder-Nichts-Entscheidungen im Kommissionsentwurf ... 221

aa) Rücktritt vom Vertrag, § 323 BGB-KE ... 221

bb) Behandlung des Anspruchs aus § 281 BGB-KE ... 224

b) Verknüpfung mit der Abwägungslösung (§§ 280 BGB-KE, 254 BGB) ... 225

2. Vereinfachung und Vereinheitlichung des Unmöglichkeitsrechts ... 227

a) Neufassung des § 275 BGB ... 227

b) Differenzierungen innerhalb des Einheitstatbestands ... 228

aa) Gleichstellung des anfänglichen Unvermögens ... 228

bb) Gleichstellung der anfänglich objektiven Unmöglichkeit ... 229

3. Fazit ... 230

C. Das UN-Kaufrecht (CISG) ... 231

I. Grundkonzeption des UN-Kaufrechts ... 231

II. Rechtsfolgen dauernder Nichterfüllbarkeit (i.S.v. Unmöglichkeit) ... 232

1. Beschränkung der Untersuchung ... 232

a) Beschränkung auf die Verletzung vertragswesentlicher Pflichten ... 233

b) Beschränkung auf die Verkäuferleistung ... 234

2. Rechte des Käufers (als Gläubiger der gestörten Leistung) ... 235

a) Anspruch auf Erfüllung, Art. 46 Abs. 1 CISG ... 235

b) Schadenersatzanspruch, Art. 45 Abs. 1 b), 74 ff. CISG ... 236

c) Kein Anspruch auf Herausgabe eines Ersatzgegenstands ... 236

d) Vertragsaufhebung, Art. 49 CISG ... 237

aa) Isolierte Lösung des Vertrags ... 237

bb) Schadenersatz neben einer Vertragsaufhebung ... 237

e) Sonstige Rechte 238
3. Rechte des Verkäufers (d.i. des Schuldners) 238
a) Anspruch auf Zahlung des Kaufpreises 238
b) Rechte aus einer Verletzung der Abnahmepflicht (Art. 60 CISG) 239
III. Rechtsfolgen der beiderseits zu vertretenden Unmöglichkeit 240
1. Regelung des beiderseitigen Vertretenmüssens im UN-Kaufrecht 240
a) Rekurse auf Art. 77 und 7 Abs. 2 CISG 240
b) Anwendung des Art. 80 CISG 241
aa) Instrumente zur Auslegung der Vorschrift 242
bb) Ermittlung des Wortsinns der Vorschrift 242
cc) Entstehungsgeschichte des Art. 80 CISG 243
dd) Einwände gegen die Eignung des Art. 80 CISG zur Problemlösung 244
2. Einzelne Rechte 246
a) Wahl von Schadenersatz durch den Käufer 246
aa) Abwägungslösung 247
(1) Begründung der Anspruchsabwägung 247
(a) Interpretation des Wortlauts 248
(b) Entstehungsgeschichte 249
(c) Angemessenheit der Regelung 249
(2) Inhalt der Abwägungslösung 250
bb) Rechte des Verkäufers 251
(1) Schadenersatzverlangen nach Art. 61 b) CISG 251
(2) Erklärung der Vertragsaufhebung 252
b) Vertragsaufhebung durch den Käufer 252
aa) Allgemeine Übereinstimmung: Keine Teilaufhebung 253
bb) Unterschiedliche Konzepte 253
(1) Genereller Ausschluß des Aufhebungsrechts 254
(2) Entscheidung nach überwiegender Verantwortlichkeit 254
cc) Kritik und eigener Vorschlag 255
(1) Kritik eines generellen Ausschlusses der Vertragsaufhebung 256
(2) Kritik des teilweisen Ausschlusses 256
(3) Vorschlag: generelle Zulassung der Aufhebung 257

c) Schadenersatz neben Vertragsaufhebung 258
3. Kriterien der Abwägung 259
a) Maß der Verursachung 259
b) Grad des Verschuldens 260
4. Geregelte Konstellationen der Unmöglichkeit 261
IV. Zusammenfassung 263
D. Vergleich der Lösungen des Reformentwurfs und des UN-Kaufrechts mit dem BGB 263
I. Wahlrecht des Gläubigers als gemeinsamer Ausgangspunkt 263
II. Behandlung der beiderseitigen Verantwortlichkeit 264
III. Überlegenheit des Einheitstatbestands? 264
E. Fazit zur Stellung des beiderseitigen Vertretenmüssens im BGB 266
Anhang 268
I. Kommissionsentwurf zur Überarbeitung des Schuldrechts von 1992 268
II. Wiener UN-Übereinkommen über Verträge über den internationalen Warenkauf vom 11. April 1980 270
Literaturverzeichnis 273
Sachwortverzeichnis 281

Einleitung

Die vorliegende Arbeit beschäftigt sich mit der "beiderseits zu vertretenden Unmöglichkeit im Synallagma". Die Untersuchung ist also mit der rechtlichen Behandlung des sozialen Konflikts befaßt, der sich daraus ergibt, daß in einem gegenseitigen Vertrag eine Vertragspartei ihre Leistungspflicht nicht erfüllen kann, und dies aufgrund von Umständen, welche beide Parteien - zu gleichen oder unterschiedlichen Anteilen - zu verantworten haben.

Dieser Sachverhalt tritt in der Wirklichkeit und - diese spiegelnd - in der Judikatur immer wieder auf. Er hat gleichwohl keine (ausdrückliche) Regelung im BGB gefunden[1]. Aus diesem Grund bemühen sich Rechtsprechung und Lehre seit dem Beginn des Jahrhunderts, eine interessengerechte und konstruktiv überzeugende Lösung zu entwickeln. Bislang vermochte sich keiner der Vorschläge durchzusetzen. Die beiderseits zu vertretende Unmöglichkeit wird verbreitet als ein ungelöstes Rechtsproblem empfunden[2].

Sämtliche bisher vorgelegten Ansätze beruhen auf der Auslegung und Ergänzung der gesetzlichen Regeln des Leistungsstörungsrechts. Der in dieser Arbeit zu begründende Vorschlag sucht das Problem dagegen auf der Ebene des einzelnen, durch die Unmöglichkeit gestörten Vertrags zu behandeln.

Bevor allerdings die Rechtsfolgen eines beiderseitigen Vertretenmüssens erörtert werden, ist deren Anwendungsbereich zu präzisieren. Das heißt, daß hier zunächst diejenigen Konstellationen identifiziert und systematisiert werden sollen, die überhaupt zu einer beiderseits zu vertretenden Unmöglichkeit führen.

Sowohl für die Voraussetzungen als auch für die Rechtsfolgen des beiderseitigen Vertretenmüssens gilt: Während mit der nachträglichen Unmöglichkeit verbundene Rechtsfragen immerhin einige Aufmerksamkeit gefunden haben, ist die parallele Problematik einer anfänglichen Unmöglichkeit kaum beachtet worden. Mag die anfängliche, beiderseits zu vertretende Unmöglichkeit auch von geringerer praktischer Relevanz sein als die Fälle nachträglicher Unmög-

---

[1] Dies gilt uneingeschränkt für die Fälle nachträglicher Unmöglichkeit. Zur anfänglichen Unmöglichkeit s.u. 1. Teil: B. I. 1.

[2] Vgl. OLG Frankfurt NJW-RR 1995, 435, 436; MünchKomm-Emmerich § 324 Rz 33, 35; Schildt Jura 1995, 66, 69 Fn 23.

lichkeit, verdient die anfängliche Leistungsstörung dennoch eine Erörterung ihrer Bedingungen und Folgen.

Die anfängliche Störung erfordert eine Unterscheidung zwischen objektiver und subjektiver Unmöglichkeit (Unvermögen). Für die nachträgliche Unmöglichkeit macht § 275 Abs. 2 BGB eine entsprechende Differenzierung entbehrlich, da er das nachträgliche Unvermögen des Schuldners einer nachträglichen objektiven Unmöglichkeit gleichstellt.

Das Leistungsstörungsrecht des BGB steht in Konkurrenz zu anderen schuldrechtlichen Regelungssystemen. Bereits in der Gegenwart gilt das Wiener Übereinkommen über Verträge über den internationalen Warenkauf vom 11. April 1980 (kurz: UN-Kaufrecht). Dem Grundsatz nach greift es ein, wenn die Parteien eines Warenkaufvertrags ihre Niederlassungen in unterschiedlichen (Vertrags-)Staaten haben. Sind sämtliche Anwendungsvoraussetzungen des UN-Kaufrechts erfüllt, verdrängen seine Vorschriften als innerstaatlich unmittelbar geltendes Recht diejenigen des BGB.

Als ein zweiter "Konkurrent" des BGB zeigt sich der Reformentwurf der Kommission zur Überarbeitung des Schuldrechts, herausgegeben vom Bundesminister der Justiz im Jahre 1992. Er sucht einen wesentlichen Teil der gut 100 Jahre alten schuldrechtlichen Normen des BGB an die Bedürfnisse von Gegenwart und Zukunft anzupassen. Der 60. Deutsche Juristentag hat 1994 in Münster über den Reformentwurf verhandelt und seine Vorschläge ganz überwiegend begrüßt. Es ist demnach nicht unwahrscheinlich, daß zumindest Teile des Reformentwurfs in naher Zukunft Gesetz und somit die einschlägigen Regelungen des geltenden BGB ablösen werden[3].

Auch im Rahmen von UN-Kaufrecht und Reformentwurf stellt sich der tatsächliche Konflikt einer beiderseits zu vertretenden Leistungsstörung; die Regelungssysteme müssen folglich eine rechtliche Anwort auf diese Problematik bereithalten. Die vorliegende Untersuchung bezieht die Lösungen beider Normensysteme ein und vergleicht sie mit denen unter Geltung des BGB. Interessant ist ein solcher Vergleich insbesondere wegen des Konzepts eines einheitlichen Leistungsstörungstatbestands, das sowohl der Schuldrechtsreform als auch dem UN-Kaufrecht zugrunde liegt. Hinsichtlich des Reformentwurfs mag die Detailanalyse zugleich einen Beitrag zur Diskussion um die Vorzugswürdigkeit der neuen Regelungen leisten.

Trotz der Einbeziehung von UN-Kaufrecht und Reformentwurf bleibt das geltende BGB Ausgangspunkt der Analysen und Vergleiche. Die Position des

---

[3] Der Rechtsausschuß des Deutschen Bundestages strebt ein Inkrafttreten der Schuldrechtsreform zum Beginn des Jahres 2000 an, vgl. ZRP 1994, 88.

Vergleichs ist demnach nicht neutral, es geht nicht um eine vollständige Erörterung beiderseits zu vertretender Leistungsstörungen im UN-Kaufrecht oder im Reformentwurf. Die Arbeit zielt allein darauf, die rechtliche Behandlung solcher tatsächlicher Konflikte zu untersuchen, die im BGB unter dem Begriff der beiderseits zu vertretenden Unmöglichkeit zusammengefaßt werden.

Soweit hier und im folgenden von beiderseits zu vertretender Unmöglichkeit die Rede ist, fehlt zumeist der einschränkende Hinweis "im Synallagma". Der Gegenstand dieser Arbeit ist durch ihren Titel korrekt bezeichnet, die verkürzte Umschreibung dient lediglich der Lesbarkeit des Textes. In der Sache ergibt sich die Beschränkung der Betrachtung daraus, daß die von beiden Teilen zu vertretende Unmöglichkeit für einseitige Leistungspflichten keine spezifischen Schwierigkeiten bereitet. Allgemeiner Auffassung nach werden ihre Folgen durch die §§ 280, 254 BGB befriedigend geregelt[4].

Im synallagmatischen Vertrag ist jede Partei Schuldnerin und Gläubigerin zugleich; ihre Rolle hängt von der jeweils betrachteten Leistungspflicht ab. Im Text beziehen sich die Begriffe "Schuldner" und "Gläubiger" stets auf dasjenige Leistungsversprechen, welches infolge der beiderseits zu vertretenden Unmöglichkeit nicht erfüllt werden kann. In Fallschilderungen sind die Parteien entsprechend mit "S" und "G" abgekürzt.

---

[4] Statt aller Medicus BürgR Rz 270; Hadding AcP 168, 150, 151.

Erster Teil

Die Regelung der beiderseits zu vertretenden Unmöglichkeit im BGB

A. Nachträgliche Unmöglichkeit

Hier sollen zunächst (sogleich unter I.) die Voraussetzungen geklärt werden, unter denen eine nachträgliche Unmöglichkeit zur Leistung von beiden Vertragsteilen zu vertreten ist. Das Ziel ist ein zweifaches: Einerseits solche Sachverhalte auszugrenzen, bei denen nur eine einseitige Verantwortlichkeit gegeben ist, andererseits die in der Betrachtung verbleibenden Sachverhalte zu systematisieren und dabei fallgruppenspezifische Anforderungen an ein beiderseitiges Vertretenmüssen zu erarbeiten.

Auf den Ergebnissen dieses Abschnitts aufbauend sind dann unter II. die Rechtsfolgen der nachträglichen, beiderseits zu vertretenden Unmöglichkeit zu untersuchen.

I. Voraussetzungen und Fallgruppen beiderseitigen Vertretenmüssens

Die Sachverhalte, welche zu einer beiderseits zu vertretenden Unmöglichkeit führen, lassen sich in zwei wesentlichen Perspektiven differenzieren und systematisieren: zum einen nach der Art der Pflichtverletzung bzw. Risikoübernahme, wegen der die jeweilige Partei für den Eintritt der Unmöglichkeit haftet (unter Umständen in Abhängigkeit vom Verhalten des Vertragsgegners) - dazu Fallgruppen 5 bis 10. Eine zweite Perspektive (Fallgruppen 1 bis 4) beleuchtet die Form der Verknüpfung beider Parteibeiträge im Unmöglichkeitserfolg, also deren kausales Zusammenwirken.

Die Anzahl möglicher Sachverhaltskonstellationen ist prinzipiell unbegrenzt, eine Zusammenstellung aller denkbaren Fallgruppen nicht zu leisten. Die hier getroffene Auswahl umfaßt die wichtigsten und wahrscheinlichsten Konstellationen.

Sofern sich eine Konstellation im folgenden als ein Sachverhalt beiderseits zu verantwortender Unmöglichkeit erweist, folgt der Erörterung jeweils eine

Zusammenstellung der in Rechtsprechung und Literatur behandelten einschlägigen Fälle. Die Wiedergabe einer Entscheidung oder Stellungnahme hängt dabei nicht davon ab, ob eine rechtlich zutreffende Würdigung tatsächlich zur Annahme einer geteilten Verantwortlichkeit führen mußte; die Kürze der Sachverhaltsschilderungen hätte eine solche Beurteilung oftmals nicht erlaubt. Die Sammlung gibt vielmehr diejenigen Falllösungen wieder, in denen die Urheber sich mit der Problematik beiderseitiger Verantwortlichkeit auseinandergesetzt oder zumindest die Möglichkeit eines gemeinsamen Vertretenmüssens erwogen haben.

Gemeinsame Voraussetzung aller Fallgruppen ist die Unmöglichkeit einer Hauptleistungspflicht im gegenseitigen Vertrag. Dabei ist ohne Bedeutung, ob der Eintritt der Unmöglichkeit auf rechtlichen oder tatsächlichen Umständen beruht. Dieser Abschnitt der Untersuchung betrifft nur die nachträgliche Unmöglichkeit. Sie liegt vor, wenn das Leistungshindernis erst nach Begründung des Schuldverhältnisses entstanden ist[1].

1. Fallgruppe: Kumulatives Zusammenwirken der Parteien

Beispielsfall[2]: S aus Holland verkaufte dem in Deutschland lebenden G Leinöl. Die Einfuhr der Ware bedurfte einer Erlaubnis, welche von G zu beschaffen war. G vergaß aber, sich um die Erteilung der Erlaubnis zu kümmern. S hingegen nahm irrigerweise an, die Einfuhrgenehmigung liege vor, so daß er das Leinöl auf den Weg nach Deutschland brachte. Das Öl wurde an der Grenze beschlagnahmt und für verfallen erklärt. S war es nunmehr unmöglich, die dem G geschuldete Leistung zu erbringen.

Als erstes soll diejenige Fallgestaltung untersucht werden, in welcher Schuldner und Gläubiger die Leistungsunmöglichkeit kumulativ verursachen. Unter kumulativer Ursächlichkeit sei hier verstanden, daß jeder Beitrag für sich conditio-sine-qua-non der Leistungsstörung ist[3]. Dies bedeutet, daß die Unmöglichkeit nur durch das Zusammenwirken beider Parteien eintreten konnte.

Als Unmöglichkeitsursache kommt grundsätzlich jede beliebige Handlung der Parteien in Betracht - aktives Tun gleichermaßen wie Unterlassen. Jedoch bedürfen Verhaltensweisen, die zugleich den Tatbestand einer weiteren Leistungsstörung außerhalb der Unmöglichkeit erfüllen, einer gesonderten Erörte-

---

[1] Palandt-Heinrichs § 275 Rz 16. Den Gegensatz bildet die anfängliche Unmöglichkeit; zu ihr im 1. Teil unter B.

[2] Nach RG DRiZ 1924, 255.

[3] Die Terminologie ist in der Literatur nicht einheitlich.

rung[4]. Unerheblich ist, ob die Beiträge in zwei selbständigen Ursachenketten zur Unmöglichkeit führen oder aber das Handeln der einen Seite die Voraussetzung für den Beitrag der anderen Partei schafft, welcher die Unmöglichkeit dann (unmittelbar) allein auslöst[5].

Das kumulative Zusammenwirken beider Parteien ohne Hinzutreten weiterer Leistungsstörungen dürfte seiner praktischen Häufigkeit nach gleichsam den "Normalfall" der beiderseits zu vertretenden Unmöglichkeit darstellen. Für diesen Grundfall soll hier ein Überblick über die Voraussetzungen gegeben werden, unter denen Schuldner und Gläubiger eine Unmöglichkeit zu vertreten haben. Zudem sind die Bedingungen zu untersuchen, unter denen sich die Parteibeiträge zu einem beiderseitigen Vertretenmüssen der Unmöglichkeit ergänzen.

a) Vertretenmüssen des Schuldners

§ 325 BGB befaßt sich mit der vom Schuldner zu vertretenden Unmöglichkeit. Der Umfang dessen, was der Schuldner zu vertreten hat, ist in den §§ 276 ff. BGB geregelt. Dies sind gemäß § 276 Abs. 1 S. 1 BGB Vorsatz und Fahrlässigkeit in eigener Person sowie in der Person seines Erfüllungsgehilfen oder gesetzlichen Vertreters (§ 278 S. 1 BGB). Nach § 279 BGB schließlich haftet der Schuldner bei Gattungsschulden auch ohne ein Verschulden für sein Unvermögen.

b) Vertretenmüssen des Gläubigers

Das BGB regelt die vom Gläubiger zu vertretende Unmöglichkeit in § 324 Abs. 1 BGB. Über die vom Gläubiger zu vertretenden Umstände jedoch schweigt das Gesetz. Die §§ 276 ff. BGB gelten ihrem Wortlaut nach nur für den Schuldner einer Leistungsverpflichtung. Verletzt der Gläubiger allerdings eine echte, dem Schuldner gegenüber bestehende vertragliche Pflicht, ist er insofern selbst Schuldner. Der Anwendungsbereich der §§ 276-279 BGB ist dann unmittelbar eröffnet[6].

---

[4] S.u. 1. Teil: A. I. 5. - 7.

[5] S. dazu 1. Teil: A. I. 1. c) aa).

[6] Staudinger-Otto § 324 Rz 7; Soergel-Wiedemann § 324 Rz 9; Emmerich § 13 II 2a, S. 150.

Weitergehend hat der Gläubiger auch den Verstoß gegen Obliegenheiten zu vertreten, sofern dieser Verstoß ein Verschulden gegen sich selbst beinhaltet[7]. Zudem liegt es innerhalb der Autonomie der Parteien, den Gläubiger die Verwirklichung vertraglich bestimmter Risiken vertreten zu lassen[8].

Insoweit besteht Einigkeit. Ob der Gläubiger darüber hinaus für alle Störungen einzustehen hat, die sich in seiner "Risikosphäre" ereignen, ist umstritten, wird aber überwiegend verneint[9]. In der Tat scheint eine abstrakte Risikoverteilung eher im Rahmen der Verteilung der Gegenleistungsgefahr (durch § 323 BGB bzw. die Sonderregeln §§ 446, 616, 645 etc. BGB) angebracht[10]. Ein Vertretenmüssen sollte demgegenüber an konkrete Zurechnungstatbestände anknüpfen, wie dies auch auf seiten des Schuldners gilt. Entsprechend sei hier im folgenden das engere Verständnis eines vom Gläubiger zu vertretenden Umstands zugrunde gelegt[11].

Führt der Gläubiger die Unmöglichkeit durch Eingriff in die Rechtsgüter seines Vertragspartners herbei, indem er beispielsweise den Leistungsgegenstand zerstört, können hieraus Ansprüche des Schuldners außerhalb des Unmöglichkeitsrechts (z.B. aus § 823 Abs. 1 BGB) resultieren. Derart konkurrierende Ansprüche liegen jedoch außerhalb des Themas dieser Arbeit und bleiben unberücksichtigt.

c) Zusammentreffen der Parteibeiträge

Sind die Beiträge von Schuldner und Gläubiger jeweils für sich zu vertreten, folgt daraus noch nicht, daß diese Beiträge notwendig nebeneinander zu einer beiderseitigen Verantwortlichkeit führen müssen. Hier sind vielmehr zwei Bedingungen denkbar, unter denen sich eine Haftung nur einer Partei ergeben würde: Das später wirkende Handeln einer Seite unterbricht die Zurechenbar-

---

[7] Die Folgen solchen Handelns auf den Schuldner abzuwälzen bedeutete ein venire contra factum proprium: MünchKomm-Emmerich § 324 Rz 9; Larenz SAT § 25 III, S. 401.

[8] BGH LM § 324 Nr. 1 Bl. 1; BGH NJW 1980, 700; Erman-Battes § 324 Rz 2; Larenz SAT § 25 III, S. 401.

[9] Für eine Erörterung der Frage fehlt hier der Raum; ausführlich zum Streitstand Staudinger-Otto § 324 Rz 22 ff.

[10] So auch Erman JZ 1965, 657 ff; Medicus SAT Rz 502; Fikentscher SR Rz 342, 344.

[11] Das Zusammentreffen von zu vertretendem Schuldnerhandeln und der Verwirklichung eines dem Gläubiger zugewiesenen Risikos wird im 1. Teil unter A. I. 8. und B. II. 1. c) aa) behandelt.

keit des Unmöglichkeitserfolgs zum früheren Handeln des Kontrahenten. Oder ein Vergleich der Beiträge führt dazu, nur noch den schwerwiegenderen als haftungsrelevant zu behandeln. Erst nach Ausschluß dieser Möglichkeiten ist die Zugehörigkeit eines Falls zur beiderseits zu vertretenden Unmöglichkeit gesichert.

aa) Einseitige Verantwortlichkeit aufgrund unterbrochenen Zurechnungszusammenhangs

Führen die Parteibeiträge in nur einer Ursachenkette zum Unmöglichkeitserfolg, könnte der spätere Parteibeitrag die Erfolgszurechnung hinsichtlich des früher wirkenden Beitrags ausschließen. Dabei steht nicht die objektive Kausalität des ersten Beitrags in Frage - es bleibt vorausgesetzt, daß beide Beiträge jeweils conditiones-sine-quae-non darstellen. Es handelt sich vielmehr um ein Problem wertender Zurechnung. Rechtsprechung und Lehre haben verschiedene Abgrenzungsformeln entwickelt, um die Konstellationen einer Mit- bzw. Gesamthaftung von solchen alleiniger Verantwortlichkeit des Zweithandelnden zu unterscheiden.

Überwiegend wird danach differenziert, ob der Handlungsentschluß des Zweithandelnden frei zustande kam (dann Unterbrechung der Zurechnung) oder aber durch die pflichtwidrige Ersthandlung "herausgefordert" wurde[12]. Ähnlich formuliert Mertens, daß ein Erfolg zurechenbar bleibe, solange die Wahrscheinlichkeit der fahrlässigen Zweithandlung durch die erste gesteigert worden sei. Die Grenze verlaufe dort, wo der Erfolg auf einer Entscheidung des Zweithandelnden basiere, die das gebotene Mindestmaß wirtschaftlicher Vernunft unterschreite[13].

Diese abstrakten Kriterien lassen in der Praxis allerdings häufig keine sichere Einordnung des Einzelfalls zu, so daß letztlich anhand der konkreten Umstände bewertet und abgewogen wird. Als Regel läßt sich immerhin feststellen, daß die Leistungsstörung dem Ersthandelnden dann nicht mehr zuzurechnen ist, wenn sein Kontrahent die Vertragserfüllung in "freiem", also vorsätzlichem Verhalten unmittelbar unmöglich gemacht hat. Zum Beispiel diene der Fall, daß eine Partei die Unachtsamkeit ihres Vertragspartners zielgerichtet zur Vertragsstörung nutzt. Ein beiderseitiges Vertretenmüssen ist hier ausgeschlossen. Bei einer

[12] Vgl. Larenz SAT § 27 IIIb 5, S. 452 ff; ihm folgend BGHZ 58, 162, 167; Palandt-Heinrichs Vor § 249 Rz 77; Deutsch SchE Rz 66; in diesem Sinn auch schon Oertmann JW 1919, S. 308.

[13] Soergel-Mertens Vor § 249 Rz 142, 139.

fahrlässigen Zweithandlung liegt die Unmöglichkeit dagegen grundsätzlich im Verantwortungsbereich beider Vertragsseiten.

Die hier vorgenommene Differenzierung der Zurechnung nach Vorsatz und Fahrlässigkeit stellt lediglich eine typisierende Betrachtungsweise der Schuldformen dar; sie entlastet mithin nicht von der Prüfung, ob Besonderheiten des Einzelfalls nicht Anlaß zu einer abweichenden Beurteilung bieten.

Hinsichtlich der Schuldformen ist ein Sonderfall von Bedeutung: Fehlt dem Handelnden aufgrund eines Rechtsirrtums das Bewußtsein, sich unrechtmäßig zu verhalten, entfällt zugleich sein Vorsatz, da man Unrechtsbewußtsein im Zivilrecht für einen notwendigen Bestandteil des Vorsatzes erachtet[14]. Fühlt sich also der Schuldner aufgrund eines vertragswidrigen Verhaltens des Gläubigers zur Weggabe des Leistungsgegenstands berechtigt, so bedeutet die Unmöglichkeit keine vorsätzliche Vertragsverletzung. Allerdings wird der Irrende in aller Regel Fahrlässigkeit zu vertreten haben.

bb) Zusammentreffen unterschiedlicher Verschuldensgrade

Beiderseitiges Vertretenmüssen darf nicht so verstanden werden, daß nur solche Fälle erfaßt werden sollen, in denen der Grad der Verantwortlichkeit auf beiden Seiten gleich groß ist. Anders als auf Rechtsfolgenseite geht es hier lediglich darum, das "Ob" der Verantwortlichkeit beider Parteien festzustellen, während das "Wie", ein Abwägen der Verschuldensanteile, grundsätzlich keine Rolle spielt.

Es ließe sich jedoch in Zweifel ziehen, ob ein beiderseitiges Vertretenmüssen auch dann anzunehmen ist, wenn eine Abwägung der Unmöglichkeitsbeiträge zur alleinigen Verantwortlichkeit einer Vertragspartei führt. Beispielsweise habe der Gläubiger durch leichte Unachtsamkeit der vorangegangenen vorsätzlichen Vertragsverletzung des Schuldners unfreiwillig zum Erfolg verholfen. Hier führte eine Abwägung der Parteibeiträge wohl zur alleinigen Haftung des Schuldners. Für solche Fälle wäre zu erwägen, statt über den "Umweg" der Regeln beiderseitigen Verantwortlichkeit unmittelbar aus § 324 Abs. 1 bzw. § 325 BGB gegen den Hauptverantwortlichen vorzugehen.

In jedem Fall muß ein taugliches Modell der beiderseits zu vertretenden Unmöglichkeit gleichsam als Extrema die (durch Abwägung festgestellte) einseiti-

---

[14] Sog. Vorsatztheorie: RG 72, 4, 6; BGH NJW 1985, 134, 135; Palandt-Heinrichs § 276 Rz 11; Erman-Battes § 276 Rz 27 f; Medicus SAT Rz 307; Larenz SAT § 20 II, S. 280 f.

ge Verantwortlichkeit von Gläubiger und Schuldner umfassen. Sie darf in einem solchen Fall keine anderen Rechtsfolgen anordnen als die von vornherein "einseitigen" §§ 324 Abs. 1, 325 BGB[15]. Somit unterscheiden sich hier nur die Lösungswege, nicht aber die Ergebnisse.

Gegen ein "Vorziehen" der Abwägung auf die Tatbestandsebene bestehen allerdings erhebliche Bedenken. Haben an sich beide Parteien den Eintritt der Unmöglichkeit zu vertreten, bedarf die Wertung, einen der Parteibeiträge hinter dem anderen zurücktreten zu lassen, einer rechtlichen Grundlage; diese hat auch die Abwägungskriterien festzulegen. An einer solchen Rechtsgrundlage fehlt es im Rahmen der Tatbestandsprüfung, da die einschlägigen Regelungen hier erst noch ermittelt werden müssen. Erst nach erfolgreicher Subsumtion unter die Normen der beiderseits zu vertretenden Unmöglichkeit können deren Rechtsfolgen anordnen, ob und wie die Beiträge abzuwägen sind. Einer vorweggenommenen Abwägung durch Anwendung der "einseitigen" §§ 324 Abs. 1, 325 BGB fehlt die Legitimation.

Aus diesem Grund sind auch Fälle mit scheinbar eindeutiger Verteilung der Verantwortlichkeit zur beiderseits zu vertretenden Unmöglichkeit zu rechnen und in deren Rahmen, also auf Rechtsfolgenseite, zu lösen.

Zum Beispielsfall: S und G haben die Unmöglichkeit beide zu vertreten: G, weil er es unterlassen hatte, die erforderliche Erlaubnis zu beschaffen; S, weil er das Leinöl vor Erteilung der notwendigen Erlaubnis nicht absenden durfte. S und G haben jeweils eine notwendige Bedingung für den Unmöglichkeitserfolg gesetzt, so daß sie kumulativ zusammengewirkt haben. Das RG hat das ursächliche Verschulden der Parteien als gleich groß angesehen.

d) Fallsammlung zum kumulativem Vertretenmüssen

Fälle des Typs "kumulatives Zusammenwirken" finden sich

- in der Rechtsprechung:

RG JW 1910 S. 936 Nr. 8[16]

OLG Hamburg HansGZ 1910, Beibl. 61

---

[15] Hierzu ausführlicher 1. Teil: A. II. 1. a) bb).

[16] Einordnung auf Grundlage der Rechtsauffassung des RG. Allerdings hat Teubner (S. 43) gezeigt, daß die Sachverhaltsschilderung ein beiderseitiges Vertretenmüssen ausschließt, also nur eine Verantwortlichkeit entweder des Schuldners oder des Gläubigers vorliegen konnte.

RG DRiZ 1924, 255

RG BayZ 1925, 230 (II.)

RG, Urteil v. 12.6.1934 - VII 61/34 (n.v.)

RG JW 1937, 3029 Nr. 14

BGH VersR 1981, 426

BGH NJW 1991, 166, 168;

- in der Literatur:

Enneccerus / Lehmann § 46 III 4, S. 205 f.

Hadding, AcP 168, 150, 151 Bsp. 4[17]

Köhler PdW S. 42, Fall 25[18]

Leonhard S. 494[19]

Löwisch S. 126, Fall 84/2

Seichter S. 45

Wertheimer S. 47, Fall 4c.

2. Fallgruppe: Alternative Kausalität der Parteihandlungen

Beispielsfall[20]: S schuldete G aus einem von beiden geschlossenen Reisevertrag einen Rückflug von den Bahamas für den 11.5.1970. Am Tag des Abflugs mußte G feststellen, daß alle Plätze der Maschine belegt waren. Dies beruhte zum einen darauf, daß S es versäumt hatte, den Flug für G bei der vereinbarten Fluggesellschaft zu buchen. G andererseits hatte die notwendige "Rückbestätigung" des Fluges unterlassen. Weder die Rückbestätigung noch die Buchung hätten jeweils für sich allein den Rückflug ermöglicht.

Die Parteien können eine Leistungsunmöglichkeit nicht nur durch Kumulation ihrer Beiträge, sondern auch in alternativer Kausalität bewirkt haben. Alternative Kausalität sei hier so definiert, daß zwar jede Bedingung für sich hin-

---

[17] Ähnlich Staudinger-Otto § 324 Rz 60; Baumann / Hauth JuS 1983, 273; Schultze JA 1987, 177; Schlechtriem SAT Rz 397.

[18] Ähnlich v.Münchhausen / Bauchhenss S. 111, Fall 5.

[19] Ähnliche Beispiele bei Hadding AcP 168, 150, 151 Bsp. 1; Larenz SAT § 25 III, S. 402; Seichter S. 2; Schreiber Jura 1995, 529, 535.

[20] Nach OLG Köln NJW 1972, 1815.

weggedacht werden kann, ohne daß der Unmöglichkeitserfolg entfällt, nicht aber beide Bedingungen zusammen. Mit anderen Worten: Das Verhalten jeder der beiden Parteien hat die Leistungserbringung vereitelt, unabhängig vom Verhalten der anderen Seite.

In der wissenschaftlichen Diskussion besteht prinzipiell Einigkeit darüber, daß auch der Urheber einer bloß alternativ-ursächlichen Bedingung für den eingetretenen Erfolg haften müsse; streitig ist lediglich die Begründung dieser Haftung[21].

Konkret im Rahmen der von beiden Seiten zu vertretenden Unmöglichkeit wird die Frage alternativer Kausalität nur von Honsell[22] und - diesem folgend - von Emmerich[23] behandelt. Beide betonen die Notwendigkeit kumulativer Kausalität für ein beiderseitiges Vertretenmüssen der Unmöglichkeit[24].

Diese These ist zu überprüfen. Fraglich ist, ob nicht auch die alternativ verursachte Unmöglichkeit von beiden Parteien zu vertreten ist. Zunächst sollen aber die unter dem Begriff der alternativen Kausalität zusammengefaßten Konstellationen untersucht werden.

a) Differenzierung der Fälle alternativer Kausalität

Charakteristisch für die alternative Kausalität ist der Fall, in dem zwei voneinander unabhängige Ereignisse gleichzeitig zur Unmöglichkeit der Leistungserbringung führen. Zum Beispiel diene ein Jagdhund, der, bereits verkauft, bei einer Treibjagd sowohl vom Schuldner wie vom Gläubiger gleichzeitig mit einem Fuchs verwechselt und erschossen wird. Schon die Wahl des Beispiels läßt vermuten, daß sich ein solcher Lebenssachverhalt nur unter recht unwahrscheinlichen Bedingungen ereignen wird.

Häufiger dagegen dürften solche Situationen sein, in denen im nachhinein nicht mehr feststellbar ist, welches Unmöglichkeitsereignis tatsächlich wirksam

---

[21] Vgl. nur Staudinger-Medicus (12. Aufl.) § 249 Rz 96; Jung AcP 170, 426, 427 ff.

[22] JuS 1979, 81.

[23] In: MünchKomm (2. Aufl.) § 324 Rz 19 Fn 42. Allerdings ist sein Standpunkt nicht ganz eindeutig, da sein Verweis auf Honsell in der aktuellen 3. Auflage (§ 324 Rz 33 Fn 73) die Kausalitätsproblematik unerwähnt läßt.

[24] Honsell bestreitet sogar ausdrücklich ein beiderseitiges Vertretenmüssen im Falle alternativer Kausalität. Seine Erläuterungen zeigen aber, daß er von einer Konstellation ausgeht, welches üblicherweise mit hypothetischer Kausalität oder Reserveursache beschrieben wird; dazu sogleich unter c).

geworden ist. Zur Illustration dieser Variante möge Streit zwischen den Parteien des Beispiels entbrennen, wessen Schuß den Hund tatsächlich getroffen habe oder welcher zuerst. Jedoch liegt diese Variante außerhalb der Definition der alternativen Kausalität, da hier stets die Handlung nur einer Partei die Unmöglichkeit tatsächlich herbeigeführt hat.

Es existiert dennoch eine zweite Variante alternativ-kausaler Parteibeiträge: Die Unmöglichkeit wird durch nur ein störendes Ereignis bewirkt, dieses Ereignis beruht aber auf zwei voneinander unabhängigen Ursachenketten, die einmal vom Schuldner und einmal vom Gläubiger in Gang gesetzt wurden. So liegt es auch in dem oben geschilderten Beispielsfall: Die Unmöglichkeit trat mit Vergabe des letzten freien Platzes in der Maschine an einen anderen Fluggast ein, und jede Vertragspartei hat eine hinreichende Ursache für den Eintritt der Leistungsstörung gesetzt.

Wie auch im Beispielsfall beruht der Unmöglichkeitserfolg in dieser Fallgruppe häufig nicht auf aktivem Tun, sondern einem vertragswidrigen Unterlassen[25] beider Parteien. Solche Unterlassungen sind alternativ ursächlich, wenn die Parteien den Eintritt der Unmöglichkeit nur durch gemeinsames Handeln abwenden konnten.

b) Vorliegen eines beiderseitigen Vertretenmüssens

aa) Honsell: Notwendigkeit eines Zusammenwirkens der Parteien

Honsell zufolge kann von einem beiderseitigen Vertretenmüssen nur dann gesprochen werden, wenn mehrere Umstände "zusammenwirkten", wie dies nur bei kumulativer Kausalität der Fall sei[26]. Ein Zusammenwirken der Parteien ist bei alternativen Ursachen in der Tat nicht gegeben, da die Beiträge hier per definitionem unabhängig voneinander zur Leistungsunmöglichkeit führen.

Dies sieht das OLG Köln offenbar anders, wenn es das beiderseitige Unterlassen der Parteien im Beispielsfall für "*in ihrem Zusammenwirken* ursächlich" erklärt[27]. Dabei verwechselt es aber die Unterlassung an sich mit der unterlassenen Handlung, denn zur Ermöglichung des Fluges hätten sich die Parteien in ihren fördernden Handlungen - Buchung und Rückbestätigung - ergänzen und

---

[25] Zwar kann im naturwissenschaftlichen Sinn nur ein Geschehen ursächlich sein, aus rechtlicher Perspektive aber auch ein Unterlassen, Lange § 3 XI, S. 154.

[26] Vgl. JuS 1979, 81.

[27] NJW 1972, 1815, 1816; Hervorhebung im Original.

somit tatsächlich zusammenwirken müssen. Das Unterlassen der Parteien vollzog sich dagegen voneinander unabhängig.

Setzte man also ein Zusammenwirken voraus, würde alternativ-kausales Handeln keinen Fall eines beiderseitigen Vertretenmüssens darstellen, obwohl beide Seiten die Leistungsstörung in einer zu vertretenen Weise herbeigeführt haben. Liegt in der Forderung nach einem Zusammenwirken der Parteien folglich eine zusätzliche Begrenzung des Tatbestands, bedarf diese Begrenzung der Begründung. Eine solche wird von Honsell aber nicht gegeben.

bb) Mögliche Regelungskonzepte

Der Vorschlag Honsells wirft zudem die Frage auf, wie die Fälle alternativer Kausalität denn anders als über die Regeln der beiderseits zu vertretenden Unmöglichkeit gelöst werden sollen. Wegen der logischen Gleichrangigkeit der Beiträge kommt anstelle einer beiderseitiger Haftung nur in Betracht, keine Partei die Unmöglichkeit vertreten zu lassen, mithin eine Regelung über § 323 BGB.

(1) Anwendung des § 323 BGB

Konstruktiv wäre die Anwendung des § 323 BGB zu erreichen, indem sich jede Partei darauf berufen dürfte, daß die Unmöglichkeit auch ohne ihr vertragswidriges Handeln eingetreten wäre und dieser Erfolg ihr daher nicht zurechenbar sei.

Die Berücksichtigung dieses Einwands widerspräche offenbar der verbreiteten Annahme einer Haftungsbegründung auch durch alternativ-kausales Handeln. Die einschlägigen Stellungnahmen gehen allerdings ausschließlich von dem Regelfall aus, daß einem Geschädigten zwei alternativ-ursächlich handelnde Schädiger gegenüberstehen[28]. Diese sollen sich nicht dadurch zum Nachteil des Opfers entlasten können, daß jeweils auch der andere Schädiger eine hinreichende Erfolgsbedingung gesetzt habe[29].

---

[28] S. die Fallgestaltung bei BGH DB 1962, 1044 sowie die Erörterungen von Staudinger-Medicus (12. Aufl.) § 249 Rz 62; Jauernig-Teichmann Vor §§ 249-253 Rz 26; Lange § 3 XII 1, S. 157 f; Deutsch HaftR Rz 153; Larenz SAT § 27 IIIa, S. 434; Jung AcP 170, 426 ff; Kahrs S. 50 ff.

[29] Staudinger-Medicus (12. Aufl.) § 249 Rz 96; Kahrs S. 50; ähnlich Deutsch HaftR Rz 153.

In der vorliegenden Konstellation sind die Rollen Schädiger / Geschädigter jedoch nicht eindeutig verteilt: Beide Parteien haben die Vertragsabwicklung gestört, und erst die Unmöglichkeitsregeln legen fest, wer den Schaden der Vertragsstörung tragen muß: Gläubiger, Schuldner oder aber beide. Bei einer Nichtzurechnung der alternativ verursachten Leistungsstörung droht also keine wechselseitige Entlastung zweier Schädiger. Es geht allein um die Frage, ob die mit der Unmöglichkeit verbundenen Nachteile anhand des § 323 BGB oder nach den Regeln der beiderseits zu vertretenden Unmöglichkeit auf die Parteien verteilt werden.

(2) Vergleich mit der Regelung des beiderseitigen Vertretenmüssens

Ein Vergleich der Rechtsfolgen des § 323 BGB mit der Regelung beiderseits zu vertretender Unmöglichkeit ist an dieser Stelle nur eingeschränkt möglich, da deren Rechtsfolgen hier bislang nicht erörtert wurden. Es sei aber bereits vorweggenommen, daß eine sinnvolle Lösung eine quotale Verteilung der Lasten nach dem Gewicht der Parteibeiträge erfordert[30].

Wo demgegenüber keine Seite etwas zu vertreten hat, ist auch keine Quotelung denkbar[31]. Nach § 323 Abs. 1 BGB verliert der Schuldner den Anspruch auf die Gegenleistung. Der Gläubiger trägt Nachteile, die ihm daraus entstehen, daß er die untergegangene Leistung nicht erhält (z.B. entgangenen Gewinn). Dies bedeutet für die alternativ verursachte Unmöglichkeit: Jede Seite müßte ihre eigenen Nachteile tragen. Sie hätte sich durch ihre Vertragsstörung demnach nur selbst geschädigt. Auf die Höhe der jeweiligen Schäden oder eine Gewichtung der Parteibeiträge käme es dabei nicht an.

Die alternativ-ursächliche Vertragsstörung ist unter dem Aspekt einer Selbstschädigung aber nur zur Hälfte beschrieben. Rechnet man den Unmöglichkeitserfolg hingegen beiden Vertragsteilen zu, läßt sich auch die Fremdverursachung der jeweiligen Vermögenseinbußen berücksichtigen. Dies ermöglicht zudem eine Abwägung der Beiträge und damit eine differenziertere Fallösung. So sei der Jagdhund des ersten Beispiels niedergestreckt worden sowohl wegen einer leichten Unachtsamkeit des Gläubigers als auch durch den gezielten Blattschuß des Schuldners, der seinem Weidfreund den nachträglich als günstig erkannten Kauf mißgönnte. Überwiegt die Verantwortlichkeit einer Seite derart deutlich,

---

[30] Dazu ausführlich u. 1. Teil: A. II. 1. a) aa).

[31] Anderer Ansicht OLG Saarbrücken NJW 1972, 1761 ff. mit von BGH NJW 1973, 1698 zutreffend zurückgewiesener Begründung.

bietet die pauschale Risikozuweisung des § 323 BGB keine angemessene Regelung.

Hinzu tritt, daß gerade für den Normalfall des synallagmatischen Vertrags, in dem Leistung und Gegenleistung einander gleichwertig gegenüberstehen (z.B. bei einem Verkauf zum Marktpreis), die aus der Unmöglichkeit entstehenden Lasten ungleich verteilt werden: Während den Gläubiger häufig keine Vermögenseinbuße träfe - entgangener Gewinn ist nicht ersichtlich, zudem könnte sich der Gläubiger nach einem neuen Vertragspartner umsehen -, hätte der Schuldner stets den gesamten Wertverlust zu tragen. Für die von keiner Seite zu vertretende Unmöglichkeit mag sich diese Lösung rechtfertigen lassen. Ein für die Unmöglichkeit mitverantwortlicher Gläubiger würde jedoch unbillig privilegiert.

Auch vor dem Hintergrund einer Lösung über § 323 BGB scheint es daher richtig, beide Parteien ihr alternativ-kausales Handeln vertreten zu lassen. Es ist nicht ersichtlich, warum diese Fallgruppe aus der beiderseits zu vertretenden Unmöglichkeit ausgegrenzt werden sollte.

Zum Beispielsfall: Das im Originalfall angerufene OLG Köln ging ebenfalls von einer beiderseits zu vertretenden Unmöglichkeit aus und ließ S und G den Schaden je zur Hälfte tragen[32].

c) Fallsammlung

Es findet sich nur der erwähnte Fall alternativ verursachter Unmöglichkeit,

OLG Köln NJW 1972, 1815.

3. Fallgruppe: Hypothetische Kausalität

Beispielsfall[33]: Kurz nach dem Ersten Weltkrieg verkaufte S dem G Verbandsmull. Vor Übergabe entstand Streit zwischen den Parteien, für den sie eine gerichtliche Klärung anstrebten. Im Laufe der Verhandlung verfügte das zuständige Landgericht die Einziehung des Verbandsmulls, weil G den der Zwangsbewirtschaftung unterliegenden Mull zweckentfremdend zu Puppenfüllungen verarbeiten wollte. Jedoch hatte S von G einen überhöhten Kaufpreis verlangt, so daß ein von der Landeswucherab-

---

[32] Vgl. NJW 1972, 1815, 1816; dies möglicherweise aber ohne die besondere Konstellation der alternativen Kausalität erkannt zu haben, s.o. b) (aa).

[33] Angelehnt an RG BayZ 25, 230 (II.).

wehrstelle inzwischen angerufenes Wuchergericht eine Woche später ebenfalls die Einziehung des Zellstoffs verfügt hätte.

In den unter dem Begriff der "hypothetischen Kausalität" zusammengefaßten Fällen existiert neben der realen Erfolgsbedingung eine zweite, sog. "Reserveursache", die den konkreten Erfolg - hier die Unmöglichkeit - zu einem späteren Zeitpunkt ebenfalls herbeigeführt hätte, aufgrund der Entfaltung der ersten Bedingung aber nicht mehr wirksam werden konnte. Dabei handelt es sich trotz der Bezeichnung "hypothetische Kausalität" nicht um ein Problem des Ursachenzusammenhangs - denn die Reserveursache ist tatsächlich nicht kausal geworden -, sondern um eine Zurechnungsfrage[34].

Die Problematik der Reserveursache wird üblicherweise im Rahmen des Schadenersatzrechts unter dem Aspekt diskutiert, ob der Schädiger seine Haftung durch Verweis auf die Reserveursache beschränken oder ausschließen kann. Die Beachtlichkeit des Einwands ist umstritten, wobei sich eine breit gefächerte Kasuistik entwickelt hat[35]. Hier soll die Frage allerdings unter dem Blickwinkel beiderseitigen Vertretenmüssens interessieren: Zu diskutieren ist nicht die Entlastung der real ursächlichen Partei, sondern eine Ausdehnung der Haftung auf den nur hypothetisch Verantwortlichen.

Aus dem Kreise der Autoren, die sich mit der beiderseits zu vertretenden Unmöglichkeit beschäftigen, behandelt allein Honsell die hypothetische Kausalität[36]. Dabei erklärt er die Reserveursache in jeder Hinsicht für unbeachtlich, da sie die bereits aufgrund der realen Ursache feststehende Unmöglichkeit unberührt lasse; auf den zweiten Beitrag komme es nicht mehr an.

Man wird Honsell zumindest für den Fall zustimmen müssen, in dem die Reserveursache erst in Kenntnis von Ersthandlung und (wenn auch erst künftigem) Unmöglichkeitserfolg gesetzt wurde. Vor dem Hintergrund des sicher gestörten Vertrags kann eine nur noch hypothetisch vertragsschädigende Handlung keine Mithaftung auslösen[37].

Diskussionswürdig dagegen ist die Behandlung der Konstellationen, in denen die Parteien unabhängig voneinander vertragswidrig handeln und es häufig nur

---

[34] Staudinger-Medicus (12. Aufl.) § 249 Rz 98; MüchKomm-Grunsky vor § 249 Rz 79.

[35] Fallgruppen sind beispielsweise die durch den Geschädigten gesetzte Reserveursache, Reserveursachen durch Dritte, sog. Anlagefälle; S. hierzu Staudinger-Medicus (12. Aufl.) § 249 Rz 98 ff. m.w.N.

[36] Vgl. JuS 1979, 81. Allerdings spricht er von alternativer Kausalität, S. o. Fn 24.

[37] Es bleibt eine mögliche Mitverantwortung des Vertragspartners hinsichtlich der Höhe des entstandenen Schadens nach § 254 BGB; vgl. dazu u. 1. Teil: A. I. 4.

eine Frage des Zufalls ist, welche Ursachenkette zuerst und damit realiter allein zur Unmöglichkeit führt. Hier fehlt es auf seiten des "Zweitschädigers" zwar an der Erfolgsverursachung, nicht aber an der Manifestation einer vertragswidrigen Einstellung. Ließe man ihn - generell oder zumindest für kraß vertragswidrige Handlungen - die Unmöglichkeit mitvertreten, könnte dies das geschilderte Zufallselement der Haftung ausschließen.

Eine Berücksichtigung von Reserveursachen ist dem Schadenersatzrecht vertraut, wo die zur Schadensermittlung angewandte Differenzhypothese[38] ohnehin zur Betrachtung hypothetischer Zustände und Abläufe zwingt. Die Leistungsstörungstatbestände dagegen knüpfen ausschließlich an tatsächliche Gegebenheiten an. Der Tatbestand der Unmöglichkeit konnte, nachdem schon eine Ursachenkette zum Erlöschen der Leistungspflicht geführt hatte, hinsichtlich derselben Pflicht nicht noch ein weiteres Mal erfüllt werden. Dieser Mangel objektiver Erfolgsverursachung läßt sich nicht durch ein Abstellen auf die vertragswidrige "Gesinnung" des Zweithandelnden kompensieren. Mag es in der gegebenen Konstellation auch häufig vom Zufall abhängen, welche Vertragspartei die Unmöglichkeit letztlich herbeiführt, so prägen Elemente des Zufalls doch nahezu jeden Lebenssachverhalt, ohne daß dies stets durch rechtliche Wertung auszugleichen wäre.

Hier ist also in Übereinstimmung mit Honsell festzustellen, daß sich in den Fällen hypothetischer Kausalität eine beiderseitige Verantwortlichkeit nicht herleiten läßt[39].

Zum Beispielsfall: S profitiert davon, daß das Landgericht früher als das Wuchergericht entschieden hat. So konnte sich sein Beitrag zur Unmöglichkeit - das Fordern eines überhöhten Kaufpreises - nicht mehr auswirken. G hat die Beschlagnahme des Mulls allein zu verantworten. Ein Fall beiderseitigen Vertretenmüssens liegt nicht vor.

4. Fallgruppe: Gemeinsame Verursachung des Schadens

Beispielsfall: S verkauft dem Antiquitätenhändler G den historischen Hut des Landvogts Geßler. G verkauft ihn sogleich weiter an seinen Kunden K, behält sich aber ein Rücktrittsrecht von 10 Tagen vor. Einige Tage vor Ablauf der Frist erfährt er von S, daß dieser den Hut versehentlich in die Altkleidersammlung gegeben habe und ihn

---

[38] Erman-Kuckuk Vor § 249 Rz 25 m.w.N.

[39] Ob allerdings die aus der Unmöglichkeit in Anspruch genommene Partei eine unzulässige Rechtsausübung einwenden kann, wenn die vertragsfeindliche Einstellung des Vertragsgegners manifest ist, ist hier nicht zu erörtern.

nun nicht mehr wiedererlangen könne. G versäumt es, fristgerecht von seinem Rücktrittsrecht Gebrauch zu machen. Er wird von K auf Schadenersatz in Anspruch genommen. G wiederum verlangt von S Schadenersatz wegen Nichterfüllung durch Befreiung von seiner Verbindlichkeit gegenüber K.

Im Beispielsfall ist eine beiderseitige Verantwortlichkeit auf der Ebene der Schadensentstehung - des haftungsausfüllenden Tatbestands - gegeben: Die Schadenersatzpflicht des G gegenüber K beruht sowohl auf der Lieferunfähigkeit des S als auch auf seinem Versäumnis eines rechtzeitigen Rücktritts. Die eigentliche Unmöglichkeit - der haftungsbegründende Tatbestand - ist demgegenüber nur von einer Vertragspartei, dem Schuldner, herbeigeführt worden. Diese Konstellation führt zum Beispiel zu der Frage, ob § 254 BGB auf den Schadenersatzanspruch aus § 325 BGB Anwendung findet[40], liegt aber außerhalb des hier zu diskutierenden Themas der beiderseits zu vertretenden Unmöglichkeit.

5. Fallgruppe: Eintritt der Unmöglichkeit während des Annahmeverzugs des Gläubigers

Beispielsfall[41]: Gebrauchtwagenhändler S einigte sich mit G über den Verkauf eines gebrauchten Pkw. Der Wagen sollte nach Zahlung des Kaufpreises übergeben werden. Zur fristgerechten Übergabe kam es jedoch nicht, da G sich in Geldnot befand und den Kaufpreis nicht aufbringen konnte. S bot ihm wiederholt Übergabe des Autos Zug um Zug gegen Zahlung an. Zwei Jahre lang stand der Wagen ungeschützt auf dem Gelände des S, dann war er derart verrottet, daß er gegenüber dem ursprünglichen Kaufgegenstand ein "aliud" darstellte.

Die Konstellationen der beiderseits zu vertretenden Unmöglichkeit lassen sich nicht nur nach dem kausalen Nexus der Parteibeiträge systematisieren, sondern auch nach der Eigenart, dem Inhalt des jeweiligen Beitrags. Die Parteihandlungen beschränken sich im "Normalfall" auf die zu vertretende Herbeiführung der Unmöglichkeit. Die Beiträge können aber zugleich den Tatbestand einer weiteren Leistungsstörung erfüllen. Es sind dann die Rechtsfolgen der jeweiligen Leistungsstörung in ihren Auswirkungen auf das Vorliegen einer von beiden Seiten zu vertretenden Unmöglichkeit zu erforschen. Dies zunächst am Fall des Annahmeverzugs.

---

[40] Dies ist der Fall, S. RGRK-Ballhaus § 325 Rz 27; Erman-Battes § 325 Rz 20.

[41] Nach OLG Oldenburg NJW 1975, 1788.

Zunächst sollen hier die vom Begriff des Annahmeverzugs erfaßten Fallgestaltungen vorgestellt werden, um alsdann die Bedingungen zu klären, unter denen Schuldner und Gläubiger für eine Unmöglichkeit einstehen müssen.

Die Folgen einer Annahmeverweigerung reichen unter Umständen über den "bloßen" Gläubigerverzug hinaus. So kann sie den Gläubiger gleichzeitig in Leistungsverzug bringen[42], ja sogar eine zur positiven Forderungsverletzung führende Vertragsaufsage bedeuten[43]. Die Konsequenzen solcher Fallgestaltungen für ein beiderseitiges Vertretenmüssen sollen aber erst im Zusammenhang der jeweiligen Leistungsstörung erörtert werden[44].

a) Formen des Annahmeverzugs

Der Gläubiger- oder auch Annahmeverzug tritt nach dem Wortlaut des § 293 BGB ein, wenn der Gläubiger die ihm angebotene Leistung nicht annimmt. Mit dieser Bestimmung soll nicht nur die Ablehnung der fertigen Leistung sanktioniert werden. Allgemein gerät der Gläubiger in Verzug, wenn er die Erfüllung des Schuldverhältnisses durch das Unterlassen einer seinerseits erforderlichen Mitwirkungshandlung verzögert[45].

Solange der Gläubiger sich darauf beschränkt, die Leistungsangebote seines Vertragspartners zurückzuweisen, wird er den Schuldner nur im Ausnahmefall besonders belasten, da dieser im synallagmatischen Vertrag in erster Linie am Erhalt der Gegenleistung interessiert ist. Häufig ist der Gläubiger jedoch bereit, die Leistung des Schuldners entgegenzunehmen, verweigert aber die Zug um Zug geschuldete Erfüllung der eigenen Verbindlichkeit. Hier hilft § 298 BGB, aufgrund dessen auch ein solches Gläubigerverhalten den Annahmeverzug begründet. Die Vorschrift ist erst recht anwendbar, wenn der Gläubiger zur Vorleistung verpflichtet ist[46].

---

[42] RGZ 57, 105, 109; Soergel-Wiedemann § 324 Rz 18; Staudinger-Löwisch Vorbem zu §§ 293-304 Rz 9; Hüffer S. 18 f.

[43] Staudinger-Löwisch Vorbem zu §§ 293-304 Rz 10; Wertheimer JuS 93, 646, 650.

[44] S. u. 1. Teil: A. I. 6. b) cc) und 7.

[45] MünchKomm-Thode § 293 Rz 1; RGRK-Alff § 293 Rz 1; Palandt-Heinrichs § 293 Rz 1; Emmerich § 24 I, S. 266.

[46] Staudinger-Löwisch § 298 Rz 3; RGRK-Alff § 298; Soergel-Wiedemann § 298 Rz 3.

b) Zusammentreffen von Annahmeverzug und Unmöglichkeit

Der Annahmeverzug des Gläubigers befreit den Schuldner nicht von seiner Verpflichtung zur Leistung; etwas anderes gilt nur im Fall der Hinterlegung, wenn die Rücknahme der hinterlegten Sache ausgeschlossen ist (vergleiche §§ 376, 378 BGB). Im übrigen besteht die Leistungspflicht des Schuldners fort, und ihre Erfüllung kann folglich auch während des Gläubigerverzugs unmöglich werden. Nur der umgekehrte Fall - Annahmeverzug zur Zeit bereits bestehender Unmöglichkeit - ist durch § 297 BGB ausgeschlossen.

Kann aber der Gläubiger, dessen Verzug die erste Vertragsstörung bildete, gegen den Schuldner aus der Unmöglichkeit (als der späteren Störung) vorgehen? Die Antwort ergibt sich unmittelbar aus der gesetzlichen Regelung des Annahmeverzugs: Wenn der Gläubiger die Leistung trotz seines Verzugs weiterhin beanspruchen kann, muß er zwangsläufig auch die Möglichkeit haben, Rechte aus einer (schuldhaften) Störung dieser Leistung herzuleiten. Ansonsten wäre der fortbestehende Leistungsanspruch wertlos und zudem das Haftungsprivileg des Schuldners aus § 300 Abs. 1 BGB - zu dessen Anwendbarkeit auf den Fall der Unmöglichkeit sogleich - überflüssig.

c) Vertretenmüssen des Schuldners

In § 300 Abs. 1 BGB ist bestimmt, daß der Schuldner während des Annahmeverzugs seines Gläubigers nur Vorsatz und grobe Fahrlässigkeit zu vertreten hat. Zwar wird über die Reichweite dieser Haftungsprivilegierung gestritten, jedoch besteht Einigkeit, daß sie zumindest die auf die Erhaltung des Leistungsgegenstands gerichteten Pflichten erfassen soll[47], also vor allem die Haftung für ein Unmöglichwerden[48]. Trifft den Schuldner für das Leistungshindernis nur eine Verantwortung unterhalb der Schwelle grober Fahrlässigkeit, hat er für die Unmöglichkeit folglich nicht einzustehen. Statt dessen findet § 324 Abs. 2 BGB Anwendung. Danach kann der Schuldner wie im Fall einer gläubigerverschuldeten Unmöglichkeit weiterhin seine Gegenleistung beanspruchen.

---

[47] Vgl. Mot. II, S. 74; RG JW 1921, 394; BGH LM § 651 Nr. 3 Bl 2; OLG Köln NJW-RR 1995, 52, 54; Palandt-Heinrichs § 300 Rz 2.

[48] Vgl. Staudinger-Löwisch § 300 Rz 3; Palandt-Heinrichs § 324 Rz 8; Erman-Battes § 300 Rz 3; Esser / E. Schmidt § 23 I 2, S. 23 f; Honsell JuS 1979, 81; Medicus SAT Rz 436.

d) Vertetenmüssen des Gläubigers

Im weiteren soll von einem grob fahrlässigen bzw. vorsätzlichen Handeln des Schuldners und damit von dessen Verantwortlichkeit für die Unmöglichkeit ausgegangen werden. Fraglich ist, unter welchen Bedingungen der Gläubiger neben dem Schuldner haftet.

Eine solche (Mit-)Haftung ergibt sich unproblematisch, wenn der Gläubiger unabhängig von seinem Annahmeverzug in schuldhafter Weise zum Eintritt der Unmöglichkeit beigetragen hat. Dann ist der Verzug nur für die Haftungsprivilegierung des Schuldners von Bedeutung, ansonsten bleibt es beim "Normalfall" kumulativ (oder alternativ) herbeigeführter Unmöglichkeit.

Wie aber ist der Annahmeverzug als Unmöglichkeitsbeitrag zu bewerten? Zwar ordnet § 324 Abs. 2 BGB eine Unmöglichkeitshaftung des im Annahmeverzug befindlichen Gläubigers an. Im vorliegenden Zusammenhang hilft die Vorschrift allerdings nicht weiter, da ihr Wortlaut verlangt, daß die Unmöglichkeit nicht vom Schuldner zu vertreten ist. Da der Annahmeverzug zudem auch ohne ein Verschulden eintritt[49], läßt sich bezweifeln, ob er dennoch stets hinreichen soll, um den Gläubiger neben dem Schuldner für die Unmöglichkeit haften zu lassen.

Über die Frage besteht Streit. Es lassen sich drei Auffassungen unterscheiden, die hier im einzelnen geschildert und diskutiert werden sollen.

aa) 1. Auffassung: Annahmeverzug bedeutet kein Vertretenmüssen

Eine erste Auffassung sieht im Annahmeverzug des Gläubigers keinen Grund, ihn neben dem grob fahrlässig oder vorsätzlich handelnden Schuldner für die Unmöglichkeit haften zu lassen[50]. Der Schuldner hätte eine Unmöglichkeit in der hier angenommenen Konstellation demzufolge allein zu vertreten.

---

[49] Mot. II, S. 68; RGZ 72, 4, 7; BGHZ 2, 20, 28; Erman-Battes § 293 Rz 1; Leonhard S. 494; Esser / E. Schmidt § 23 I, S. 21.

[50] Vgl. RG WarnR 1928, 157, 158 f; Soergel-Wiedemann vor § 323 Rz 150; Honsell JuS 1979, 81 f; Emmerich § 14 I, S. 157 u. in MünchKomm § 324 Rz 34; StudK-Lüderitz § 325 Anm III; wohl auch Huber S. 852.

Die Rechtsprechung ist aber nicht eindeutig: Im Ergebnis wie hier bereits RGZ 54, 286, 288, wo das Gericht einen dem Sachverhalt nach gegebenen Annahmeverzug bei seiner Prüfung des § 325 BGB nicht berücksichtigt. Die Ausführungen S. 288 f. zu den vom Schuldner zu vertretenden Umständen lassen aber vermuten, daß die Richter das Eingreifen des § 300 Abs. 1 BGB wie das Vorliegen von Annahmeverzug überhaupt

Diese Meinung wird von ihren Anhängern unterschiedlich, zum Teil sogar einander widersprechend[51] begründet. Das RG argumentiert, daß der Annahmeverzug nicht "Schuld an der Unmöglichkeit" trage, "da sonst im § 324 Abs. 2 BGB nicht gesagt sein könnte, daß die während des Annahmeverzugs eingetretene Unmöglichkeit ... nur dann dem Gegner den Anspruch auf die Gegenleistung beläßt, wenn die Unmöglichkeit nicht von ihm zu vertreten ist"[52]. In der Tat sieht § 324 Abs. 2 BGB vor, daß eine Unmöglichkeit während des Verzugs des Gläubigers vom Schuldner zu verantworten sein kann. Daraus - so das RG - sei im Gegenschluß zu folgern, daß der Annahmeverzug selbst kein Vertretenmüssen begründe.

Weitergehend bestreitet Wiedemann nicht nur die "Schuld", sondern auch die Ursächlichkeit des Annahmeverzugs für die Unmöglichkeit: § 324 Abs. 2 BGB gehe von einem Nebeneinander von Leistungsverzögerung und Unmöglichkeitsursache aus[53]. Hieraus schließt Wiedemann, daß der Annahmeverzug grundsätzlich nicht als Unmöglichkeitsursache und damit (außerhalb des § 324 Abs. 2 BGB) auch nicht als ein Haftungsgrund zu werten sei.

Die somit aufgeworfene Frage nach der Notwendigkeit eines Kausalzusammenhangs im Rahmen des § 324 Abs. 2 BGB sei hier vorab geklärt. Der Wortlaut des § 324 Abs. 2 BGB läßt ein zeitliches Nacheinander von Annahmeverzug und Unmöglichkeit genügen ("... zu einer Zeit..."). Daraus wird vielfach gefolgert, daß eine Ursächlichkeit des Annahmeverzugs nicht vorausgesetzt sei[54]. Dies ist sicher richtig in dem Sinn, daß die Unmöglichkeit nicht gerade und allein auf der Verzögerung als solcher beruhen muß. Es ist allerdings nicht plausibel, warum der Gläubiger verschärft haften sollte, wenn die Unmöglichkeit auch ohne seinen Verzug eingetreten wäre, der Annahmeverzug also keine conditio-sine-qua-non der Unmöglichkeit, sondern nur eine zufällige Begleiterscheinung bildet.

So sah es bereits die 1. Kommission zum Entwurf eines BGB. Sie erachtete eine Einschränkung des § 324 Abs. 2 BGB durch eine Formulierung ähnlich der des (heutigen) § 287 S. 2, 2. HS BGB für überflüssig, wegen der "Seltenheit des

---

übersehen haben. Eindeutig anders aber RG WarnR 1926, 265 ff: Dort wurde Annahmeverzug ohne weitere Erörterung als ein zu vertretender Umstand gewertet.

[51] Vgl. dazu u. Fn 53.

[52] RG WarnR 1928, 157, 158.

[53] In: Soergel Vor § 323 Rz 150. Für diesen Gedanken beruft er sich auf Honsell, allerdings zu Unrecht, da dieser den Annahmeverzug stets als conditio-sine-qua-non der konkret eingetretenen Unmöglichkeit auffaßt (vgl. JuS 1979, 81 f).

[54] Vgl. RG WarnR 1928, 157, 158; Staudinger-Otto § 324 Rz 20; MünchKomm-Emmerich § 324 Rz 28; Hüffer S. 29.

fraglichen Falls" und "wegen des aus dem § 198 der Zusammenstellung [dem heutigen § 287 BGB[55]] sich ergebenden Prinzips"[56]. Man ging also selbstverständlich davon aus, daß § 324 Abs. 2 BGB nur für Fälle eines ursächlichen Annahmeverzugs gelte. Dem ist beizupflichten. Wenn Wiedemann hingegen annimmt, § 324 Abs. 2 BGB schließe es aus, den Verzug des Gläubigers als Unmöglichkeitsursache zu werten, beruht dies auf einer Fehlinterpretation der Vorschrift.

Für die erste Auffassung wird weiterhin argumentiert, daß die §§ 300 Abs. 1, 324 Abs. 2 BGB umfassend und abschließend regelten, wie sich der Verzug des Gläubigers auf die Unmöglichkeitshaftung auswirke. Handele der Schuldner grob fahrlässig oder vorsätzlich, führten die genannten Normen zwar nicht zu seiner Privilegierung. Dem insoweit abschließenden Charakter der Regelung sei aber im Gegenschluß zu entnehmen, daß der Annahmeverzug jenseits dieser Privilegierung keine Bedeutung für die Unmöglichkeitshaftung erlange[57], die Unmöglichkeit folglich allein vom Schuldner zu vertreten sei. Mit Blick darauf, daß der Gläubigerverzug verschuldensunabhängig eintrete, verdiene der grob fahrlässig oder sogar vorsätzlich handelnde Schuldner auch keine Privilegierung[58].

bb) 2. Auffassung: Vertretenmüssen, wenn Annahmeverzug zu vertreten

Nach einer zweiten Auffassung führt der Annahmeverzug dann und nur dann zu einer von beiden Vertragsteilen zu verantwortenden Unmöglichkeit, wenn der Gläubiger sein Handeln zu vertreten hat[59]. Dabei soll sich das Vertretenmüssen des Gläubigers auf die Unmöglichkeit beziehen, nicht notwendig auch auf den Annahmeverzug selbst[60]. Ist das Verhalten hinsichtlich der Unmöglich-

---

[55] Anmerkung des Verf.

[56] Protokoll der 221. Sitzung vom 15.6.1883, S. 2334 f; zit. nach Jakobs / Schubert § 300 A II 3. Dort heißt es allerdings "§ 189 der Zusammenstellung". Sinn und Protokollzitat (a.a.O.) zeigen jedoch, daß es sich hierbei um ein Versehen handelt.

[57] Honsell JuS 1979, 81 f; Emmerich § 14 I, S. 157; Soergel-Wiedemann Vor § 323 Rz 150.

[58] MünchKomm-Emmerich § 324 Rz 34.

[59] Vgl. Staudinger-Otto § 324 Rz 55; Baumann / Hauth JuS 1983, 273, 274, insbes. Fn 17.

[60] Vgl. Baumann / Hauth, JuS 1983, 273, 274 Fn 17; nicht ganz eindeutig dagegen Otto (a.a.O.). Die Anknüpfung des Vertretenmüssens an die Unmöglichkeit ist konsequent, dem BGB die Kategorie eines zu vertretenden Annahmeverzugs ohnehin fremd.

keit zu vertreten, wird jedoch in aller Regel auch der Annahmeverzug zu vertreten sein.

Umgekehrt muß durchaus nicht jeder schuldhafte Annahmeverzug zu einem Vertretenmüssen der Unmöglichkeit führen. Dafür jedenfalls nicht ausreichend ist die mit jeder Verzögerung einer Vertragsabwicklung einhergehende Erhöhung des Risikos, daß der Leistungsgegenstand vor Erfüllung untergeht (zum Beispiel durch ein Feuer im Lagerraum). Denn dieses "normale" Verzögerungsrisiko ist bereits durch das Haftungsprivileg des Schuldners (§ 300 Abs. 1 BGB) kompensiert. Eine Unmöglichkeitshaftung kommt hingegen dann in Betracht, wenn die Nichtannahme im Einzelfall eine besondere, erhöhte Gefahr für den Leistungsgegenstand mit sich brachte (zu einer solchen Fallgestaltung vergleiche den Beispielsfall).

Begründet wird die Auffassung vor allem in der Auseinandersetzung mit der hier als erste dargestellten Ansicht: Zum einen vermissen die Autoren einen Beleg für die Behauptung, der Gläubigerverzug sei durch die Haftungsmilderung abschließend berücksichtigt[61]. Zum anderen wird die Lösung der ersten Meinung in zweifacher Hinsicht als zu undifferenziert empfunden: Baumann / Hauth weisen auf die Konsequenz hin, daß stets eine Seite allein für die Unmöglichkeit einzustehen hätte, je nachdem, ob der Schuldner leicht oder grob fahrlässig gehandelt habe, obwohl doch beides eng beieinander liegen könne[62]. Otto kritisiert die gleichbleibend einseitige Belastung des grob fahrlässigen Schuldners im Hinblick auf die Weite der möglichen Verschuldensgrade auf Gläubigerseite, von einem nicht vorwerfbaren Handeln bis hin zur vorsätzlichen Herbeiführung des Annahmeverzugs[63].

cc) 3. Auffassung: Bloßer Annahmeverzug reicht aus

Eine letzte Auffassung läßt den Gläubiger neben dem Schuldner schon für seinen bloßen Annahmeverzug haften, ohne ein weitergehendes Verschulden zu fordern[64].

---

[61] Vgl. Staudinger-Otto § 324 Rz 55; Baumann / Hauth JuS 1983, 273, 274.

[62] In: JuS 1983, 273, 274.

[63] In: Staudinger § 324 Rz 55.

[64] Vgl. OLG Oldenburg NJW 1975, 1788. Nicht ganz eindeutig RG WarnR 1926, 265, 267; Emmerich JuS 1976, 50 (zu beiden S. auch o. Fn 50); Schreiber Jura 1995, 529, 535 Fn 74; Hadding AcP 168, 150, 151 Bsp. 2, 3: In den zugrundeliegenden Fällen hatte die Gläubiger Unmöglichkeit und Annahmeverzug zu verantworten. So fehlte den

Das OLG Oldenburg begründet diese Haftung des Gläubigers schlicht durch Verweis auf § 324 Abs. 2 BGB[65]; andere Stimmen verzichten ganz auf eine Begründung[66].

dd) Stellungnahme zum Streitstand

Zur Klärung des Streits sei zunächst ein Blick auf die gesetzliche Regelung des Zusammentreffens von Annahmeverzug und Unmöglichkeit geworfen, § 324 Abs. 2 BGB. In der Vorschrift ist von einem Vertretenmüssen des Gläubigers keine Rede, sondern sie ergänzt § 324 Abs. 1 BGB, welcher die vom Gläubiger zu vertretende Unmöglichkeit regelt. Hätte es dem gesetzgeberischen Plan entsprochen, den Gläubiger jedweden Annahmeverzug im Rahmen der Unmöglichkeitshaftung vertreten zu lassen, wäre Abs. 2 überflüssig. Sinnvoll wäre höchstens der klarstellende Hinweis, daß der Annahmeverzug einen vom Gläubiger zu vertretenden Umstand darstelle.

Im Gegenschluß folgt aus dem Regelungszusammenhang, daß der Gesetzgeber (schlichten) Annahmeverzug nicht als einen vom Gläubiger zu vertretenden Umstand gewertet hat. § 324 Abs. 2 BGB ist vielmehr als Regelung der Gegenleistungsgefahr aufzufassen, die erst dann eingreift, wenn die Unmöglichkeit von keiner Seite zu vertreten ist[67,68]. Dieser Konzeption steht die Lösung des OLG Oldenburg klar entgegen; sie hätte, um vertretbar zu sein, zumindest einer ausführlichen Begründung bedurft.

Angesichts der gesetzlichen Konzeption scheint auch die zweitgenannte Ansicht keine Stütze zu finden. Aber es fragt sich, ob § 324 Abs. 2 BGB jede Form des Annahmeverzugs zwingend dem Bereich der Gefahrtragung zuordnet. Sein Tatbestandsmerkmal "Annahmeverzug" verweist auf die gesetzliche Regelung der §§ 293 ff. BGB, die ein Verschulden nicht voraussetzen. Diesem Normalfall gegenüber ist der vom Gläubiger zu vertretende Annahmeverzug ein Mehr, ein Sonderfall, der die Voraussetzungen des § 324 Abs. 2 BGB zwar ebenfalls erfüllt, für den diese Regelung aber nicht abschließend sein muß. Hier könnte eine lex specialis eingreifen.

Autoren möglicherweise nur der Anlaß, die Notwendigkeit eines zu vertretenden Verhaltens hervorzuheben.

[65] Vgl. NJW 1975, 1788.

[66] Vgl. RG WarnR 1926, 265, 267 und die übrigen in Fn 64 Genannten.

[67] Medicus BürgR Rz 272 f; Staudinger-Otto § 323 Rz 42; Larenz SAT §§ 25 IIc, 21 Ib; Jauernig-Vollkommer § 324 Rz 7.

[68] Zu Gefahrtragung und Unmöglichkeit ausführlich im 1. Teil: A. I. 8.

Als eine solche lex specialis kommt § 324 Abs. 1 BGB in Betracht. Im Fall des zu vertretenden Annahmeverzugs würden sich die Tatbestände beider Absätze somit überlappen; wegen der identischen Rechtsfolgeanordnungen bestand für den Gesetzgeber aber auch kein Anlaß zu einer trennscharfen Abgrenzung. Der abschließende Charakter des § 324 Abs. 2 BGB ist mithin zweifelhaft. Eine Berücksichtigung des Vertretenmüssens beider Vertragsteile fügt sich durchaus in den Regelungszusammenhang ein.

Es bleibt das Argument des RG, welches dem Wortlaut des § 324 Abs. 2 BGB ein exklusives Verhältnis von Annahmeverzug und zu verantwortender Unmöglichkeitsursache entnimmt. Das Argument des RG setzt voraus, daß stets nur eine Partei die Unmöglichkeit zu vertreten hat. In der Tat hat der Gesetzgeber die Möglichkeit beiderseitiger Verantwortlichkeit übersehen[69]. Das RG hat diese Regelungslücke allerdings bereits im Jahre 1918 aufgezeigt und auszufüllen versucht[70]. Mit der vorliegenden Argumentation tritt es hinter die eigene Erkenntnis zurück.

Insofern widerstreiten weder Gesetzessystematik noch -wortlaut der Berücksichtigung des Annahmeverzugs als eines vom Gläubiger zu vertretenden Unmöglichkeitsbeitrags.

Für diese Auffassung spricht überdies folgender Gedanke: Prinzipiell führt ein zu vertretendes, zur Unmöglichkeit führendes Handeln zu einer (Mit-)Haftung für die Folgen aus der Unmöglichkeit. Wäre dies ausgerechnet für ein Verhalten, das zugleich auch den Tatbestand des Annahmeverzugs erfüllt, nicht der Fall, läge hierin - zumindest in dieser Hinsicht - eine Privilegierung des Gläubigers und spiegelbildlich eine Schlechterstellung des Schuldners. Denn der grob fahrlässig handelnde Schuldner könnte den Verschuldensbeitrag des Gläubigers nur dann erfolgreich geltend machen, wenn jener durch sein Verhalten nicht gleichzeitig in Annahmeverzug geraten wäre. Dies widerspräche dem Sinn der §§ 293 ff. BGB, welche die Rechtsstellung des Schuldners gerade verbessern wollen.

Nun könnte man die partielle Schlechterstellung des Schuldners mit Blick auf sein grob fahrlässiges oder gar vorsätzliches Handeln gutheißen. Otto ist jedoch darin beizupflichten, daß den Gläubiger ein ebensolches Verschulden tref-

---

[69] So schon Kisch S. 95 im Jahr 1900. Heute ganz h.M., S. dazu ausführlich unten 1. Teil: A. II. 2., insbes. a) aa) (2) (b).

[70] Vgl. RGZ 94, 140, 142: "Der Gesetzgeber hat den Fall der schuldhaften Mitwirkung beider Vertragsparteien ... nicht ausdrücklich behandelt". Genauso RG WarnR 1926, 265, 267.

fen kann und bei einer gleichrangigen Verantwortlichkeit eine Alleinhaftung des Schuldners nicht gerechtfertigt wäre.

Der Gläubiger muß also, indem er die Leistung des Schuldner nicht angenommen hat, den Untergang des Leistungsgegenstands in zu vertretender Weise verursacht haben. Als Unmöglichkeitsbeitrag des Gläubigers weist der Annahmeverzug mithin keine Besonderheit gegenüber dem "Normalfall" auf. Für die Haftung des Schuldners ist er insofern von Bedeutung, als dieser während des Gläubigerverzugs nur für Vorsatz und grobe Fahrlässigkeit haftet.

Zum Beispielsfall: Durch den Verfall des Autos ist es S unmöglich geworden, seine Verpflichtung aus dem Kaufvertrag zu erfüllen. Jedoch hatte er G den Wagen zuvor Zug um Zug gegen Zahlung des Kaufpreises angeboten. Da G nicht zahlen konnte, war er gemäß § 298 BGB in Gläubigerverzug geraten. Aufgrund seiner Einstandspflicht für die eigene Zahlungsfähigkeit hatte G die Nichtannahme zu vertreten. Dabei mußte G erkennen, daß der Gebrauchtwagen während der monatelangen Standzeit durch Witterungseinflüsse in seinem Bestand gefährdet war; er durfte sich nicht darauf verlassen, daß S geeignete Sicherungsmaßnahmen treffen würde.

S indes blieb durch den fortbestehenden Kaufvertrag verpflichtet, seine Leistungsfähigkeit zu erhalten. Diese Verpflichtung spiegelt sich insbesondere in § 304 BGB, der dem Schuldner einen Ersatzanspruch für Aufwendungen gewährt, die er zur "Erhaltung des geschuldeten Gegenstands machen *mußte*". Dafür, daß S dem Untergang des Autos weder vorzubeugen noch abzuhelfen versucht hat, muß er sich als professioneller Händler grobe Fahrlässigkeit vorwerfen lassen. Für dieses Verschulden muß S trotz der Privilegierung des § 300 Abs. 1 BGB einstehen. Daraus folgt die Situation eines (kumulativen) beiderseitigen Vertretenmüssens.

e) Fallsammlung

Fälle zur Unmöglichkeit während des Annahmeverzugs

- aus der Rechtsprechung:

RG JW 1919, 308 Nr. 9[71]

RG WarnR 1926, 265 (Nr. 180)

---

[71] Mit Anmerkung von Oertmann. Hadding AcP 168, 150, 152 Fn 7 meint, dieses Urteil behandele allein die Frage, ob § 254 BGB auf den Schadenersatzanspruch nach § 325 Abs. 1 S. 1 BGB anwendbar sei, d.h. ein mitwirkendes Verschulden des Gläubigers bei Entstehung des Schadens, nicht am Eintritt der Unmöglichkeit. Dem stehen Inhalt und Wortlaut des Urteil entgegen, nach welchem zu prüfen war, ob "die Leistungsunmöglichkeit nur von einem Teile oder anteilsmäßig von beiden Parteien zu vertreten sei" (S. 310). Ebenso Soergel-Wiedemann Vor § 323 Rz 152 Fn 5.

OLG Oldenburg NJW 1975, 1788[72];

- aus der Literatur:

Braun JA 1983, 571, 574[73]

Enneccerus / Lehmann § 46 III 4, S. 205 f[74]

Hadding AcP 168, 150, 151 Bsp. 2.

6. Fallgruppe: Unmöglichkeit und Leistungsverzug

Beispielsfall 1: Mäzen G bestellt bei Künstler S eine "Fettecke", die speziell für sein Wohnzimmer entworfen werden soll. Dafür hat er die letzten überhaupt erhältlichen Kilo traditionell gefertigten Rentierschmalzes, welches S ausschließlich verwendet, zur Verfügung gestellt. S geht mit wenig Enthusiasmus an seine Arbeit. Der für die Fertigstellung vereinbarte Termin ist schon seit Wochen verstrichen, als die von G unzulänglich gewartete Kühlanlage ausfällt. Das unersetzliche Rentierfett verdirbt. Nach der Verarbeitung wäre eine Kühlung des Fetts nicht mehr notwendig gewesen.

Beispielsfall 2[75]: Metallhandwerker S übernimmt es, in seiner Werkstatt eine Produktionsanlage des G für diesen umzurüsten. Hierzu muß G dem S Werkstoffproben zur Verfügung stellen. Wegen der wirtschaftlichen Bedeutung des Geschäfts legen die Parteien die Mitwirkung des G als Leistungspflicht fest; S wird sicherungshalber Eigentümer der Anlage.

Wegen seiner mangelhaften Betriebsorganisation kann G die Werkstoffproben nicht termingerecht liefern. Die Verzögerung der Vertragsabwicklung blockiert den kleinen Spezialbetrieb des S und stürzt ihn in Liquiditätsprobleme. Nach mehreren fruchtlosen Mahnungen sieht S sich gezwungen und berechtigt, die zur Hälfte umgerüstete Anlage an einen Dritten zu veräußern.

Als Unmöglichkeitsbeitrag kommt auch der Leistungsverzug einer Vertragspartei in Betracht. Wie beim Annahmeverzug stellt sich die Frage, ob und wie die Rechtsfolgen dieser "zusätzlichen" Leistungsstörung die Anforderungen an ein beiderseitiges Vertretenmüssen der Unmöglichkeit beeinflussen. Im synallagmatischen Vertrag kann sich eine derartige Beeinflussung durch den Leistungsverzug beider Vertragsteile ergeben: Einerseits kann der Schuldner die Leistung schuldhaft (§ 285 BGB) verzögern, die dann während seines Verzugs

---

[72] Mit Anmerkung von Teubner NJW 1975, 2295 f. und einer Besprechung von Emmerich JuS 1976, 50 f.

[73] In Anlehnung an OLG Oldenburg NJW 1975, 1788.

[74] Aufgegriffen von Hadding AcP 168, 150, 151 Bsp. 3.

[75] Abgewandelt nach OLG Frankfurt NJW-RR 1995, 435.

unmöglich wird. Der Gläubiger der unmöglichen Leistung, andererseits, ist Schuldner der Gegenleistung und weiterer Vertragspflichten; insofern kann auch er in Leistungsverzug geraten.

a) Konstellationen des Leistungsverzugs

aa) Verzug des Schuldners der unmöglichen Leistung

Die Konstellation eines Zusammentreffens von Leistungsverzug und Unmöglichkeit gestaltet sich folgendermaßen: Der Schuldner gerät mit seiner Hauptleistungspflicht in Verzug, deren Erfüllung ihr Gläubiger während des Verzugs in einer von ihm zu vertretenden Weise unmöglich macht (vergleiche Beispielsfall 1).

bb) Leistungsverzug des Vertragsgegners

Ein Leistungsverzug des Vertragsgegners, also des Gläubigers der unmöglichen Leistung in seiner Eigenschaft als Schuldner seines Vertragspartners, ist hinsichtlich unterschiedlicher Pflichten denkbar: Zum einen kann sie mit der Verpflichtung, die vereinbarte Gegenleistung zu erbringen, in Verzug geraten. Den Gläubiger können aber auch solche Pflichten treffen, welche dem Schuldner ermöglichen sollen, seine Leistung zu bewirken. So stellt die Abnahme der Leistung des Verkäufers / Unternehmers eine Schuldnerverpflichtung des Käufers / Bestellers dar (§ 433 Abs. 2, 640 Abs. 1 BGB)[76]. Die Vertragsparteien können auch weitere Mitwirkungspflichten des Gläubigers vereinbaren[77] (dazu Beispielsfall 2).

cc) Zusammenfallen von Leistungs- und Annahmeverzug beim Gläubiger

Verzögert der Schuldner einer Abnahme- oder Mitwirkungspflicht schuldhaft deren Erfüllung, wird er dadurch regelmäßig zugleich als Gläubiger seines Vertragspartners in Annahmeverzug geraten. Umgekehrt wird mit *An*nahmeverzug

---

[76] RGZ 57, 105, 109 (zu § 433); Palandt-Heinrichs § 293 Rz 6; Hüffer S. 18; Medicus SAT Rz 441.

[77] Soergel-Wiedemann § 324 Rz 18.

nicht selten *Ab*nahmeverzug einhergehen[78]. Die Regelungen von Leistungsverzug und Annahmeverzug gelten nebeneinander[79]; der Vertragspartner kann Rechte aus beiden Verzugsformen geltend machen. Ein zusätzlicher Leistungsverzug hindert insbesondere nicht die Privilegierung des Vertragspartners aus § 300 Abs. 1 BGB[80].

b) Auswirkungen des Leistungsverzugs auf ein beiderseitiges Vertretenmüssen

aa) Einwand eigener Vertragsuntreue

Leistungsverzug stellt eine Form der Vertragsuntreue dar. Es fragt sich daher, ob er die säumige Partei daran hindert, sich auf die spätere schuldhafte Herbeiführung der Unmöglichkeit durch den anderen Vertragsteil zu berufen ("tu quoque"-Einwand). Wäre dies so, stellte sich das Problem ein- oder beiderseitigen Vertretenmüssens der Unmöglichkeit nicht. Die Vertragsabwicklung bestimmte sich dann allein nach den aus dem Leistungsverzug entstandenen Sekundärrechten; eine Einordnung des Verzugs in die Unmöglichkeitshaftung würde überflüssig[81].

Im Fall des Annahmeverzugs ergab sich die Unbeachtlichkeit des "tu quoque" unmittelbar aus dem Gesetz[82]. Beim Leistungsverzug liegen die Dinge komplizierter. Hat der Verzug zum Wegfall der primären Erfüllungsansprüche geführt (über § 326 BGB), kann Unmöglichkeit ohnehin nicht mehr eintreten. Für die übrigen Fälle besteht grundsätzlich Einigkeit, daß der Gläubiger trotz eigener vorheriger Vertragsuntreue aus § 325 BGB vorgehen kann[83]. Die eigen-

---

[78] Gilt auch für Annahmeverzug im Fall des § 298 BGB: Mot. II, S. 73; Erman-Battes § 298 Rz 3; MünchKomm-Thode § 298 Rz 4; Palandt-Heinrichs § 298 Rz 2.

[79] Erman-Battes Vor § 293 Rz 9; Hüffer S. 36 f.

[80] Staudinger-Löwisch § 300 Rz 3.

[81] In diesem Sinn gehen die Regeln eigener Vertragsuntreue denen der beiderseits zu vertretenden Unmöglichkeit vor. Ist der "tu quoque"-Einwand dagegen nur auf den Ausschluß einzelner Rechtsfolgen der Unmöglichkeit gerichtet (z.B. das Rücktrittsrecht), liegt es näher, den Regeln der beiderseits zu vertretenden Unmöglichkeit den Vorrang einzuräumen und die vorangegangene Leistungsstörung ausschließlich im Rahmen der dort ohnehin zu treffenden Abwägung zu berücksichtigen. Zum ganzen S. Teubner S. 43, 56 f.

[82] S.o. 5. b).

[83] Vgl. RGZ 54, 286, 288; BGH NJW 1975, 1740; RGRK-Ballhaus § 325 Rz 6; Staudinger-Otto § 324 Rz 19; Erman-Battes § 325 Rz 4;Teubner S. 59 f. Differenzierend MünchKomm-Emmerich § 325 Rz 25, Soergel-Wiedemann Vor § 323 Rz 141, 146.

ständig haftungsbegründende Wirkung der Unmöglichkeit rührt daher, daß sie den Vertragszweck endgültig vereitelt, während der Verzug den Vertragszweck nur vorübergehend gefährdet[84]. Zu untersuchen bleibt, ob und wie die Ansprüche des Gläubigers durch die Regeln der beiderseits zu vertretenden Unmöglichkeit modifiziert werden.

Der reziproke Fall des § 324 BGB - Verzug des Schuldners, Unmöglichkeit durch den Gläubiger verursacht - wird in der Literatur nicht diskutiert. Es besteht aber kein Anlaß, die Vertragsseiten hinsichtlich ihres Leistungsverzugs unterschiedlich, konkret: den säumigen Schuldner schlechter zu behandeln. Auch ihm muß die Möglichkeit gegeben sein, die mit der Unmöglichkeit verbundene, endgültige Vertragsstörung gegenüber seinem Vertragspartner geltend zu machen.

Vorhergehender Leistungsverzug einer Vertragsseite schließt also nicht aus, Rechte aus einer vom Kontrahenten zu vertretenden Unmöglichkeit geltend zu machen. Im weiteren ist zu erörtern, inwiefern der Verzug als Haftungsbeitrag zu einem beiderseitigen Vertretenmüssen der Unmöglichkeit führt.

bb) Leistungsverzug als Unmöglichkeitsbeitrag

Als Folge des Leistungsverzugs ordnen die §§ 286, 326 BGB eine Schadenersatzpflicht für den Verspätungs- bzw. Nichterfüllungsschaden an. § 287 S. 1 BGB setzt eventuell bestehende Haftungsmilderungen für den Verzugsschuldner außer Kraft. Die Vorschrift hilft im vorliegenden Zusammenhang jedoch nicht weiter, da sie sich erst auf einen weiteren, über die Leistungsverzögerung hinausführenden Unmöglichkeitsbeitrag des Verzugsschuldners auswirkt. Hier hingegen soll der Leistungsverzug selbst als Unmöglichkeitsbeitrag untersucht werden.

Über § 287 S. 1 BGB hinausgehend macht S. 2 den Verzugsschuldner "auch für die während des Verzugs durch Zufall eintretende Unmöglichkeit der Leistung verantwortlich". Anders als S. 1 könnte diese Norm eine Unmöglichkeitshaftung unmittelbar aufgrund des Verzugs begründen. Fraglich ist allerdings, ob

[84] Teubner S. 60. Einen Sonderfall des Verzugs bedeutet die endgültige Leistungsverweigerung nach Fälligkeit. Hier und beim verzugsbedingten Interessewegfall ist der Vertragszweck bereits vereitelt, der Verzugsgläubiger kann den Vertrag jederzeit durch gestaltende Erklärung ins Abwicklungstadium überführen. Zur eigenen Vertragsuntreue in dieser Lage S. 1. Teil: A. I. 7.

die Norm in den vorliegenden Konstellationen beiderseitiger Verantwortlichkeit eingreift.

§ 287 S. 2 BGB ist nach einer Entscheidung des RG nicht anzuwenden, wenn sich der Verzug auf die Verpflichtung des Gläubigers zur Abnahme der gegnerischen Leistung (§§ 433 Abs. 2, 640 Abs. 1 BGB) bezieht. Dem hat man sich allgemein angeschlossen[85]. Konsequenterweise kann nichts anderes gelten, wenn der Verzug hinsichtlich einer vereinbarten Mitwirkungspflicht oder der Gegenleistung eingetreten ist: Mit Recht stellt das RG fest, daß § 287 S. 2 BGB eine Unmöglichkeit gerade hinsichtlich der verzögerten Leistung voraussetzt[86]. Weiter führt es aus, daß die Abnahmepflicht des Gläubigers mit dem Untergang des Leistungsgegenstands zwar nicht mehr zu erfüllen sei, es sich hierbei aber um keine eigenständige Unmöglichkeit, sondern - sinngemäß - um einen bloßen Rechtsreflex handele. Dies trifft ebenso auf den Verzug mit einer Mitwirkungspflicht zu. Im Fall des Gegenleistungsverzugs fehlt es bereits an der Identität von verzögerter und unmöglicher Leistung.

Demnach kann § 287 S. 2 BGB im vorliegenden Zusammenhang nur eingreifen, wenn der Leistungsverzug hinsichtlich derjenigen Hauptleistungspflicht eintritt, die in der Folge unmöglich wird. § 287 S. 2 BGB verlangt jedoch ferner, daß die Unmöglichkeit zufällig, d.h. von keiner Partei zu vertreten ist. Die Vorschrift scheidet daher aus, wenn der Vertragsgegner die Unmöglichkeit zu verantworten hat[87], wie es hier vorausgesetzt wird. Auch § 287 S. 2 BGB hilft folglich nicht weiter.

Es bleiben die Schadenersatzansprüche aus §§ 286, 326 BGB und mit ihnen die Frage, ob diese Vorschriften die Rechtsfolgen des Verzugs auch im Hinblick auf die Unmöglichkeit abschließend regeln. Dann wäre die Unmöglichkeit allein von der Gegenseite zu vertreten. Möglicherweise ist das verzugsbegründende Handeln aber auch im Rahmen der Unmöglichkeit zu berücksichtigen mit dem Ergebnis einer beiderseitigen Verantwortlichkeit.

---

[85] Vgl. RGZ 57, 402, 405 f; OLG Jena JW 1918, 380, 381; Erman-Battes § 287 Rz 3; Staudinger-Löwisch § 287 Rz 14; GroßKomm-Würdinger / Röhricht Vor § 373 Rz 229.

[86] Vgl. RGZ 57, 402, 405 f.

[87] RGZ 125, 196, 200; Staudinger-Löwisch § 287 Rz 8; Erman-Battes § 287 Rz 2; Emmerich § 17 V 2b, S. 198.

(1) Stellungnahmen speziell zum beiderseitigen Vertretenmüssen

Es finden sich wenige Stellungnahmen, die Leistungsverzug als Unmöglichkeitsbeitrag konkret im Hinblick auf ein beiderseitiges Vertretenmüssen diskutieren. Die Rechtsprechung hat das Problem - soweit ersichtlich - nie ausdrücklich erörtert, obwohl verschiedene Fälle Anlaß dazu boten. So bleibt die Position von RG und BGH unklar: Bejaht eine Entscheidung einen Anspruch des Gläubigers aus § 325 BGB trotz seines vorherigen Verzugs mit der Gegenleistung[88], werten andere eine schuldhafte Leistungsverzögerung als Mitverantwortlichkeit im Rahmen der Unmöglichkeitshaftung[89].

In der Literatur hat Honsell sich zum Leistungsverzug des Gläubigers geäußert. Parallel zu seiner zum Annahmeverzug vertretenen Auffassung[90] will er den Leistungsverzug im Rahmen der Unmöglichkeitshaftung nicht berücksichtigen. Der Schuldner sei durch den Anspruch auf Ersatz seines Verzugsschadens ausreichend geschützt; der Gläubiger dürfe demgegenüber für ein und dasselbe Verhalten nicht aus zwei Leistungsstörungen haften[91].

Otto behauptet demgegenüber, daß ein Abnahmeverzug des Gläubigers häufig zu dessen Mitverantwortung an der vom Schuldner zu vertretenden Unmöglichkeit führen wird[92]. Otto nennt allerdings keine Kriterien, nach denen der "häufige" vom Ausnahmefall zu unterscheiden sei. Insofern ist Teubner präziser; ihm zufolge führt der Verzug mit der Gegenleistung stets zu einem Mitvertreten der Unmöglichkeit, wenn er die Unmöglichkeit veranlaßte, also für sie ursächlich war[93].

---

[88] So der BGH in NJW 1975, 1740 f. Ebenso bereits RGZ 54, 286, 288 hinsichtlich einer Abnahmepflicht des Käufers.

[89] Vgl. RG JW 1919, S. 308 Nr. 9; RGZ 97, 6, 10; BGH WM 1971, 892, 895 f. Hadding (AcP 168, 150, 152 Fn 7) meint, daß die Entscheidung RGZ 97, 6 das Problem beiderseits zu vertretender Unmöglichkeit nicht behandele, S. die parallele Argumentation o. in Fn 71. Hier gibt ihm der Wortlaut der Entscheidung ("... eigenes Verschulden ... bei Entstehung des Schadens ...", RGZ 97, 6, 10) zwar auf den ersten Blick recht. Die Möglichkeit eigenen Verschuldens ist in diesem Satz aber auf die "Säumigkeit des Klägers" bezogen, welche dann die nur noch kurze Zeit "ausführbare Lieferung verhindert habe" (a.a.O.). Das RG hat bei seiner Prüfung des § 325 BGB folglich durchaus ein beiderseitiges Vertretenmüssen der Unmöglichkeit erörtert. Dieselbe Einordnung bei Erman-Battes Vor §§ 323-327 Rz 5; Seichter S. 10 Fn 1.

[90] S.o. 5. d) aa).

[91] JuS 1979, 82.

[92] In: Staudinger § 325 Rz 24.

[93] Vgl. S. 60 f. Die Beschränkung des dort allgemein formulierten Satzes auf den Gegenleistungsverzug ergibt sich aus dem Thema seiner Abhandlung, vgl. nur S. 59.

(2) Stellungnahmen allgemein zur Unmöglichkeit als Verzugsfolge

Jenseits des Spezialfalls einer beiderseitigen Verantwortlichkeit findet sich zum Verhältnis von Leistungsverzug und nachfolgender Unmöglichkeit eine - scheinbar einheitliche - herrschende Auffassung: Für die Unmöglichkeit habe der Verzugsschuldner auch ohne weiteres Verschulden zu haften, wenn sie adäquate Folge des Verzugs sei[94]. Adäquate Kausalität ist gegeben, wenn eine Handlung oder Unterlassung im allgemeinen und nicht nur unter ganz besonders eigenartigen, unwahrscheinlichen Umständen zur Herbeiführung des eingetretenen Erfolgs geeignet gewesen ist[95]. Unter dieser Voraussetzung wären dann in der vorliegenden Konstellation beide Parteien - Verzugsschuldner und -gläubiger - für den Eintritt der Unmöglichkeit verantwortlich. Dies entspricht dem Ansatz Teubners[96].

Sofern die Ansicht überhaupt begründet wird, stützt sie sich darauf, daß der Ursachenzusammenhang zwischen Verzug und Unmöglichkeit zum Bereich der haftungsausfüllenden Kausalität gehöre, auf den sich ein Verschulden nach allgemeinen Grundsätzen nicht zu erstrecken brauche[97]. Würde demnach bereits nach Verzugsregeln für die Unmöglichkeit gehaftet, wären die §§ 280, 323 ff. BGB in der vorliegenden Konstellation überflüssig. Möglicherweise dient Verzug aber auch nur dazu, das Vertretenmüssen der Unmöglichkeit zu begründen.

Die meisten Stellungnahmen lassen diese Frage durch die Unschärfe ihrer Formulierung offen, die Haftung folge "unmittelbar aus §§ 280, 285, 286 BGB"[98]. In manchen Fällen ergibt sich dabei aus dem Zusammenhang[99], daß sich die Ansprüche des Verzugsgegners nach dem Recht der Unmöglichkeit

---

[94] Vgl. Schreiber Jura 1990, 193, 199; Walchshöfer JuS 1983, 598, 602; Jauernig-Vollkommer § 287 Rz 2; MünchKomm-Thode § 287 Rz 3; Erman-Battes § 287 Rz 2; Palandt-Heinrichs § 287 Rz 2; Staudinger-Löwisch § 287 Rz 15; Heck S. 110; Leonhard S. 524 f; Blomeyer § 33 II 3, S. 195; Brox Rz 281; Esser / E. Schmidt § 28 I 2a, S. 111; Larenz SAT § 23 IIa, S. 354.

[95] RGZ 158, 34, 38; BGHZ 3, 261, 267; Jauernig-Teichmann Vor §§ 249-253 Rz 28; Larenz SAT § 27 IIIb 1, S. 436; Medicus SAT Rz 598; Brox Rz 330.

[96] Dieser äußert sich allerdings ausdrücklich nur zum Gegenleistungsverzug. Zur Anwendungsweite der h.M. S. sogleich u. (3) (b).

[97] Vgl. Jauernig-Vollkommer § 287 Rz 2; Palandt-Heinrichs § 287 Rz 2; Esser / E. Schmidt § 28 I 2a, S. 111.

[98] Erman-Battes § 287 Rz 2; Palandt-Heinrichs § 287 Rz 2; Blomeyer § 33 II 3, S. 195; ähnlich Walchshöfer JuS 1983, 598, 603; Staudinger-Löwisch § 287 Rz 15; MünchKomm-Thode § 287 Rz 3; Jauernig-Vollkommer § 287 Rz 2; Brox Rz 281; Emmerich § 17 V 2a, S. 197.

[99] S. Staudinger-Löwisch § 284 Rz 81; MünchKomm-Thode § 284 Rz 48; Brox Rz 272. Sogar ausdrücklich für Unmöglichkeitshaftung Schreiber Jura 1990, 193, 199.

richten sollen. Andere Stimmen innerhalb der herrschenden Meinung nennen dagegen die Verzugsnorm § 286 BGB als Anspruchsgrundlage. Diese verpflichte zum Ersatz sämtlicher adäquat-kausal auf dem Verzug beruhender Schäden und erfasse folglich auch solche aus verzugsbedingter Unmöglichkeit[100].

Über die Diskussion der korrekten Anspruchsgrundlage hinaus vertritt eine weitere Gruppe von Autoren auch ein sachlich abweichendes Ergebnis: Die Autoren sehen im Kausalzusammenhang zwischen Unmöglichkeit und Verzug keine hinreichende Bedingung, um den Verzugsschuldner den aus der Unmöglichkeit erwachsenen Schaden ersetzen zu lassen. Der Kausalnexus begründe weder ein Vertretenmüssen der Unmöglichkeit[101], noch führe er zu einer Verzugshaftung für die Unmöglichkeitsschäden[102]. Eine Verantwortlichkeit für die Unmöglichkeit könne sich statt dessen aus den allgemeinen Vertretensregeln (§§ 276 ff. BGB) sowie aus § 287 S. 2 BGB ergeben. Letzterer - nach der oben geschilderten herrschenden Meinung fast bedeutungslos - erhalte so einen eigenen Regelungsbereich[103]. Vorliegend ist § 287 S. 2 BGB wegen des unterstellten Unmöglichkeitsbeitrags des Verzugsgegners jedoch unanwendbar. Dieser Auffassung zufolge ist eine beiderseitige Unmöglichkeitshaftung also nur gegeben, wenn der Schuldner seine Leistungsverzögerung auch hinsichtlich der Unmöglichkeit nach den §§ 276 ff. BGB zu vertreten hat.

Wiedemann geht über diese Auffassung noch hinaus, indem er einem Verzug im Rahmen der Unmöglichkeitshaftung überhaupt keine eigenständige Bedeutung beimißt[104]; die Pflichtwidrigkeit der Leistungsverzögerung sei durch die Verzugsregeln abschließend erfaßt. Hier deckt sich seine Argumentation folglich mit derjenigen Honsells[105]. Nach ihr führte ein Leistungsverzug in der vorliegenden Konstellation nicht zu einer Mitverantwortung für die Unmöglichkeit.

---

[100] Heck S. 110; Leonhard S. 524 f. (im Widerspruch zu S. 511 f: Unmöglichkeit verdrängt Verzug); Larenz SAT § 23 IIa, S. 354 (dto. entgegen § 23 vor I, S. 344); sinngemäß auch RGZ 96, 158, 160; anders allerdings RGZ 97, 6, 9. Nach Brehm (JuS 1989, 112, 115 f) besteht dieser Anspruch neben einer Haftung aus Unmöglichkeit, deren Vertretenmüssen aus §§ 276 ff, 287 S. 2 BGB zu begründen sei und nicht schon aus der Ursächlichkeit des Verzugs folge.

[101] Soergel-Wiedemann § 287 Rz 4; Gernhuber § 31 IV 1h. Wohl auch Schmitz JuS 1973, 430, 432, der in einem Beispiel trotz des Vorliegens adäquater Kausalität auf § 287 S. 2 zurückgreift; ähnlich Diederichsen JuS 1985, 825, 826, Medicus SAT § 34 II 2, S. 186.

[102] Schmitz JuS 1973, 430, 432; Diederichsen JuS 1985, 825, 834; Soergel-Wiedemann § 287 Rz 4; Gernhuber § 31 IV 1h.

[103] Gernhuber § 31 IV 1h.

[104] In: Soergel § 287 Rz 4.

[105] S. soeben unter (1).

(3) Eigene Stellungnahme

(a) Leistungsverzug des Schuldners der unmöglichen Leistung

Daß die Tatbestände von Verzug und Unmöglichkeit hinsichtlich derselben Leistungspflicht in einem alternativen, sich wechselseitig ausschließenden Verhältnis stehen, entspricht heute allgemeiner Auffassung[106]. Insbesondere endet ein Verzug mit dem Eintritt der Unmöglichkeit. Entsprechend muß dieselbe Alternativität auf Rechtsfolgenseite gelten: Ein Schaden kann nur entweder nach Verzugs- oder Unmöglichkeitsrecht zu ersetzen sein.

Die allseits anerkannte Möglichkeit, den reinen Vezögerungsschaden als Rechnungsposten in den Nichterfüllungsschaden einzubeziehen[107], steht dieser These nicht entgegen. Er ist dort eben nur Rechnungsposten und bleibt ein Anspruch aus Verzug. Dies zeigt sich insbesondere darin, daß er selbständig verjährt und dann auch nicht mehr als Teil des Nichterfüllungsschadens durchgesetzt werden kann[108]. Die parallele Anwendung von Verzugs- und Unmöglichkeitsregeln - wie Brehm sie vorschlägt[109] - ist daher abzulehnen. Ist mithin eine Abgrenzung erforderlich, ist es konsequent, über Verzug nur den bis zum Eintritt der Unmöglichkeit entstandenen Verzögerungsschaden zu ersetzen, die darüber hinausreichenden Schäden aus der endgültigen Nichterfüllung ausschließlich nach Unmöglichkeitsrecht[110].

Demgegenüber sehen diejenigen, die eine Lösung nach § 286 Abs. 1 BGB favorisieren, den Unmöglichkeitsschaden gleichsam als unselbständigen Teil der verzugsausfüllenden Kausalität. Es widerspricht jedoch der systematischen Gleichrangigkeit beider Leistungsstörungen, die Unmöglichkeit derart wie jeden anderen adäquat verursachten Folgeschaden dem Verzug unterzuordnen. Es widerspricht zudem der Konzeption des Verzugsschadenersatzrechts. Dort sieht § 286 Abs. 1 BGB als Folge schlichten Verzugs den Ausgleich des Verspä-

---

[106] Statt aller: RGZ 97, 6, 9; BGH MDR 1959, 910; RGRK-Alff § 284 Rz 33; MünchKomm-Thode 3 284 Rz 48; Emmerich § 16 VI 2c, S. 185; Leonhard S. 511 f, mit Nachweisen zur abweichenden älteren Lehre dort in Fn 135.

[107] Vgl. Eisenhardt JuS 1970, 489; RGRK-Alff § 286 Rz 5; Erman-Battes § 325 Rz 21; Palandt-Heinrichs § 286 Rz 3; MünchKomm-Thode § 286 Rz 3.

[108] BGH MDR 1959, 910 f; Erman-Battes § 325 Rz 21; RGRK-Alff § 286 Rz 5.

[109] In: JuS 1989, 112, 115 f.

[110] So denn auch die ganz h.M., u.a. BGH MDR 1959, 910; Eisenhardt JuS 1970, 489; Schmitz JuS 1973, 430, 432; Diederichsen JuS 1985, 825, 834; Soergel-Wiedemann § 287 Rz 4; MünchKomm-Thode § 284 Rz 48; Staudinger-Löwisch § 284 Rz 81; Leonhard S. 511 f; Gernhuber § 31 IV 1h; Brox Rz 272. In diesem Sinn auch RGZ 97, 6, 9.

tungsschadens, geht also von der verspäteten, dies aber bedeutet: noch erbringbaren Leistung aus. Nichterfüllungsschadenersatz ist nicht vorgesehen. Dieser wird gemäß §§ 286 Abs. 2, 326 BGB nur unter zusätzlichen, strengen Voraussetzungen gewährt (Interessewegfall, Nachfristsetzung). Die §§ 325, 280 BGB dagegen sind von vornherein auf Nichterfüllungsschäden ausgerichtet.

Demnach wird die Haftung des Schuldners für die Unerfüllbarkeit seiner Leistung durch das Unmöglichkeitsrecht bestimmt. Für die Unmöglichkeit muß der Schuldner aber nicht schon deshalb einstehen, weil sie adäquat-kausal auf den Verzug zurückgeht. Der Ursachenzusammenhang genügt allein zur *Ausfüllung* einer Verzugshaftung. Demgegenüber ist die Unmöglichkeitshaftung des Schuldners zunächst zu *begründen*[111]. Verzug und Unmöglichkeit sind als selbständige Leistungsstörungen - anders als im Zitat der herrschenden Meinung ("§§ 280, 285, 286 BGB")[112] - streng zu trennen.

Wenn aber Verzugsrecht nicht zur Anwendung kommt und § 287 S. 2 BGB - wie hier - nicht eingreift, läßt sich eine Unmöglichkeitshaftung des Schuldners nur im Rückgriff auf die allgemeinen Regeln begründen; ein Vertretenmüssen der Unmöglichkeit kann dabei allein aus seinem verzugsauslösenden Verhalten folgen. Dagegen steht jedoch die Behauptung von Wiedemann und Honsell[113], daß eine Leistungsverzögerung jenseits des Verzugs keine nachteiligen Rechtsfolgen zeitigen könne. Das Argument der abschließenden Regelung wurde bereits für den Annahmeverzug zurückgewiesen. Erstreckt sich ein Verschulden auf mehrere tatbestandlich verwirklichte Leistungsstörungen, so bedeutet eine "mehrfache" Haftung keine unzulässige Doppelverwertung. Es ist im Gegenteil nicht einzusehen, warum der zeitlich frühere Verzugseintritt den Schuldner vom (anteiligen) Ausgleich des verschuldeten Nichterfüllungsschadens freistellen sollte.

Daraus folgt: Der Schuldner hat aufgrund seines Verzugs nur dann neben dem Gläubiger für die Unmöglichkeit einzustehen, wenn er die Leistungsverzögerung auch im Hinblick auf die Unmöglichkeit zu vertreten hat. Dies entspricht dem Standpunkt der oben unter (2) als zweite dargestellten Meinung.

---

[111] Brehm JuS 1989, 112, 115 f. Ähnlich Palandt-Heinrichs Vor § 249 Rz 56; Erman-Kuckuk Vor § 249 Rz 29; Staudinger-Medicus (12. Aufl.) § 249 Rz 47.

[112] Die Ungenauigkeit der h.M. mag daher rühren, daß die Autoren den Fall beiderseitiger Verantwortlichkeit nicht berücksichtigen und ihnen so eine eingehende Auseinandersetzung wegen der sonst eingreifenden Zurechnungsregel des § 287 S. 2 BGB überflüssig erscheint.

[113] Honsell äußert sich in JuS 1979, 81, 82 nur zum Leistungsverzug des Gläubigers; sein Ansatz läßt sich jedoch auf den Leistungsverzug des Schuldners übertragen.

Zum Beispielsfall 1: G hat die Unausführbarkeit des Werkes unmittelbar zu vertreten. Aber auch S hat dadurch, daß er mit der Verarbeitung des Rentierfetts in Leistungsverzug geriet, zugleich das Risiko für ein Verderben des empfindlichen Materials in vertragswidriger Weise erhöht. Dieses Risiko hat sich dann mit dem Ausfall der Kühlanlage - für S durchaus vorhersehbar - verwirklicht. Mithin haben beide Parteien aufgrund ihres fahrlässigen Handelns Anteil am Eintritt der Unmöglichkeit und diese daher gemeinsam zu verantworten.

(b) Leistungsverzug des Vertragsgegners

Es fragt sich, ob sich die soeben vorgeschlagene Lösung auch auf die Konstellation vertauschter Rollen übertragen läßt, in der also der Gläubiger der unmöglichen Leistung mit einer seiner Vertragspflichten in Leistungsverzug gerät und der Schuldner daraufhin die Unmöglichkeit seiner Hauptleistung unmittelbar herbeiführt. Die beiden Konstellationen unterscheiden sich darin, daß im ersten Fall Verzug und nachfolgende Unmöglichkeit dieselbe Hauptleistungspflicht betreffen. Hier liegt es anders: Die Leistung wird dem Vertragspartner des Verzugsschuldners unmöglich[114].

Die Begründung der oben gefundenen Lösung ist nicht auf die erste Fallgestaltung beschränkt. Die Argumentation über die Abgrenzung von Verzug und Unmöglichkeit hat nicht zur Voraussetzung, daß die gestörten Vertragspflichten identisch sind. Im Gegenteil: Sind verschiedene Pflichten von den Störungen betroffen, wird nur deutlicher, daß jede Leistungsstörung nach ihren eigenen Regeln behandelt werden muß. Demnach hat der Verzugsschuldner für eine Unmöglichkeit immer dann einzustehen, wenn er sie durch seine Leistungsverzögerung schuldhaft verursacht hat. Darauf, ob er die Vertragsabwicklung als Schuldner oder Gläubiger der nunmehr unmöglichen Leistung verzögert hat, kommt es nicht an[115].

Für den speziellen Fall des Verzugs mit der Gegenleistung scheint diese Haftung allerdings nicht zu greifen, die Zurechnungsregelung leer zu laufen. Denn wie sollte der Verzug hier als schuldhafter Unmöglichkeitsbeitrag wirken,

---

[114] Damit ist zwar zugleich eine verzögerte Abnahme- oder Mitwirkungspflicht des Gläubigers nicht mehr zu erfüllen, hierin spiegelt sich aber nur die eigentliche Leistungsunmöglichkeit; vgl.o. 6. b) bb) bei Fn 86.

[115] Es ist überdies zweifelhaft, ob die Adäquanzlösung der hier vertretenen Ansicht ähnlich herrschend gegenübersteht wie im Fall eines Leistungsverzugs des Schuldners der unmöglichen Leistung. Einige ihrer Vertreter beschränken sich ausdrücklich auf den Fall, daß Verzug und Unmöglichkeit sich auf dieselbe Leistung beziehen (z.B. MünchKomm-Thode § 287 Rz 3), bei anderen ergibt sich ein Gleiches aus dem Zusammenhang ihrer Erörterung (z.B. Schreiber Jura 1990, 193, 194; Heck S. 110).

da die Pflicht zur rechtzeitigen Erfüllung der eigenen Hauptleistung doch regelmäßig keine Sorgfaltspflichten hinsichtlich der synallagmatisch mit ihr verknüpften Verpflichtung beinhalten dürfte? Dieser Einwand verfängt jedoch von vornherein nicht in dem Fall einer beständigen Vorleistungspflicht[116]. Dort bedingt die Nichtleistung der einen Seite diejenige des Vertragspartners und kann so das Nichterfüllungsrisiko des Kontrahenten durchaus beeinflussen. Auch außerhalb dieses Sonderfalls zeigen die §§ 298, 320 BGB, daß im Synallagma eigene Nichtleistung und die Erfüllungspflicht des Kontrahenten miteinander verknüpft sind. Es ist somit keineswegs ausgeschlossen, daß ein Gegenleistungsverzug als Ursache für die Unmöglichkeit der gegnerischen Leistungspflicht zu vertreten ist.

(c) Vergleich zu Annahmeverzug und Fazit

Ein Vergleich von Annahme- und Leistungsverzug zeigt, daß beide Leistungsstörungen unter denselben Voraussetzungen zu einer beiderseitigen Verantwortlichkeit für eine anschließend eingetretene Unmöglichkeit führen: Das verzugsbegründende Handeln muß zugleich hinsichtlich der Unmöglichkeit zu vertreten sein. Darüber hinaus modifiziert der Annahmeverzug auch die Voraussetzungen eines Vertretenmüssens für die Gegenseite durch das Haftungsprivileg des § 300 Abs. 1 BGB; die spiegelbildlichen Regelungen des Leistungsverzugs in § 287 BGB sind dagegen im vorliegenden Zusammenhang nicht von Interesse.

Als Fazit ergibt sich: Die Unmöglichkeitshaftung der verzugsbelasteten Partei wird nicht durch Rechtsfolgen des Verzugs beeinflußt. Das verzugsauslösende Handeln ist wie jeder andere Unmöglichkeitsbeitrag auf ein Vertretenmüssen hin zu untersuchen.

Zum Beispielsfall 2: Indem S die für G umzurüstende Anlage an einen Dritten veräußerte, hat er sich die Erfüllung seiner fortbestehenden Vertragspflichten schuldhaft unmöglich gemacht. Aufgrund seines Rechtsirrtums, zur Weiterveräußerung berechtigt zu sein, handelte er zwar nicht vorsätzlich. Ihn trifft aber der Vorwurf grober Fahrlässigkeit.

G auf der anderen Seite hat sich durch seine Vertragsverschleppung in Annahmeverzug, dabei als Schuldner der vertraglichen Mitwirkungspflicht zugleich auch in Leistungsverzug gesetzt. Unter den gegebenen Umständen haftete der Leistungsverzögerung des G die konkrete Gefahr an, daß S die Maschine zur Aufrechterhaltung seines

[116] Zum Begriff S. Palandt-Heinrichs § 320 Rz 17.

Betriebs anderweitig würde veräußern müssen. Demnach trifft auch G eine Verantwortung am Eintritt der Unmöglichkeit, die somit beide Parteien zu vertreten haben.

c) Fallsammlung

Fälle zum Leistungsverzug

- aus der Rechtsprechung:

  RGZ 71, 187

  RG JW 1919, 308 Nr. 9[117]

  RGZ 97, 6[118]

  RG WarnR 1926, 265 (Nr. 180)

  BGH WM 1971, 892

  OLG Oldenburg NJW 1975, 1788[119]

  OLG Frankfurt NJW-RR 1995, 435;

- aus der Literatur:

  Rudolph Art. 80 Rz 10 Bsp. b)[120].

7. Fallgruppe: Unmöglichkeit nach Vertragsaufsage

Beispielsfall: Ausgangssituation wie im Beispielsfall zur 5. Fallgruppe: Verkauf eines Gebrauchtwagens. Wieder bleibt G den vereinbarten Kaufpreis schuldig. Als S die Erfüllung der Verbindlichkeit anmahnt, bestreitet G, mit S überhaupt einen Kaufvertrag geschlossen zu haben, und verweigert ernsthaft und endgültig jedwede Leistung. Bei der Wartung des Fahrzeugs verschuldet S einen Motorbrand, der das Fahrzeug zerstört.

Nach Annahme- und Leistungsverzug ist eine dritte Leistungsstörung, die Vertragsaufsage, als Parteibeitrag im Rahmen der beiderseits zu vertretenden

---

[117] Mit Anmerkung von Oertmann. Einordnung entgegen Hadding AcP 168, 150, 152 Fn 7, S. dazu Fn 71.

[118] Einordnung entgegen Hadding AcP 168, 150, 152 Fn 7, S. dazu Fn 89.

[119] Mit Anmerkung von Teubner (NJW 1975, 2295 f) und Besprechung von Emmerich (JuS 1976, 50 f).

[120] Der Fall wurde zur Kommentierung des UN-Kaufrechts gebildet.

Unmöglichkeit zu untersuchen. Hierbei ist insbesondere zu erörtern, ob nicht bereits die Vertragsaufsage zur Abwicklung des Vertrags führt oder die Regeln gegenseitiger Vertragsuntreue einem Geltendmachen der Unmöglichkeitshaftung entgegenstehen.

a) Vertragsaufsage als Leistungsstörung

Der Begriff der Vertragsaufsage (oder auch Erfüllungsverweigerung) beschreibt eine Situation, in der sich eine Vertragspartei ernsthaft und endgültig vom Vertrag lossagt und jedwede Erfüllung ihrer Leistungspflichten verweigert. In einem solchen Verhalten sieht man allgemein eine schwere, auf die Vereitelung des Vertragszwecks gerichtete Leistungsstörung. Als Rechtsfolge stehen dem Vertragspartner die Rechte aus § 326 BGB - Rücktritt vom Vertrag oder Schadenersatz wegen Nichterfüllung - zu, ohne daß zuvor eine Nachfrist gesetzt werden müßte[121]. Die Haltung des Schuldners ließe eine solche Fristsetzung als leere Förmelei erscheinen, so daß genügt, wenn die vertragstreue Partei erklärt, sie lehne die Durchführung des Vertrags nunmehr ab. Selbstverständlich steht es ihr frei, statt dessen auf der Erfüllung der primären Leistungspflichten zu bestehen.

Angesichts der weitreichenden Folgen werden die Voraussetzungen der Vertragsaufsage mit strengem Maßstab geprüft; bei der Weigerung muß es sich unzweifelhaft um das "letzte Wort" des Schuldners handeln[122]. Beispiele hierfür bilden das Leugnen eines Vertragsschlusses oder ein grundloser Rücktritt.

Trotz dieser Einigkeit im Ergebnis besteht Streit über die Einordnung der Vertragsaufsage in das System der Leistungsstörungen. So betrachtet die Rechtsprechung die Erfüllungsverweigerung stets als positive Vertragsverletzung (p.V.V.)[123]. Andere heben ihre Ähnlichkeiten zum Verzug hervor und bilden eine Analogie zu § 326 BGB[124]. Überwiegen dürfte die differenzierende Ansicht, nach der eine Vertragsaufsage nach Fälligkeit unmittelbar durch § 326 BGB,

---

[121] Erman-Battes § 276 Rz 91 ff; Palandt-Heinrichs § 276 Rz 124; Frohberg S. 156; Emmerich § 21 II 2a, S. 241; Larenz SAT § 24 Ia, S. 369 f.

[122] RGZ 66, 419, 421; Soergel-Wiedemann Vor § 275 Rz 378; Staudinger-Otto § 326 Rz 138; Palandt-Heinrichs § 276 Rz 124.

[123] Vgl. RGZ 54, 98; BGHZ 49, 56, 60.

[124] Wertenbruch AcP 193, 191 Fn 2; Medicus BürgR Rz 308; Hüffer S. 243.

d.h. durch Verzugsrecht erfaßt ist, die Aufsage vor Fälligkeit der Leistung aber einen Sonderfall der p.V.V. bedeutet[125].

Hier kann die dogmatische Verankerung der Vertragsaufsage offen bleiben. Insbesondere kann dahinstehen, ob die Erfüllungsverweigerung vor oder nach Fälligkeit der Leistung erklärt worden ist, da ihre Rechtsfolgen insoweit nicht differenzieren.

b) Gegenseitige Vertragsuntreue

aa) Für die Untersuchung irrelevante Konstellationen der Vertragsaufsage

Wie oben dargestellt, kann der Vertragspartner auf unterschiedliche Weise auf die Vertragsaufsage reagieren. Von diesen Möglichkeiten sollen hier diejenigen nicht weiter betrachtet werden, die eine nachfolgende Unmöglichkeit der Erfüllungsansprüche von vornherein ausschließen oder die zu einer bereits erörterten Konstellation beiderseitiger Verantwortlichkeit führen.

So können die primären Leistungsansprüche der Parteien nicht mehr unmöglich werden, wenn die von der Vertragsaufsage betroffene Seite bereits erklärt hat, vom Vertrag zurückzutreten oder den Ersatz des Nichterfüllungsschadens verlangen zu wollen. Mit der Wahl der von § 326 BGB gewährten Rechte erlöschen die ursprünglichen Erfüllungsansprüche[126], der Vertrag tritt ins Abwicklungsstadium, so daß keine primäre Leistungspflicht mehr vorhanden ist, die unmöglich werden könnte. Diese Konstellation ist im vorliegenden Zusammenhang uninteressant.

Hat sich der Vertragspartner dafür entschieden, weiterhin auf Erfüllung der Vertragspflichten durch den Aufsagenden zu bestehen, so wirft eine nachfolgende Unmöglichkeit keine neuen Probleme auf. Der Schuldner befindet sich ab Fälligkeit auch ohne Mahnung im Leistungsverzug[127], dessen Auswirkungen auf ein beiderseitiges Vertretenmüssen bereits untersucht wurden; die Vertragsaufsage spielt insofern keine Rolle mehr.

Nur scheinbar im Streit liegt die Frage, ob der Partner nach Wahl der Vertragserfüllung auf die Rechte aus § 326 BGB zurückkommen kann. Einige be-

---

[125] Staudinger-Otto § 326 Rz 136 f; RGRK-Ballhaus § 326 Rz 45 f; Palandt-Heinrichs § 276 Rz 114; Emmerich § 21 II 2a, S. 242; Larenz SAT § 24 I, S. 365; Frohberg S. 143; Teubner S. 53.

[126] BGH NJW-RR 1988, 1100; Wertenbruch AcP 193, 191, 192.

[127] Frohberg S. 156.

jahen dies, solange der Aufsagende seine Verweigerungshaltung nicht aufgibt[128]. Andere stellen auf die Verweigerungserklärung ab und halten diese für überholt, wenn ihr Adressat seine Wahl einmal ausgeübt hat[129]. Wird die Aufsage jedoch erneuert bzw. aufrechterhalten, werden auch diese Stimmen dem Vertragspartner eine neuerliche Entscheidung zubilligen müssen; schutzwürdige Interessen des Verweigernden stehen dem jedenfalls nicht entgegen.

bb) Eintritt der Unmöglichkeit während des Schwebezustands des Vertrags

Übrig bleiben die Fälle, in denen die Leistungsunmöglichkeit zu einem Zeitpunkt eintritt, zu welchem die von der Erfüllungsverweigerung betroffene Partei ihre rechtsgestaltende Wahl noch nicht ausgeübt hat, es sich also noch in der Schwebe befindet, ob der Vertrag liquidiert wird oder nicht[130]. Teubner nennt diese Phase zwischen Vertragsaufsage und Rechtswahl daher treffend "Schwebezustand"[131].

Hat eine Partei den Vertrag aufgesagt und die andere eine während des Schwebezustands eingetretene Unmöglichkeit zu verantworten, fragt sich, ob und von wem für die Unmöglichkeit gehaftet werden soll. Die Haftung für die Nichterfüllung könnte statt dessen allein an die Vertragsaufsage als die frühere Vertragsstörung geknüpft werden. Schließlich bestünde die Möglichkeit, die beiden Vertragsverletzungen gleichsam gegeneinander "aufzuheben" und keinerlei wechselseitige Ansprüche zu gewähren.

Über die Frage besteht Streit.

(1) 1. Lösung: Unbeachtlichkeit der Unmöglichkeit

Eine breite Auffassung will den Adressaten der Vertragsaufsage behandeln, als wenn er schon vor Eintritt der von ihm herbeigeführten Unmöglichkeit den

---

[128] Vgl. Staudinger-Otto § 326 Rz 143; Soergel-Wiedemann Vor § 275 Rz 385; Wertenbruch AcP 193, 191, 197 f; Emmerich § 21 II 2d, S. 243.

[129] Vgl. RGZ 67, 313, 318; wohl auch Teubner S. 55.

[130] Im Einzelfall kann schwierig sein festzustellen, ob und wann eine derartige Rechtswahl getroffen wurde.

[131] Vgl. S. 54 ff.

Vertrag liquidiert hätte[132]. Die Sekundärrechte der Parteien werden demnach allein durch die Vertragsaufsage bestimmt. Zur Begründung heißt es, daß vom Vertragspartner nicht verlangt werden könne, seine Erfüllungsbereitschaft auch nach der Vertragsaufsage aufrechtzuerhalten[133]. Vielmehr dürfe sich der Handelnde auf die bereits erklärte Ablehnung des Vertrags durch seinen Vertragspartner "verlassen"[134]. In dieser Situation eine vorherige ausdrückliche Ablehnungserklärung zu fordern, bedeute einen ungerechtfertigten Formalismus[135].

Zur Konstruktion des Ergebnisses werden zwei unterschiedliche Wege vorgeschlagen: Der BGH macht eine Ausnahme von dem Prinzip, daß nur derjenige Rechte aus einer Vertragsaufsage herleiten könne, der selbst erfüllungswillig und -bereit sei. Teubner nimmt einen Fortfall der beiderseitigen Pflichten bereits ab dem Zeitpunkt der Vertragsaufsage an; eine Unmöglichkeit könne danach schon tatbestandlich nicht mehr vorliegen[136].

(2) 2. Lösung: Wertung der Unmöglichkeit als eigene Vertragsuntreue

Kritik an dieser Auffassung ist von Wiedemann formuliert worden, der für die Praxis Rechtsunsicherheit befürchtet, wenn Vertragspflichten bereits vor einer Gestaltungserklärung entfallen bzw. ihre Verletzungen ohne Sanktion bleiben sollen[137]. Nach der Gegenansicht ist die spätere Unmöglichkeit als vertragsverletzendes Verhalten durchaus erheblich. Sie geht davon aus, daß eine Partei aus der Vertragsaufsage ihres Gegners Rechtsfolgen nur solange herleiten könne, als sie selbst zur Erfüllung ihrer Verpflichtung in der Lage sei[138].

Hat sich diese Partei ihre Leistung unmöglich gemacht, bevor sie den Vertrag durch die Wahl der Rechte aus § 326 BGB liquidiert hat, sind auf Grundlage dieser Auffassung zwei Konsequenzen denkbar, die auch beide Anhänger gefunden haben: Man kann die Herbeiführung der Unmöglichkeit einerseits als eine Einwilligung in die Vertragsaufsage auffassen, als Einverständnis zur An-

---

[132] Vgl. BGH NJW 1977, 580 f; OLG Frankfurt JZ 1979, 529 f; Teubner S. 54 ff; MünchKomm-Emmerich § 325 Rz 23.

[133] MünchKomm-Emmerich § 325 Rz 23.

[134] Teubner S. 54.

[135] BGH NJW 1977, 580, 581; auch schon BGHZ 49, 56, 60.

[136] Vgl. S. 55.

[137] In: Soergel Vor § 323 Rz 124.

[138] Vgl. RGZ 63, 100, 103; RG JW 1925, 606 Nr. 9 ("ein feststehender Rechtsgrundsatz"); Soergel-Wiedemann Vor § 323 Rz 124.

nullierung des Vertrags - so das RG[139]. Oder man läßt Unmöglichkeitsrecht zur Anwendung kommen (mit der möglichen Konsequenz einer beiderseitigen Verantwortlichkeit).

Diesen zweiten Weg schlägt Wiedemann ein[140]. Dem von einer Vertragsaufsage betroffenen Partner stehe - neben der Möglichkeit zur Vertragsliquidation - nur ein vorübergehendes Leistungsverweigerungsrecht aus § 320 BGB zu. Er sei aber nicht berechtigt, eine Erfüllung der fortbestehenden Pflichten endgültig unmöglich zu machen. Ausnahmsweise - unter Berufung auf § 242 BGB - sollen die Rechtsfolgen der Unmöglichkeit dennoch nicht eingreifen: Sei die andere Partei bei ihrer Erfüllungsverweigerung geblieben, so habe sie den Leistungsaustausch selbst nicht gewollt und könne aus seiner Verhinderung keine Rechte ableiten. Ein Gleiches gelte für den Fall, daß diese Partei sich nur zum Schein auf die Vertragserfüllung eingelassen habe[141].

Wiedemann sagt nicht, nach welchen Regeln anstelle des Unmöglichkeitsrechts der Vertrag abgewickelt werden soll. Nach seiner Argumentation ist es wenig wahrscheinlich, daß er dem Vertragspartner die Rechte aus der Vertragsaufsage gewähren will. Wenn demnach keine Seite Rechte aus der Leistungsstörung ihres Kontrahenten herleiten kann, ergibt sich eine der Vertragsaufhebung vergleichbare Situation. Hier trifft sich die Position Wiedemanns folglich mit der des RG.

Allerdings sieht Wiedemann in dem geschilderten Fall einer hartnäckigen Erfüllungsverweigerung eine Ausnahme. Nach dem Konzept (und der Fallwirklichkeit[142]) der Vertragsaufsage bedeutet er dagegen die Regel. Darin liegt gerade der Sinn der strengen Prüfung, ob es sich bei der Vertragsaufsage um das "letzte Wort" des Kontrahenten handelte. Solange noch Aussicht besteht, ihn durch Androhung gerichtlicher Schritte umzustimmen, ist keine endgültige Erfüllungsverweigerung gegeben. Von diesem Punkt aus also muß die Rückkehr zu Vertragstreue als Ausnahmefall betrachtet werden. Hat der ursprünglich Verweigernde vor Eintritt der Unmöglichkeit glaubwürdig und ernsthaft seine Leistungsbereitschaft erklärt, ist damit ein (ab Fälligkeit eingetretener) Leistungsverzug zwar noch nicht beendet. Aus der Vertragsaufsage als solcher

---

[139] Vgl. Z 67, 100, 103. Offengelassen in JW 1925, 606 Nr. 9.

[140] In: Soergel Vor § 323 Rz 124. Dem Ergebnis nach auch RGZ 94, 141; OLG Zweibrücken DR 1941, 1729; Medicus BürgR 270.

[141] Eine Sinnesänderung aufgrund des Eintritts der Unmöglichkeit muß als rechtsmißbräuchlich außer Betracht bleiben, so auch Teubner S. 54 f; offengelassen in BGH NJW 1977, 580, 581.

[142] Vgl. die hier zitierten Entscheidungen, z.B. RGZ 94, 141; BGH NJW 1977, 580.

wird man aber keine nachteiligen Rechtsfolgen mehr herleiten dürfen[143], so daß diese Fallgestaltung aus den hier zu untersuchenden Konstellationen herausfällt[144,145].

(3) Eigene Stellungnahme

Zur Diskussion steht einerseits die prominent vom BGH vertretene Auffassung, welche den Aufsagenden für die Nichterfüllung des Vertrags haften läßt. Die Gegenauffassung von RG und Wiedemann berücksichtigt auch die nachfolgende Unmöglichkeit und hebt die Vertragsverletzungen gegeneinander auf; Wiedemann nimmt für einzelne Konstellationen gar eine Unmöglichkeitshaftung an.

Der Ansatz des RG - Unmöglichkeit als Einwilligung in die Vertragsaufsage - überzeugt nicht. Er vermag ohnehin nur solche Fälle zu lösen, in denen der Gegner der Vertragsaufsage die Unmöglichkeit bewußt herbeiführt, wird in diesem Akt doch der rechtsgeschäftliche Wille zur Vertragsaufhebung vermutet. Ohne konkrete Anhaltspunkte bleibt dies jedoch bloße Konstruktion: Es ist nicht einzusehen, warum der Handelnde auf seine Rechte aus der Vertragsaufsage verzichten wollte. Daraus, daß er die "wirtschaftlich vernünftige Konsequenz"[146] aus der Erfüllungsverweigerung zum Beispiel durch eine Drittveräußerung gezogen hat, folgt zwar noch nicht Zulässigkeit seines Handelns, aber ebensowenig die Billigung der Vertragsleugnung. Zudem ist die Behauptung eines "feststehenden" Rechtsgrundsatzes, nach welchem das Geltendmachen von Rechten aus einer Vertragsaufsage die eigene Erfüllungsbereitschaft voraussetze[147], durch den breiten Widerspruch zumindest für die Gegenwart faktisch widerlegt.

---

[143] Staudinger-Otto § 326 Rz 143; Wertenbruch AcP 193, 191, 198; Frohberg S. 166.

[144] Es ergibt sich dann dieselbe Situation, als wenn der Vertragspartner den Verweigernden an der Vertragserfüllung festhält, vgl. o. bei Fn 127.

[145] Die geschilderten Auffassungen orientieren sich sämtlich an Fällen, in denen der Adressat der Vertragsaufsage die eigene Leistung unmöglich macht. Dies ist nur eine zweier möglicher Konstellationen. Die Unmöglichkeit kann ebenso die verweigerte Leistung des Vertragsgegners betreffen. Einmal wäre der Adressat der Aufsage als Schuldner, einmal als Gläubiger verantwortlich. Ein prinzipieller Unterschied ist darin nicht begründet, so daß sich die einzelnen Stellungnahmen auch auf die zweite Konstellation übertragen lassen.

[146] BGH NJW 1977, 580, 581.

[147] Vgl. RG JW 1925, 606 Nr. 9.

Gleichwohl fragt sich, ob die erste Auffassung zutreffend eine - in den Worten des BGH - bloße Förmlichkeit in der rechtzeitigen Ablehnungserklärung sieht. Aus rechtstechnischer Perspektive gestaltet die Erklärung die Rechtslage zwischen den Parteien. Praktisch setzt sie den Aufsagenden davon in Kenntnis, welche Ansprüche der Vertragspartner als Reaktion auf die Erfüllungsverweigerung verfolgen wird. Sie informiert den Aufsagenden über ein Vertragsverhältnis, von dem er sich ohnehin losgesagt hat. Die mithin nur geringe praktische Bedeutung einer rechtzeitigen Ablehnungserklärung läßt es unangemessen erscheinen, ihr Unterlassen durch den Totalverlust der Nichterfüllungsrechte und eventuell durch eine eigene (wenn auch unter Umständen geteilte) Unmöglichkeitshaftung zu sanktionieren. Gegenüber dieser Interessenlage die rechtstechnische Bedeutung der Vertragsliquidation in den Vordergrund zu stellen, bedeutete in der Tat bloßen Formalismus. Mit anderen Worten: Die Rechtzeitigkeit der Ablehnungserklärung beinhaltet lediglich eine Ordnungsvorschrift, deren Verletzung keine materielle Sanktion nach sich ziehen soll.

Dem Gegner der Aufsage wäre mithin auch nach dem Eintritt der Unmöglichkeit, gleichsam rückwirkend, zu gestatten, die ihm verweigerte Erfüllung endgültig abzulehnen und so die wechselseitigen Primäransprüche entfallen zu lassen. Aus dieser Option erwüchse keine größere Rechtsunsicherheit, als ohnehin während des Schwebezustands des Vertrags bestand. Die Ungewißheit von Rechten und Pflichten ist direkte Folge der Erfüllungsverweigerung und kann daher nicht zu Lasten des Gegners der Vertragsaufsage gehen. Er wird sich allerdings auch nicht genötigt sehen, den für ihn risikolosen Schwebezustand durch seine Rechtswahl eilig zu beenden[148]; beachtliche Belange des Aufsagenden sind hierdurch jedoch nicht bedroht. Das Zulassen einer nachträglichen Ablehnungserklärung läßt jedenfalls allein den Aufsagenden für die Nichterfüllung des Vertrags haften.

Zu bedenken ist, daß den höchstrichterlichen Entscheidungen stets Fälle bewußt herbeigeführter Unmöglichkeit - Drittveräußerungen wie hier im Beispielsfall - zugrunde lagen. Für die Konstellation schlicht fahrlässig verursachter Unmöglichkeit könnte anders zu entscheiden sein, insbesondere dann, wenn zwischen Vertragsaufsage und Unmöglichkeit kein Ursachenzusammenhang bestand. Welche Partei soll hier den Nichterfüllungsschaden tragen?

---

[148] Die Rechtswahl ist grds. unbefristet bis zur Grenze der illoyalen Verzögerung: MünchKomm-Emmerich Vor § 275 Rz 281; RGRK-Ballhaus § 326 Rz 59. Wohl bestünde für den Aufsagenden die Möglichkeit, dem Vertragspartner eine Frist zur Ausübung des Rücktrittsrechts analog §§ 327 S. 1, 355 BGB zu setzen; aus dessen vertragsleugnender Sicht liegt ein solcher Schritt aber fern.

Zunächst wäre an einen Erst-recht-Schluß zu denken: Haftet der Aufsagende sogar dann, wenn der Vertragsgegner die anschließende Unmöglichkeit vorsätzlich verursacht hat, muß dies um so mehr für die Fälle bloß fahrlässigen Handelns gelten. Ein solcher Schluß griffe indes zu kurz. Zum einen wird mangels Unrechtsbewußtseins auch bei Abschluß eines Deckungsgeschäfts nur selten von einer vorsätzlichen Vertragsstörung auszugehen sein. Zum anderen liegt eine Besonderheit der Drittveräußerungsfälle darin, daß der Vertragspartner unmittelbar vor Bewirkung der Unmöglichkeit eine Ablehnungserklärung hätte formulieren können; das Deckungsgeschäft selbst ließe sich notdürftig als Ablehnungserklärung interpretieren. Gerade hierin erweist sich die Ablehnungserklärung als eine bloße Förmlichkeit. Diese Begründung greift jedoch nicht im Falle fahrlässigen Handelns. Hier fehlt regelmäßig nicht nur die Äußerung eines vorhandenen Liquidationswillens, sondern schon der Liquidationswille selbst.

Das Ergebnis einseitiger Verantwortlichkeit des Aufsagenden - der Standpunkt der erstgenannten Auffassung - läßt sich aber mit anderer Begründung stützen. So ist es durchaus nicht zwingend, das Wahlrecht des Vertragspartners mit Eintritt der Unmöglichkeit enden zu lassen. Warum sollte er treuwidrig handeln, indem er seine Entscheidung mit Blick auf die inzwischen eingetretene Unmöglichkeit trifft[149]? Zur Vertragsliquidierung berechtigt der abgeschlossene Tatbestand der Vertragsaufsage, die nachfolgende Unmöglichkeit bleibt unbeachtliche[150] Reserveursache. Aus dieser Perspektive spielt es keine Rolle, mit welchem Verschulden die Unmöglichkeit zu vertreten ist oder ob die Leistungsstörungen ursächlich verknüpft waren. Die Verantwortlichkeit liegt stets beim Aufsagenden, für die Regeln der von beiden Seiten zu vertretenden Unmöglichkeit ist kein Raum.

Eine derart intensive Haftung entspricht der Schwere der Vertragsverletzung. Anders als im Falle schlichten Annahme- oder Leistungsverzugs ist bei der Vertragsaufsage nicht nur das "Wann", sondern das "Ob" der Erfüllung betroffen; mit der radikalen Aufkündigung des gegebenen Wortes wird der Grundsatz "pacta sunt servanda" und damit das Instrument Vertrag selbst in Frage gestellt.

Selbst wer die Anforderungen eigener Vertragstreue so streng faßt, daß er - entgegen dieser Lösung - den Partner nicht für berechtigt hält, den Vertrag noch nach Eintritt der Unmöglichkeit zu liquidieren, wird denselben Maßstab an den Aufsagenden anlegen und diesem daher versagen müssen, sich in der vermeint-

---

[149] Treuwidrig wäre allein die Wahl der - durch die Unmöglichkeit schuldhaft vereitelten - Vertragserfüllung. Sein Wahlrecht beschränkt sich mithin auf die Rechte aus § 326 BGB.

[150] S.o. unter 3.

lich günstigen Situation der Unmöglichkeit wieder zum Vertrag zu bekennen. Auf diesem Weg ist Unmöglichkeitsrecht mithin ebenso unanwendbar.

Es ist somit festzustellen, daß eine Vertragsaufsage auch in der Zeitspanne bis zur Ausübung der Rechtswahl durch den Vertragspartner nicht zu einer Konstellation beiderseits zu vertretender Unmöglichkeit führt.

Zum Beispielsfall: S hat auf die Vertragsaufsage des G bislang nicht reagiert. Auch nach der inzwischen eingetretenen Unmöglichkeit seiner eigenen Leistung steht ihm weiterhin ein Wahlrecht zu, Schadenersatz wegen Nichterfüllung zu verlangen oder vom Vertrag zurückzutreten. Unmöglichkeitsrecht kommt nicht zur Anwendung.

c) Fallsammlung

Es finden sich die folgenden Fälle

- in der Rechtsprechung:

  RGZ 94, 141[151]

  OLG Zweibrücken DR 1941, 1729[152];

- in der Literatur:

  Medicus BürgR Rz 270[153].

8. Fallgruppe: Unmöglichkeit nach Übergang der Gegenleistungsgefahr auf den Gläubiger

Beispielsfall: S verkauft G zwei Zentner fangfrische Nordseekrabben. Sie vereinbaren eine Schickschuld, und S übergibt die Ware ordnungsgemäß an einen Spediteur. Daraufhin bricht er mit seinem BMW auf, um einen Geschäftsfreund zu treffen. An der zweiten Kreuzung jedoch kollidiert er infolge leichter Unachtsamkeit mit dem vorausfahrenden Lkw des Spediteurs. Dessen Kühlung fällt aus, die Krabben verderben.

---

[151] Die Entscheidung übergeht die sich aus den Gründen ergebende Vertragsaufsage; S. dazu ausführlich Teubner S. 56 f.

[152] Mit Anmerkung Herschel. Auch dieses Urteil verkennt die besondere Problemlage.

[153] Nach RGZ 94, 141; ähnlich Marburger S. 55.

Eine weitere praxisrelevante Fallgestaltung besteht darin, daß die vom Schuldner zu vertretende Unmöglichkeit zu einem Zeitpunkt eintritt, zu welchem der Gläubiger die Gegenleistungsgefahr (auch: Preisgefahr) trägt. Die mit der Gegenleistungsgefahr verbundene Risikozuweisung könnte zu einer Mithaftung des Gläubigers für die Unmöglichkeit führen - insbesondere bei einem nur geringen Verschulden des Schuldners.

a) Regelung der Preisgefahr durch das BGB

Die Regelung der Preisgefahr betrifft die Frage, ob der Gläubiger der untergegangenen Leistung trotz der Unmöglichkeit weiterhin die vereinbarte Gegenleistung erbringen muß oder nicht[154]. § 323 Abs. 1 BGB weist die Preisgefahr grundsätzlich dem Schuldner zu - wer nicht leisten kann, verliert seinen Anspruch auf die Gegenleistung. Allerdings kennt das BGB in den §§ 324 Abs. 2, 446, 447, 616, 644, 645 und 2380 BGB zahlreiche Ausnahmen von dieser Grundregel. In diesen Fällen trägt der Gläubiger das Störungsrisiko, so daß er die Gegenleistung trotz der "leeren Hände" seines Vertragspartners schuldet.

Über die genannten Ausnahmeregeln hinaus soll der Gläubiger nach der Meinung vieler die Gegenleistung auch dann erbringen müssen, wenn die Unmöglichkeit aufgrund eines Ereignisses aus seiner - ganz unterschiedlich weit verstandenen - "Risikosphäre" eingetreten ist[155]. Auch diese Risikozurechnung läßt sich als Gefahrtragungsregel auffassen, wenn man sie nicht sogar als einen vom Gläubiger zu vertretenden Umstand im Rahmen des § 324 Abs. 1 BGB berücksichtigen will. Ob und inwieweit die Sphärentheorie Zustimmung verdient, ist hier allerdings nicht zu entscheiden.

b) Beiderseitige Unmöglichkeitshaftung

Als Sondervorschriften zu § 323 BGB kommen die Preisgefahrregeln immer erst dann zur Anwendung, wenn feststeht, daß die Unmöglichkeit von keinem Vertragsteil zu vertreten ist, ihr Eintritt also auf Zufall beruht[156]. Insofern ist Zu-

[154] Soergel-Huber Vor § 446 Rz 4; Erman-Battes § 323 Rz 1; Medicus BürgR Rz 272.

[155] S.o. 1. b).

[156] Larenz SAT § 21 Ib, S. 310; Medicus BürgR 272.

fall ein Element des Gefahrbegriffs[157], und die Formulierung des § 446 Abs. 1 BGB ("Gefahr des zufälligen Untergangs") pleonastisch. Ausgehend von diesem Gefahrtragungsbegriff liegt die Annahme einer gemeinsamen Haftung in der vorliegenden Konstellation zunächst fern, da die Normen, welche die Mitverantwortlichkeit des Gläubigers begründen sollen, ihrer Funktion nach bei feststehender Verantwortlichkeit des Schuldners überhaupt nicht zur Anwendung kommen. Entsprechend können die Regeln zufälliger Unmöglichkeit an sich kein Vertretenmüssen einer Partei anordnen.

Möglicherweise läßt sich den Preisgefahrregeln aber über ihren eigentlichen Anwendungsbereich hinaus ein Ansatz entnehmen, um in der vorliegenden Konstellation Störungsrisiken zu verteilen. Steht ein Vertretenmüssen des Schuldners fest, könnten die Gefahrtragungsregeln eine Mithaftung des Gläubigers begründen, gleichsam als ein Minus gegenüber einer alleinigen Verantwortlichkeit. Diese Konstruktion beruht auf dem Gedanken, daß die Wertungen der Preisgefahrregeln zumindest bei nur leichtem Verschulden des Schuldners aktuell bleiben. Eine Abwägung von Verschulden und Gefahrtragung könnte im Einzelfall zu billigeren Ergebnissen führen als die Anwendung des starren § 325 BGB.

Für viele Stimmen bietet sich diese Möglichkeit einer "erweiterten Anwendung" der Preisgefahrregeln von vornherein nicht. In Fällen wie dem obigen Beispiel gehen sie selbstverständlich von der alleinigen Haftung des Schuldners nach § 325 BGB aus[158].

Eine Entscheidung des OLG Hamm[159] läßt dieses Ergebnis aber nicht selbstverständlich, zumindest nicht unumstritten erscheinen. Dem Urteil des OLG lag ein Eigentumsvorbehaltskauf über zwei Lkw-Fahrgestelle zugrunde. Der beklagte Käufer hatte um direkte Auslieferung an einen Dritten gebeten, der die Fahrgestelle weiterbearbeiten sollte. Unbefugterweise händigte der Verkäufer dem Dritten zugleich die Kfz-Briefe aus, mittels derer der Dritte die Gestelle auf eigene Rechnung weiterveräußerte. Der erkennende Senat ging davon aus, daß die Unmöglichkeit der vollständigen Übertragung des Eigentums an den Lkw-Gestellen von beiden Seiten zu vertreten sei. Der Schuldner (der Verkäufer) habe durch die Weitergabe der Briefe schuldhaft eine Ursache für die Unmöglichkeit gesetzt. Zur Verantwortlichkeit des Gläubigers führt das Gericht aus[160]: "Der Verlust fällt grundsätzlich in den Risikobereich der Beklagten, da

---

[157] Soergel-Huber Vor § 446 Rz 2. Von manchen wird der Begriff der Gefahr aber weiter verstanden, S. beispielsweise Palandt-Putzo § 446 Rz 3.

[158] Vgl. Medicus BürgR Rz 272; Erman-Grunewald § 447 Rz 12.

[159] NJW-RR 1987, 245.

[160] NJW-RR 1987, 245, 246.

die Gestelle auf ihr Geheiß an die Firma A-KG übergeben worden sind und der Gefahrübergang gemäß § 446 BGB erfolgt ist."

Das OLG Hamm läßt offen, woraus es das Vertretenmüssen des Gläubigers schließt. Wäre es von einer Risikoverantwortlichkeit kraft vertraglicher Übereinkunft ausgegangen, hätte es dieses Ergebnis explizit aus dem Vertrag ableiten müssen. Der erkennende Senat ging demnach offenbar von einer gesetzlichen Risikozuweisung aus und entnahm diese - das Normzitat wäre sonst unverständlich - der Preisgefahrregelung des § 446 BGB. Das Gericht entnimmt der Vorschrift also über ihren Wortlaut hinaus ("zufälliger Untergang") eine Mitverantwortlichkeit des Gläubigers. Ähnlich auch das OLG Oldenburg[161] mit seiner - hier zurückgewiesenen - Ansicht, nach welcher ein Annahmeverzug stets zur Mithaftung des Gläubigers für die vom Schuldner zu vertretende Unmöglichkeit führt; dabei stützte sich das OLG Oldenburg auf die Gefahrtragungsregel des § 324 Abs. 2 BGB.

Das OLG Hamm begründet seine Auffassung nicht. Für diese ins Feld führen ließe sich die Parallelität der Rechtsfolgen einer vom Gläubiger zu vertretenden Unmöglichkeit einerseits und eines zufälligen Untergangs nach dem Übergang der Preisgefahr andererseits: Es ist jeweils das Fortbestehen des Gegenleistungsanspruchs angeordnet (vergleiche insbesondere § 324 Abs. 1 und 2 BGB). Das BGB differenziert hier in der Systematik, ohne - den tatsächlichen Auswirkungen nach - deutliche Wertungsstufen geschaffen zu haben[162]. Von einem praktischen Standpunkt aus ließe sich daher rechtfertigen, Gefahrtragung und Vertretenmüssen im Rahmen einer Mithaftung gleichzustellen.

Eine solche Lösung stößt jedoch auf schwere Bedenken. Tatsächlich lassen sich den §§ 324 Abs. 2, 446 pp. BGB keine Wertungen für den Fall einer vom Schuldner zu vertretenden Unmöglichkeit entnehmen. Außerhalb abweichender vertraglicher Vereinbarungen wird es in aller Regel dem Parteiwillen (der durch das dispositive Schuldrecht ja verwirklicht werden soll) widersprechen, wenn eine vollständig vertragsgemäß handelnde Partei ihren Kontrahenten auch nur teilweise von den Folgen eines von ihm zu vertretenden Verhaltens freistellen müßte.

Hier verwirklicht sich kein durch Gefahrtragungsregeln notwendig der einen oder anderen Seite zuzuweisendes Risiko, sondern ein Partner stört den Vertrag und hat entsprechend die Konsequenzen seines vertragswidrigen Verhaltens zu tragen. Die Zuweisung der Preisgefahr ist mit einer intensiven Belastung des

[161] NJW 1975, 1788; s.o. unter 5. d) cc).

[162] Aus der Nähe beider Regelungen mag auch die Uneinigkeit darüber folgen, auf welcher Ebene eine "Risikosphäre" des Gläubigers zu berücksichtigen ist.

vertragstreuen Teils verbunden. Sie ist nur insofern zu rechtfertigen, als sie bereits von einem noch so geringen Verschulden des Vertragsgegners überspielt wird.

Die Ablehnung der vom OLG Hamm vertretenden Auffassung ergibt sich zudem aus dem Verhältnis der besonderen Preisgefahrregeln zu § 323 BGB, welchen sie ja modifizieren. So wie das OLG Hamm das Gläubigerrisiko neben einem Verschulden des Schuldners berücksichtigen will, wäre umgekehrt die generelle Risikozuweisung an den Schuldner durch § 323 Abs. 1 BGB im Rahmen des § 324 Abs. 1 BGB zu berücksichtigen. Dann würfe praktisch jede Unmöglichkeit Fragen beiderseitiger Verantwortlichkeit auf. Eine solche Lösung ist mit der Konzeption des BGB nicht zu vereinbaren.

Zusammengefaßt ergibt sich: Die Zuweisung der Preisgefahr an den Gläubiger verliert ihre Bedeutung, wenn der Schuldner den Eintritt der Unmöglichkeit zu vertreten hat. In diesem Fall hat allein der Schuldner für die Unmöglichkeit einzustehen.

Zum Beispielsfall: Zwar hatte S mit Übergabe an den Spediteur alles zur Leistung Erforderliche getan, aber die Erfüllung selbst und damit ein Erlöschen seiner Leistungspflicht noch nicht bewirkt. Erloschen ist seine - gemäß § 243 Abs. 2 BGB auf die Wagenladung beschränkte - Verpflichtung erst dadurch, daß ihre Erfüllung durch das Verderben der Krabben unmöglich geworden ist. Diese Unmöglichkeit hat S in zu vertretender Weise herbeigeführt. Daß die Gegenleistungsgefahr gemäß § 447 Abs. 1 BGB bereits auf G übergegangen war, führt nicht zu dessen Mitverantwortung.

c) Fallsammlung

In der Rechtsprechung findet sich allein die Entscheidung des OLG Hamm NJW-RR 1987, 245.

9. Fallgruppe: Unmöglichkeit und vorvertragliches Verschulden

Beispielsfall: S soll für Steuerberater G eine aufwendige Steuerberechnungs-Software erstellen, abgestimmt auf dessen spezialisierte Kanzlei. G kann das Programm nur dann sinnvoll verwenden, wenn es rechtzeitig vor Beginn des Steuerjahres erstellt und installiert ist; einen entsprechenden Termin vereinbart er mit S fix. Bei den Verhandlungen erwähnt S, daß er ein so aufwendiges Projekt zunächst vorfinanzieren muß. G zerstreut seine Bedenken unter Hinweis auf staatliche Förderungsprogramme, die in Wirklichkeit aber bereits ausgelaufen waren. Deshalb gerät S schon bald nach Vertragsschluß in Liquiditätsschwierigkeiten, die eine rechtzeitige Erstellung der Finanzsoftware verhindern. Der vereinbarte Termin verstreicht, und G muß nun zusätzliche Kräfte einstellen, um die notwendigen Berechnungen durchzuführen.

Die bisher erörterten Konstellationen weisen als Gemeinsamkeit auf, daß die von den Parteien zu vertretenden Unmöglichkeitsbeiträge sämtlich nach Vertragsschluß geleistet wurden. Insofern ist nun die Fallgestaltung zu untersuchen, in welcher eine Vertragsseite nur durch vorvertragliches Verschulden am Eintritt der Unmöglichkeit beteiligt ist. Hat die veröffentlichte Judikatur auch keinen derartigen Fall zum Gegenstand, ist die Konstellation doch nicht so unwahrscheinlich, daß eine Auseinandersetzung mit ihr nur von theoretischem Wert wäre.

a) Vorvertragliches Mitverschulden i.R.d. § 254 BGB

Bei der Anwendung des § 254 BGB auf vertragliche Schadenersatzansprüche ist man bereits auf die Frage gestoßen, ob ein vorvertragliches Verhalten im Rahmen der Abwägung zu berücksichtigen sei. Hierzu vertritt der BGH die Auffassung, daß der Anspruch auf Ersatz des Nichterfüllungsschadens nur durch ein Verhalten gemindert werden könne, das zeitlich dem Vertragsschluß folgt[163]. Dem hat sich ein Großteil der Literatur angeschlossen[164].

Zur Begründung legt der BGH dar, daß erst der Vertragsschluß die Verpflichtungen festlege, deren schuldhafte Verletzung zum Schadenersatz verpflichten. Der Vertrag habe insoweit dieselbe Bedeutung wie für gesetzliche Ersatzansprüche das Gesetz, erst mit seinem Abschluß sei die Grundlage für vertraglichen Schadenersatz geschaffen[165]. Wenn der Ersatz des Nichterfüllungsschadens (im entschiedenen Fall aus § 326 BGB[166]) nur auf die Verletzung einer vertraglichen Pflicht, nicht aber auf ein vorvertragliches Verhalten gestützt werden könne, sei auch beim Anspruchsteller kein vorvertragliches Verschulden anspruchsmindernd zu berücksichtigen.

Dieser Auffassung tritt insbesondere Medicus entgegen[167]. Er verweist darauf, daß eine Mitwirkung des Geschädigten beim gesetzlichen Schadenersatzan-

---

[163] St.Rspr. seit BGH NJW 1957, 217; zuletzt in ZIP 1990, 315, 318. Im Widerspruch hierzu steht BGH NJW 1993, 1191, 1192: Nach dieser Entscheidung kann die Auswahl des Vertragspartners ein nach § 254 BGB den eigenen vertraglichen Schadenersatzanspruch minderndes Verschulden bedeuten.

[164] Vgl. Soergel-Mertens § 254 Rz 32; MünchKomm-Emmerich § 325 Rz 79; RGRK-Ballhaus § 325 Rz 27; Erman-Kuckuk § 254 Rz 7.

[165] BGH NJW 1957, 217; 1987, 251, 253; RGRK-Ballhaus § 325 Rz 27.

[166] BGH NJW 1987, 251, 253.

[167] In: Staudinger § 254 Rz 68 sowie EWiR § 254 3/86, 1175 f. Weiterhin Lange § 10 VIII, S. 562.

spruch auch dann erheblich sei, wenn sie dem Delikt vorausgehe[168]. Außerdem sei mit der Ausblendung des vorvertraglichen Verschuldens nichts gewonnen: Derart begründe es einen eigenen Schadenersatzanspruch des Vertragspartners, der dann per Aufrechnung doch wieder anspruchsmindernd in den (Rechts-) Streit um die Ersatzforderung eingeführt werden könne[169].

b) Übertragbarkeit der Problematik auf die beiderseits zu vertretende Unmöglichkeit

Die Diskussion berührt den Tatbestand der beiderseits zu vertretenden Unmöglichkeit nicht unmittelbar, da § 254 BGB dort keine Anwendung findet[170]. Die geschilderte Auseinandersetzung ist jedoch nicht auf § 254 BGB beschränkt. Vielmehr wird grundsätzlich über die Möglichkeit gestritten, vorvertragliche und vertragliche Pflichtverletzungen gegeneinander abzuwägen. Daher liegt nahe, daß die beiden Auffassungen im vorliegenden Zusammenhang analog ihrer zu § 254 BGB vertretenen Positionen entscheiden würden[171].

c) Diskussion des Streitstands

Wenn der BGH Gesetz und Vertrag ("lex contractus") nebeneinanderstellt und darauf verweist, daß ein Mitverschulden vor Normerlaß hier wie - unstreitig - dort keine Berücksichtigung finden könne, scheint dieses Argument durchaus plausibel. Die Entgegnung von Medicus, in welcher er den Vertragsschluß mit der deliktischen Handlung statt mit dem Gesetz vergleicht, verfängt hingegen nicht: Wie einerseits der Vertrag die Verhaltenspflichten der Beteiligten festlegt, ergeben sich diese Pflichten andererseits nicht (erst) aus dem Delikt, sondern aus der gesetzlichen Regelung.

Das Argument des BGH ist gleichwohl nicht zwingend, da der Vertrag ein gegenseitiges Pflichtenverhältnis bereits im Anbahnungsstadium kennt. Ob diese Pflichten den vertraglichen gegenübergestellt werden dürfen, ist gerade die

---

168 Vgl. Staudinger-Medicus (12. Aufl.) § 254 Rz 68.

169 Medicus EWiR § 254 3/86, 1176.

170 Zu einer Abwägung auf Tatbestandsebene s.o. 1. c) bb); zu einer Anwendung des § 254 BGB im Rahmen der Haftungsbegründung s.u. 1. Teil: A. II. 2. a) bb) (3) (a).

171 Insbesondere die Kommentierung von Ballhaus im RGRK § 325 Rz 27 legt diese Vermutung nahe.

strittige Frage, welche sich nicht durch Verweis auf die abweichende Gestalt deliktischer Ansprüche beantworten läßt.

Ist die Frage damit zunächst offen, stellt sich die Frage nach der Alternative zu einem beiderseitigen Vertretenmüssen. Medicus weist zu Recht darauf hin, daß das vorvertragliche Verschulden nicht rechtsfolgenlos bleiben könne[172]. Mithin wäre der Partei, die allein für die nachträgliche Unmöglichkeit einstehen müßte, ein Anspruch aus culpa in contrahendo (c.i.c.) gegen ihren Vertragspartner zu gewähren. Inhalt und Umfang dieses Anspruchs hätten sich an der aus der Unmöglichkeit resultierenden Verpflichtung zu orientieren. Der Nichterfüllungsschaden wäre folglich auch hier durch Abwägung auf die Vertragsparteien zu verteilen. Der Maßstab für die Abwägung bliebe allerdings unklar. Dies mag bereits für eine unmittelbare Berücksichtigung des vorvertraglichen Verhaltens sprechen.

Gleichfalls für die von Medicus vertretene Auffassung streitet die Behandlung der Situation, in welcher mit dem vertraglichen ein deliktischer Ersatzanspruch konkurriert: Während bei diesem der Vertragsschluß anerkanntermaßen keine Barriere für die Einbeziehung des Mitverschuldens des Geschädigten bildet, soll es - nach der Ansicht des BGH - für jenen, auf das gleiche Ziel gerichteten Anspruch außer Betracht bleiben. Das zeitliche Nacheinander von schädigender Handlung und Vertragsschluß wird auch regelmäßig ein eher beiläufiger denn die Parteiinteressen prägender Umstand sein. Daher sollte ein vorvertraglicher Unmöglichkeitsbeitrag nicht anders in die Abwägung einfließen als eine Pflichtverletzung, die zeitlich dem Vertragsschluß folgt.

Aus der Gleichstellung folgt, daß eine (Mit-)Haftung - wie bei der Verletzung vertraglicher Pflichten[173] - eine spezifisch unmöglichkeitsbezogene Verantwortlichkeit erfordert. Beispielsweise sei ein Kaufvertrag nur aufgrund von Falschauskünften des Verkäufers zustande gekommen; die Ware gehe vor Übergabe durch ein Verschulden des Käufers unter. Man wird die Aufklärungspflichtverletzung des Verkäufers nicht schlechterdings in die Abwägung einbeziehen können, ohne die Unmöglichkeitshaftung zu überdehnen. Die zum Vertragsschluß führende Fehlinformation des Vertragspartners müßte sich vielmehr auf einen für die Erbringbarkeit der Leistung bedeutsamen Umstand beziehen (wie oben im Beispielsfall).

Demnach ist nicht jedes ursächliche vorvertragliche Verschulden als Unmöglichkeitsbeitrag zu werten. Zu berücksichtigen ist jedoch ein solches Verhalten, welches das spezifische Risiko der Unmöglichkeit in sich barg.

---

[172] Vgl. EWiR § 254 3/86, 1176.

[173] Zusammenfassend o. unter 6. b) bb) (3) (c).

Zum Beispielsfall: Der Fixtermin war für den Vertrag so wesentlich, daß mit Beginn des neuen Steuerjahres nicht mehr die von S versprochene Leistung, sondern nur noch ein aliud geleistet werden konnte. Diese Unmöglichkeit infolge Zeitablaufs hat jedenfalls S zu vertreten, der für seine finanzielle Leistungsfähigkeit einstehen mußte. Allerdings hat auch G Anteil an den Liquiditätsproblemen des S, insofern er S während der Vertragsverhandlungen falsch beraten hatte und jener sich auf sein fachmännisches Urteil verlassen durfte. Da die Frage der Vorfinanzierung erkennbar mit der Erbringbarkeit der Leistung des S verknüpft war, führt das vorvertragliche Verschulden des G zu einer Mitverantwortung am Eintritt der Unmöglichkeit und damit zur Anwendung der Regeln über ein beiderseitiges Vertretenmüssen.

10. Fallgruppe: Beiderseitige Unmöglichkeit

Beispielsfall: A und B vereinbaren den Tausch ihrer Autos. Einen Tag vor Vertragsabwicklung verschuldet jeder der beiden Fahrer unabhängig vom anderen einen Verkehrsunfall, so daß beide Tauschobjekte einen Totalschaden erleiden.

Wird beiden Vertragspartnern die Erfüllung ihrer Hauptleistungspflichten aus jeweils von ihnen zu vertretenden Gründen unmöglich, liegt es nahe, für diesen Fall eine beiderseits zu vertretende Unmöglichkeit anzunehmen. Jedoch war es allen bisher erörterten Fallgruppen gemeinsam, daß beide Parteien zur Unmöglichkeit ein und derselben Leistungspflicht beigetragen hatten. Hier hingegen werden die Hauptleistungspflichten beider Vertragspartner unmöglich. Das Nebeneinander mehrerer gestörter Leistungspflichten wirft eigene Fragen auf, beispielsweise nach der angemessenen Regelung gleichzeitiger Doppelunmöglichkeit[174]. Es ist als ein Phänomen beiderseitiger Vertragsverletzungen aber von der Problematik der beiderseits zu vertretenden Leistungsstörung zu unterscheiden[175] und folglich auch hier nicht zu erörtern.

Eine Verschränkung der beiden Problemkreise ist allerdings denkbar, wenn die Unmöglichkeitsereignisse nacheinander eintreten, und zwar derart, daß der Gläubiger der als ersten gestörten Leistung seine eigene Leistung vereitelt, bevor er eine Rechtswahl gemäß § 325 BGB getroffen hat. Hier könnte die frühere Unmöglichkeit zugleich einen Beitrag hinsichtlich der zweiten Unmöglichkeit beinhalten. In diesem Fall wäre die spätere Leistungsstörung von beiden Vertragsparteien zu vertreten[176].

---

[174] Dazu Soergel-Wiedemann Vor § 323 Rz 127; Teubner S. 43 f.

[175] Begrifflichkeit nach Soergel-Wiedemann Vor § 323 Rz 118.

[176] Wegen der generellen Einstandspflicht für Geldschulden kann eine solche Konstellation nur in den praktisch seltenen Fällen auftreten, in denen keine der Parteien einen Geldbetrag zu leisten hat.

Um noch unmöglich werden zu können, müßte die zweite Hauptleistungspflicht allerdings auch nach der Unmöglichkeit der ersten fortbestehen. Ob dies der Fall ist, wird seit vielen Jahren streitig diskutiert; einige nehmen einen "vorläufigen Pflichtwegfall" an, andere votieren für einen "Schwebezustand" des Vertrags[177]. Auf den von Teubner ausführlich erörterten Streitstand[178] soll hier allerdings nicht näher eingegangen werden.

Die beiderseitige Unmöglichkeit ähnelt der hier bereits untersuchten Konstellation[179], in welcher die Unmöglichkeit nach einer Vertragsaufsage eintritt. Hier wie dort hat der Partner des Vertragsstörers es in der Hand, die wechselseitigen Pflichten durch Rechtswahl festzulegen. Während er bei der Vertragsaufsage aber zwischen der Fortsetzung des Vertrags und Nichterfüllungsrechten wählen kann, ist er im Fall der Unmöglichkeit auf Nichterfüllungsrechte beschränkt, da der Vertrag endgültig gestört ist. Hierin erweist sich die Unmöglichkeit als die schwerwiegendere Vertragsstörung.

Wenn aber der Aufsagende für die Nichterfüllung des Vertrags - wie oben begründet[180] - allein einstehen soll, muß im vorliegenden Zusammenhang ein Gleiches gelten: Nur der Verantwortliche der ersten Unmöglichkeit haftet für die Nichterfüllung des Vertrags. Die Frage der Konstruktion eines "Pflichtwegfalls" oder eines "Schwebezustands" tritt hierbei in den Hintergrund. Der Erststörer kann sich jedenfalls nicht erfolgreich darauf berufen, daß der Vertragspartner seine Rechtswahl nicht rechtzeitig ausgeübt habe.

Auch in der Konstellation beiderseitiger Unmöglichkeit kommt es folglich nicht zu einer geteilten Haftung.

11. Zusammenfassung der Ergebnisse

Die Betrachtung der einzelnen Fallgruppen hat gezeigt, daß die Voraussetzungen einer von beiden Vertragsteilen zu vertretenden Unmöglichkeit in nahezu jeder dieser Konstellationen umstritten bzw. nur ungenügend von Rechtsprechung und Lehre diskutiert sind; gesicherte Erkenntnisse lassen sich hier insoweit nicht formulieren. Zusammengefaßt ergeben die vorstehenden Erörterun-

---

[177] Begrifflichkeit nach Teubner S. 37.

[178] S. z.B. Teubner S. 37-42 m.w.N.; auch Soergel-Wiedemann Vor § 323 Rz 125 f; Larenz SAT § 22 IIa, S. 336 f, insbes. Fn 13, der zudem keinen wesentlichen Rechtsfolgenunterschied der gegensätzlichen Konstruktionen anerkennt.

[179] S.o. 7. b) bb).

[180] S.o. 7. b) bb) (3).

gen jedoch die folgenden Thesen zu den Voraussetzungen der beiderseits zu vertretenden Unmöglichkeit:

1) Die Beiträge der Vertragsparteien können die Unmöglichkeit entweder in kumulativer oder alternativer Kausalität bewirken. Eine beiderseitige Haftung setzt aber voraus, daß der Zurechnungszusammenhang zum ersten Beitrag nicht durch das Eingreifen des zweiten Vertragspartners unterbrochen wird.

2) Der bloß hypothetisch-kausale Beitrag einer Partei führt nicht zu deren Mitverantwortlichkeit am Eintritt der Unmöglichkeit.

3) Annahme- und Leistungsverzug weisen als Unmöglichkeitsbeiträge keine besondere Qualität auf. Sie müssen hinsichtlich der Unmöglichkeit zu vertreten sein, damit der Urheber der Verzögerung (beim Annahmeverzug der Gläubiger; Leistungsverzug kann auf beiden Seiten relevant werden) neben seinem Vertragspartner haftet. Im Fall des Annahmeverzugs ist zudem die Haftungsprivilegierung des Schuldners durch § 300 Abs. 1 BGB zu beachten.

4) Das Zusammentreffen von Vertragsaufsage und anschließender Unmöglichkeit wirft nur dann besondere Fragen auf, wenn der Vertragspartner des Aufsagenden die Unmöglichkeit bewirkt, noch bevor er die Wahl seiner Rechte aus der Erfüllungsverweigerung getroffen hat. Aber auch in dieser Situation liegt keine Fallgruppe beiderseits zu vertretender Unmöglichkeit vor, da sich die Nichterfüllungsrechte der Parteien allein aus der Vertragsaufsage ergeben.

5) Die Zuweisung der Preisgefahr an den Gläubiger führt nicht zu dessen Mithaftung neben einem zu vertretenden Handeln des Schuldners.

6) Das vorvertragliche Fehlverhalten einer Seite begründet nur dann eine Mitverantwortung an der Unmöglichkeit, wenn die Pflichtverletzung gerade das Risiko nachträglicher Unmöglichkeit in sich schloß. In diesem Fall sind die Regeln beiderseits zu vertretender Unmöglichkeit anzuwenden; ansonsten steht ein selbständiger Anspruch des Vertragspartners aus c.i.c. seiner (alleinigen) Verpflichtung aus der Unmöglichkeit gegenüber.

II. Rechtsfolgen der beiderseits zu vertretenden Unmöglichkeit

Nach der Systematisierung der Voraussetzungen der beiderseits zu vertretenden Unmöglichkeit sind nunmehr die Rechtsfolgen verteilter Verantwortlichkeit zu klären.

Ist die Unmöglichkeit der Schuldnerleistung gewiß, kann die Verpflichtung des Schuldners nicht länger in der Erfüllung seines ursprünglichen Leistungsversprechens bestehen. Der primäre Erfüllungsanspruch des Gläubigers erlischt somit unabhängig davon, in welchem Maße der Schuldner den Eintritt der Unmöglichkeit zu verantworten hat[181]. Ersatzlos frei wird der Schuldner allerdings nur dann, wenn die Unmöglichkeit nicht von ihm zu vertreten ist, § 275 BGB. Hat er die Unmöglichkeit zu vertreten, gewährt § 325 BGB seinem Gläubiger Sekundäransprüche (Schadenersatz wegen Nichterfüllung, § 325 Abs. 1 S. 1 BGB; stellvertretendes Commodum, §§ 325 Abs. 1 S. 3, 323 Abs. 2 BGB; Rückforderung des Geleisteten, §§ 325 Abs. 1 S. 1, 323 Abs. 3 BGB) bzw. Sekundärrechte (Rücktritt, § 325 Abs. 1 S. 1 BGB; Befreiung von der Gegenleistungspflicht, §§ 325 Abs. 1 S. 3, 323 Abs. 1 BGB). Hat umgekehrt der Gläubiger die Unmöglichkeit zu vertreten, bestimmt § 324 Abs. 1 BGB, daß der Anspruch des Schuldners auf die vereinbarte Gegenleistung fortbesteht.

Im Fall beiderseitigen Vertretenmüssens lassen sich die Ansprüche des Schuldners einerseits und etwaige Sekundärrechte des Gläubigers andererseits nicht so unmittelbar und eindeutig dem Gesetz entnehmen. Bestehen und Umfang der Rechte sind folglich geradezu zwangsläufig umstritten. Zwar fußen sämtliche Lösungsvorschläge auf den genannten §§ 324 Abs. 1, 325 BGB. Sie unterscheiden sich aber in einer direkten oder analogen Anwendung, in der Kombination der Normen sowie im Heranziehen weiterer Rechtssätze. Soweit die einzelnen Auffassungen in der gegenwärtigen Diskussion eine Rolle spielen, werden sie im folgenden (unter 2.) vorgestellt und kritisch überprüft. Anschließend soll den kritisierten Modellen ein eigener Lösungsvorschlag entgegengesetzt werden (siehe 3.).

Die Beurteilung einer Rechtsauffassung als mehr oder weniger zur Problemlösung geeignet ist allerdings nur dann intersubjektiv nachvollziehbar, wenn diese Wertung anhand möglichst präzis formulierter Entscheidungskriterien begründet wird. Vor einer Diskussion der verschiedenen Ansätze sollen daher zu-

---

[181] Staudinger-Löwisch § 275 Rz 56; Palandt-Heinrichs § 275 Rz 24; Larenz SAT § 21 Ib, S. 308; Brox Rz 248; Medicus SAT Rz 338; Schlechtriem ZEuP 1993, 217, 223. Das Ergebnis wird allerdings unterschiedlich begründet.

nächst (sogleich unter 1.) die für die folgende Erörterung wesentlichen Maßstäbe dargestellt und ihrerseits begründet werden.

1. Kriterien einer adäquaten Lösung

Der hier eingeschlagene Weg, die Bewertungsmaßstäbe explizit offenzulegen, zielt darauf, die eigene Argumentation transparenter zu machen und damit zugleich eine Kritik der hier aufzustellenden Thesen zu erleichtern[182].

Die Zusammenstellung der Kriterien soll die Argumentationsansätze für die folgende Diskussion nicht abschließend festlegen - der Kreis der für oder gegen eine Position ins Feld zu führenden Gesichtspunkte ist im Gegenteil prinzipiell unbeschränkt[183]. Aber die Mehrzahl dieser Gesichtspunkte knüpft an Besonderheiten der jeweils kritisierten Auffassung an. Hier - gleichsam vor die Klammer gezogen - seien lediglich die grundlegenden Aspekte dargestellt, unter denen sämtliche Lösungsansätze betrachtet werden sollen: Dies sind die Aspekte der Angemessenheit ihrer praktischen Ergebnisse sowie ihrer dogmatischen Stimmigkeit[184].

a) Angemessenheit der praktischen Ergebnisse

Jeder Lösungsansatz ist zunächst an der Angemessenheit seiner praktischen Ergebnisse zu messen, also an deren Billigkeit im Einzelfall wie im System der möglichen zu entscheidenden Fälle. Die Forderung nach Angemessenheit oder Billigkeit ist für sich jedoch zu vage, um handhabbar zu sein. Sie bedarf der Präzisierung. In diesem Sinn sind die Ergebnisse eines Lösungsmodells als angemessen zu werten, wenn

- sie auf einer Abwägung der Parteibeiträge beruhen,
- sie sich innerhalb des "Rechtsfolgenrahmens" einseitiger Verantwortlichkeit (§§ 324 Abs. 1, 325 BGB) bewegen und

---

[182] Die hier zu formulierenden Maßstäbe sind freilich nur dann argumentativ verwertbar, wenn das Gesetz hinsichtlich der beiderseits zu vertretenden Unmöglichkeit keine eindeutige Regelung aufweist, andernfalls diese Regelung hinzunehmen und höchstens rechtspolitisch zu kritisieren wäre.

[183] Haft S. 94.

[184] Zu der grundlegenden Bedeutung dieser Kategorien vgl. Röhl § 19 I, S. 161.

- jede Partei mit einem ihrer Verantwortlichkeit proportionalen Anteil an dem Unmöglichkeitsschaden belastet wird.

aa) Abwägung der Parteibeiträge

Die Rechtsfolgen der beiderseits zu vertretenden Unmöglichkeit sollen von einer Abwägung der Parteibeiträge abhängen. Denn die Regeln beiderseitigen Vertretenmüssens müssen eine Bandbreite von Sachverhaltskonstellationen erfassen, innerhalb welcher die Verantwortlichkeit am Unmöglichkeitseintritt zwischen beiden Vertragspartnern sehr unterschiedlich verteilt ist[185]. Diese Vielgestaltigkeit der Sachverhalte - in einem für die Bestimmung der Unmöglichkeitsfolgen maßgeblichen Umstand - erfordert eine korrespondierende Flexibilität der Rechtsfolgen. Eine Beschränkung auf das "Ob", die Feststellung irgendeiner Form der Verantwortlichkeit genügt nur in den Fällen einseitiger Haftung (§§ 324 Abs. 1 bzw. 325 BGB). Hier ist ein Abwägen von Parteibeiträgen ohnehin nicht denkbar. Sind hingegen beide Vertragsseiten für den Eintritt der Unmöglichkeit verantwortlich, enthalten neben dem "Ob" auch die Grade des jeweiligen Vertretenmüssens und ihr Verhältnis zueinander wertungserhebliche Aspekte. So ist die Abwägung von Verantwortlichkeiten ein dem Privatrecht vertrautes Prinzip; es liegt insbesondere § 254 BGB zugrunde.

Überdies beruht auch das Modell einer starren, einheitlichen Regelung letztlich auf einer Abwägung der Beiträge von Schuldner und Gläubiger. Dort wird die Abwägung nur pauschal für eine Vielzahl von Konstellationen getroffen. Daher liegt eine Lösung mit flexiblen Rechtsfolgen näher am konkreten Sachverhalt und ist mithin - zumindest unter dem hier maßgeblichen Aspekt der (Einzelfall-)Gerechtigkeit - überlegen und vorzugswürdig. Daraus folgt: Hat der Schuldner ein deutlich überwiegendes Verschulden zu vertreten, muß sich für den Gläubiger eine günstigere Rechtsfolge ergeben als im (ceteris paribus) umgekehrten Fall seiner größeren Verantwortlichkeit.

bb) §§ 324 Abs. 1, 325 BGB als Extremwerte beiderseitiger Verantwortlichkeit

Die Konstellation der beiderseitigen Verantwortlichkeit steht gleichsam zwischen den Extrema der vom Schuldner und der vom Gläubiger zu vertretenden Unmöglichkeit. Daher kann sich auch ihre rechtliche Regelung nur innerhalb

---

[185] Vgl. dazu nur die o. unter I. angeführten Beispielsfälle.

des von den §§ 324 Abs. 1, 325 BGB aufgestellten Rechtsfolgenrahmens bewegen[186]. Sie darf also den Vertragsparteien keine größere Belastungen auferlegen oder weitergehende Rechte zusprechen, als dies in Anwendung der genannten Unmöglichkeitsnormen der Fall wäre.

Die für ein beiderseitiges Vertretenmüssen aufzustellenden Regeln sind den §§ 324 Abs. 1, 325 BGB derart anzuschließen, daß sie dieselben Rechtsfolgen anordnen wie die von vornherein "einseitigen" Unmöglichkeitsvorschriften, wenn ein Abwägen der Parteibeiträge die Verantwortlichkeit einer Partei vollständig hinter derjenigen des Vertragsgegners zurücktreten und mithin als unerheblich erscheinen läßt[187]. Andernfalls wären die Differenzen in den Rechtsfolgen nur mit dem bei konkreter Abwägung als unerheblich beurteilten Parteibeitrag zu rechtfertigen. Zu einem inhaltlich unbefriedigenden Ergebnis träte so auch eine selbstwidersprüchliche Begründung.

cc) Proportionalität von Verantwortlichkeit und wirtschaftlicher Belastung

In dem von den §§ 324 Abs. 1, 325 BGB vorgegebenen Rechtsfolgenrahmen ist der durch die Unmöglichkeit entstandene wirtschaftliche Schaden[188] proportional zu dem Gewicht der Parteibeiträge auf die Kontrahenten zu verteilen. Mit steigender Verantwortlichkeit einer Vertragsseite sollte auch deren Belastung durch die Unmöglichkeitsfolgen kontinuierlich und verhältnismäßig zunehmen. Dies gilt unabhängig von einer Rechtswahl für sämtliche Wege einer Abwicklung des gestörten Vertrags, also auch für eine etwaige Rückabwicklung.

Die Forderung entspringt vorrangig - wie auch schon das vorhergehende Kriterium - dem Gedanken der Systemgerechtigkeit. Mag ein Modell diskontinuierlicher, gestufter Rechtsfolgen die verschiedenen Einzelfälle auch jeweils für sich durchaus angemessen lösen, weist es gleichwohl Defizite bei der Betrachtung der Gesamtheit der denkbaren Konstellationen auf: Hier ergeben sich

---

[186] Hier überschneidet sich die Forderung nach der Angemessenheit der Ergebnisse mit derjenigen dogmatischer Konsistenz; zu der sogleich unter b).

[187] Diese Forderung hat sich schon aus der Analyse der Voraussetzungen der beiderseits zu vertretenden Unmöglichkeit ergeben, s.o. I. 1. c) bb).

[188] Der hier verwandte Schadensbegriff ist in einem weiten, nicht an eine Vertragsabwicklung auf Schadenersatzbasis gebundenen Sinn verstanden. Er will sämtliche Nachteile erfassen, die den Parteien infolge der Unmöglichkeit entstehen, und ergibt sich ebenfalls aus dem genannten Regelungsrahmen: Abhängig von der Rechtswahl des Gläubigers kann er sowohl dessen Nichterfüllungsschaden (i.S.d. § 325 Abs. 1 S. 1 BGB) als auch den Gegenleistungsanspruch des Schuldners (im Fall des Rücktritts) umfassen; vgl. hierzu 1. Teil: A. II. 2. b) bb) (3) (c).

notwendig "Sprünge" in der Schadensverteilung, indem ihrem Gewicht nach nur geringfügig unterschiedliche Parteibeiträge zu deutlich voneinander abgesetzten Rechtsfolgen führen. Diese Diskontinuitäten sind sachlich jedoch nicht zu rechtfertigen.

Zugunsten der hier favorisierten Lösung spricht zudem ihre Bewältigung von Wertungsunschärfen, die mit einer richterlichen Abwägung notwendig verbunden sind. So sind Fallgestaltungen denkbar, in denen sich der Verantwortlichkeitsanteil einer Vertragspartei nicht eindeutig als leicht überwiegend, geringfügiger oder ebenso groß wie das Verschulden der Gegenseite einstufen läßt. Die unterschiedlichen Bewertungen der Verantwortlichkeitsverteilung stünden hier gleichberechtigt nebeneinander. Ein Modell unstetiger Rechtsfolgen verschärft diese "graduelle Rechtsunsicherheit" an seinen Bruchstellen durch die Weite der für den konkreten Fall zu erwartenden (oder besser: nicht ausschließbaren) Ergebnisse. Innerhalb eines stetigen Systems geht die Breite möglicher Rechtsfolgen dagegen nicht über die Abwägungsunschärfe hinaus; die entsprechende Unsicherheit, ob eine Partei 50%, 60% oder 40% der Unmöglichkeitsfolgen tragen muß, erscheint denn auch akzeptabel.

Aus dem Konzept stetiger Ergebnisse wiederum folgt die Forderung nach der Proportionalität von Verantwortlichkeit und Folgenbelastung: Proportionalität empfiehlt sich als die nächstliegende, weil einfachste Funktion, um jedem Parteibeitrag eine Schadensquote eindeutig zuzuordnen.

dd) Kritik dieses Abwägungsmodells

Insbesondere bei Teubner[189], Seichter[190] und Baumann / Hauth[191] finden sich Bewertungsmaßstäbe, die mit den hier vorgeschlagenen übereinstimmen. Die Autoren formulieren ihre Kriterien explizit, verzichten jedoch - wohl im Vertrauen auf die Evidenz dieser Maßstäbe - auf ihre nähere Begründung[192].

Gegen eine Abwägung der Parteibeiträge wendet sich Honsell. Er verwirft insbesondere die Vorstellung einer stufenlosen, kontinuierlichen Regelung[193]. In

[189] S. 62 f.

[190] S. 28.

[191] JuS 1983, 273, 276.

[192] Wohl übereinstimmende, jedoch nicht explizit formulierte Kriterien bei OLG Oldenburg NJW 1975, 1788, 1789; Großkomm-Würdinger / Röhricht Vor § 373 Rz 480; AltKomm-Dubischar §§ 325-327 Rz 11; Medicus BürgR Rz 270; Esser / E. Schmidt § 28 III 1c; Schreiber Jura 1995, 529, 535.

[193] Vgl. JuS 1979, 81, 86 gegen Teubner.

einer solchen Forderung verrate sich eine "einseitige Orientierung an naturwissenschaftlichen Exaktheitsvorstellungen"; die Beiträge der Beteiligten ließen sich nicht beliebig fein gegeneinander abstufen. Sei von daher bereits die Regelung des § 254 BGB zweifelhaft, dürften dessen Grundsätze erst recht nicht in das Unmöglichkeitsrecht hineingetragen werden. Alternativentscheidungen seien im Bürgerlichen Recht die Regel, wobei selbstverständlich in Kauf genommen werde, daß einzelne Momente des Lebenssachverhalts auch für den "Verlierer" sprächen.

In dem Vorwurf naturwissenschaftlicher Desorientierung liegt ein Mißverständnis, zumindest eine Ungenauigkeit. Eine auf den Prozentpunkt berechnete Abwägung erscheint angesichts der unbestrittenen Wertungsunschärfen tatsächlich als sinnlos[194]. Das Modell stufenloser Rechtsfolgen will - wie oben geschildert - aber auch weniger dem Einzelfall als dem System, der Gesamtheit möglicher Fälle gerecht werden. Honsell selbst trifft eine (wenn auch grobe) Differenzierung nach dem Gewicht der Parteibeiträge, indem er Konstellationen deutlich überwiegender einseitiger Verantwortlichkeit von den übrigen unterscheidet und so drei mögliche Rechtsfolgen erhält: § 323 BGB, § 324 Abs. 1 BGB und § 325 BGB[195]. Hat man sich aber dafür entschieden, die Rechtsfolgen der beiderseits zu vertretenden Unmöglichkeit durch Abwägung festzulegen, bedürfen Sprünge in den Rechtsfolgen der Rechtfertigung, nicht deren Abwesenheit. Graduelle Unterschiede in entscheidungsrelevanten Voraussetzungen sollen weder folgenlos bleiben noch erhebliche Ergebnisunterschiede auslösen, sondern legen entsprechend graduelle Differenzierungen nahe. Hierin und nicht in einer Fixierung auf naturwissenschaftliche Exaktheit ist die Forderung nach einer stufenlosen Abwägung begründet.

Nun gibt es durchaus Gesichtspunkte, die für eine Pauschalierung von Rechtsfolgen sprechen können, insbesondere eine bessere Vorhersehbarkeit richterlicher Entscheidungen. Möglicherweise verteidigt Honsell die seiner Lösung vorgeworfene Starrheit mit Blick auf diesen Zusammenhang als eine "ganz alltägliche Notwendigkeit" für den Richter[196]. Indem Honsell die Starrheit seiner Ergebnisse somit als Notwendigkeit und nicht unabhängig davon als einen Vorzug rechtfertigt, zugleich einräumt, daß derart zwangsläufig Gesichtspunkte zugunsten des Unterlegenen unberücksichtigt bleiben, legt er selbst den Mangel

---

[194] Eine in Zahlenbrüchen (1/3; 1/4; 2/5) oder in 5%- bzw. 10%-Schritten ausgedrückte Abwägung ist dagegen durchaus praktisch durchführbar und wird von den Gerichten geleistet.

[195] Vgl. JuS 1979, 81, 85 f; ausführlich dazu u. 1. Teil: A. II. 2. a) aa) (1).

[196] Vgl. JuS 1979, 81, 86.

seiner Lösung an Einzelfallgerechtigkeit offen[197]. Diesen Mangel könnte eine beachtliche Steigerung der Rechtssicherheit jedoch ausgleichen.

Es hat sich allerdings gezeigt, daß die Rechtssicherheit auch bei der Wahl eines kontinuierlichen Abwägungsmodells nur in erträglichem Maße beeinträchtigt wird. Das Honsellsche Modell ist an den Übergangsstellen seiner Rechtsfolgen, von § 324 zu § 323 BGB und § 323 zu § 325 BGB, in der Vorhersehbarkeit seiner Rechtsfolgen sogar unterlegen[198].

Wenn folglich dem Defizit an Sachgerechtigkeit kein Vorteil zur Kompensation gegenübersteht, besteht auch kein Anlaß, das flexible durch ein starres Regelungssystem abzulösen. Die Einwände Honsells vermögen das hier vorgeschlagene Abwägungsmodell demnach nicht zu widerlegen; es kann der Rechtsfolgendiskussion zugrunde gelegt werden.

b) Dogmatische Stimmigkeit der Begründung

Die Forderung nach sachgerechten Ergebnissen ist eine zwar notwendige, aber nicht hinreichende Bedingung für die Überzeugungskraft eines Vorschlags zur Bewältigung der beiderseits zu vertretenden Unmöglichkeit. Hinzu tritt das Erfordernis dogmatischer Stimmigkeit, d.h. ein geeigneter Lösungsvorschlag muß sich - in der Formulierung Teubners[199] - "dem System der Leistungsstörungsregeln bruchlos einfügen".

Zwar versteht sich die Notwendigkeit dogmatischer Folgerichtigkeit für ein juristisches Lösungsmodell von selbst, wird auch von keiner Seite in Frage gestellt. Sie ist hier aber deswegen eigens zu nennen, weil es sich als ausgesprochen kompliziert erwiesen hat, ihr und zugleich dem Kriterium der Sachgerechtigkeit zu entsprechen[200]. Die Differenzierung der vertretenen Auffassungen liegt denn auch weniger in abweichenden Gerechtigkeitsvorstellungen begründet als vielmehr in der Unterschiedlichkeit der Ansätze zur Auflösung dieses Spannungsfeldes. Demnach wäre es naheliegend, eine Abwägung beider - anscheinend unvereinbarer - Maßstäbe zu diskutieren. Das Problem stellt sich aber erst, wenn sich die Kriterien tatsächlich als nebeneinander unerfüllbar erweisen sollten.

---

[197] Hierauf verweisen auch Baumann / Hauth JuS 1983, 273, 276 f.

[198] S.o. II. 2. a) cc).

[199] S. 63.

[200] So auch die Einschätzung von OLG Frankfurt NJW-RR 1995, 435, 436; MünchKomm-Emmerich § 324 Rz 35.

2. Darstellung und Kritik bisheriger Ansätze

Im folgenden werden die verschiedenen Lösungsansätze dargestellt und - unter Berücksichtigung der soeben begründeten Kriterien - diskutiert. Die Vielzahl einzelner Stellungnahmen zur beiderseits zu vertretenden Unmöglichkeit erscheint auf den ersten Blick recht unübersichtlich. Die Positionen lassen sich jedoch systematisieren. So stützen sich sämtliche Meinungen auf eine oder mehrere Bestimmungen der §§ 323 ff. BGB, deren Rechtsfolgen dann teilweise durch weitere Normen ergänzt oder modifiziert werden. Die unterschiedliche Einbindung der Unmöglichkeitsbestimmungen erlaubt eine Aufschlüsselung der Positionen in drei ihrerseits untergliederte "Meinungsfamilien".

Zwei dieser Gruppen suchen die Lösung übereinstimmend in einer kombinierten Anwendung der §§ 323 ff. BGB, unterscheiden sich jedoch in der Art dieser Kombination: Während eine Meinungsgruppe ihren Lösungsansatz auf eine Kumulation der Unmöglichkeitsnormen stützt (dazu unter c)), geht die andere von einer alternativen Anwendung der gesetzlichen Regeln aus, so daß für jeden Einzelfall zunächst die einschlägige Bestimmung aus dem Kreis der §§ 323 ff. BGB zu ermitteln ist (sogleich unter a)). In der Auswahl einer einzelnen Unmöglichkeitsnorm entspricht die letztgenannte Gruppe von Auffassungen wiederum der dritten, welche die maßgebliche Vorschrift aber nicht konkret, sondern mit Geltung für sämtliche Fallgestaltungen auswählt (siehe unten b)).

a) Alternative Anwendung der Unmöglichkeitsnormen

Im Rahmen einer alternativen Anwendung der Unmöglichkeitsnormen ergibt sich eine weitere Differenzierung der Auffassungen je nachdem, ob sie § 323 BGB als eine mögliche Rechtsfolge einbeziehen oder eine Lösung nur durch Rückgriff auf die §§ 324, 325 BGB zu erreichen suchen.

aa) Lösung gemäß §§ 323, 324, 325 BGB

Ein Modell, innerhalb dessen je nach Lage des Einzelfalls die Rechtsfolgen des § 323, des § 324 oder des § 325 BGB auf den Fall beiderseits zu vertretender Unmöglichkeit angewandt werden, vertreten Ballhaus und Honsell.

(1) Begründungen des Modells

Ballhaus[201] wägt die Unmöglichkeitsbeiträge der Parteien in entsprechender Anwendung des § 254 BGB gegeneinander ab und greift dann nach dem Ergebnis der Abwägung entweder auf § 324 BGB (bei überwiegendem Verschulden des Gläubigers) oder § 325 BGB (dto. des Schuldners) oder § 323 BGB (bei ungefährem Gleichgewicht) zurück. Die Konstruktion wird von Ballhaus nicht begründet, statt dessen beruft er sich auf die Rechtsprechung insbesondere des RG.

Es ist allerdings sehr zweifelhaft, ob das RG dieser Position zugeordnet werden kann. Tatsächlich finden sich sowohl Entscheidungen, welche § 323 BGB entsprechend heranziehen[202], als auch solche, die eine alternative Anwendung der §§ 324, 325 BGB befürworten. Um aber Ballhaus' Position stützen zu können, müßten sich diese Entscheidungen zu einer einheitlichen Judikatur zusammenfügen, dergestalt, daß § 323 BGB für Gleichgewichtslagen, die §§ 324, 325 BGB für die übrigen Fälle heranzuziehen wären.

Gegen eine solche Einheitlichkeit spricht zunächst der Umstand, daß keine der beiden Rechtsprechungslinien die jeweils andere in ihrer Argumentation oder auch nur in den Entscheidungsnachweisen berücksichtigt. Zudem fehlen jegliche Hinweise auf einen nur eingeschränkten Anwendungsbereich des jeweiligen Lösungsansatzes: Bei den zu § 323 BGB ergangenen Urteilen sind nicht einmal Feststellungen zu den Gewichten der Parteibeiträge getroffen[203], so daß eine Beschränkung auf Gleichgewichtslagen fern liegt[204]. Umgekehrt hat das RG einen Fall hälftig verteilter Verantwortlichkeit gerade nicht über § 323 BGB, sondern mittels der §§ 324, 254 BGB gelöst[205]. Man wird demnach von zwei eigenständigen Lösungsmodellen ausgehen müssen, deren Kombination nicht mit den Vorstellungen der beteiligten Senate vereinbar ist. Ballhaus kann seine Auffassung folglich nicht auf die Rechtsprechung des RG stützen.

Anders als bei Ballhaus liegt der Ausgangspunkt Honsells[206] in einer unmittelbaren Geltung der §§ 323 ff. BGB für die Konstellation beiderseitigen Ver-

---

[201] In: RGRK § 325 Rz 3.

[202] Nachweis der Entscheidungen in Fn 203; ausführlich zu dieser Position im 1. Teil: A. II. 2. b) aa).

[203] Vgl. RG JW 1910, 936; U. v. 12.6.1934, VII 61/34 (n.v.); Baumann / Hauth JuS 1983, 273, 275 und Teubner S. 62 Fn 113 übersehen das offensichtlich.

[204] Ähnlich OLG Oldenburg NJW 1975, 1788, 1789; Seichter S. 17 ff. (zu RG JW 1910, 936).

[205] Vgl. RG DRiZ 1924, 255.

[206] JuS 1979, 81, 85.

tretenmüssens; er bestreitet ausdrücklich das Vorhandensein einer Regelungslücke. Die §§ 324, 325 BGB erfaßten nicht nur das alleinige, sondern auch ein bloß überwiegendes Vertretenmüssen einer Vertragspartei. Somit müßte dem Begriff des Vertretenmüssens innerhalb der §§ 324, 325 BGB eine andere Bedeutung beigelegt werden als in § 276 BGB, in welchem von Vorsatz und Fahrlässigkeit, nicht aber von einem Überwiegen die Rede ist. Honsell hält dies für hinnehmbar.

Lasse sich bei keiner Seite ein überwiegendes Verschulden feststellen, sei der Fall über § 323 BGB zu lösen. Dessen Auffangfunktion für alle Fälle, die sich nicht den §§ 324, 325 BGB zuordnen ließen, ergebe sich klar aus dem gesetzgeberischen Willen zur umfassenden Regelung der Unmöglichkeit sowie dem systematischen Zusammenhang der Vorschriften. Insofern räumt Honsell allerdings ein, daß mit der Subsumtion des beiderseitigen Vertretenmüssens unter § 323 BGB die Grenze des möglichen Wortsinns erreicht sei.

Honsell diskutiert auch die praktische Seite seines Lösungsvorschlags, d.h. die Angemessenheit seiner Ergebnisse. Hierbei konzentriert er sich vor allem auf die § 323 BGB zugewiesenen Gleichgewichtslagen[207]. Die Regelung des § 323 BGB wirke grundsätzlich interessenneutral, indem sie die Parteien in den vorvertraglichen Zustand zurückversetze (abgesehen von möglichen bereicherungsrechtlichen Abweichungen). Daß derart das ursprüngliche Wertverhältnis von Leistung und Gegenleistung nicht berücksichtigt werde, erfolge zu Recht, da sich keine der Parteien angesichts ihres eigenen Unmöglichkeitsbeitrags auf einen entgangenen Vorteil berufen dürfe. Unbillig könne diese Lösung allenfalls für den Schuldner sein, wenn er infolge der Unmöglichkeit das Leistungssubstrat verloren habe. Als ein typisches Beispiel hierfür nennt Honsell den Untergang des Kaufgegenstands. In dieser Situation sei der Schuldner aber durch Ansprüche aus p.V.V. und Delikt hinreichend geschützt[208].

(2) Überzeugungskraft der Begründungen

In einem ersten Schritt der Untersuchung dieses Modells richtet sich das Interesse auf die dogmatische Schlüssigkeit der Konstruktionen, mit denen Honsell und Ballhaus das von ihnen vorgeschlagene Lösungsmodell begründen.

---

[207] Vgl. JuS 1979, 81, 85 f. Zu Honsells Rechtfertigung gestuft-starrer Ergebnisse S. bereits o. II. 1. a) dd).

[208] Honsell JuS 1979, 81, 83.

(a) Unstimmigkeiten in der Begründung Honsells

Zunächst zu Honsells Lehre von der unmittelbaren Anwendbarkeit der Unmöglichkeitsvorschriften. Ließe sich dem Gesetz tatsächlich eine Regelung im Wege der Auslegung entnehmen, käme dieser Vorrang vor allen rechtsergänzenden Operationen zu.

Ausdrücklich ist die beiderseits zu vertretende Unmöglichkeit jedenfalls nicht geregelt. Die Voraussetzungen der §§ 324 Abs. 1, 325 BGB scheinen - je nach Lesart - entweder beide erfüllt oder nicht erfüllt: Sowohl der Gläubiger als auch der Schuldner haben die Unmöglichkeit zu vertreten, aber jeweils nicht ausschließlich.

Mit Blick auf die sich zumindest teilweise widersprechenden Rechtsfolgen der Normen (Fortbestand des Gegenleistungsanspruchs einerseits und Rücktritt oder Abstandnahme vom Vertrag andererseits) liegt es nahe, eine Rechtsverweigerungslücke[209] anzunehmen. Eine solche liegt vor, wenn der Richter eine ihm vorgelegte Rechtsfrage nicht entscheiden kann, ohne eine planwidrige Unvollständigkeit des Gesetzes zu füllen. Damit steht er vor der Wahl zwischen einer Rechtsfortbildung und der Rechtsverweigerung.

Honsell will eine solche Gesetzeslücke vermeiden, indem er in das "weder - noch" eines Vertretenmüssens in § 323 BGB ein "sowohl - als auch" hineinliest. Damit ist der mögliche Wortsinn als Grenze zwischen Auslegung und Rechtsfortbildung aber nicht nur erreicht, sondern überschritten[210]. Ist mithin bereits eine Lücke für Gleichgewichtslagen vorhanden - wie Honsell durch den Hinweis auf eine "wohl auch" mögliche Analogie selbst einräumt[211] -, so wird das ganze Konzept einer im Gesetz angelegten, gleichsam mitgedachten Regelung fragwürdig. Zumindest müßte die Auslegung der §§ 324, 325 BGB ein hohes Maß an Überzeugungskraft aufweisen.

Jedoch das Gegenteil ist der Fall. Bedenkt man den engen systematischen Zusammenhang zwischen § 276 BGB und den §§ 280, 324, 325 BGB, erscheint kaum plausibel, daß hier unterschiedliche Begriffe des Vertretenmüssens gemeint sein sollen. Eine Modifikation der Zurechnungsregeln gerade für die nach Stellung und Regelungsdichte prominenteste Leistungsstörung im BGB kann nicht überzeugen.

---

[209] Zum Begriff vgl. Canaris S. 140 f, 127, 16.

[210] Ebenso Staudinger-Otto § 324 Rz 56.

[211] JuS 1979, 81, 85.

Demnach läßt sich feststellen: Wenn auch der Wille des Gesetzgebers auf eine vollständige Regelung der Unmöglichkeit gerichtet gewesen sein mag, ist dieser Wille hinsichtlich der beiderseits zu vertretenden Unmöglichkeit doch nicht Gesetz geworden, zumindest nicht mit dem von Honsell vorgeschlagenen Inhalt[212].

Unabhängig von dem Postulat einer unmittelbaren Anwendung des Gesetzes erheben sich Bedenken gegen die Begründung Honsells, aus welcher er die Angemessenheit des § 323 BGB auch für solche Gleichgewichtslagen herleitet, in denen der Schuldner den Leistungsgegenstand[213] verliert. Bei dieser Gestaltung handelt es sich entgegen der Ansicht Honsells nicht um eine Besonderheit des Kaufvertrags, der Untergang des Leistungsgegenstands dürfte vielmehr einen typischen Fall der Unmöglichkeit darstellen[214]. Bliebe man bei der Regelung des § 323 BGB stehen, wäre der Verlust allein vom Schuldner zu tragen. Auch Honsell anerkennt die Notwendigkeit, diesen Nachteil zwischen den für die Unmöglichkeit verantwortlichen Parteien auszugleichen. Dies habe allerdings nicht durch das Unmöglichkeitsrecht, sondern mittels Ansprüchen aus Delikt oder p.V.V. zu geschehen.

Jedoch kann ein Anspruch aus unerlaubter Handlung eine Vertragshaftung hier allenfalls ergänzen, nicht aber ersetzen[215]. Auch der Vorschlag, über die Figur der p.V.V. für Ausgleich zu sorgen, verdient keinen Beifall. Anders als bei der Beschädigung oder Zerstörung sonstiger Güter des Vertragspartners steht im Fall des Leistungsgegenstands nicht das Integritätsinteresse, sondern der vertragliche Leistungsaustausch und damit das Äquivalenzinteresse im Vordergrund. Der Schuldner will sich des Leistungsgegenstands im Zuge der Vertragsabwicklung ohnehin entäußern. Dies läßt daran zweifeln, ob dem Schuld-

---

[212] Zu einem weiteren Ansatz unmittelbarer Anwendung der Unmöglichkeitsnormen der Exkurs sogleich unter (b).

[213] Honsell spricht von "Leistungssubstrat", meint aber wohl eher den Gegenstand der Leistung selbst. Zwar fallen in dem von ihm gewählten Beispiel (JuS 1979, 81, 83) des Kaufvertrags Grundlage und Gegenstand der Leistung zusammen (beim Werkvertrag z.B. lassen sich Substrat - der Stoff des Bestellers - und Gegenstand - das Werk - unterscheiden). Aber Honsell will mit dem Begriff des Substratverlusts diejenigen Fälle erfassen, in denen mit der Unmöglichkeit ein Schaden für den Schuldner einhergeht. Dies ist immer dann der Fall, wenn dem Schuldner der Leistungs*gegenstand* nicht mehr zur Verfügung steht (z.B. wegen Zerstörung, Entwendung, Zeitablaufs).

[214] "Untergang" in einem weiteren Sinn verstanden: Auch der Arbeitnehmer, der seine Arbeitskraft am Tag X nicht einsetzen kann, verliert wegen des Fixschuldcharakters des Arbeitsvertrags insoweit seinen Leistungsgegenstand.

[215] Ebenso, aber ausführlicher Seichter S. 47 ff.

ner durch den Untergang überhaupt ein Schaden entstanden ist[216]. Ein solcher tritt vielmehr mit dem Verlust der Gegenleistung ein, der Rechtsfolge des § 323 BGB. Bei dieser Sichtweise besteht neben den §§ 323, 324 Abs. 1 BGB allerdings keine Regelungslücke und damit kein Raum für eine Anwendung der p.V.V.

Wollte man den Leistungsgegenstand wie jedes andere Gut des Schuldners behandeln und insofern einen Anspruch aus p.V.V. bejahen, müßte der Gläubiger anteiligen Ersatz nach dem Wert des Gegenstands erbringen, konsequenterweise auch dann, wenn dieser Wert über der ausgehandelten Gegenleistung liegt[217]. Jedoch bleibt selbst im Fall der allein vom Gläubiger zu vertretenden Unmöglichkeit (§ 324 Abs. 1 BGB) die vereinbarte Gegenleistung die maßgebliche Bezugsgröße.

Diese Überlegungen erweisen die p.V.V. als ungeeignet, den Verlust des Leistungsgegenstands in den Ausgleich zwischen Schuldner und Gläubiger einzubeziehen; ein solcher Nachteil ist vielmehr im Rahmen der Unmöglichkeitsregeln auszugleichen. Honsell kann das von ihm angestrebte Ergebnis nicht in befriedigender Weise herleiten.

(b) *Exkurs*: Unmittelbare Geltung des Unmöglichkeitsrechts nach Schultze

Honsell konnte das durch die §§ 323 ff. BGB eröffnete Problem des Normenmangels bzw. Normwiderspruchs für die beiderseits zu vertretende Unmöglichkeit nicht durch eine überzeugende Auslegung beseitigen. Schultze[218] vertritt zwar eine kumulative Anwendung der Unmöglichkeitsregeln und damit ein von dem hier diskutierten verschiedenes Modell[219]. Aber auch er verneint das Vorhandensein einer Regelungslücke und leitet seine Lösung aus einer unmittelbaren Anwendung des Gesetzes her. Eine solche Auslegungslösung würde - wie dargelegt - der Rechtsfortbildung vorgehen. Insofern liegt es nahe, Schultzes Auslegungskonzept hier im Zusammenhang mit demjenigen Honsells zu erörtern.

---

[216] Zumal dieser "Schaden" selbst im Fall der allein vom Gläubiger zu vertretenden Unmöglichkeit nicht ersetzt wird. Die Verfasser des BGB haben einen vertraglichen Schadenersatzanspruch ausdrücklich ausgeschlossen, vgl. Mot. II, 208 und hier Fn 354. Daß sie bei dieser Festlegung den Fall eines zerstörten Leistungssubstrats übersehen haben sollen, ist kaum vorstellbar.

[217] Diesen Gedanken äußert auch Soergel-Wiedemann § 324 Rz 29.

[218] JA 1987, 177, 178 f.

[219] Zu den kumulativen Ansätzen s.u. 1. Teil: A. II. 2. c).

Schultze sucht eine Auslegung für die §§ 324 Abs. 1, 325 BGB, welche den (Teil-)Widerspruch zwischen beiden Rechtsfolgen vermeidet. Seiner Auffassung nach zielt § 324 Abs. 1 BGB allein darauf, im Falle beiderseitiger Verantwortlichkeit die Wahl solcher Rechte des § 325 BGB auszuschließen, deren Durchsetzung den Gegenleistungsanspruch des Schuldners untergehen lassen würde. Der Gläubiger dürfe demnach vom Vertrag weder zurücktreten noch Abstand nehmen[220]. Eine andere Auslegung ließe der Vorschrift eine bloß deklaratorische Bedeutung, da der Gegenleistungsanspruch in den Fällen des § 324 Abs. 1 BGB ohnehin schon mangels Erlöschensgrunds fortbestehe.

Der Gläubiger könne also nur solche Rechte geltend machen, die den Gegenleistungsanspruch unberührt ließen. Dies sei auch sachgerecht, denn die ausgeschlossenen Optionen Rücktritt und Abstandnahme ließen eine Anwendung des für beiderseitiges Verschulden geschaffenen § 254 BGB nicht zu und stellten somit einseitig den Gläubiger begünstigende "Alles-oder-Nichts"-Rechte dar. Mit dieser einschränkenden Auslegung des § 325 BGB seien die Normen aufeinander abgestimmt.

In Wirklichkeit hat Schultze den Normwiderspruch nicht aufgelöst, sondern § 324 Abs. 1 BGB, sofern er sich mit § 325 BGB überschnitt, den unbedingten Vorrang eingeräumt. Fraglich ist die Vereinbarkeit dieser Auslegung mit der gesetzlichen Regelung.

Der Wortlaut der Vorschriften ergibt keinen Anhaltspunkt für einen Vorrang des § 324 Abs. 1 BGB. Die Entstehungsgeschichte streitet ebenfalls gegen die Position Schultzes. Die Materialien zur Genese des BGB enthalten keinerlei Hinweis darauf, daß die Möglichkeit beiderseitigen Vertretenmüssens bei der Konzeption der Unmöglichkeit berücksichtigt worden wäre, und schon bald nach Beratung und Erlaß des Gesetzes wurde auf diese Unvollständigkeit hingewiesen[221].

Entgegen Schultzes Behauptung ist § 324 Abs. 1 BGB innerhalb des historischen Verständnisses durchaus nicht überflüssig. Klarstellende Regelungen sind dem Schuldrecht nicht fremd (vergleiche nur § 350 neben § 351 BGB) und fördern das gesetzgeberische Ziel von Verständlichkeit und Handhabbarkeit der Kodifikation. Neben den §§ 323, 325 BGB erschiene das Fehlen einer Regelung der gläubigerverschuldeten Unmöglichkeit als eine störende Asymmetrie. Die Kritik legislatorischer Redundanz könnte sich ohnehin nur gegen § 324 Abs. 1 S. 1 BGB richten. Der bildet aber die notwendige Folie für S. 2. Dieser Anrechnungsvorschrift läßt sich ein eigenständiger Regelungsgehalt nicht ab-

---

[220] Schultze JA 1987, 177, 179.

[221] Von Kisch S. 95 noch im Jahre 1900.

sprechen. Daher kann Schultze auch in systematischer Hinsicht nicht plausibel machen, warum § 324 Abs. 1 BGB der Vorrang vor dem nach Wortlaut wie Funktion ebenso anwendbaren § 325 BGB zukommen sollte.

Schließlich beruft Schultze sich unter teleologischem Gesichtspunkt auf die Sachgerechtigkeit seiner Lösung. Honsell weist zu Recht darauf hin, daß die dem Gläubiger in § 325 BGB eingeräumte Position wesentlich durch dessen umfassendes Wahlrecht geprägt ist[222]. Dieses Wahlrecht wird dem Gläubiger in der Auslegung Schultzes aber für jeden Fall beiderseitigen Vertretenmüssens versagt, sogar bei weit überwiegender Verantwortlichkeit des Schuldners. Insofern vertritt Schultze selbst eine Alles-oder-Nichts-Lösung, wie er sie zu vermeiden vorgibt. Indem er diesen Ausschluß von Gläubigerrechten damit begründet, daß Rücktritt und Abstandnahme keine Berücksichtigung des "für ein beiderseitiges Verschulden geschaffene[n]" § 254 BGB zuließen, setzt er voraus, was erst noch zu zeigen wäre. Die aus der Verdrängung der Rechtswahl durch § 324 Abs. 1 BGB resultierende Besserstellung des Schuldners ist damit jedenfalls nicht begründet.

Der Gesetzesauslegung Schultzes stehen mithin erhebliche Bedenken entgegen; ihr ist nicht zu folgen[223]. Der Versuch, den im Normtext angelegten Teilwiderspruch zwischen den §§ 324, 325 BGB zu überwinden, hat nur deutlicher werden lassen, daß dies mit den Mitteln der Auslegung allein nicht zu erreichen ist. Die gesetzliche Regelung ist hinsichtlich der beiderseits zu vertretenden Unmöglichkeit planwidrig unvollständig, also lückenhaft. Dies ist mit der im übrigen einhelligen Auffassung festzustellen[224,225].

---

[222] Vgl. JuS 1979, 81, 84. Der Nutzen der einzelnen Rechte schwankt je nach Fallgestaltung, so daß erst die Wahlmöglichkeit eine optimale Interessenwahrung gewährleistet.

[223] Das Konzept ist aber möglicherweise im Wege der Rechtsfortbildung begründbar, S. dazu unten c).

[224] Vgl. statt aller Seichter S. 3-12, der die Möglichkeiten einer unmittelbaren Anwendung des Unmöglichkeitsrechts umfassend prüft und verwirft. Z.T. anders nur Emmerich § 14 I, S. 157, der das beiderseitige Vertretenmüssen im Fall des Annahmeverzugs (s.o. I. 5.) für gesetzlich geregelt hält. Tatsächlich verneint er hier aber eine beiderseitige Verantwortlichkeit, vgl.o. I. 5. d) aa).

[225] Die neuerdings von Woopen JZ 1991, 539, 541 vertretene Ansicht, § 327 S. 1 BGB regele den Rücktritt bei beiderseits zu vertretender Unmöglichkeit, führt zu demselben Ergebnis: Voraussetzungen und Grenzen des Rücktritts sowie die übrigen Rechte des Gläubigers bleiben auch hier ungeregelt.

(c) Unstimmigkeiten bei Ballhaus

Der Ansatz von Ballhaus beruht auf einer entsprechenden Anwendung des § 254 BGB, wodurch die für den konkreten Fall einschlägige Norm aus dem Kreis der §§ 323-325 BGB bestimmt werden soll. Wie oben geschildert, geht Ballhaus zu Unrecht davon aus, die Begründungslast für seine Auffassung per Entscheidungsnachweis an das RG delegieren zu können, da seine Position zwei distinkte Rechtsprechungslinien des Gerichts kombiniert.

Gegen die Kombination selbst bestehen aus methodischer Sicht keine Bedenken: Ballhaus beschränkt beide Lehren auf einander ergänzende Ausschnitte der möglichen Sachverhaltskonstellationen, wobei er die normbestimmende Funktion des § 254 BGB auch auf § 323 BGB erweitert. Derart löst er aus Sicht der Rechtsprechung zu §§ 324, 325 BGB sogar das dort offene Problem[226] der Behandlung von Gleichgewichtslagen.

Dogmatische Unstimmigkeiten ergeben sich aber aus den von ihm kombinierten Elementen. Dies betrifft einerseits die vom RG befürwortete Kulpakompensation, welche die Anwendung des § 323 BGB ermöglichen soll, andererseits den Rückgriff auf § 254 BGB zur Identifizierung der jeweils konkret maßgeblichen Unmöglichkeitsnorm[227]. Da diese Konstruktionen und Begründungen vom RG entwickelt und von Ballhaus nur stillschweigend aufgegriffen wurden, sollen sie jeweils im Zusammenhang bei der Darstellung der Rechtsprechung erörtert werden. Hier sei allerdings das Ergebnis der Kritik[228] vorweggenommen, daß sich beide von Ballhaus aufgegriffenen Elemente als dem Leistungsstörungssystem fremd erweisen.

Weder die Ausführungen Honsells noch die von Ballhaus genügen demnach den Anforderungen dogmatischer Stimmigkeit.

(3) Diskussion der Ergebnisse

Die Ergebnisse des Vorschlags von Ballhaus und Honsell bleiben hinter den oben postulierten Kriterien zurück. Zwar orientieren sie sich an dem Verhältnis der Parteibeiträge zueinander. Dabei werden die möglichen Konstellationen aber in ein starres System mit nur drei unterschiedlichen Rechtsfolgen ge-

---

[226] S. 1. Teil: A. II. 2. a) bb) (3) (a).

[227] Vgl. dazu 1. Teil: A. II. 2. b) aa) und a) bb) (2).

[228] S. 1. Teil: A. II. 2. b) aa) bzw. a) bb) (3) (a).

zwängt. In den Übergangsbereichen des Modells bringt dies notwendig Verwerfungen in der Systemgerechtigkeit sowie bedenkliche Einbußen an Rechtssicherheit mit sich[229].

Unbefriedigend ist darüber hinaus die Lösung der Gleichgewichtslagen durch Rückgriff auf § 323 BGB[230]. Entgegen Honsell ist es einer Partei mit dem Hinweis auf ihren eigenen Beitrag nicht zu verwehren, ihre unmöglichkeitsbedingten Nachteile geltend zu machen. Ansonsten wäre ihr Handeln mit einer relativ schwerwiegenderen Sanktion verknüpft, was sich bei gleich verteilter Verantwortlichkeit kaum rechtfertigen ließe. Wie in den Fällen einseitig überwiegender Verantwortlichkeit muß auch hier das vertragliche Wertverhältnis berücksichtigt werden. Es ist inkonsequent, wenn Honsell einen durch Verlust des Leistungsgegenstands entstandenen Schaden auf die Parteien verteilt - sei es auch im Wege der p.V.V. -, sonstige mit der Unmöglichkeit verbundene Nachteile (z.B. entgangenen Gewinn, Folgeschäden) aber nicht berücksichtigt.

Dem von Honsell und Ballhaus vertretenen Lösungsmodell stehen mithin schwerwiegende Bedenken entgegen, sowohl in dogmatischer Hinsicht wie auch mit Blick auf die Sachgerechtigkeit der Ergebnisse.

bb) Lösung über §§ 324, 325; 254 BGB

Dem soeben diskutierten Modell eng verwandt ist der Vorschlag, das Rechtsfolgenproblem durch die alternative Anwendung allein der §§ 324, 325 BGB zu lösen, wobei auch hier die jeweils einschlägige Norm durch eine Abwägung der Parteibeiträge entsprechend § 254 BGB ausgewählt werden soll. Im Unterschied zum Vorigen bleibt § 323 BGB also außer Betracht.

Innerhalb dieses Ansatzes finden sich wiederum zwei differierende Auffassungen: Ein Konzept sieht vor, die analog § 254 BGB ausgewählte Rechtsnorm ohne weitere Modifikation anzuwenden. Der Gegenvorschlag beinhaltet einen weiteren Rückgriff auf § 254 BGB zur Anpassung der Rechtsfolgen an die konkreten Parteibeiträge.

---

[229] S. dazu o. II. 1. a) cc).

[230] Übereinstimmend Kropholler / Berenbrok Vor §§ 323-325 Rz 3; Schildt Jura 1995, 66, 70.

(1) Unmodifizierte Anwendung der §§ 324, 325 BGB

Diese Position wird von Blomeyer[231] und wohl auch von Enneccerus / Lehmann[232], Oertmann[233] und Esser[234] vertreten. Zwar wollen Blomeyer und Esser dann, wenn die Verantwortlichkeit des Schuldners überwiegt und der Gläubiger Schadenersatz wählt, ein Mitverschulden des Gläubigers berücksichtigen und seinen Ersatzanspruch in direkter Anwendung des § 254 BGB mindern. Sie erwägen jedoch nicht, den in § 254 BGB niedergelegten Abwägungsgedanken auf die Ausübung des Rücktrittsrechts oder auf den Gegenleistungsanspruch des Schuldners aus § 324 BGB auszuweiten. Diese Rechte sollen gleichsam "unverkürzt" geltend gemacht werden können. In seiner grundsätzlich unmodifizierten Anwendung der §§ 324, 325 BGB entspricht der Ansatz demjenigen von Honsell und Ballhaus.

(2) Modifikation der §§ 324 Abs. 1, 325 BGB durch § 254 BGB

(a) Das Modell des RG

Bereits in seiner ersten einschlägigen Entscheidung aus dem Jahre 1909 vertrat das RG die Auffassung, daß die Problematik der beiderseits zu vertretenden Unmöglichkeit auf der Grundlage des § 254 BGB zu lösen sei, im welchem allgemeingültige Rechtsgedanken zur Behandlung beiderseitigen Verschuldens Ausdruck gefunden hätten[235]. Aufgrund dieser Rechtsgrundsätze sei konkret zu entscheiden, ob eine vollständige oder teilweise Anwendung des § 325 BGB oder des § 324 BGB dem jeweiligen Einzelfall gerecht werde. Das RG bestimmt also in einem ersten Schritt die maßgebliche Unmöglichkeitsnorm danach, welche Vertragsseite die Unmöglichkeit überwiegend zu vertreten hat. Entsprechend wendet es entweder § 324 BGB oder § 325 BGB an. Bei der Anwendung der jeweils einschlägigen Norm berücksichtigt das RG - in einem zweiten Rückgriff auf § 254 BGB - auch den geringeren Verantwortlichkeits-

---

[231] § 28 II 4, S. 153 mit unzutreffendem Bezug auf die Rechtsprechung des RG.

[232] § 46 III 4, S. 205, wie Blomeyer mit Bezug auf das RG.

[233] Schuldverhältnisse § 324 Erl 1b, Einschränkung wie vor. Unklar die (frühere) Stellungnahme zu RG JW 1919, 308, ebd.

[234] 3. Aufl. § 50 II 3. In der 2. Aufl. finden sich widersprüchliche Hinweise einerseits auf eine Lösung nach § 242 BGB (§ 77, 1, S. 331) und andererseits auf die vom RG vertretende Lösung (§ 81, 2, S. 353), vgl. dazu 1. Teil: A. II. 3. a).

[235] Vgl. RGZ 71, 187, 191 f.

anteil[236]. Nur so lasse sich eine der Billigkeit entsprechende Lösung sicherstellen. Das RG stellt ausdrücklich fest, daß die zweite, anspruchsmindernde Anwendung des § 254 BGB nicht von einer Rechtswahl des Gläubigers abhängig sein dürfe, mithin auch für den Fall seines Rücktritts gelte.

Dieses Lösungsmodell mußte sich zunächst gegen Alternativvorschläge aus dem eigenen Hause durchsetzen. So sind vereinzelt Entscheidungen auf Grundlage einer entsprechenden Anwendung des § 323 BGB ergangen[237], welche allerdings weder in der Rechtsprechung des RG noch in der sonstigen Judikatur Nachhall gefunden haben. Zudem finden sich zwei Urteile, die sich zwar ausdrücklich auf die Rechtsprechung aus dem Jahre 1909 berufen, in der Sache jedoch abweichen. Denn sie billigen jeweils Entscheidungen des Berufungsrichters, die mit den wiedergegebenen Grundsätzen nicht zu vereinbaren sind[238], da sie einen Anspruch aus §§ 324, 254 BGB bei gleich verteilter Verantwortlichkeit bzw. sogar trotz eines deutlich überwiegenden Anteils des Schuldners (von 5/6 gegenüber 1/6 des Gläubigers) gewähren. Ohne eine eingehende Begründung lassen die Entscheidungen allerdings offen, ob sie tatsächlich von der ursprünglichen Lösung abweichen wollten.

In der Mehrzahl seiner Entscheidungen hat das RG aber seine ursprüngliche Rechtsprechungslinie fortgeführt[239]. Der Lösung haben sich darüber hinaus auch die Oberlandesgerichte Hamburg und Zweibrücken[240] sowie einige Vertreter der Literatur[241] angeschlossen.

---

[236] Beispiel: Bei überwiegendem Verschulden des Gläubigers ist § 324 Abs. 1 BGB anzuwenden und der Gegenleistungsanspruch dann entsprechend der Mitverantwortlichkeit des Schuldners zu kürzen.

[237] Vgl. dazu die Nachweise o. Fn 203 und ausführlich u. b) aa).

[238] Vgl. RG DRiZ 1924, 255 und WarnR 1926, 265, 267. Der Entscheidung RG JW 1937, 3029 Nr. 14 läßt sich eine derartige Abweichung - entgegen Hadding AcP 168, 150, 154 Fn 9 - nicht entnehmen. Wenn es dort heißt, daß im Fall beiderseitigen Vertretenmüssens weder § 324 BGB noch § 325 BGB für sich allein zur Lösung taugten, so folgt daraus nicht notwendig die von Hadding unterstellte Befürwortung einer Kumulation der Normen. Denn die Ausführungen des RG lauten weiter: "... vielmehr bedarf es auch im Falle des Rücktritts der Heranziehung des § 254 BGB."

[239] RGZ 94, 140, 141 f; JW 1919, 308, 309; BayZ 1925, 230, 231; JW 1937, 3029 Nr. 14. Unklar RGZ 97, 7, 10.

[240] OLG Hamburg HansGZ 1910, Beibl. 61, 63; OLG Zweibrücken DR 1941, 1729, 1730.

[241] Westermann § 8 IV 2, S. 63; Löwisch S. 126; Köbler S. 86; Jessen JA 1973, 171, 172; wohl auch Braun JA 1983, 571, 574.

(b) Die Position des BGH

Unklar ist die Position des BGH zur Rechtsprechung des RG. Bislang fünf Entscheidungen haben dem BGH Anlaß geboten, zur Frage der beiderseits zu vertretenden Unmöglichkeit Stellung zu nehmen. Nachdem er in einem Urteil aus dem Jahr 1956 zunächst ausdrücklich offenließ, ob die Rechtsprechung des RG fortzuführen sei[242], stützte er 13 Jahre später eine Entscheidung zum Schadenersatz bei wechselseitig zerrüttetem Vertrauensverhältnis auf das "ähnliche" Vorgehen des RG im Falle beiderseits zu vertretender Unmöglichkeit[243]. Eine solche Ähnlichkeit besteht allerdings nur in Ansätzen, da der BGH gerade keine Alternativität von Ansprüchen, sondern einen Schadenersatzanspruch des Kündigungsgegners neben einem bestehenden Ersatzanspruch des Kündigenden begründen wollte. Eine eindeutige Position des BGH zur Unmöglichkeitsproblematik läßt sich aus der Bezugnahme auf das RG jedenfalls nicht ableiten.

Das folgende Urteil war zugleich das erste, in welchem der BGH Richtlinien zum beiderseitigen Vertretenmüssen mit Bedeutung für den konkret zu entscheidenden Fall ausgab[244]. Darin bezieht sich der BGH wiederum ausdrücklich auf die Rechtsprechung des RG. Die konstruktiv wie praktisch bedeutsame Frage einer alternativen oder kumulativen Anwendung der §§ 324 Abs. 1, 325 BGB berührt dabei nicht. In dieser Hinsicht schafft die nächste Entscheidung[245] Klarheit: Der BGH kombiniert § 324 Abs. 1 und § 325 BGB, wendet die Normen also kumulativ an, zitiert auch eine in diesem Sinn ergangene Entscheidung des OLG Oldenburg, ohne dabei auf den Nachweis der reichsgerichtlichen Rechtsprechung zu verzichten. Eine Begründung des Lösungswegs fehlt.

Mit der vorläufig letzten Entscheidung ist der BGH[246] zu seinem Ausgangspunkt aus dem Jahre 1956 zurückgekehrt, indem er offenläßt, wie das Problem der beiderseits zu vertretenden Unmöglichkeit zu behandeln sei. Allerdings benennt er, präziser nun, eine kumulative oder alternative Anwendung der §§ 324 Abs. 1, 325 BGB ausdrücklich als Entscheidungsalternativen.

Als Ergebnis läßt sich somit feststellen, daß der BGH keine gefestigte Position zur beiderseits zu vertretenden Unmöglichkeit eingenommen hat; er hat bislang auf jede eingehendere Auseinandersetzung mit der Problematik verzichtet.

---

242 Vgl. BGH LM § 324 Nr. 1, Bl. 2 S. 2.

243 Vgl. BGH NJW 1969, 1845.

244 Vgl. BGH WM 1971, 892, 896.

245 BGH VersR 81, 426, 427.

246 NJW 1991, 166, 168.

Die Behandlung der beiderseits zu vertretenden Unmöglichkeit in der Spruchpraxis des BGH kann daher nicht befriedigen.

(3) Kritik beider Varianten

(a) Dogmatische Einwände

Im Zentrum der Begründungen steht jeweils der Rückgriff auf § 254 BGB. Die Vertreter der Literatur stützen ihr Konzept auf eine entsprechende Anwendung der Norm[247], während das RG formuliert, daß in § 254 BGB "allgemeingültige Rechtsgrundsätze Ausdruck gefunden"[248] hätten, welche zur Lösung der beiderseits zu vertretenden Unmöglichkeit heranzuziehen seien. Die Ausführungen des RG ließen sich demnach so deuten, daß es statt einer Analogiebildung zu § 254 BGB lediglich das der Vorschrift zugrunde liegende Rechtsprinzip auf das beiderseitige Vertretenmüssen angewandt wissen will. Tatsächlich weist § 254 BGB als eine Regelung der Minderung von Schadenersatzansprüchen wenig Ähnlichkeit mit der ihm hier zugewiesenen Funktion auf, die maßgebliche Norm aus den §§ 324, 325 BGB zur Lösung eines konkreten Unmöglichkeitsfalls zu bestimmen. Von daher liegt der Rückgriff auf ein allgemeiner gefaßtes Rechtsprinzip nahe[249].

Jedoch versäumt es das RG, die von ihm behaupteten allgemeingültigen Rechtsgrundsätze zu formulieren; es beruft sich allein auf die Sachgerechtigkeit seiner Lösung. Somit fehlt jede Erörterung, wie weit das Rechtsprinzip über den Tatbestand des § 254 BGB hinausreichen soll und woraus dies zu schließen sei. Das ist unzureichend als Begründung[250], bedenklich aber vor allem mit Blick auf die den Grundsätzen zugeschriebene "Allgemeingültigkeit", die dazu führt, daß ihnen - anders als der Analogie - über den zu regelnden Fall hinaus Bedeutung in einer unbestimmten Vielzahl weiterer Konstellationen zukommt[251]. Diesen Bedenken entsprechend wird im folgenden von einer Analogie zu § 254 BGB als der konstruktiven Grundlage des alternativen Lösungsansatzes ausgegangen.

---

[247] Vgl. nur Blomeyer § 28 II 4, S. 153; Enneccerus / Lehmann § 46 III 4, S. 205.

[248] Z 71, 187, 190 f. Ähnlich RGZ 94, 140, 142.

[249] Methodisch ist es durchaus zulässig, einen allgemeinen Rechtsgrundsatz aus einer Einzelnorm abzuleiten, vgl. Larenz ML S. 388; Canaris S. 100.

[250] Vgl. Staudinger-J. Schmidt § 242 Rz 823 ff, insbes. Rz 825, der sich dagegen wendet, der präzisen Auslegung bzw. Fortbildung des § 254 BGB durch einen inhaltsleeren Rückgriff auf Treu und Glauben auszuweichen.

[251] Vgl. dazu Canaris S. 98; Larenz ML S. 384.

Fraglich ist demnach, ob die für eine Analogie erforderliche Rechtsähnlichkeit zwischen geregeltem und zu regelndem Tatbestand hier vorliegt. Ein erster Einwand gegen den Analogieschluß folgt daraus, daß § 254 BGB einen Teil der Haftungsausfüllung bei Schadenersatzansprüchen bildet und hierbei einen Einwand des Inanspruchgenommenen gestaltet. Die haftungsausfüllende Funktion des § 254 BGB ergibt sich aus seiner systematischen Stellung. Die §§ 249 ff. BGB konkretisieren die "Verpflichtung zur Leistung" bei Schadenersatzansprüchen, ohne selbst einen Entstehungsgrund für solche Ersatzansprüche zu bilden. § 254 Abs. 1 BGB stellt folgerichtig nicht auf ein Mitverschulden bei der (haftungsbegründenden) Rechtsgut- oder Vertragsverletzung, sondern "bei der Entstehung des Schadens" ab. Im Gegensatz zu seiner gesetzlichen Funktion geriete § 254 BGB zu einer anspruchsbegründenden Norm, würde man durch ihn über die Anwendung des § 324 BGB oder des § 325 BGB entscheiden[252]. Mit der Analogie wäre also ein erheblicher Funktionswechsel verbunden.

Aber auch auf der Ebene der Anspruchsausfüllung - dies betrifft allein die vom RG vertretene Variante des Ansatzes - ist die Heranziehung des § 254 BGB mit Problemen verbunden. Überwindbar scheint der Einwand[253], daß § 254 BGB nur einen Ersatz-, nicht aber den Erfüllungsanspruch aus § 324 BGB zu mindern vermöge. Besteht die Gegenleistung in Geld, überwiegt die Ähnlichkeit beider Tatbestände, wie sich z.B. aus den Vorschriften über die Minderung der Gegenleistung bei Kauf, Miete oder Werkvertrag (§§ 472, 473 i.V.m. §§ 537, 634 BGB) folgern läßt. Hier scheint eine Analogiebildung zu § 254 BGB mithin möglich.

Konstruktive Probleme werfen allerdings die (selteneren) Fälle auf, in denen der Gläubiger eine Sach- oder sonstige Leistung schuldet, die sich nicht entsprechend der Verschuldensquote teilen läßt[254]. Hier könnte eine Anpassung der Schadenstragung an das Maß der Verantwortlichkeit nur dadurch erreicht werden, daß eine Partei an die andere eine Ausgleichszahlung erbringt, der Schuldners an den Gläubiger[255] oder umgekehrt, je nachdem, ob der Gläubiger die Gegenleistung in natura erhält oder nicht. Als Grundlage für einen solchen Anspruch käme allein § 254 BGB in Frage, der auf diese Weise jedoch wieder - systemwidrig, siehe oben - Teil der Anspruchsbegründung würde.

---

[252] OLG Frankfurt NJW-RR 1995, 435, 437; Hadding AcP 168, 150, 155; Teubner S. 63; Baumann / Hauth JuS 1983, 273, 278; Jessen JA 1973, 171, 172; Schultze JA 1987, 177, 178. Ähnlich Seichter S. 35 f.

[253] Vgl. Seichter S. 23 ff; Schultze JA 1987, 177, 178; Honsell JuS 1979, 81, 84. Ebenso RG WarnR 1910, 277.

[254] Hadding AcP 168, 150, 157; Soergel-Wiedemann Vor § 323 Rz 152; Emmerich § 14 II, S. 158.

[255] Dies ist die Lösung Kischs S. 95.

Ein weiteres Problem von praktischer Relevanz bringt die vom RG ausdrücklich zugelassene Ausübung des Rücktrittsrechts durch den Gläubiger mit sich[256]. Hier ist völlig unklar, in welcher Form § 254 BGB einen Interessenausgleich zwischen den Parteien herstellen soll. Der vom OLG Zweibrücken[257] beschrittene Weg - eine bereits geleistete Anzahlung von der Rückabwicklung auszunehmen - zielt allein auf den Einzelfall und entbehrt jeder Begründung.

Bestehen demzufolge beachtliche Konstruktionsschwierigkeiten für das Modell des RG, sind die Einwände gegen die mit ihm konkurrierende Variante der Literatur nicht geringer. Gegen sie wird zu recht vorgebracht, daß die Funktion des § 254 BGB darin bestehe, einzelfallbezogene Abwägungen anstelle starrer Alles-oder-Nichts-Lösungen zu ermöglichen. Die entsprechende Anwendung der Norm bringt im vorliegenden Modell jedoch gerade die gegenteilige Wirkung hervor, indem sie den Rechtsanwender vor die Wahl stellt, einseitig entweder zugunsten des Schuldners (§ 324 BGB) oder des Gläubigers (§ 325 BGB) zu entscheiden[258]. Die Analogie zu § 254 BGB liegt hier also besonders fern.

Beiden Varianten gemeinsam ist schließlich die Schwierigkeit, eine Lösung für diejenigen Fälle zu finden und zu begründen, in denen weder der einen noch der anderen Vertragspartei ein überwiegendes Verschulden anzulasten ist[259]. Das bereits diskutierte Modell von Honsell und Ballhaus kann in dieser Situation auf § 323 BGB zurückgreifen. Hier bedarf es dagegen stets der überwiegenden Verantwortlichkeit eines Kontrahenten, damit die Auswahl des § 324 Abs. 1 BGB oder des § 325 BGB plausibel wird. Ein Vorrang des § 324 Abs. 1 BGB für Gleichgewichtslagen, wie er in einem Urteil des RG ohne weitere Erläuterung angenommen wurde[260], ist konstruktiv nicht zu begründen. Insofern ist für das Modell einer einzelfallbezogenen Auswahl der maßgeblichen Unmöglichkeitsnorm mit dem Verzicht auf den (verfehlten) Rückgriff auf § 323 BGB nichts gewonnen.

---

[256] Vgl. GroßKomm-Würdinger / Röhricht Vor § 373 Rz 480; Palandt-Heinrichs Vorbem v § 323 Rz 4; Hadding AcP 168, 150, 158; Soergel-Wiedemann Vor § 323 Rz 152; MünchKomm-Emmerich § 324 Rz 36; Fikentscher SR Rz 351.

[257] DR 1941, 1729, 1730.

[258] Seichter S. 33; Hadding AcP 168, 150, 155; Honsell JuS 1979, 81, 84; Baumann / Hauth JuS 1983, 273, 278.

[259] OLG Frankfurt NJW-RR 1995, 435, 437; Soergel-Wiedemann Vor § 323 Rz 152; Staudinger-Otto § 324 Rz 57; Palandt-Heinrichs Vorbem v § 323 Rz 4; Planck-Siber § 324 Erl 1d; StudK-Lüderitz § 325 Anm III; Hadding AcP 168, 150, 155; Seichter S. 33; Köhler PdW S. 42; Fikentscher SR Rz 351; Brox Rz 270.

[260] Vgl. DRiZ 1924, 255.

(b) Einwände gegen die Ergebnisse

Die praktischen Ergebnisse der beiden Ansätze sind recht unterschiedlich. Betrachtet man zunächst die erste, insbesondere von Blomeyer vertretene Variante, so kann man seinem selbstkritischen Resümee nur zustimmen, wenn er die von ihm aufgestellte Regel als "unerfreulich starr" bezeichnet und im Fall eines Rücktritts des Gläubigers sowie umgekehrt bei fortbestehendem Gegenleistungsanspruch jeweils einen Vertragsteil unangemessen bevorzugt sieht[261].

In der Tat bleibt in beiden Konstellationen der (möglicherweise nur um ein weniges geringere) Beitrag des Begünstigten ohne Sanktion. Es genügt eine leichte Verschiebung der Verantwortlichkeit, um dem Gläubiger das Recht zum Rücktritt zu nehmen und ihn statt dessen übergangslos dem vollen Gegenleistungsanspruch des Schuldners auszusetzen. Damit einher geht ein für Gleichgewichtslagen nicht mehr abschätzbares Prozeßrisiko, da hier eine Klage beispielsweise des Schuldners auf die Gegenleistung ebenso gut durchdringen wie vollständig abgewiesen werden kann. Die Mängel entsprechen im Kern denen des Honsellschen Modells, sind hier durch das Fehlen einer Regelung für Gleichgewichtslagen aber noch verschärft.

Demgegenüber bedeutet der Ansatz des RG einen Fortschritt im Sinn der Sachgerechtigkeitskriterien: Starre Lösungen werden durch den zweifachen Rückgriff auf § 254 BGB vermieden. Aber auch dieses Modell wird den Forderungen nach Angemessenheit der Ergebnisse nicht vollständig gerecht, da der Unmöglichkeitsschaden in etlichen Konstellationen nicht so auf die Parteien verteilt wird, wie es den Verantwortlichkeitsanteilen entspräche[262]. Dies liegt darin begründet, daß ein Schaden, welcher der Partei mit dem überwiegenden Beitrag entstanden ist, von der maßgeblichen, ausschließlich den Kontrahenten begünstigenden Unmöglichkeitsnorm nicht erfaßt wird. So bleibt dieser Schaden bei der quotalen Anspruchsminderung gemäß § 254 BGB unberücksichtigt. Dazu eine

Beispielsrechnung: S verkauft G einen Bauernschrank für 1000 DM, welcher noch vor Übergabe und Übereignung durch das Verschulden beider Seiten zerstört wird.

a) G hätte den Schrank für 1150 DM weiterverkaufen können; S hat die Unmöglichkeit zu 2/3 zu vertreten. G verlangt Schadenersatz. - Die erste Anwendung des § 254 BGB führt zu § 325 BGB als maßgeblicher Unmöglichkeitsnorm. Ungekürzt könnte

---

[261] Vgl. § 28 II 4, S. 153.

[262] In diese Richtung auch GroßKomm-Würdinger / Röhricht Vor § 373 Rz 480; Köhler PdW S. 42; v.Münchhausen / Bauchhenss Rz 54; Baumann / Hauth JuS 1983, 273, 278, Fn 70.

G (nach der Differenzmethode) 150 DM entgangenen Gewinn ersetzt verlangen. Nach Abzug seines Eigenanteils kann G von S noch 2/3 gleich 100 DM verlangen. Den Verlust des Gegenleistungsanspruchs i.H.v. 1000 DM trägt allein der Schuldner. Dessen wirtschaftlicher Schaden beträgt somit 1100 DM gegenüber einer Belastung des S von lediglich 50 DM.

Ein gerechter Ausgleich ließe sich allerdings über die Surrogationsmethode[263] erzielen: Hier könnte S 1000 DM, G (2/3 von 1150 DM) = 767 DM verlangen, so daß G an S per Saldo 233 DM zu leisten hätte. Demnach trüge G mit 383 DM (233 + 150 DM entgangener Gewinn) tatsächlich 1/3 des Gesamtschadens, S die restlichen 2/3.

b) Der Wert des Schrankes entsprach 2000 DM; G ist zu 3/5 verantwortlich. - In diesem Fall sind die §§ 324, 254 BGB anzuwenden, wonach S von G 600 DM (gleich 3/5 von 1000 DM) erhält. S hat mithin eine wirtschaftliche Einbuße von 400 DM hinzunehmen, G trifft ein Nachteil von 1600 DM (statt 600 DM für die verlorene Gegenleistung zu zahlen, hätte er 1000 DM am Schrank "verdient"). In dieser Konstellation steht keine alternative Berechnungsmethode zur Verfügung. Der Gläubiger müßte trotz einer um lediglich 20 % höheren Verantwortlichkeit das Vierfache des Schadens tragen, der vom Schuldner zu übernehmen wäre. Eine solche Haftung steht außerhalb der Verhältnismäßigkeit.

c) Wertverhältnis wie bei b). Die Inkompatibilität von § 324 und § 325 BGB zeigt sich insbesondere an der "Nahtstelle" beider Normen[264]: Eine geringfügig überwiegende Verantwortlichkeit des G würde ihn zur Leistung von etwas über 500 DM (gleich 51 % der Gegenleistung) verpflichten, während S im umgekehrten Fall 0 DM (Surrogationsmethode) bzw. 500 DM (Differenzmethode) zu erbringen hätte. Eine Nuance in der Verteilung der Verantwortlichkeit bedeutete also substantiell unterschiedliche Rechtsfolgen.

Mithin genügt keine der Varianten den Kriterien einer angemessenen Lösung. Es bestehen also gravierende Bedenken auch gegenüber denjenigen Ansätzen, die auf eine Einbeziehung des § 323 BGB in die einzelfallbezogene Auswahl der Unmöglichkeitsnorm verzichten.

Demnach vermag keines der alternativen Lösungsmodelle zu überzeugen.

b) Anwendung nur einer Unmöglichkeitsnorm

Die methodischen Schwierigkeiten, die sich aus einer einzelfallbezogenen Auswahl der Unmöglichkeitsnormen ergeben, vermeidet die zweite Meinungsgruppe, indem sie alle Konstellationen mittels nur einer Bestimmung aus dem

---

[263] Zu den Begriffen Differenz- und Surrogationstheorie S. 1. Teil: A. II. 2. b) bb) (2) (a).

[264] Dazu ausführlich Seichter S. 34 f.

Kreis der §§ 323-325 BGB zu lösen versucht. Gegenwärtig wird von diesen drei Normen allerdings allein § 325 BGB als Grundlage eines Lösungsmodells befürwortet.

aa) Lösungen nach § 323 BGB bzw. §§ 324, 254 BGB analog

Nur vereinzelt ist vorgeschlagen worden[265], im Fall beiderseits zu vertretender Unmöglichkeit auf § 324 Abs. 1 BGB zurückzugreifen. Dabei sollte der fortbestehende Anspruch des Schuldners auf die Gegenleistung gekürzt werden, und zwar - in entsprechender Anwendung des § 254 BGB - im Verhältnis seines Unmöglichkeitsbeitrags zu dem seines Kontrahenten. Die Mängel dieser Auffassung liegen zum einen darin begründet, daß sie den von ihr postulierten Vorrang des § 324 BGB vor dem gleichermaßen in Betracht kommenden § 325 BGB nicht erklären kann. Überdies führt die einseitige Orientierung an § 324 BGB zu einer unbilligen Benachteiligung des Gläubigers, denn dessen etwaige Nichterfüllungsschäden werden, anders als der Wert der Gegenleistung, nicht auf die Parteien verteilt. Ein Rücktritt vom Vertrag bleibt dem Gläubiger selbst bei deutlich überwiegendem Verschulden des Schuldners versagt[266]. Diese Ansicht findet mithin zu recht keine Anhänger mehr.

Ein Gleiches gilt für das Modell einer entsprechenden Anwendung von § 323 BGB, wie es das RG in zwei bereits erwähnten Entscheidungen[267] befürwortet hat. Um gemäß der "erkennbaren Absicht des Gesetzes"[268] § 323 BGB analog anwenden zu können, nehmen die Richter eine Kompensation des beiderseitigen Verschuldens an, heben die Unmöglichkeitsbeiträge der Parteien also gleichsam gegeneinander auf. Derart setzen sie die vorliegende Konstellation dem Fall einer von keiner Seite zu vertretenden Unmöglichkeit gleich.

Die vom RG vorgenommene Kompensation des Verschuldens hat Seichter[269] überzeugend zurückgewiesen. Er zeigt, daß diese ursprünglich römischrechtliche Figur im Laufe des 19. Jahrhunderts gegenüber einer proportionalen Gewichtung des Verschuldens an Boden verloren hatte und folgerichtig im System des BGB keinen Platz fand. Dies läßt sich insbesondere an § 254 BGB

---

[265] Vgl. Fikentscher SR (4. Aufl.) § 44 III 2e, S. 206 f. (aufgegeben ab der 6. Aufl., S. nunmehr 1. Teil: A. II. 2. c) aa) (3)); ebenso wohl Kisch S. 95.

[266] Diesen Einwand erheben auch Baumann / Hauth JuS 1983, 273, 277.

[267] JW 1910, 936 f; U. v. 12.6.1934, VII 61/34 (n.v.); S. auch o. II. 2. a) aa) (1) und bb) (2).

[268] RG JW 1910, 936.

[269] S. 18 ff. m.w.N.

ablesen, dessen Ausgestaltung auf dem Gedanken der Proportionalität beruht. Betrachtet man zudem die Ergebnisse einer analogen Anwendung des § 323 BGB, so findet man eine sowohl gegenüber wechselnden Verteilungen der Verantwortlichkeit als auch gegenüber unterschiedlichen Wertverhältnissen invariante und folglich - gemessen an den oben begründeten Kriterien - unbillige Lösung[270]. Die praktischen Auswirkungen der Auffassung befriedigen mithin so wenig wie ihre Begründung.

bb) Lösung nach § 325 BGB analog

Fruchtbarer als Rückgriffe auf die §§ 323, 324 BGB haben sich die Versuche gezeigt, eine Lösung im Ausgang von § 325 BGB zu entwickeln. Die der Norm zugrundeliegende Konzeption geht freilich von einer alleinigen Verantwortlichkeit des Schuldners aus und stellt so dessen Interessen vollständig hinter diejenigen des Gläubigers zurück. Es bedarf demnach einer Anpassung der Rechtsfolgen an die vorliegende besondere Interessenlage. Die zu dieser Anpassung veröffentlichten Vorschläge lassen sich danach differenzieren, ob sie die Position des Schuldners durch eine Beschränkung der Gläubigerrechte aus § 325 BGB oder aber durch die Gewähr eigener, zusätzlicher Ersatzansprüche gegen den Gläubiger zu stärken suchen. In erster Linie ist von dieser Auffassung jedoch zu begründen, weshalb von den beiden "einseitigen" Unmöglichkeitsregeln des BGB gerade § 325 BGB das beiderseitige Vertretenmüssen regeln soll.

(1) Begründung für § 325 BGB als Ausgangspunkt

Die ausschließliche (entsprechende) Anwendung des § 325 BGB wird zum einen darauf gestützt, daß die Norm als einzige der §§ 323 ff. BGB einen vollständigen Katalog der möglichen Unmöglichkeitsfolgen enthalte, einschließlich der Verpflichtung zur Gegenleistung an den Schuldner, welche bei der Berechnung von Schadenersatz nach der Surrogationstheorie fortbestehe[271]. Hadding leitet den Vorrang aus der Situation des Zivilprozesses her. Er ist der Ansicht, daß § 325 BGB im Falle beiderseits zu vertretender Unmöglichkeit vom Richter stets geprüft werden müsse, wenn nicht als Anspruchsgrundlage, dann als rechtsvernichtender Einwand gegenüber dem geltend gemachten Gegenlei-

---

[270] Dazu ausführlicher o. II. 2. a) aa) (3).

[271] Seichter S. 40, insbes. Fn 1. Zur Surrogationstheorie sogleich unter (2) (a).

stungsanspruch (zum Beispiel wegen des Rücktritts des Gläubigers)[272]. Zudem bildeten die §§ 323, 324 BGB eine Ergänzung zu § 275 BGB und seien daher wie dieser nur dann anzuwenden, wenn die Unmöglichkeit vom Schuldner nicht, und das bedeute: überhaupt nicht zu vertreten sei[273]. Folglich könne einzig § 325 BGB die hier maßgebliche Unmöglichkeitsnorm sein[274].

(2) Modifikation des § 325 BGB

(a) Beschränkung der Rechte aus § 325 BGB

Der Ansatz, die Rechtsfolgen der beiderseits zu vertretenden Unmöglichkeit durch eine einschränkende Anwendung des § 325 BGB zu bestimmen, ist erstmalig von Siber[275] vertreten worden. Er beläßt dem Gläubiger sämtliche Optionen der in § 325 BGB eröffneten Rechtswahl und kürzt lediglich den Umfang einzelner, aus dieser Rechtswahl hervorgehender Ansprüche. Der Vorschlag Sibers entspricht jedoch nicht vollständig dem Ansatz einer ausschließlichen Anwendung des § 325 BGB, da er für den Fall, daß der Gläubiger nach der Surrogationsmethode berechneten Schadenersatz fordert, eine kumulative Anwendung der §§ 324 Abs. 1, 325 BGB für geboten hält[276].

Mit der Surrogations- oder auch Austauschtheorie wird die folgende Berechnungsmethode bezeichnet: Wählt der Gläubiger Schadenersatz, kann er Ersatz für seinen aus der Nichterfüllung des Schuldners hervorgegangenen Schaden (sog. positives Interesse, gleich dem Wert der entgangenen Leistung sowie etwaiger Folgenachteile) verlangen, schuldet aber seinerseits in vollem Umfang die vereinbarte Gegenleistung[277]. Den Vertragsparteien stehen also nach wie vor wechselseitige Ansprüche zu[278], wobei die Verpflichtung des Schuldners zum Schadenersatz an die Stelle der gestörten Primärleistung tritt.

---

272 Vgl. AcP 168, 150, 164 f.

273 Hadding AcP 168, 150, 165.

274 Woopen JZ 1991, 539, 541 begründet den Vorrang des § 325 BGB zumindest für den Rücktritt aus § 327 S. 1 BGB: Die Vorschrift sei für die beiderseits zu vertretende Unmöglichkeit gedacht und zudem auf § 325 BGB bezogen (vgl. hierzu u. Fn 331).

275 In: Planck § 324 Erl 1d.

276 Zur Lösung Sibers innerhalb dieses Modells s.u. 1. Teil: A. II. 2. c) aa) (2).

277 MünchKomm-Emmerich § 325 Rz 69; Erman-Battes § 325 Rz 6; Medicus SAT Rz 494; Brox Rz 267.

278 Die allerdings im Regelfall einer Gegenleistung in Geld nicht tatsächlich ausgetauscht, sondern gegeneinander aufgerechnet werden.

Das Gegenmodell zur Surrogationstheorie bildet die Differenzmethode, nach welcher der Schadenersatzanspruch des Gläubigers, von vornherein auf Geldleistung gerichtet, an die Stelle nicht nur der Schuldnerleistung, sondern des Vertrags als Ganzen tritt. Die Gegenleistungsverpflichtung des Gläubigers erlischt. Der Ersatzanspruch richtet sich hier auf den Ausgleich des Nichterfüllungsschadens des Gläubigers abzüglich des Werts der ersparten Gegenleistung[279].

Während Siber für die Surrogationsmethode also ein kumulatives Regelungsmodell befürwortet, geht er im übrigen von der alleinigen Anwendbarkeit des § 325 BGB aus. Wenn der Gläubiger Rücktritt oder Abstandnahme vom Vertrag wähle oder aber seinen Schadenersatz nach der Differenztheorie berechne, führe dies jeweils zum Erlöschen des schuldnerischen Gegenleistungsanspruchs, so daß für § 324 Abs. 1 neben § 325 BGB kein Raum mehr gegeben sei[280]. Siber billigt dem Gläubiger die Rechte auf Rücktritt und Abstandnahme ohne jede Einschränkung zu, wohingegen er den Schadenersatzanspruch nach Differenztheorie in direkter Anwendung des § 254 BGB entsprechend dem Mitverschulden des Gläubigers mindern will.

Anders als Siber geht Kreß[281] stets von § 325 BGB aus - unabhängig von einer Rechtswahl des Gläubigers. Er entwirft seinen Vorschlag auf der Grundlage der Surrogationstheorie, wobei er den Ersatzanspruch des Gläubigers nach § 254 BGB um dessen Eigenanteil am Unmöglichkeitseintritt kürzt. Der solchermaßen geminderte Ersatzanspruch wird den Betrag der vom Gläubiger geschuldeten Gegenleistung häufig nicht erreichen, so daß dann im (Aufrechnungs-)Saldo allein der Gläubiger zur Leistung verpflichtet bleibt. In diesen Fällen will Kreß den Gläubiger auf ein Vorgehen nach der Surrogationstheorie festlegen, damit jener sich nicht durch die Wahl von Schadenersatz nach der Differenztheorie, Rücktritt oder Vertragsaufhebung der für ihn ungünstigeren Schadensausgleichung entziehen könne. Denn mit der Wahl von Rücktritt, Abstandnahme oder dem Differenzschaden würde der Gläubiger zugleich mit dem Gegenleistungsanspruch seines Vertragspartners auch dessen Vorteil aus dem Saldo der Forderungen vernichten. Wenn der Anspruchssaldo aber im Gegenteil bereits bei Anwendung der Austauschtheorie zum Nachteil des Schuldners ausfalle, sollen dem Gläubiger sämtliche Rechte aus § 325 BGB ungekürzt zur Verfügung stehen.

---

279 Staudinger-Otto § 325 Rz 37; Palandt-Heinrichs § 325 Rz 10; Erman-Battes § 325 Rz 6.

280 In: Siber § 324 Erl 1d.

281 § 19, 3b, S. 427.

Seichter folgt Kreß in dessen Interessenbewertung[282]. Auch er erachtet die Lastenverteilung, die sich aus der Wahl von Surrogationsschadenersatz ergibt, als angemessen und befürchtet bei einer unmodifizierten Gewähr der übrigen Rechte aus § 325 BGB Unbilligkeiten zu Lasten des Schuldners[283]. Hinsichtlich der Differenztheorie erreicht er eine weitgehende Übereinstimmung mit den Ergebnissen der Surrogationstheorie. Dies dadurch, daß er nicht den Differenzanspruch des Gläubigers (d.i. der Saldo der Rechnungsposten "Nichterfüllungsschaden" und "Gegenleistung") entsprechend dessen Eigenanteil kürzt, sondern § 254 BGB allein auf die Schadensposten des Gläubigers anwendet. Die gekürzten Schadenspositionen verrechnet er dann mit dem ungeminderten Erfüllungsanspruch des Schuldners[284]. Er berechnet den Differenzschaden also gleichsam nach Art der Austauschtheorie. Außer durch den Hinweis auf die Sachgerechtigkeit der Ergebnisse stützt Seichter sein Vorgehen im wesentlichen auf die Überlegung, daß § 254 BGB auf Erfüllungsansprüche grundsätzlich nicht angewandt werden könne und die Gegenleistungsforderung dementsprechend bei der Berechnung des Schadenersatzes von der Minderung auszunehmen sei[285].

Das Recht zum Rücktritt wird dem Gläubiger von Seichter weder generell gewährt noch versagt, sondern von dem Ergebnis einer einzelfallbezogenen Prüfung abhängig gemacht. Festzustellen sei, ob dem Gläubiger die Bindung an den Vertrag auch nach dem Eintritt der Unmöglichkeit noch zugemutet werden könne[286]. Der Gedanke der Unzumutbarkeit stehe als Grundlage hinter sämtlichen normierten Rücktrittsrechten, so daß im gesetzlich nicht geregelten Fall der beiderseits zu vertretenden Unmöglichkeit unmittelbar auf ihn zurückzugreifen sei. Die Unzumutbarkeitsprüfung wäge die Interessen von Schuldner und Gläubiger gegeneinander ab, wobei sowohl das Gewicht der jeweiligen Unmöglichkeitsbeiträge als auch die wirtschaftlichen Folgen eines Rücktritts bewertet werden sollten. Zur wirtschaftlichen Bewertung vergleicht Seichter die Lastenverteilung, welche sich bei einer Vertragsabwicklung auf Schadenersatzbasis ergeben würde.

Eine Unzumutbarkeitsprüfung entscheidet nach Seichter auch darüber, ob der Gläubiger entsprechend §§ 325 Abs. 1 S. 3, 323 Abs. 1 BGB vom Vertrag Abstand nehmen oder nach §§ 281, 325 Abs. 1 S. 3, 323 Abs. 2 BGB verlangen

---

[282] Ebenso wohl OLG Köln NJW 1972, 1815, 1816; mangels einer Auseinandersetzung mit der Problemlage bleibt die Zuordnung allerdings vage.

[283] Vgl. S. 40-44.

[284] Vgl. S. 60-67.

[285] Vgl. S. 62.

[286] Seichter S. 67-115, insbes. 113 ff.

kann, daß der Schuldner ein im Wert hinter der Leistung zurückbleibendes Surrogat gegen entsprechende Herabsetzung der Gegenleistung an ihn herausgibt. Ein gleich- oder höherwertiges Surrogat soll der Gläubiger stets beanspruchen können, wobei er dann zur ungeminderten Gegenleistung verpflichtet bliebe[287].

(b) Gewähr zusätzlicher Ausgleichsansprüche für den Schuldner

Anders als die vorgenannten Autoren sucht Hadding den Interessenausgleich zwischen Gläubiger und Schuldner nicht durch eine Einschränkung der Gläubigerrechte zu erreichen. Das Modell beschränkter Rechtswirkungen des § 325 BGB sei allein aus allgemeinen Billigkeitserwägungen hergeleitet, ohne daß rechtliche Gesichtspunkte es stützten[288]. § 254 BGB, da er nur die Höhe von Schadenersatzansprüchen regele, könne die Rechtswahl des Gläubigers nicht beschränken. Die Interessen des Schuldners seien vielmehr durch die Begründung eines Ausgleichsanspruchs in Ergänzung des § 325 BGB zu wahren.

Konkret werde ein Ausgleich immer dann notwendig, wenn die Rechtswahl des Gläubigers zum Untergang des schuldnerischen Anspruchs auf die Gegenleistung führe. In solchen Fällen gebühre dem Schuldner ein Anspruch aus p.V.V., gerichtet auf den Ersatz des Schadens, der ihm durch den Verlust der Gegenleistung entstanden sei[289]. Diese Haftung des Gläubigers folge aus der Verletzung seiner Nebenpflicht, die Leistung des Schuldners nicht unmöglich zu machen. Bei der zu vertretenden Unmöglichkeit handele es sich lediglich um einen Unterfall einer Forderungsverletzung. Daher sei der Rückgriff auf das Institut der p.V.V. zulässig, soweit nicht § 324 Abs. 1 BGB eingreife.

Im Fall des Rücktritts oder der Abstandnahme sei der Ausgleichsanspruch des Schuldners entsprechend seines Beitrags gemäß § 254 BGB zu mindern. Bei einer Vertragsabwicklung auf Grundlage der Differenzmethode sei der Anspruch entweder auch durch § 254 BGB oder durch Verrechnung mit dem Schadenersatzanspruch des Gläubigers anzupassen. Gehe der Gläubiger dagegen nach der Austauschtheorie vor oder verlange Herausgabe des Surrogats, stehe dem Schuldner die Gegenleistung weiterhin zu, so daß er keines Ausgleichsanspruchs aus p.V.V. bedürfe.

---

[287] Vgl. Seichter S. 115-125.

[288] Hadding AcP 168, 150, 166 f, insbes. Fn 47.

[289] Vgl. AcP 168, 150, 167 ff.

Dieser Konzeption Haddings haben sich Würdinger / Röhricht[290] und Battes[291] angeschlossen. Eine ähnliche, Elemente des Kreßschen Ansatzes vermittelnde Position nehmen Emmerich[292] und Schlechtriem[293] ein. Emmerich will jedenfalls bei überwiegendem Verschulden des Schuldners allein von § 325 BGB ausgehen und - wie Hadding - den Schuldner im Fall von Rücktritt oder Abstandnahme für den Verlust seiner Gegenleistung durch einen Ausgleichsanspruch entschädigen. Diesen Anspruch stützt er allerdings nicht auf p.V.V., sondern auf eine entsprechende Anwendung des § 324 Abs. 1 BGB bzw. auf § 242 BGB.

Sei dem Schuldner dagegen keine vorrangige Verantwortlichkeit anzulasten, lasse sich seine übermäßige Belastung nur durch eine Beschränkung des Gläubigers auf Schadenersatz nach der Surrogationstheorie vermeiden[294]. In den Fällen einer überwiegenden Verantwortlichkeit des Gläubigers sei es über diese hinaus erforderlich, dem Schuldner zusätzlichen Ausgleich aus p.V.V. zu gewähren. Hier gelangt Emmerich also zu einer Kombination der beiden zu § 325 BGB entwickelten Lösungsvarianten.

(3) Bewertung der Ergebnisse

Um die praktischen Folgen der auf § 325 BGB gestützten Ansätze zu bewerten, seien zunächst deren Ergebnisse für den Fall des Schadenersatzbegehrens des Gläubigers untersucht, berechnet sowohl nach der Surrogations- als auch nach der Differenzmethode. Sodann sind die Vertragslösungsrechte Rücktritt und Abstandnahme sowie der Anspruch auf Herausgabe des Surrogats zu diskutieren. Ferner lenken Baumann / Hauth[295] das Interesse auf die Frage, ob das aus § 325 BGB abgeleitete Wahlrecht vorliegend eine unangemessene Bevorzugung des Gläubigers gegenüber dem Schuldner darstellt.

---

[290] In: GroßKomm Vor § 373 Rz 480.

[291] In: Erman Vor §§ 323-327 Rz 5; die kurze Stellungnahme erlaubt allerdings keine sichere Zuordnung.

[292] § 14 III, S. 159 und MünchKomm § 324 Rz 38 f.

[293] SAT Rz 397, im wesentlichen wie Emmerich.

[294] Emmerich § 14 III, S. 159.

[295] JuS 1983, 273, 277 f. und 279 f.

(a) Schadenersatz nach der Surrogationstheorie

Sämtlichen Varianten des auf § 325 BGB gestützten Lösungsmodells ist gemeinsam, daß sie dem Gläubiger einen Ersatzanspruch auf Grundlage der Surrogationstheorie zubilligen, welcher freilich um den Gläubigeranteil am Eintritt der Unmöglichkeit gemäß § 254 BGB zu kürzen ist[296]. Als Folge einer derartigen Rechtswahl nehmen die Meinungsvertreter also übereinstimmend ein angemessenes, den Interessen beider Seiten gleichermaßen gerecht werdendes Ergebnis an. Tatsächlich entsprechen die praktischen Auswirkungen der Surrogationstheorie auch den hier aufgestellten Gerechtigkeitsmaßstäben im vollen Umfang. Dies sei überprüft mit folgendem

Gleichungssystem[297]: Es bedeute

D : den gesamten Nichterfüllungsschaden des Gläubigers

L : die dem Schuldner versprochene Gegenleistung

$p(G)$: die Verantwortlichkeitsquote des Gläubigers

$p(S)$: die Verantwortlichkeitsquote des Schuldners (wobei gilt: $p(G) + p(S) = 1$)

$S \Rightarrow G$: S "verlangt von" G.

Als wirtschaftlicher Schaden zwischen den Parteien zu verteilen sind allein die aus der Unmöglichkeit resultierenden Vermögensnachteile des Gläubigers. Die Gegenleistung muß nur als Rechnungs-, nicht aber als Schadensposten berücksichtigt werden, da sie der Gläubiger nach der Surrogationstheorie weiterhin schuldet.

Es läßt sich nun allgemein zeigen, daß der Unmöglichkeitsschaden nach der Austauschtheorie entsprechend der Parteiquoten verteilt wird, denn

(1) $S \Rightarrow G$: L

(2) $G \Rightarrow S$: $D * p(S) = D * (1 - p(G)) = D - \underline{D * p(G)}$,

so daß sich in der Verrechnung - die Gegenleistung als Geldschuld angenommen - folgender Anspruch ergibt:

(3) $S \Rightarrow G$: $L - (D - D * p(G)) = [\;]$[298]

[296] Der Ansatz Sibers ist hier nicht zu berücksichtigen, da er die §§ 324, 325 BGB in diesem Fall kumulativ anwendet, s.o. II. 2. b) bb) (2) (a).

[297] Darstellung und Notation geht auf Teubner S. 67 f. Fn 127 zurück.

(4) $S \Rightarrow G$: $L - (D - D * (1 - p(G)))$ =

(5) $S \Rightarrow G$: $L - (D - D + D * p(S))$ = $L - \underline{D * p(S)}$.

Jede Vertragsseite muß also eine Einbuße in ihren Leistungsansprüchen hinnehmen, die dem eigenen Beitrag zum Unmöglichkeitsschaden entspricht.

Dieses Regelungssystem ist zugleich in den Rahmen der gesetzlichen Unmöglichkeitshaftung eingebettet, da seine Rechtsfolgen für p(G) = 1 bzw. p(S) = 1 denjenigen der §§ 324 Abs. 1 bzw. 325 BGB entsprechen. Damit sind die oben aufgestellten Angemessenheitskriterien erfüllt.

Die abstrakte Berechnung sei an einem konkreten Beispiel veranschaulicht. Die Gegenleistung betrage jeweils 3000 DM, als Nichterfüllungsschaden des Gläubigers sollen einmal 3000 DM, zum zweiten 4500 DM und schließlich 1500 DM[299] angenommen sein. Es erweist sich nun, daß die wirtschaftlichen Einbußen der Parteien in dem Verhältnis der Verschuldensanteile zueinander stehen:

Tabelle

Surrogationstheorie

	§ 325	Beiderseitiges Vertretenmüssen			§ 324
p(G) : p(S)	0 : 1	1/3 : 2/3	1/2 : 1/2	2/3 : 1/3	1 : 0
Anspr. des G	3000	2000	1500	1000	0
[o. Zeile (2)]	4500	3000	2250	1500	0
	1500	1000	750	500	0
Anspr. des S	0	1000	1500	2000	3000
[o. Zeile (5)]	- 1500	0	750	1500	3000
	1500	2000	2250	2500	3000
Einbuße von	0 / 3000	1000 / 2000	1500 / 1500	2000 / 1000	3000 / 0
G / S	0 / 4500	1500 / 3000	2250 / 2250	3000 / 1500	4500 / 0
	0 / 1500	500 / 1000	750 / 750	1000 / 500	1500 / 0

Ein ergänzender Anspruch des Schuldners aus p.V.V., wie ihn Emmerich bei überwiegendem Gläubigerverschulden wohl auch zur Ergänzung der Surrogati-

[298] Ist die Differenz negativ, drückt sie einen Anspruch des Gläubigers gegen den Schuldner aus.

[299] Die Vermutung eines Gläubigermindestschadens in Höhe der Gegenleistung (vgl. Palandt-Heinrichs § 325 Rz 15) muß zumindest im Fall beiderseitiger Verantwortlichkeit widerlegbar sein.

onstheorie erwägt, ist überflüssig. Für bestimmte Fälle beanstanden Baumann / Hauth im Gegenteil eine Benachteiligung des Gläubigers. Übersteige die vereinbarte Gegenleistung den Wert der verlorenen Leistung, habe der Gläubiger einen Schadensanteil über die Quote seiner Mitverantwortung hinaus zu tragen, und zwar zunehmend mit dem Verschuldensanteil des Schuldners[300].

Die vorstehende Tabelle bestätigt: Bei einem Wert der Leistung von 1500 DM und einem deutlich überwiegenden Verschuldensanteil des Schuldners hat der Gläubiger 2000 DM an den Schuldner zu leisten. Nach der Rechnung von Baumann / Hauth trägt er damit 2/3 eines wirtschaftlichen Schadens von 3000 DM.

Dieser Rechnung wäre nur dann zuzustimmen, wenn man den hier relevanten Schadensbegriff auch für die wirtschaftlichen Folgen des Vertragsschlusses selbst öffnen wollte. Der Verlust, der sich als Differenz der Werte von Leistung und Gegenleistung für den Gläubiger ergibt (im Beispiel 1500 DM), bleibt von der späteren Störung des Vertrags jedoch unberührt[301]. Er bedeutet einen Vertragsabschluß- und keinen Unmöglichkeitsschaden und muß deshalb bei der Berechnung des ausschließlich für die Unmöglichkeitsfolgen geschuldeten Ersatzes außer Betracht bleiben.

Hierin liegt keine der beiderseits zu vertretenden Unmöglichkeit eigentümliche Wertung. Auch im Fall des § 325 BGB kompensiert der Surrogationsschadenersatz des Gläubigers keine Vermögenseinbuße "ex negotiatione" trotz alleiniger Verantwortlichkeit des Schuldners. Will der Gläubiger die Folgen eines ungünstigen Vertragsschlusses beseitigen, muß er vom Vertrag Abstand nehmen oder zurücktreten. Der aus der Unmöglichkeit resultierende Schaden verteilt sich aber in der Tat - wie die Tabelle zeigt - im Verhältnis der Parteibeiträge auf die Vertragsteile.

(b) Schadenersatz nach der Differenztheorie

Fraglich ist, ob eine Schadensberechnung nach der Differenzmethode zu ebenso sachgerechten Ergebnissen führt. Siber wendet die Differenzmethode an, ohne sie anders als durch die Anspruchskürzung nach § 254 BGB einzuschränken[302]. In dieser Form vermag sie die Angemessenheitskriterien jedoch nicht zu erfüllen. Da ihre Anwendung den Anspruch des Schuldners auf die Ge-

---

[300] Baumann / Hauth JuS 1983, 273, 279, insbes. Fn 87.

[301] Seichter S. 133; Schultze JA 1987, 177, 180 Fn 35.

[302] Zumindest für manche Konstellationen wohl auch Emmerich; vgl. aber o. Fn 294.

genleistung zum Erlöschen bringt, kann sie stets nur einen Anspruch des Gläubigers oder aber keinerlei Leistungspflicht zum Ergebnis haben. Damit stünden die Regeln der beiderseits zu vertretenden Unmöglichkeit übergangslos neben § 324 Abs. 1 BGB; eine nur geringfügige Mitverantwortlichkeit des Schuldners entschiede über die vollständige Gewähr oder den Verlust seines Anspruchs. Auch darüber hinaus würden ihre Ergebnisse nahezu keiner der in der Tabelle zur Surrogationstheorie ausgewiesenen Fallgruppen gerecht, da ein Interessenausgleich dort ganz überwiegend nur durch einen Saldoanspruch des Schuldners zu erreichen war.

Die Unzulänglichkeiten der Differenztheorie haben Kreß veranlaßt, dem Gläubiger diese Vorgehensweise (sowie die übrigen Gläubigerrechte) nur dann zuzubilligen, wenn schon der Saldo der Ansprüche nach der Surrogationstheorie zu seinen Gunsten ausfällt. Praktisch kommt dies einem weitgehenden Ausschluß der Differenztheorie gleich, vergleiche die Zeile 3 der Tabelle. Überdies könnte der Gläubiger dann, wenn die Austauschmethode bereits zu ihm günstigen Ergebnissen führt, diesen Vorteil durch eine geschickte Rechtswahl ausbauen. Wäre er nach der Austauschtheorie hingegen zahlungspflichtig, würde er auf diesen Weg der Vertragsabwicklung festgelegt, und zwar unabhängig vom Maß seines Anteils an der Unmöglichkeit. Kreß überwindet auch nicht das Problem eines Bruchs in den Rechtsfolgen, da marginale Veränderungen der Fallumstände übergangslos über Gewähr oder Ausschluß der Differenzmethode entscheiden.

Seichter erzielt mit seinem Ansatz insofern einen Fortschritt, als er ein Modell kontinuierlicher Rechtsfolgen vorschlagen kann. Aber auch sein Berechnungsweg beläßt es bei der einseitigen, mit § 324 Abs. 1 BGB nicht harmonisierbaren Ausrichtung der Differenztheorie: Eine negative, d.h. dem Schuldner günstige Differenz der Ansprüche begründet für keine Seite eine Forderung. Um diesen Betrag weicht die Differenztheorie von den als sachgerecht konsentierten Ergebnissen der Austauschmethode ab und führt somit zu einem - wie Seichter selbst einräumt[303] - ungerechtfertigten Gewinn für den Gläubiger[304]. Eine solche Begünstigung des Gläubigers ergibt sich stets, wenn die Austauschtheorie zu einer Verpflichtung des Gläubigers gegenüber dem Schuldner

[303] S. 67. Er rechtfertigt die Diskrepanz auf S. 65 mit unterschiedlichen Schadensbegriffen der Methoden. Dem steht jedoch entgegen, daß sich die Methoden im Fall des § 325 BGB wertneutral zueinander verhalten. Aber selbst bei Annahme unterschiedlicher Ausgangspunkte wäre es angesichts des beiderseitigen Verschuldens unbillig, wenn der Gläubiger durch Wahl der Schadensberechnung einen Vermögensvorteil erlangen könnte (so auch Teubner S. 67).

[304] Die mangelnde Sachgerechtigkeit der Lösung kritisieren auch Baumann / Hauth JuS 1983, 273, 277, insbes. Fn 60; Jessen JA 1973, 171.

führen würde, das heißt in nahezu jeder der Konstellationen der Tabelle und entsprechend in der großen Mehrzahl praktischer Fälle. Der Ansatz Seichters bleibt mithin beträchtlich hinter dem Ziel eines billigen Interessenausgleichs zurück.

Auf dem von Hadding vorgeschlagenen Weg läßt sich der Unmöglichkeitsschaden hingegen im Verhältnis der Verantwortlichkeitsanteile auf die Kontrahenten verteilen. Hierzu ist der Ausgleichsanspruch des Schuldners aus p.V.V. entsprechend dessen Eigenquote nach § 254 BGB zu mindern, um ihn dann gegen den nach der Differenztheorie berechneten und seinerseits gemäß § 254 BGB gekürzten Ersatzanspruch des Gläubigers zur Aufrechnung zu stellen. In Haddings Darstellung erscheinen Minderung und Verrechnung demgegenüber als Alternativen zur Berücksichtigung der Mitverantwortlichkeit des Schuldners[305].

Auf dem hier beschriebenen Weg ergibt der Ansatz Haddings stets denselben sachgerechten Saldo wie ein Vorgehen nach der Austauschtheorie[306]. Den Nachweis hierfür erbringt das folgende

Gleichungssystem: Es bedeute

L' : Ersatzanspruch des Schuldners aus p.V.V. (wobei gilt: L = L') [ ][307]
(die übrigen Variablen und Symbole wie oben).

Dann gilt

(1) $G \Rightarrow S$: $(D - L) * p(S)$

(2) $S \Rightarrow G$: $L' * p(G)$

mit dem Saldo

(3) $S \Rightarrow G$: $L' * p(G) - ((D - L) * p(S)) =$

(4) $S \Rightarrow G$: $L' * p(G) + L * p(S) - D * p(S) =$

(5) $S \Rightarrow G$: $L * (p(S) + p(G)) - D * p(S) =$ [wg. L = L']

(6) $S \Rightarrow G$: $\underline{L - D * p(S)}$ [wg. p(G) + p(S) = 1].

---

305 Vgl. AcP 168, 150, 171; die Ausführungen sind jedoch nicht ganz eindeutig.

306 Dies zeigt auch Teubner S. 67 Fn 127.

307 Die Gleichsetzung gilt uneingeschränkt nur für den Regelfall einer Gegenleistung in Geld, im übrigen entsprechen die Ansprüche einander nur in ihrem Wert.

Die Berechnung des Ausgleichsanspruchs bedarf jedoch der Präzisierung für den Fall, daß sich in (1) eine negative Differenz ergibt, weil L größer als D ist[308]. Da die Anwendung der Differenztheorie auf seiten des Gläubigers keinen Anspruch des Schuldners zu begründen vermag, hätte (1) aus konstruktiver Sicht den Wert "0" und nicht etwa einen negativen Wert anzunehmen. Allein dadurch, daß der Ausgleichsanspruch des Schuldners (2) somit durch Verrechnung mit (1) nicht gemindert wird, kommt jedoch noch kein gerechter Interessenausgleich im Sinn von (6) zustande.

Rechnerisch ist vielmehr die negative Differenz aus (1) als Subtrahend in (3) einzusetzen, so daß sie im Ergebnis den Anspruch des Schuldners erhöht. Konstruktiv läßt sich dies jedoch - wie gezeigt - nicht im Wege der Differenztheorie, sondern nur durch Aufstockung des Ausgleichsanspruchs erreichen. Eine solche Aufstockung läßt sich auch durchaus mit Haddings Vorschlag vereinbaren: Danach soll der Ersatzanspruch den Verlust ausgleichen, der dem Schuldner durch die Wahl der Differenzmethode und den damit verbundenen Untergang des Gegenleistungsanspruchs entstanden ist.

Im Unterschied zur Surrogationstheorie verliert der Schuldner bei Anwendung der Differenzmethode seinen Anspruch auf Naturalerfüllung. Statt dessen wird er darauf verwiesen, einen Interessenausgleich im Wege des Schadenersatzes zu suchen. Inwieweit hierin eine ungerechte Beschränkung des Schuldners liegt, soll sogleich unter (e) (bb) diskutiert werden.

(c) Rücktritt und Abstandnahme vom Vertrag

Kreß gewährt, oder besser: verwehrt dem Gläubiger die Wahl von Rücktritt und Abstandnahme vom Vertrag nach demselben Prinzip, nach welchem er auch über die Zulässigkeit der Differenzmethode zur Schadensberechnung entscheidet[309]. Dieser Weg wurde bereits als zu starr und wenig sachgerecht zurückgewiesen. Ein Gleiches gilt für den - inhaltlich gegensätzlichen - Vorschlag Sibers: Er räumt dem Gläubiger Rücktritt und Abstandnahme wie schon den Differenzschadenersatz einschränkungslos ein. Damit benachteiligt er den Schuldner erheblich, der stets seinen gesamten Gegenleistungsanspruch verliert, selbst wenn ihn nur eine geringfügige Verantwortlichkeit am Eintritt der Unmöglichkeit trifft.

Seichter will den Gläubiger nur dann vom Vertrag zurücktreten oder Abstand nehmen lassen, wenn ihm ein weiteres Festhalten an der Vereinbarung nicht mehr zumutbar sei. Da eine zulässige Vertragslösung keinerlei Ausgleichs-

---

[308] Soergel-Wiedemann Vor § 323 Rz 158 weist zu Recht darauf hin, daß der Gläubiger in dieser Situation praktisch nie Schadenersatz wählen wird.

[309] Vgl.o. II. 2. b) bb) (2) (a).

pflicht gegenüber dem Schuldner begründen soll, erreicht auch Seichter hier nur eine starre Alles-oder-Nichts-Lösung. Die Kriterien, anhand derer er im Einzelfall die Unzumutbarkeit feststellen will, sind vage und in ihrer Rangordnung unklar[310].

Hinzu tritt, daß Seichter die Zumutbarkeit unter anderem danach beurteilt, inwieweit das Ergebnis nach Rücktritt oder Abstandnahme von demjenigen nach der Wahl von Schadenersatz abweicht[311]. Demnach geht er davon aus, daß der auf die Parteien zu verteilende wirtschaftliche Schaden in den Fällen des Schadenersatzes und der Vertragslösung identisch sei. Zugleich nimmt er eine Nachrangigkeit der Vertragslösungsrechte gegenüber einer Abwicklung auf Schadenersatzbasis an.

Dazu ist folgendes zu bemerken: Bei der Forderung von Schadenersatz besteht der Unmöglichkeitsschaden im Wert der untergegangenen Leistung sowie in eventuellen Folgenachteilen des Gläubigers. Hat der Schuldner die Unmöglichkeit allein zu vertreten, ist er mit der Ersatzpflicht für diese Schäden belastet. Der Schuldner büßt aber nicht zusätzlich den Wert der Gegenleistung ein, da dieser ihm in Form des ursprünglichen Anspruchs (Austauschtheorie) oder als Rechnungsposten (Differenztheorie) erhalten bleibt.

Löst sich der Gläubiger hingegen vom Vertrag, bringt er zum Ausdruck, einen Ausgleich für die auf seiner Seite entstandenen Unmöglichkeitsnachteile nicht verfolgen zu wollen. Er will vielmehr den Gegenleistungsanspruch beseitigen. In der Praxis wird der Gläubiger diesen Weg wählen, wenn die Höhe der Gegenleistungsverpflichtung die von ihm erlittenen Nachteile übersteigt, zumal er einen aus ungünstigem Vertragsschluß resultierenden Verlust nicht als Schaden ersetzt verlangen kann[312]. Ist die Unmöglichkeit von beiden Parteien zu vertreten, muß sich das Ausgleichsinteresse folglich vom Wert der Leistung (nebst Folgenachteilen) auf den beseitigten Gegenleistungsanspruch verlagern. Daher kann eine angemessene Lastenverteilung für einen Rücktritt andere Beträge ergeben, als nach der Surrogationstheorie als - ebenso angemessener - Schadenersatz geschuldet wären.

Beide Optionen des Wahlrechts, Schadenersatz wie die Abkehr vom Vertrag, stehen gleichrangig nebeneinander. Es wäre aus Sicht des Gläubigers nicht einsehbar, daß sein Interesse, einen ungünstigen Vertragsschluß zu kompensieren, weniger schutzwürdig sein sollte als sein Interesse am Ersatz von Folgeschäden der Unmöglichkeit. Im Gegenteil gestattet § 325 BGB dem Gläubiger, das im

---

[310] Baumann / Hauth JuS 1983, 273, 277.

[311] Vgl. S. 113 f. sowie den Verweis S. 120 für die Abstandnahme vom Vertrag.

[312] S.o. II. 2. b) bb) (3) (a) a.E.

Einzelfall für ihn vorteilhafteste Recht auszuwählen und zu verfolgen. Diese Wahl zwischen mehreren gleichrangigen Rechten prägt die dem Gläubiger eingeräumte Position wesentlich[313].

Die Wertung des § 325 BGB ist auch im Fall der beiderseitigen Verantwortlichkeit zu beachten, zumal bei einem auf diese Vorschrift gestützten Lösungsmodell[314]. Die Schwierigkeiten, die sich aus einer Vertragslösung und dem damit verbundenen Erlöschen des Gegenleistungsanspruchs für einen Interessenausgleich ergeben, rechtfertigten für sich keine generelle Einschränkung von Rücktritt und Abstandnahme oder auch nur ihre Orientierung an den Ergebnissen nach Schadenersatz. Dieser Gleichrangigkeit der Rechte aus § 325 BGB wird im Modell von Seichter nur ungenügend Rechnung getragen. Gegen die Angemessenheit seiner Lösung richten sich insofern erhebliche Bedenken.

Haddings Modell hingegen erlaubt eine verschuldensadäquate Lastenverteilung auch für den Fall von Rücktritt oder Abstandnahme. Den Untergang des Gegenleistungsanspruchs gleicht ein nach § 254 BGB geminderter Ersatzanspruch des Schuldners aus, so daß sich der Gläubiger rechnerisch nur insoweit von seiner Verpflichtung lösen kann, als der Schuldner die Unmöglichkeit zu vertreten hat. Den von ihm selbst zu verantwortenden Wertanteil muß der Gläubiger weiterhin leisten. Damit wird jeder Vertragsseite eine ihrer Verantwortlichkeit entsprechende Quote des Unmöglichkeitsschadens (hier gleich dem Wert der Gegenleistung, siehe oben) zugewiesen[315].

(d) Forderung des Surrogats

Zweifelhaft ist allerdings die Lösung, die Hadding für den Fall vorschlägt, daß der Gläubiger das Surrogat für den untergegangenen Leistungsgegenstand herausverlangt. Hadding vertritt die Meinung, daß der Schuldner die Gegenleistung auch in dieser Situation ungemindert beanspruchen könne[316]. Für den Fall, daß der Wert des Ersatzgegenstands hinter dem Wert der ursprünglich geschuldeten Leistung zurückbleibt, steht § 323 Abs. 2, 2. HS BGB dieser Behauptung ausdrücklich entgegen.

---

[313] Honsell JuS 1979, 81, 84.

[314] Zur Angemessenheit der Gläubigerrechtswahl bei geteilter Verantwortlichkeit sogleich (e) (aa).

[315] Wie schon i.R.d. Differenztheorie stellt sich aber auch hier die Frage, ob es sachgerecht ist, dem Schuldner den Anspruch auf Naturalerfüllung zu verwehren; S. dazu sogleich (e) (bb).

[316] Vgl. AcP 168, 150, 172.

Zudem will Hadding den auf das Surrogat gerichteten Herausgabeanspruch des Gläubigers entsprechend § 254 BGB beschränken. Jedoch kann der Gläubiger das Surrogat sogar bei seiner alleinigen Verantwortlichkeit in vollem Umfang beanspruchen[317]. Es wäre wenig plausibel, diesen Anspruch im Fall eines Mitverschuldens des Schuldners zu kürzen.

Es ist demnach - mit Seichter - zwischen Konstellationen mit gleich- oder höherwertigem Surrogat und Fällen geringerwertigen Ersatzes zu differenzieren. In der ersten Alternative führt das beiderseitige Vertretenmüssen zu keiner Besonderheit: Der Schuldner hat das Commodum herauszugeben, der Gläubiger schuldet die volle Gegenleistung. Dies legt Seichter zutreffend dar. Wenn Seichter jedoch im problematischen Fall eines geringerwertigen Surrogats auf das zu Rücktritt und Abstandnahme entwickelte Unzumutbarkeitsprinzip zurückgreift, ist diese Lösung aus den genannten Gründen abzulehnen.

(e) Interessenausgleich trotz Rechtswahl des Gläubigers?

Die Problematik eines Interessenausgleichs stellt sich nicht erst, wenn die Folgen der vom Gläubiger getroffenen Rechtswahl an die Besonderheiten geteilter Verantwortlichkeit anzupassen sind. Vorrangig ist zu entscheiden, ob dem Gläubiger das Wahlrecht aus § 325 BGB überhaupt zustehen soll, und falls ja, in welchem Umfang. Die Vertreter der hier diskutierten Ansätze haben die Frage unterschiedlich beantwortet: Während z.B. Hadding und Siber eine unbeschränkte Rechtswahl zulassen, legt Kreß den Gläubiger für den Regelfall auf Schadenersatz nach der Surrogationstheorie fest.

Baumann / Hauth[318] vertreten die Auffassung, daß der Gläubiger unangemessen bevorzugt werde, wenn man ihm das volle Wahlrecht aus § 325 BGB belasse und den Schuldner - bei entsprechender Wahl des Gläubigers - auf einen nur wertmäßigen Ausgleich für die verlorene Gegenleistung verweise (so beispielsweise Hadding). Dieser Einwand unter dem Stichwort der "Waffensymmetrie"[319] greift zwei Punkte auf: Zum einen wird die überlegene Rechtsmacht des Gläubigers zur Gestaltung der Vertragsabwicklung, zum anderen eine mögliche Beschränkung des Schuldners auf Wertersatz kritisiert.

---

[317] RG WarnR 1918, 240, 242; Seichter S. 121; Staudinger-Löwisch § 281 Rz 20; Erman-Battes § 281 Rz 6; Baumann / Hauth JuS 1983, 273, 280 Fn 105.

[318] JuS 1983, 273, 278.

[319] Ausführlicher zu ihrem Ansatz 1. Teil: A. II. 2. c) aa) (4) a.E.

(aa) Angemessenheit der Gläubigerrechtswahl

Zunächst zur Rechtswahl. Die mit ihr verbundene Rechtsmacht erlaubt dem Gläubiger, den zwischen den Parteien zu verteilenden Unmöglichkeitsschaden entweder auf den Wert der unmöglichen Leistung samt Folgenachteilen oder die Gegenleistung festzulegen[320]. Dieser Vorteil ist gegenüber dem Schuldner nicht etwa unbillig[321]. Er ergibt sich folgerichtig aus den Vorschriften zur einseitig zu vertretenden Unmöglichkeit, die den Regelungsrahmen für die beiderseits zu vertretende Unmöglichkeit bilden: Mit der Rechtswahl des § 325 BGB ist dem Gläubiger dort eine stärkere Position eingeräumt als dem Schuldner in § 324 BGB, zu dessen Interessenwahrung man nicht einmal einen Schadenersatzanspruch für erforderlich hielt[322].

Die Vorgabe der §§ 324 Abs. 1, 325 BGB ist von einem Modell der beiderseits zu vertretenden Unmöglichkeit möglichst bruchlos auszufüllen, nicht aber zu korrigieren. Von daher stößt es nicht auf Bedenken, wenn dem Gläubiger die Wahl zwischen den Rechten aus § 325 BGB auch bei überwiegender Verantwortlichkeit eingeräumt wird. Dem Betrag nach läßt sich der Unmöglichkeitsschaden für jede Rechtswahl des Gläubigers angemessen verteilen, wie die vorstehenden Untersuchungen zeigen[323].

Der Vorschlag von Baumann / Hauth, im Sinn der "Waffensymmetrie" auch dem Schuldner die Möglichkeit zur Rechtswahl zu eröffnen und diejenige des Gläubigers auf Fälle zu begrenzen, in denen dem Schuldner konkret ein Wahlrecht zustehe[324], ist folglich systemwidrig. Er läßt sich mit dem Regelungsrahmen der §§ 324 Abs. 1, 325 BGB nicht vereinbaren. Die Argumentationsfigur der Waffensymmetrie birgt die Gefahr, im Gesetz angelegte und aus unterschiedlichen Interessenlagen motivierte Differenzierungen zwischen den Parteien zu verwischen.

Ein Gleiches gilt für den Ansatz der Autoren, die Wahl einzelner Rechte auf die Fälle überwiegenden Verschuldens der anderen Seite zu beschränken. Hierfür stützen sie sich auf die Dogmatik zu § 351 BGB. Dieser allgemeine Rücktrittsausschluß betrifft jedoch einen anderen Interessenkonflikt, nämlich (eingekleidet in die Termini der vorliegenden Problematik) die Unmöglichkeit, eine

---

[320] Vgl. hierzu o. II. 2. b) bb) (3) (c).

[321] In diese Richtung auch Honsell JuS 1979, 81, 84; Marburger S. 59.

[322] S.u. Fn 354.

[323] Für das stellvertretende Commodum wurde diese "Betragsgerechtigkeit" hier noch nicht nachgewiesen. Vgl. auch Fn 364.

[324] S. dazu unten 1. Teil: A. II. 2. c) aa) (4).

bereits empfangene Leistung wieder herauszugeben, nachdem der Vertrag zuvor gestört wurde. Vorliegend handelt es sich dagegen um die Frage, inwieweit die Mitverantwortung des Gläubigers an der primären Leistungsstörung seinen Rücktritt (und andere Rechte aus § 325 BGB) ausschließt. Zu dieser Frage kann § 351 BGB nichts beitragen[325].

(bb) Anspruch des Schuldners auf die Gegenleistung in natura

Zu diskutieren bleibt der Einwand von Baumann / Hauth, daß die Rechtswahl den Schuldner unbillig benachteilige, wenn er dadurch seinen Anspruch auf Naturalerfüllung verliere. Zwar mag eine solche Beschränkung des Schuldners praktisch von nur nachrangiger Bedeutung sein, da die Gegenleistung in den meisten Fällen ohnehin in einer Geldschuld bestehen wird. Jedoch hat eine umfassende Regelung der beiderseits zu vertretenden Unmöglichkeit auch seltenere und atypische Vertragsformen zu erfassen. Man wird ebenfalls nicht darauf verweisen können, daß die Beschränkung auf Wertersatz nicht notwendig einen einschneidenden Nachteil für den Schuldner bedeuten müsse: Hier würde übersehen, daß das Schuldrecht des BGB kategorisch zwischen Erfüllungs- und Ersatzansprüchen unterscheidet und dabei der Naturalleistung grundsätzlichen Vorrang einräumt[326].

Daraus folgt: So wie sich die Rechtswahl des Gläubigers von der Rahmenvorschrift des § 325 BGB herleitet, wirkt § 324 Abs. 1 BGB zugunsten des Schuldners in die beiderseits zu vertretende Unmöglichkeit hinein. Ein Lösungsansatz, der den Interessen des Schuldners in angemessener Weise Rechnung tragen will, muß ihm den Anspruch auf die Gegenleistung in natura belassen, gleichsam als Gegengewicht zu der machtvollen Rechtsstellung des Gläubigers.

Dies führt zu Problemen in Fällen, in denen die Gegenleistung nicht in einer Geldschuld besteht und darüber hinaus nicht beliebig, zumindest nicht entsprechend der Verschuldensquoten geteilt werden kann. Damit ist zugleich ein Großteil derjenigen Konstellationen bezeichnet, in denen der Schuldner ein besonderes Interesse an der Naturalerfüllung haben wird. Der Konflikt zwischen

---

325 Vgl. hierzu auch 1. Teil: A. II. 2. c) cc) (2) (a).

326 Diese Wertung liegt z.B. § 326 BGB zugrunde: Der (Verzugs-)Schuldner ist primär zur Naturalerfüllung verpflichtet; erst mit Ablauf der Nachfrist erlischt ein Erfüllungsanspruch und der Gläubiger kann nur noch zurücktreten oder Schadenersatz verlangen. Ähnlich der Vorrang der Naturalrestitution (§ 249 BGB) gegenüber der Schadenkompensation (§ 251 BGB).

den Parteien wird besonders anschaulich, wenn der Gläubiger zurücktritt und sein Abwicklungsinteresse damit auf das Behalten bzw. Wiedererlangen seiner Gegenleistung richtet. Hier kann jede der Parteien aus der ihr günstigen Rahmenvorschrift einen Anspruch auf Er- bzw. Behalt der Gegenleistung herleiten. Eine überzeugungskräftige Theorie zum beiderseitigen Vertretenmüssen muß sich mit diesem Dilemma auseinandersetzen[327].

Was folgt hieraus für die in diesem Abschnitt diskutierten Lösungsvorschläge? Das Konzept Haddings war das einzige, welches einen quotengerechten Ausgleich zwischen den Parteien herbeizuführen vermochte. Auch darin, daß es die Rechtswahl des Gläubiger unbeschränkt zuläßt, entspricht es den hier entwickelten Sachgerechtigkeitskriterien. Es bietet dem Schuldner jedoch nur Wertausgleich durch Schadenersatz, nicht aber den (teilweisen) Fortbestand seines Erfüllungsanspruchs.

Mithin ist keiner der untersuchten Ansätze in der Lage, angemessene Ergebnisse für jede denkbare Fallgestaltung zu gewährleisten.

(4) Bewertung der Begründung

(a) § 325 BGB als Ausgangspunkt des Modells

Die Kritik folgt der Begründung, setzt daher wie diese mit dem behaupteten Vorrang des § 325 BGB ein. Die Begründung Haddings leidet an der Inkonsequenz, daß er nur für die §§ 323, 324 BGB durch Subsumtion prüft, ob sie sich auch auf den Fall beiderseits zu vertretender Unmöglichkeit anwenden lassen, nach jeweils negativem Befund aber auf eine entsprechende Subsumtion unter § 325 BGB verzichtet[328]. Statt dessen argumentiert Hadding aus der Situation des Zivilprozesses. Wenn er hierbei behauptet, daß der Richter § 325 BGB stets zu berücksichtigen habe, setzt er das zu begründende Ergebnis bereits voraus. Denn wenn der Schuldner seine Gegenleistung mit dem Vortrag gläubigerverschuldeter Unmöglichkeit einklagt, ist § 325 BGB nur dann einschlägig, wenn diese Norm tatsächlich zum Einwand eines Mitverschuldens des Schuldners dient. Dies aber wäre gerade zu zeigen gewesen.

Bedenklich ist auch das systematische Argument, welches aus dem Zusammenhang zwischen § 275 BGB und den §§ 323, 324 BGB deren Unabwendbarkeit bei verteilter Verantwortlichkeit herleitet. Zum einen ist umstritten, ob

[327] S. dazu 1. Teil: A. II. 2. c) cc) (2) (c) und 3. c) bb) (1) (b) (bb).

[328] OLG Oldenburg NJW 1975, 1788, 1789.

§ 275 BGB tatsächlich - seinem Wortlaut gemäß - nur auf die nicht vom Schuldner zu vertretende Unmöglichkeit beschränkt ist. Viele halten die Vorschrift allein aufgrund des Unmöglichkeitseintritts für anwendbar[329]. Aber selbst wenn man der Auslegung Haddings folgte, bietet diese doch nur einen Anhaltspunkt für seine These der Unanwendbarkeit des § 324 Abs. 1 BGB. Dem steht mit § 324 Abs. 2 BGB ein zumindest gleichgewichtiger Aspekt entgegen. Da dort eigens das Nichtvertretenmüssen des Schuldners als Voraussetzung normiert ist, läßt dies den Umkehrschluß zu, daß die Mitverantwortlichkeit des Schuldners eine Anwendung des § 324 Abs. 1 BGB gerade nicht hindern soll[330]. Es zeigt sich die geringe Aussagekraft isolierter systematischer Gesichtspunkte. Der behauptete Vorrang des § 325 BGB zur Lösung der beiderseits zu vertretenden Unmöglichkeit ist jedenfalls nicht überzeugend dargetan[331].

Es bleibt das Argument, daß § 325 BGB den Rechtsfolgenkatalog für die beiderseits zu vertretende Unmöglichkeit vollständig enthalte. Auch dieses Argument bringt nur geringe Überzeugungskraft auf. Zwar trifft zu, daß der schuldnerische Gegenleistungsanspruch bei entsprechender Rechtswahl des Gläubigers - im Fall des Schadenersatzes nach der Surrogationstheorie - fortbesteht. Dieser Fortbestand ergibt sich jedoch nicht aus § 325 BGB selbst. Die Norm beinhaltet lediglich keinen Erlöschensgrund[332]. Die Verpflichtung erwächst vielmehr unmittelbar aus dem Vertrag und wird von § 324 Abs. 1 BGB bestätigt[333].

§ 325 BGB umfaßt folglich genausowenig die Rechtsfolge des § 324 Abs. 1 BGB wie umgekehrt § 324 Abs. 1 BGB diejenigen des § 325 BGB. Das Nebeneinander von Schuldneranspruch und Surrogationsschadenersatz macht lediglich deutlich, daß einige Rechtsfolgen des § 325 BGB mit dem Fortbestand der Gegenleistung vereinbar sind, während andere kollidieren, womit einmal

---

[329] Vgl. Fikentscher SR Rz 351; Staudinger-Löwisch § 275 Rz 56.

[330] So Honsell JuS 1979, 81, 85 und Schultze JA 1987, 177, 178, S. aber o. II. 2. a) aa) (2) (a), (b).

[331] Ebenso abzulehnen ist die Ansicht Woopens (vgl.o. Fn 274): Sie unterstellt dem Gesetzgeber einen tatsächlich nicht vorhandenen Regelungswillen und verdreht überdies das Verhältnis von § 327 S. 1 zu S. 2 BGB: S. 2 sei "der eigentliche praktische Regelfall für einen Rücktritt" nach § 325 BGB (Woopen JZ 1991, 539, 541), S. 1 die Ausnahme für beiderseitige Verantwortlichkeit!

[332] Wirtschaftlich betrachtet wirkt der Gegenleistungsanspruch neben dem Surrogationsschadenersatz ohnehin nur als ein externer Rechenposten, da der Gläubiger diese Wahl nur treffen wird, wenn sein Nichterfüllungsschaden den Wert der Gegenleistung übersteigt.

[333] Zum deklaratorischen Charakter des § 324 Abs. 1 BGB s.o. II. 2. a) aa) (2) (b).

mehr der Teilwiderspruch zwischen den §§ 324 Abs. 1, 325 BGB beschrieben ist.

Zugleich wird offenbar, daß der Austauschtheorie hier statt der behaupteten einseitigen Orientierung an § 325 BGB eine Kombination der §§ 324 Abs. 1, 325 BGB zugrunde liegt[334]. Man wird dem nicht entgegenhalten können, daß § 324 Abs. 1 BGB bloß von klarstellender Bedeutung und die einzig regelnde Unmöglichkeitsnorm § 325 BGB sei. § 324 Abs. 1 BGB trägt hier dieselbe deklaratorische Funktion wie als Regelung der allein vom Gläubiger zu vertretenden Unmöglichkeit, die einen "Regelungspfosten" für die verteilte Verantwortlichkeit darstellt.

(b) Kritik der einschränkenden Ansätze

Nach der Untersuchung des gemeinsamen Fundaments richtet sich das Interesse auf die Begründungen der einzelnen Ansätze, zuerst auf diejenigen, welche die Rechtsfolgen des § 325 BGB einschränken.

Der Anwendung der Surrogationstheorie, wie sie von sämtlichen Autoren befürwortet wird, stehen keine dogmatischen Einwände entgegen[335].

Bedenklich ist dagegen die von Kreß geforderte Beschränkung der Gläubigerrechtswahl. Er entwickelt sie unter dem Blickwinkel angemessener Ergebnisse, ohne jedoch - siehe oben - sein Ziel zu erreichen. Als Argument führt er an, daß eine unbeschränkte Rechtswahl dem Gläubiger gestatten würde, sich einer ungünstigeren Schadensausgleichung nach der Surrogationstheorie zu entziehen. Somit konstruiert er einen Vorrang der Austauschtheorie vor den übrigen Gläubigerrechten aus § 325 BGB, der gegenüber den Vertragslösungsrechten in Wirklichkeit nicht besteht[336].

Auch im Rahmen des Schadenersatzes liegt ein Vorrang des Leistungsaustauschs fern. Denn hier berechnet eine ganz überwiegende Auffassung[337] den Anspruch grundsätzlich nach der Differenzmethode, sofern nicht der Gläubiger

---

334 Dies entspricht der Konzeption Sibers.

335 Fraglich ist allein, ob hier nicht in Wirklichkeit eine Kumulation der §§ 324, 325 BGB vorliegt, da § 325 BGB keinerlei Regelung zur Gegenleistung enthält; dies entspricht der Position Sibers.

336 S.o. II. 2. b) bb) (3) (c) bei Fn 311.

337 RGZ 96, 20, 22 f; BGHZ 20, 338, 343; Staudinger-Otto § 325 Rz 40; Jauernig-Vollkommer § 325 Rz 6; Palandt-Heinrichs § 325 Rz 11; Larenz SAT § 22 IIb, S. 341; Baumann / Hauth JuS 1983, 273, 278.

sein Interesse an einem Austausch der Leistungen bekundet. Eine umstrittene[338] Ausnahme, welche den Gläubiger auf die Surrogationsmethode festlegt, wird einzig für den Fall angenommen, daß er bereits an den Schuldner geleistet hat. Die Ausnahme schöpft Plausibilität aus der Tatsache, daß mit der erbrachten Gläubigerleistung das wesentliche Merkmal der Austauschtheorie bereits erfüllt ist und eine Wahl des Differenzschadens eine Rückabwicklung erfordern würde, die an sich durch Rücktritt oder Abstandnahme zu verfolgen wäre.

Kreß kann seine Beschränkung der Differenztheorie - die ihren praktischen Auswirkungen nach einem Ausschluß gleichkommt[339] - lediglich als weiteren Ausnahmefall in das Leistungsstörungsrecht einfügen. Da die Ausnahme aber allein aus dem angestrebten Ergebnis plausibel wird, gelingt ihm damit keine überzeugende dogmatische Einbettung des beiderseitigen Vertretenmüssens.

Seichters Lösung hingegen besteht in einer abweichenden Berechnung des Differenzschadens, von der er sich eine Annäherung an die als sachgerecht eingeschätzten Ergebnisse der Surrogationstheorie erhofft. Sein Vorschlag, nicht den resultierenden Anspruch, sondern lediglich den in die Differenz eingestellten Nichterfüllungsschaden des Gläubigers gemäß § 254 BGB zu mindern, läßt sich allerdings nicht mit der Konzeption der Differenzmethode vereinbaren. Denn Seichter behandelt das Gläubigerinteresse derart als einen selbständigen Ersatzanspruch, während es tatsächlich als bloßer Rechnungsposten in der Gesamtdifferenz fungiert[340]. Denselben systematischen Fehler verrät Seichters Argument, daß ein Erfüllungsanspruch in keinem Fall und mithin auch nicht bei Anwendung der Differenztheorie gemäß § 254 BGB gekürzt werden dürfe. Gemäß § 254 BGB zu mindern ist allein der in Geld berechnete Schadenersatzanspruch, welcher sich aus der Verrechnung des *Werts* der Gegenleistung (und nicht der Gegenleistung selbst) und der Nichterfüllungsschäden ergibt.

Rücktritt, Abstandnahme und die Forderung eines minderwertigen Surrogats läßt Seichter nur beschränkt zu. Damit der Gläubiger diese Rechte ausüben könne, dürfe ihm ein Festhalten am Vertrag nicht zumutbar sein. Jedoch führt die Prüfung der Zumutbarkeit einer Vertragsfortsetzung angesichts der mit der Unmöglichkeit eingetretenen, endgültigen Zweckvereitelung nicht weiter[341]: Nicht das "Ob", sondern das "Wie" der Vertragsabwicklung ist in § 325 BGB zur Disposition des Gläubigers gestellt.

---

[338] Vgl. Erman-Battes § 325 Rz 8; Soergel-Wiedemann § 325 Rz 35; Brox Rz 269.

[339] S.o. II. 2. b) bb) (3) (b).

[340] Baumann / Hauth JuS 1983, 273, 279 zu Teubner, der Seichter hier folgt.

[341] Seichter räumt ein, daß das Rücktrittsrecht "seinen Rechtsgrund in der Zweckvereitelung" habe (S. 80); der Rücktritt wegen teilweiser Unmöglichkeit basiere dagegen "stärker auf dem Unzumutbarkeitsgedanken" (S. 79 Fn 4).

Wenn Seichter eine unumschränkte Rechtswahl aufgrund der Vertragsuntreue des Gläubigers verwirkt sieht[342], so ist dem entgegenzuhalten, daß der Einwand eigener Vertragsuntreue kein homogenes Institut, sondern eine Vielzahl von Regeln, Ausnahmen und Gegenausnahmen darstellt[343]. Der Einwand soll eine materiell ungerechtfertigte Inanspruchnahme von dem Tatbestand nach gegebenen Rechten ausschließen. Vorliegend geht es aber darum, die wechselseitigen Rechte aus einer beiderseits zu vertretenden Unmöglichkeit festzulegen und so bereits "intern" zu angemessenen und methodisch fundierten Ergebnissen zu gelangen[344].

Ein weiterer Unterschied beider Regelsysteme liegt darin, daß über den Tu-quoque-Einwand verschiedene Pflichtverletzungen gegeneinander gewogen werden (weshalb die rechtlichen Folgen dieses Konflikts auch nicht in einer einzelnen Normierung niederzulegen sind), während die hier zu entwickelnde Regelung eine gemeinsam herbeigeführte Leistungsstörung zum Gegenstand hat[345]. Daher sind die Regeln eigener Vertragsuntreue vorliegend allenfalls von vergleichendem Interesse. Der von Seichter vorgenommenen Einschränkung der Rechtswahl bieten sie keine Grundlage.

Mithin bestätigt sich Haddings Kritik[346], daß die Beschränkung der Rechtswahl nur auf allgemeine Billigkeitserwägungen gestützt werden könne, nicht aber auf einen wohldefinierten Rechtssatz, in Besonderheit nicht auf § 254 BGB. Denn dessen gesetzliche Funktion ist rein quantitativ, indem er die Höhe eines Ersatzanspruchs bestimmt. Der Wortlaut des § 254 Abs. 1 BGB - "... so hängt die Verpflichtung zum Ersatze sowie der Umfang des zu leistenden Ersatzes ..." - beinhaltet nur scheinbar auch eine qualitative Entscheidung. Mit der ersten Alternative ("Verpflichtung zum Ersatze") ist lediglich eine mögliche Reduktion des Ersatzanspruchs auf Null einbezogen. Dies ergibt sich aus der systematischen Einbettung des § 254 BGB in die schadenersatzrechtliche Haftungsausfüllung[347]; die Norm greift erst ein, nachdem das "Ob" einer Haftung und der Rechtsfolge Schadenersatz bereits entschieden ist. Der Schadenersatz "Null" stellt sich als Extremwert eines graduellen Rechtsfolgensystems dar[348];

---

[342] Vgl. S. 82-104.

[343] Soergel-Wiedemann Vor § 323 Rz 120; Teubner S. 105; Staudinger-J. Schmidt § 242 Rz 688 ff, insbes. Rz 691.

[344] Zum Vorrang des Vertragsrechts gegenüber einem unpräzisen Rückgriff auf § 242 BGB eingehend Teubner S. 106 f; Staudinger-J. Schmidt § 242 Rz 690 f, 693.

[345] Ebenso Soergel-Wiedemann Vor § 323 Rz 118; Teubner S. 104.

[346] AcP 168, 150, 167 Fn 47.

[347] S.o. II. 2. a) bb) (3) (a).

[348] Vgl.o. I. 1. c) bb).

insofern läßt er den quantitativen Charakter des § 254 BGB unberührt. Die Entscheidung, dem mitverantwortlichen Gläubiger einzelne Rechte aus § 325 BGB ganz zu versagen, ist der graduellen Abwägung innerhalb der (festgelegten oder gewählten) Rechtsfolge vorgelagert. Sie ist von qualitativem Charakter und erfordert eine eigene Rechtsgrundlage.

(c) Kritik der erweiternden Lösungen

Auch der von Hadding vorgeschlagene Anspruch aus p.V.V. trifft auf dogmatische Bedenken. So wird eingewandt, daß es widersprüchlich sei, dem Gläubiger zunächst ein Wahlrecht einzuräumen, um dessen Ausübung dann zum Anknüpfungspunkt eines Ersatzanspruchs zu machen[349]. Da der Eintritt des Schadens derart von der Rechtswahl des Gläubigers abhinge, läge im Wahlakt das eigentlich schadensstiftende Ereignis und nicht, wie Hadding[350] es darstelle, in dessen Beteiligung an der Leistungsstörung. Die rechtmäßige Ausübung eines Rechts könne jedoch keine Schadenersatzpflicht auslösen[351].

Eine verständige Interpretation des Haddingschen Ansatzes vermag diese Kritik allerdings zu entschärfen: Haddings Ausführungen sind dahingehend aufzufassen, daß der p.V.V.-Anspruch durch das zur Unmöglichkeit führende Verhalten des Gläubigers begründet wird, unabhängig von seiner späteren Rechtswahl[352]. Ansatz des Anspruchs ist dann in der Tat ein vertragswidriges Verhalten. Haftet der Gläubiger mithin stets dem Grunde nach, ergibt sich ein Schaden des Schuldners (durch den Untergang des Gegenleistungsanspruchs) gleichwohl nur bei einer entsprechenden Rechtswahl des Gläubigers. Derart wirkt die Rechtswahl zwar als Voraussetzung für die Forderung aus p.V.V., jedoch erst im Rahmen der Anspruchsausfüllung und damit nicht im Widerspruch zu allgemeinen Haftungsgrundsätzen.

Haddings Lösung beinhaltet aber das Problem, daß der Schuldner im Fall beiderseitigen Vertretenmüssens Schadenersatz beanspruchen kann, obwohl ihm ein solcher Anspruch bei alleiniger Verantwortlichkeit des Gläubigers nicht zusteht[353], und zwar aufgrund bewußter gesetzgeberischer Entscheidung[354]. Bei

---

[349] Seichter S. 56.

[350] AcP 168, 150, 168 f.

[351] Seichter S. 56; Jessen JA 1973, 171, 172.

[352] In diesem Sinn auch das als 5. zitierte Argument bei Marburger S. 56.

[353] Sofern dem Schuldner Schadenersatz zugesprochen wird (z.B. von RGRK-Ballhaus § 324 Rz 15), gilt dies lediglich für weitergehende Integritätsschäden außerhalb des vertraglichen Erfüllungsschadens.

einer Mitverantwortlichkeit dürfte dem Schuldner erst recht kein Ersatzanspruch zustehen[355], so daß sich Hadding in Widerspruch zum Regelungsrahmen aus § 324 Abs. 1 BGB setzt[356].

Überdies verträgt sich Haddings Verständnis der p.V.V. als "dem Zentralbegriff der Leistungsstörungen"[357] nicht mit der heute praktisch allseits anerkannten subsidiären Anwendung dieses Instituts. Die p.V.V. erfüllt eine Auffangfunktion, so daß ihre Anwendung eine Regelungslücke voraussetzt, die dann nicht vorliegt, wenn sich eine Leistungsstörung als Unmöglichkeit oder Verzug qualifizieren läßt[358]. § 324 Abs. 1 BGB macht dies deutlich: Hier ist das haftungsbegründende Verhalten des Gläubigers ebenso gegeben wie bei einer geteilten Verantwortlichkeit. Demnach müßte Hadding einen Anspruch aus p.V.V. bejahen - unzweifelhaft entgegen der gesetzlichen Konzeption des Leistungsstörungsrechts[359,360]. Das von Hadding vorgeschlagene Nebeneinander von Unmöglichkeit und p.V.V. wird demnach zu Recht als systemwidrig kritisiert[361]. Die Konstruktion ist nicht haltbar.

Emmerich nennt neben der p.V.V. mit § 324 Abs. 1 bzw. § 242 BGB noch zwei weitere Grundlagen[362], auf welche sich ein Ausgleichsanspruch des Schuldners stützen ließe. Die einzelnen von ihm vorgeschlagenen Normen bleiben jedoch ohne Begründung oder Abgrenzung. Derart wirken sie vorgeschoben, als sollten sie Billigkeitserwägungen legitimieren. Daß Emmerich stärker

---

[354] S. dazu Mot. II, S. 208: "Zu weit ginge es, an den Umstand allein, daß die Unmöglichkeit der dem Schuldner obliegenden Leistung durch einen ... von dem Gläubiger zu vertretenden Umstand herbeigeführt worden [ist], die Verpflichtung des Gläubigers zum Schadenersatze zu knüpfen".

[355] Soergel-Wiedemann Vor § 323 Rz 155; Honsell JuS 1979, 81, 85; ähnlich Seichter S. 59.

[356] Teubner S. 65 Fn 122 weist zu recht darauf hin, daß Hadding dem Schuldner nach der Regeln der p.V.V. eigentlich auch ein Rücktrittsrecht einräumen müßte. Diese Konsequenz haben aber erst Baumann / Hauth gezogen, vgl. dazu 1. Teil: A. II. 2. c) aa) (4).

[357] AcP 168, 150, 168.

[358] Staudinger-Löwisch Vorbem §§ 275 ff. Rz 30 f; Palandt-Heinrichs § 276 Rz 107; Medicus BürgR Rz 309; Fikentscher SR Rz 388.

[359] In diese Richtung bereits Teubner S. 65 f; Jessen JA 1973, 171, 172.

[360] Mit der Argumentation, p.V.V. sei hier nicht anwendbar, weil der Gegenleistungsanspruch nach § 324 BGB fortbestehe, würden in den Fällen beiderseitigen Verschuldens letztlich doch die Rechtswahl und deren Wirkung auf die Gegenleistung zum schadensstiftenden Ereignis (s.o. bei Fn 352).

[361] Vgl. Staudinger-Otto § 324 Rz 61; Teubner S. 64 ff; Seichter S. 57 f; Fikentscher SR Rz 351; Schreiber Jura 1995, 529, 535 Fn 82; Jessen JA 1973, 171, 172; Honsell JuS 1979, 81, 85.

[362] § 14 III, S. 159: § 324 Abs. 1 BGB analog; MünchKomm § 324 Rz 38: § 242 BGB. Einen Anspruch aus p.V.V. befürwortet er in beiden Stellungnahmen.

auf sachgerechte Ergebnisse als auf dogmatische Konsistenz zielt, bestätigt dessen eigene Formulierung, nach der "nichts anderes übrig"[363] bleibe als der Rückgriff auf die genannten §§ 324, 242 BGB. Die Begründungsschwächen des Haddingschen Konzeptes kann Emmerich jedenfalls nicht überwinden.

Insgesamt fehlt es auch den erweiternden Modellen zu § 325 BGB an dogmatischer Überzeugungskraft.

(5) Ergebnis der Kritik

In der Zusammenschau zeigt die Kritik der auf § 325 BGB gestützten Ansätze, daß keines der untersuchten Modelle sämtlichen Anforderungen gerecht wird. Zunächst fehlt eine überzeugende Begründung, warum die Regelung der beiderseits zu vertretenden Unmöglichkeit allein aus § 325 BGB abzuleiten sein soll. Zudem fügen sich die notwendigen Anpassungen des § 325 BGB nicht bruchlos in das Leistungsstörungsrecht ein; besonders bedenklich erscheint die Kombination der Gläubigerrechte aus § 325 BGB mit einem Ersatzanspruch aus p.V.V. für den Schuldner. Andererseits kommt diese Lösung dem Ziel angemessener Resultate am nächsten, indem sie zumindest im Betrag der wechselseitigen Ansprüche für einen gerechten Interessenausgleich sorgt[364]. Sie bleibt hinter dem Ziel zurück, insoweit der Schuldner hier je nach Rechtswahl des Gläubigers seinen Anspruch auf Naturalerfüllung einbüßt. Die übrigen Stellungnahmen stellen nicht einmal eine verschuldensadäquate Lastenverteilung sicher.

Die zu § 325 BGB entwickelten Lösungsvorschläge erweisen sich damit insgesamt als nicht tragfähig.

c) Lösung durch kumulative Anwendung der §§ 324 Abs. 1, 325 BGB

Als ein dritter Vorschlag zur beiderseits zu vertretenden Unmöglichkeit wird die Kumulation der §§ 324 Abs. 1, 325 BGB diskutiert. Statt nur eine Norm generell oder einzelfallabhängig auszuwählen, bilden die Normen gemeinsam die Grundlage für eine rechtliche Lösung. Dies liegt nahe vor allem dann, wenn man den Wortlaut der beiden Normen im Sinn einer zumindest *auch* vom

[363] § 14 III, S. 159; MünchKomm § 324 Rz 38.

[364] Es wäre noch zu zeigen, daß dies auch für die Forderung eines geringerwertigen Surrogats gilt; Hadding behandelt diesen Fall unzutreffend.

Schuldner bzw. Gläubiger zu vertretenden Unmöglichkeit deutet. Vor dem Hintergrund einer unentschiedenen Rechtsprechung des BGH kürt die breite Zustimmung der Literatur dieses Modell zur gegenwärtig herrschenden Meinung[365].

aa) Darstellung der einzelnen Ansätze

Die Einigkeit dieser herrschenden Sichtweise beschränkt sich jedoch auf die Grundannahme einer parallelen (entsprechenden) Anwendbarkeit der §§ 324 Abs. 1, 325 BGB. Angesichts des Teilwiderspruchs zwischen den Rechtsfolgen der Normen[366] ist eine kumulative Lösung nur durch Modifikation wenigstens einer der beiden Vorschriften zu erreichen. Hierzu werden verschiedene Ansätze vertreten, die im Detail sogar beträchtlich voneinander abweichen[367].

Einzelne Vertreter des kumulativen Modells beschränken sich darauf, die gleichzeitige Anwendung der §§ 324 Abs. 1, 325 BGB und das Erfordernis einer an den Verschuldensanteilen der Parteien orientierten Einzelfallabwägung darzulegen, ohne den Rechtsfolgenkonflikt zwischen beiden Normen aufzulösen[368]. Ohne konkrete Entscheidungskriterien können die Stellungnahmen aber nicht zur Lösung eines Unmöglichkeitsfalls beitragen.

Demgegenüber sucht die Mehrzahl der Vorschläge eine systematische Anpassung der Rechtsfolgen der §§ 324 Abs. 1, 325 BGB an die Konstellation verteilter Verantwortlichkeit. Hier wird überwiegend auf § 254 BGB bzw. den dort niedergelegten Rechtsgedanken zurückgegriffen, für die Ansprüche beider Vertragsseiten oder beschränkt auf die Rechte des Gläubigers. Andere Stimmen befürworten statt dessen eine "teilweise" Anwendung der §§ 324 Abs. 1, 325

---

[365] Ebenso v.Münchhausen / Bauchhenss S. 112; Teubner NJW 1975, 2295; ähnlich Baumann / Hauth JuS 1983, 273, 275. Zurückhaltend Palandt-Heinrichs Vorbem v § 323 Rz 4; OLG Oldenburg NJW 1975, 1788, 1789 ("überwiegend vertretende Ansicht"). Abweichend Soergel-Wiedemann Vor § 323 Rz 152.

[366] S.o. II. 2. a) aa) (2) (a).

[367] Z.T. entsprechen die Vorschläge auch solchen einer ausschließlichen Anwendung des § 325 BGB, so daß kaum Unterschiede im Ergebnis, sondern allein in der Konstruktion der Modelle bestehen. In diesem Sinn ähneln einander z.B. die Ansätze Haddings und Wiedemanns.

[368] Leonhard S. 494;. Esser / E. Schmidt § 28 III 1c, S. 118: Es verbiete sich jede schematische Lösung. Ebenso Lotmar S. 268, der in § 324 BGB jedoch unzutreffend einen Ersatz- und keinen Erfüllungsanspruch sieht. Allgemein für einen kumulativen Ansatz auch Dunz NJW 1991, 1527.

BGB. Ein letzter Ansatz ergänzt die beiden Unmöglichkeitsnormen durch weitere Ausgleichsansprüche.

(1) "Teilweise" Anwendung der §§ 324 Abs. 1, 325 BGB

Nach Kaduk[369] und Larenz[370] sind "die §§ 324 Abs. 1, 325 BGB *jeweils insoweit anzuwenden*, als der Verantwortungsbeitrag des Gläubigers und des Schuldners reicht"[371]. Dabei soll ein nach der Differenzmethode berechneter und anteilig gekürzter Schadenersatzanspruch mit dem ebenso reduzierten Gegenleistungsanspruch des Schuldners verrechnet werden. Zu Rücktritt und Abstandnahme äußert Larenz sich nicht, während Kaduk sie ausdrücklich ausschließt.

Fraglich ist jedoch, welche juristische Konstruktion mit dem Ausdruck einer teilweisen Normanwendung bezeichnet sein soll. Larenz hält neben der "insoweit"-Anwendung der §§ 324 Abs. 1, 325 BGB einen Rückgriff auf § 254 BGB für überflüssig, während Kaduk ihn heranzieht, um Rücktritt und Abstandnahme von der Rechtswahl des Gläubigers auszunehmen. Die anteilige Begrenzung von Schadenersatz- und Gegenleistungsanspruch erreicht allerdings auch Kaduk allein über die Teilanwendung der Unmöglichkeitsnormen.

Mittels der Teilanwendung kürzen Larenz und Kaduk also dem Grunde nach gegebene Ansprüche. Dabei grenzen sie die "insoweit"-Anwendung von § 254 BGB ab, ohne aber ihre Grundlage oder ihren Inhalt zu erläutern. Seichter deutet die Teilanwendung als eine Übertragung der Regeln der Teilunmöglichkeit auf die teilweise zu vertretende Unmöglichkeit[372]. Dies ist jedoch kaum wahrscheinlich, da die Autoren den Begriff der Teilunmöglichkeit - obwohl dies doch nahegelegen hätte - nicht einmal erwähnen. Die Bedeutung der Teilanwendung bleibt somit unklar.

---

[369] In: Staudinger (10./11. Aufl.) § 324 Rz 39 f.

[370] SAT § 25 III, S. 402. Ihm folgen Wertheimer S. 51 und Palandt-Heinrichs Vorbem v § 323 Rz 4 f, der jedoch einen zusätzlichen Ersatzanspruch des Schuldners vorschlägt; zu seinem Vorschlag daher sogleich unter (4).

[371] Larenz a.a.O., Hervorhebung im Original.

[372] Vgl. S. 20 Fn 3.

(2) Beiderseitige Kürzung der Ansprüche gemäß § 254 BGB

Der zweite Lösungsvorschlag stimmt mit dem ersten darin überein, daß er die Kürzung der Ansprüche beider Vertragspartner jeweils in dem Verhältnis ihrer Mitverantwortlichkeit am Eintritt der Unmöglichkeit vorsieht. Dies soll jedoch nicht durch eine Teilanwendung der §§ 324 Abs. 1, 325 BGB, sondern im Rückgriff auf § 254 BGB erreicht werden. Der Ansatz hat Unterstützung in Rechtsprechung[373] und Literatur[374] gefunden.

Indem der Ansatz den Interessenausgleich zwischen den Parteien durch beiderseitige Anspruchskürzung herzustellen sucht, setzt er den schuldnerischen Gegenleistungsanspruch als fortbestehend voraus. Das wird problematisch, wenn der Gläubiger vom Vertrag zurücktritt oder Abstand nimmt. Soweit die Vertreter der Lösung überhaupt eine Rechtswahl des Gläubigers erörtern, legen sie den Gläubiger auf Schadenersatz fest, versagen ihm also in jeder Konstellation die Ausübung der in § 325 BGB geregelten Vertragslösungsrechte[375].

Der Schadenersatz des Gläubiger wird ausschließlich nach der Differenzmethode berechnet, der resultierende und geminderte Anspruch dann dem ebenfalls geminderten Gegenleistungsanspruch des Schuldners gegenübergestellt[376]. Einzig Siber erachtet eine Kumulation der §§ 324 Abs. 1, 325 BGB nur auf der Basis der Surrogationsmethode für möglich, da die Differenztheorie zum Untergang des Gegenleistungsanspruchs und damit zur alleinigen Anwendung des § 325 BGB führe[377].

---

[373] OLG Oldenburg NJW 1975, 1788, 1789; OLG Hamm NJW-RR 1987, 245. Zwar nennt das Urteil des OLG Hamm nur die §§ 324, 254 BGB als angewandte Normen. Dies läßt sich allerdings aus dem auf Kaufpreiszahlung gerichteten Klageantrag erklären. Für die hier vorgenommene Zuordnung sprechen die begründungsvertretenden Zitate von Palandt-Heinrichs und Baumann / Hauth, S. zu beiden sogleich u. (4).

[374] Jauernig-Vollkommer § 325 Rz 16; AltKomm-Dubischar §§ 325-327 Rz 11; StudK-Lüderitz § 325 Anm III; v.Münchhausen / Bauchhenss Rz 54; Köhler PdW S. 43; Brox Rz 270. Planck-Siber § 324 Erl 1d für die Surrogationstheorie.

[375] Vgl. OLG Oldenburg NJW 1975, 1788, 1789; AltKomm-Dubischar §§ 325-327 Rz 11; v.Münchhausen / Bauchhenss Rz 54; ebenso wohl StudK-Lüderitz § 325 Anm III.

[376] AltKomm-Dubischar §§ 325-327 Rz 11; v.Münchhausen / Bauchhenss Rz 54; Köhler PdW S. 43; folgt auch aus OLG Oldenburg 1975, 1788, 1789 f.

[377] Vgl. Planck § 324 Erl 1d; S. auch o. II. 2. b) bb) (2) (a).

(3) Anwendung des § 254 BGB nur auf die Rechte des Gläubigers

Ähnlich wie der zweite paßt auch der dritte Lösungsvorschlag die Rechtsfolgen der §§ 324 Abs. 1, 325 BGB mit Hilfe des § 254 BGB an die Situation geteilter Verantwortlichkeit an. Im Unterschied zum vorigen wird § 254 BGB hier allein auf die Rechte des Gläubigers angewandt, nicht aber auf den schuldnerischen Gegenleistungsanspruch. Dies vertreten neben dem OLG Frankfurt[378] Fikentscher[379], Schultze[380] und Medicus[381].

Schultze begrenzt die Rechtswahl des Gläubigers auf Surrogationsschadenersatz[382], und ähnlich nimmt Fikentscher die Mitverantwortlichkeit des Gläubigers zum Anlaß, den Gläubiger auf verrechenbare Geldansprüche und das Surrogat zu verweisen[383]. Das OLG Frankfurt und Medicus formulieren zwar keine ausdrückliche Beschränkung der Rechtswahl, behandeln aber lediglich die Forderung von Schadenersatz, den sie übereinstimmend ausschließlich nach der Surrogationsmethode berechnen.

Dieser Ansatz entspringt der Kritik an der hier als zweite geschilderten Ansicht, welche auch die Gegenleistung einer Kürzung nach § 254 BGB unterwerfen will. Teubner hat die wesentlichen Argumente als erster vorgebracht[384]. Er wendet ein, daß der Gegenleistungsanspruch des Schuldners sowohl im Fall des § 324 Abs. 1 BGB als auch bei der Schadenersatzforderung aus § 325 BGB in vollem Umfang fortbestehe, im zweiten Fall je nach zugrundeliegender Berechnungsmethode entweder als Anspruch oder als Rechnungsposten. Daher müsse auch bei verteilter Verantwortlichkeit - in der Mitte zwischen den Extrema einseitigen Verschuldens - die Gegenleistung ungekürzt in die Schadenersatzkalkulation eingehen[385]. Dies folge auch daraus, daß der Schuldner, der immer schon das Sachrisiko beim Untergang der geschuldeten Sache trage und dazu

---

378 NJW-RR 1995, 435, 437.

379 Rz 351.

380 JA 1987, 177, 179, allerdings vom unzutreffenden Ausgangspunkt einer unmittelbaren Anwendung der §§ 324, 325 BGB aus; vgl.o. II. 2. a) aa) (2) (b).

381 SAT Rz 503 und BürgR 270.

382 Vgl. JA 1987, 177, 179.

383 Vgl. Rz 351.

384 Seine eigene Position wird vorliegend allerdings einer weiteren Meinungsgruppe zugeordnet, S. sogleich unter (4).

385 Teubner S. 63 f, 66 und NJW 1975, 2295 f. Ihm folgen Staudinger-Otto § 324 Rz 59; Baumann / Hauth JuS 1983, 273, 276.

dem Schadenersatzanspruch des Gläubigers ausgesetzt sei, bei einer Kürzung seiner Forderung mehrfach belastet würde[386].

(4) §§ 324 Abs. 1, 325 BGB ergänzende Vorschläge

In einer letzten Meinungsgruppe sind diejenigen Ansätze zusammengefaßt, welche die §§ 324 Abs. 1, 325 BGB zumindest in einzelnen Konstellationen ergänzen, dergestalt, daß sie die Position des Schuldners durch zusätzliche vertragliche Ansprüche stärken.

Zunächst zu Heinrichs[387]. Er geht von Larenz' Auffassung[388] aus, indem er die §§ 324 Abs. 1, 325 BGB jeweils "insoweit" anwendet, als der Verantwortungsanteil von Schuldner und Gläubiger reicht. Dabei soll der schuldnerische Gegenleistungsanspruch unabhängig von der Rechtswahl des Gläubigers anteilig fortbestehen, so daß umgekehrt dem Gläubiger das volle Wahlrecht aus § 325 BGB eingeräumt werden könne. Den Schadenersatz des Gläubigers berechnet Heinrichs nach der Differenzmethode, wobei er von vornherein anteilig gekürzte Ansprüche in die Differenz einstellt, anstatt den resultierenden Anspruch als Ergebnis einer Subtraktion ungeminderter Rechnungsposten zu kürzen[389].

Ein Problem der Differenzmethode erkennt Heinrichs darin, daß sie bei negativer Differenz keiner Seite einen Anspruch gewährt, obwohl dem Schuldner derart ein überproportionaler Anteil am Unmöglichkeitsschaden zugewiesen würde[390]. Entsprechend regt er an, dem Schuldner einen Anspruch in Höhe des negativen Differenzschadens zuzusprechen. Die Grundlage für diesen Anspruch erörtert er nicht.

Teubner[391] geht von dem hier als dritten geschilderten Ansatz aus. Er hält allerdings neben der Surrogations- auch die Differenzmethode für anwendbar. Bei der Differenzmethode seien jedoch nicht der resultierende Gläubigeran-

---

[386] OLG Frankfurt NJW-RR 1995, 435, 437; Teubner NJW 1975, 2295, 2296; Staudinger-Otto § 324 Rz 59.

[387] In: Palandt Vorbem v § 323 Rz 4.

[388] Zu dessen Position S. soeben unter (1).

[389] So auch schon Larenz.

[390] Vgl. die ausführliche Darstellung dieses Problems o. II. 2. b) bb) (3) (b) a.E.

[391] S. 66 ff, insbes. auch Fn 127. Ihm folgen Schildt Jura 1995, 66, 70 für den Surrogationsschadenersatz und Schreiber Jura 1995, 529, 536, insbes. Fn 85 für Rücktritt und Abstandnahme vom Vertrag.

spruch gemäß § 254 BGB zu mindern, sondern lediglich die Schadenspositionen des Gläubigers; der Gegenleistungsanspruch müsse ungekürzt in die Differenz eingestellt werden. Dies entspricht dem Vorschlag Seichters[392]. Falle die Differenz negativ, d.h. zugunsten des Schuldners aus, solle die Subtraktion in umgekehrter Richtung ausgeführt werden, indem der gekürzte Ersatzanspruch nunmehr vom vollen Gegenleistungsanspruch des Schuldners abgezogen werde.

Für den Fall, daß der Gläubiger vom Vertrag zurücktritt, befürwortet Teubner eine Teilung des Schuldverhältnisses nach dem Vorbild der Teilunmöglichkeit. Sofern der Gläubiger die Unmöglichkeit zu vertreten habe, behalte der Schuldner seinen Gegenleistungsanspruch; soweit der Schuldner verantwortlich sei, könne der Gläubiger zurücktreten. Ähnliches soll für die Wahl von Abstandnahme oder Surrogat gelten. Hier sei der Wertausgleich zwischen den Parteien durch einen (anteilig gekürzten) Ausgleichsanspruch des Schuldners zu schaffen. Den Anspruch gründet Teubner auf eine Analogie zu § 324 Abs. 1 BGB.

Otto[393] entwirft seinen Ansatz ebenfalls unter der Prämisse, daß der Gegenleistungsanspruch des Schuldners nicht nach § 254 BGB gekürzt wird. Er sieht im Gegensatz zu Teubner aber keine überzeugende Möglichkeit, die Differenztheorie in das Modell einzubinden. Die Rechte auf Rücktritt und Abstandnahme beschränkt er auf Konstellationen, in denen den Gläubiger kein überwiegendes Verschulden trifft. Kann der Gläubiger hiernach die in § 325 BGB vorgesehenen Vertragslösungsrechte geltend machen, nimmt Otto ähnlich wie Teubner eine Teilwirkung dieser Rechte an, wonach der Gläubiger in der Höhe seiner Verschuldensquote zur Gegenleistung verpflichtet bleibt. Eine unteilbare Gegenleistung könne der Gläubiger ganz einbehalten; dem Schuldner gebühre dann Ausgleich in Geld.

Wiedemann zufolge darf der Gläubiger den Gegenleistungsanspruch nur dann nicht zum Erlöschen bringen, wenn er die Unmöglichkeit überwiegend zu vertreten hat und als Gegenleistung eine Sachleistung schuldet[394]. In den übrigen Fällen trete ein Ausgleichsanspruch analog § 324 BGB an die Stelle der Gegenleistung, der entsprechend dem Eigenverschulden gemäß § 254 BGB zu kürzen sei. Bei Anwendung der Differenztheorie müsse im wirklichkeitsfernen[395] Fall eines negativen Saldos eben dieser Saldo dem Ausgleichsanspruch des Schuldners hinzugerechnet werden[396].

---

[392] Vgl.o. II. 2. b) bb) (3) (b).

[393] In: Staudinger § 324 Rz 59 ff, insbes. 64.

[394] Vgl. Soergel Vor § 323 Rz 158.

[395] Der Gläubiger würde hier keinen Schadenersatz verlangen, sondern zurücktreten.

[396] Vgl. dazu o. II. 2. b) bb) (2) (b).

Ein letzter, sehr detaillierter Vorschlag stammt von Baumann / Hauth[397]. Der Gläubiger könne durchgehend nur Surrogationsschadenersatz und das Surrogat verlangen. Hinsichtlich der übrigen Rechte aus § 325 BGB kritisieren sie, daß der Schuldner dort seinen Anspruch auf Naturalerfüllung verliere und auf bloß wertmäßigen Ausgleich verwiesen werde. Eine kompensationslose Rechtswahl des Gläubigers verbiete sich daher unter dem Gesichtspunkt der "Waffensymmetrie"[398].

Insofern sei auch dem Schuldner eine Rechtswahl zu gewähren. Hierzu wenden Baumann / Hauth die p.V.V. nicht (wie Hadding) anstatt, sondern neben § 324 Abs. 1 BGB an. Habe der Gläubiger durch seinen Unmöglichkeitsbeitrag den Vertragszweck des Schuldners gefährdet, könne dieser zurücktreten oder Schadenersatz wegen Nichterfüllung verlangen. Eine derartige Vertragszweckgefährdung sei aber nicht für jeden Fall der Unmöglichkeit anzunehmen, da die den Vertragszweck des Schuldners bestimmende Gegenleistung grundsätzlich weiterhin erbracht werden könne[399].

In einem zweiten Schritt entwickeln Baumann / Hauth den Gedanken der Waffensymmetrie dahingehend, daß dem Gläubiger die Rechtswahl aus § 325 BGB nur dann zugebilligt werden, wenn im Einzelfall auch dem Schuldner mehrere Rechte zur Verfügung stünden. Sei derart für beide Seiten ein Wahlrecht eröffnet, bedürften diese Rechte allerdings der Harmonisierung, da sie sich ansonsten gegenseitig ausschließen könnten.

Zu erreichen sei die Harmonisierung durch eine stärkere Ausrichtung der Regeln beiderseitiger Verantwortlichkeit an den §§ 346 ff. BGB. Dies führe zu einer entsprechenden Anwendung des § 351 BGB, so daß eine Partei dann nicht zurücktreten dürfe, wenn sie die Unmöglichkeit zumindest zur Hälfte zu vertreten habe. Eine solche Mitverantwortung schließe auch die Differenztheorie, begriffen als Kombination von Rücktritt und Schadenersatz, sowie eine Abstandnahme vom Vertrag aus. Sofern den Parteien die Vertragslösungsrechte zustünden, seien die Interessen entsprechend § 347 BGB nach den Regeln des Eigentümer-Besitzer-Verhältnisses auszugleichen. Diesen Ansatz führen Baumann / Hauth jedoch nicht mehr aus, sondern verweisen lediglich auf eine sich "potenzieren[de] ... Vielzahl von Problemen"[400], die sich in den Einzelheiten ergäben.

---

397 JuS 1983, 273, 279 f.

398 Vgl. hierzu bereits o. II. 2. b) bb) (3) (e).

399 Baumann / Hauth JuS 1983, 273, 280 Fn 99.

400 JuS 1983, 273, 280.

bb) Diskussion der Ergebnisse

(1) Schadenersatz

Die einzelnen Ansätze berechnen den Nichterfüllungsschaden des Gläubigers aus § 325 BGB und den Gegenleistungsanspruch des Schuldners bzw. dessen Ausgleichsforderung in unterschiedlichen Weisen.

(a) Bei ungekürzter Gegenleistung: Surrogationsmethode

Ein Ausgleich der Parteiinteressen läßt sich zumindest dadurch erreichen, daß man den gesamten Nichterfüllungsschaden des Gläubigers gemäß § 254 BGB kürzt, während die Gegenleistungsforderung des Schuldners in voller Höhe fortbesteht, mit anderen Worten: indem man den Schadenersatz des Gläubigers nach der Surrogationsmethode berechnet. Mit eben diesem Verfahren sind im Rahmen der auf § 325 BGB gestützten Ansätze umfassend sachgerechte Ergebnisse nachgewiesen worden[401]. Ein solches Vorgehen nach der Surrogationstheorie wird vorliegend von den Vertretern der hier als dritte vorgestellten Ansicht sowie den Vertretern der ergänzenden Ansätze (mit Ausnahme von Heinrichs) befürwortet.

Ein ähnliches Verfahren legt Teubner auch der Differenztheorie zugrunde, indem er nicht den Saldo, sondern nur die Schadenspositionen des Gläubigers kürzt. Fällt die Differenz negativ aus, tauscht er Minuend und Subtrahend in der Rechnung und spricht dem Schuldner den nunmehr positiven Saldo zu. Abgesehen von dogmatischen Einwänden gegen die Konstruktion[402] ist hier auch das Ergebnis nicht frei von Zweifeln, denn Teubner läßt unklar, ob der Gegenleistungsanspruch des Schuldners in natura oder nur seinem Betrag nach in die Differenz eingestellt werden soll. In der ersten Alternative brächten solche Gegenleistungsansprüche, die nicht auf Zahlung einer Geldschuld gerichtet sind, Verrechnungsprobleme mit sich; in der zweiten würde der Schuldner benachteiligt[403].

---

[401] Vgl.o. II. 2. b) bb) (3) (a). Insbesondere werden die Ansprüche des Schuldners hier nicht auf bloßen Wertersatz beschränkt.

[402] Dazu u. im 1. Teil: A. II. 2. c) cc) (2) (a).

[403] S.o. II. 2. b) bb) (3) (e) (bb).

(b) Bei gekürzter Gegenleistung: Differenzmethode

Es fragt sich, ob auch die ersten beiden Auffassungen, die neben dem Ersatzanspruch des Gläubigers auch die Gegenleistung des Schuldners einer quotalen Kürzung unterwerfen, die Parteiinteressen auszugleichen vermögen. Die Vertreter dieser Auffassungen suchen den Ausgleich darin, daß sie den Ersatzanspruch des Gläubigers nach der Differenzmethode berechnen, ihn nach § 254 BGB (oder durch eine nur "teilweise" Anwendung des § 325 BGB) mindern und erst danach der ebenfalls geminderten Vertragsleistung des Gläubigers gegenüberstellen[404]. Ähnlich gehen Wiedemann und Baumann / Hauth vor, welche zwar den Gegenleistungsanspruch mit der Wahl des Differenzschadens als erloschen ansehen, dem Schuldner statt dessen aber einen (nach § 254 BGB zu mindernden) Geldausgleich analog § 324 bzw. § 347 BGB zubilligen.

Solange die Differenz zugunsten des Gläubigers ausfällt, erreicht man sachgerechte Ergebnisse; sie entsprechen in ihrer Höhe denjenigen, die Hadding durch einen Anspruch aus p.V.V. erzielt[405]. Dem Anspruchsinhalt nach ist dieses Modell Haddings Ansatz sogar überlegen, da es dem Schuldner Naturalerfüllung gewährt, anstatt ihn auf einen Ausgleich in Geld zu verweisen[406]. Dies gilt nicht für die von Wiedemann und Baumann / Hauth vorgeschlagenen Varianten, die auf Geldausgleich beschränkt sind und sich von der Haddingschen Auffassung nur in der Anspruchsgrundlage unterscheiden.

Sachgerechte Ergebnisse lassen sich allerdings nur dann erreichen, wenn ausschließlich der resultierende Differenzanspruch des Gläubigers gekürzt wird anstatt seiner einzelnen Rechnungsposten. Heinrichs und Larenz hingegen stellen den bereits gekürzten Schaden des Gläubigers als Minuenden und den gekürzten Gegenleistungsanspruch des Schuldners als Subtrahenden in die Differenz ein. In den Berechnungen der Autoren wirkt sich dieses Verfahren nur deshalb nicht aus, weil sie für ihre Beispiele eine hälftige Verteilung der Verantwortlichkeit gewählt haben, die Rechnungsposten demnach gleichermaßen um 1/2 gekürzt wurden. Für jede andere Verschuldensgewichtung ergeben sich aber Abweichungen gegenüber einer proportionalen Schadensverteilung[407].

---

[404] Wendet man hier wie Siber die Surrogationsmethode an, ist der Schuldner durch die Kürzung des Gegenleistungsanspruchs überproportional belastet.

[405] Vgl.o. II. 2. b) bb) (3) (b).

[406] Durch die Minderung des Erfüllungsanspruchs entstehen allerdings Probleme bei einer unteilbaren Gegenleistung, vgl. 1. Teil: A. II. 2. c) cc) (2) (a).

[407] Staudinger-Otto § 324 Rz 60 zeigt dies durch Beispielsrechnung. Allgemein hat die Schadensdifferenz nicht die Form $(D - L) * p(S) = D * p(S) - \underline{L * p(S)}$, sondern die Form $D * p(S) - \underline{L * p(G)}$.

Problematisch ist der Fall eines negativen Differenzschadens. Damit Verantwortlichkeit und Lastentragung einander entsprechen, muß der Betrag der Differenz dem gekürzten Gegenleistungsanspruch des Schuldners hinzugerechnet werden[408], wie Heinrichs und Wiedemann es befürworten[409]. Die unter aa) (1) und (2) zusammengefaßten Stellungnahmen sehen eine derartige Erhöhung des schuldnerischen Anspruchs hingegen nicht vor. Aber die Vorschläge von Heinrichs und Wiedemann befriedigen ebenfalls nicht, da Heinrichs die Rechnungsposten der Differenz kürzt und Wiedemann dem Schuldner nur Ausgleich in Geld gewährt.

Als Zwischenergebnis läßt sich feststellen, daß der Unmöglichkeitsschaden innerhalb des kumulativen Modells sowohl mit der Surrogationsmethode als auch mit der Differenzmethode sachgerecht verteilt werden kann. Bei dem ersten Rechenweg ist der Gegenleistungsanspruch nicht zu kürzen, bei dem zweiten dagegen schon, gleichzeitig aber um einen eventuell negativen Differenzschaden zu erhöhen. Den schuldnerischen Anspruch auf Naturalerfüllung beläßt ohne weiteres nur die Austauschtheorie. Von den Vorschlägen zur Differenztheorie vermag dies - wenn überhaupt - nur die an die Surrogationstheorie angelehnte Modifikation Teubners zu leisten. Daher führen die oben unter (1) und (2) beschriebenen Ansätze sowie der Vorschlag Heinrichs in einigen Konstellationen zu unangemessenen Ergebnissen.

(2) Rücktritt und Abstandnahme

Sofern die Vertreter des kumulativen Modells Rücktritt und Abstandnahme überhaupt diskutieren, sprechen sie sich überwiegend für einen Ausschluß dieser Rechte aus. Allein die Befürworter der erweiternden Ansätze wollen eine solche Rechtswahl des Gläubigers zumindest für bestimmte Konstellationen zulassen. Fraglich ist, ob den Autoren in diesen Fällen ein gerechter Interessenausgleich gelingt.

Sämtliche Befürworter stellen bei den Vertragslösungsrechten einen Wertausgleich zwischen Parteien sicher, entweder, indem sie dem Schuldner einen Ausgleichsanspruch gewähren (Wiedemann, Baumann / Hauth, Teubner für die Abstandnahme[410]) oder dadurch, daß den Rechten nur eine Teilwirkung beige-

---

[408] Dasselbe Problem stellt sich auch bei der Konzeption Haddings, vgl.o. II. 2. b) bb) (3) (b) a.E.

[409] Wie Wiedemann im Ergebnis auch Baumann / Hauth JuS 1983, 273, 280, welche die Wertverteilung an der Surrogationstheorie ausrichten wollen.

[410] Dies entspricht der Lösung Haddings.

messen wird. Diese Konstruktion lehnt sich an die Regelung der Teilunmöglichkeit an (so Otto, ähnlich auch Heinrichs; Teubner für den Rücktritt). Da bei dieser zweiten Konstruktion der Erfüllungsanspruch des Schuldners zu einem Teil bestehen bleibt, führt sie auch hinsichtlich der Anspruchsinhalte zu angemessenen Ergebnissen.

Probleme werden die Vorschläge von Otto und Baumann / Hauth insofern auf, als sie die Vertragslösungsrechte nicht generell, sondern nur unter bestimmten Umständen gewähren, insbesondere wenn das Verschulden des Schuldners dasjenige des Gläubigers überwiegt. Die damit verbundene starre Grenze von Rechtsgewähr und -ausschluß führt zu einer hier schon wiederholt angegriffenen Einschränkung der Systemgerechtigkeit und der Vorhersehbarkeit richterlicher Entscheidungen.

(3) Surrogat

Zum Anspruch auf Herausgabe des Surrogats liegen keine detaillierten Vorschläge vor. Wenn überhaupt erwähnt, wird der Anspruch bejaht[411], einzig Teubner deutet an, daß nach den Umständen des Einzelfalls der Wertausgleich zwischen den Parteien durch einen Ersatzanspruch des Schuldners herzustellen sei.

Wie bereits im Anschluß an Seichter[412] festgestellt wurde, ist zwischen einem wenigstens gleichwertigen und einem geringerwertigen Surrogat zu differenzieren. Im zweiten Fall würde eine Herabsetzung der Gegenleistung entsprechend § 323 Abs. 2 BGB ausschließlich den Schuldner benachteiligen. Die einseitige Belastung des Schuldners ließe sich dadurch vermeiden, daß man den Minderungsbetrag im Verhältnis der Verschuldensquoten auf die Parteien verteilte. Dies könnte analog zu den Konstruktionen im Fall von Rücktritt oder Abstandnahme entweder durch einen Ausgleichsanspruch des Schuldners (in diesem Sinn wohl Teubner) oder - sachgerechter - durch Aufstockung des Gegenleistungsanspruchs geschehen. Insofern scheint eine angemessene Lösung für das Surrogat auf der Basis des kumulativen Modells erreichbar.

---

[411] So von Fikentscher, Otto, Baumann / Hauth.

[412] Vgl.o. II. 2. b) bb) (3) (d).

cc) Kritik der Begründungen

(1) Kritik der "teilweisen" Anwendung der §§ 324 Abs. 1, 325 BGB

Das von Kaduk entwickelte und von Larenz und Heinrichs aufgegriffene Konzept einer Teilanwendung der §§ 324 Abs. 1, 325 BGB stößt auf den bereits oben erhobenen Einwand mangelnder konstruktiver Transparenz. Diese Unklarheit hemmt die Kritisierbarkeit, zugleich aber auch die Überzeugungskraft des Vorschlags.

Das Modell sei hier zunächst in dem von Seichter unterlegten Sinn interpretiert, mithin als eine Übertragung der Regeln der Teilunmöglichkeit auf die Situation beiderseits zu vertretender Unmöglichkeit. Von den - dem Lösungsansatz zufolge - kumulativ anzuwendenden §§ 324, 325 BGB wird eine Teilunmöglichkeit nur in § 325 Abs. 1 S. 2 BGB geregelt. Aber auch dessen Tatbestand verwendet nicht den das Konzept tragenden Begriff des "soweit" als Umschreibung der Teilunmöglichkeit. Eine unmittelbare Anwendbarkeit der Teilunmöglichkeitsregeln liegt fern wegen der Verschiedenheit der Sachverhalte "Teilunmöglichkeit" einerseits und "verteiltes Verschulden am Eintritt der Unmöglichkeit" andererseits[413].

Die Regeln der Teilunmöglichkeit könnten aber zumindest analog anwendbar sein. Seichter verneint dies zutreffend, im wesentlichen mit dem Argument, daß die Teilunmöglichkeitsregeln an tatsächliche Umstände anknüpften, während das Bestehen und der Umfang einer Mitverantwortung nur durch rechtliche Wertung erfaßbar seien. Tatsachenfeststellung und Wertung dürften einander aber nicht gleichgestellt werden, zumal in den §§ 324, 325 BGB keinerlei Maßstab für die Bewertung des Umfangs der Mitverantwortlichkeit enthalten sei[414].

Hinzu tritt, daß die Regeln der Teilunmöglichkeit eine andere Funktion haben als diejenigen beiderseitiger Verantwortlichkeit. Sie bestimmen die Auswirkungen einer Teilstörung auf das vertragliche Ganze, wobei sie nach Teilbarkeit, Unteilbarkeit bzw. Interessenwegfall differenzieren. Im Fall beiderseits zu vertretender Unmöglichkeit steht die vollständige Störung des Vertrags dagegen endgültig fest. Wesentlich ist die Frage, wie die Lasten der Unmöglichkeit auf die Parteien zu verteilen sind.

Insbesondere läßt sich die quotale Herabsetzung der Gegenleistung nicht mit einer Teilanwendung des § 324 BGB begründen. Die vom Gläubiger zu vertretende Teilunmöglichkeit kann nur dazu führen, daß der Anspruch auf die Ge-

---

[413] RGZ 71, 187, 189 ff; Seichter S. 20 Fn 3.

[414] Vgl. S. 22 f.

genleistung in vollem Umfang fortbesteht: Soweit die Leistung aus vom Gläubiger zu verantwortenden Umständen nicht erbracht werden kann, kann dies nicht zur Kürzung des schuldnerischen Gegenleistungsanspruchs führen. Insofern die Leistung noch möglich ist (bzw. im vorliegenden Zusammenhang: vom Schuldner zu vertreten ist), bleibt die Gegenleistung ohnehin aus dem Vertragsversprechen geschuldet[415]. Der Gegenleistungsanspruch könnte derart erst durch eine Verrechnung mit Ansprüchen des Gläubigers aus § 325 BGB gekürzt werden, wohingegen die Vertreter der Teilanwendung einen bereits geminderten Anspruch aus § 324 BGB in die Verrechnung einstellen wollen.

Wenn sich die "insoweit"-Anwendung der §§ 324 Abs. 1, 325 BGB demnach nicht als Anwendung der Teilunmöglichkeitsregeln begreifen läßt, bleibt nur die Möglichkeit, sie als eine Teilanwendung der Normen im Wortsinn aufzufassen. Eine solche läßt sich aber erst recht nicht begründen: Der Tatbestand einer Rechtsnorm ist erfüllt oder nicht. Ist der Tatbestand einer Rechtsnorm erfüllt, greift deren Rechtsfolge ein. Auch sie ist nicht teilbar[416]. Sie läßt sich allenfalls durch Anwendung einer weiteren Rechtsnorm modifizieren, im hiesigen Zusammenhang z.B. § 325 BGB durch § 254 BGB[417]. Die Konstruktion der "insoweit"-Anwendung verdeckt damit das Erfordernis eines ergänzenden Rechtssatzes, der eine konkrete Abwägung der Parteibeiträge erlaubte. Den Vertretern des Ansatzes ist damit nicht gelungen, die "insoweit"-Anwendung der §§ 324 Abs. 1, 325 BGB als Alternative zu § 254 BGB plausibel zu machen[418].

(2) Kritik der auf § 254 BGB basierenden Ansätze

Die übrigen Lösungsvorschläge gehen übereinstimmend davon aus, daß die Rechtsfolgen der §§ 324 Abs. 1, 325 BGB durch (direkte oder entsprechende) Anwendung des § 254 BGB an die Situation geteilter Verantwortlichkeit anzupassen sind. Nachdem sich ein Vorrang des § 325 BGB vor § 324 Abs. 1 BGB nicht begründen ließ[419], sind die Unmöglichkeitsnormen - falls überhaupt - nur als gleichrangige zu harmonisieren. Die Forderung, dem Gläubiger die Rechtswahl aus § 325 BGB und dem Schuldner den Erfüllungsanspruch aus § 324

---

[415] Das übersieht Seichter S. 21.

[416] So auch Honsell JuS 1979, 81, 86.

[417] RG Z 71, 187 verwendet die Formulierung der teilweisen Anwendung wiederholt als Synonym für § 254 BGB, z.B. auf S. 192.

[418] Ihre Vorschläge werden im folgenden im Sinn einer entsprechenden Anwendung des § 254 BGB berücksichtigt.

[419] S.o. II. 2. b) bb) (4) (a).

Abs. 1 BGB zu belassen, ist nicht nur sachgerecht, sondern ergibt sich auch aus diesem Postulat der Gleichrangigkeit der §§ 324 Abs. 1, 325 BGB.

Mit Blick auf diese Gleichrangigkeit stellt sich das Problem des Rechtsfolgenwiderspruchs zwischen den beiden Unmöglichkeitsnormen mit besonderer Schärfe[420]. Inwieweit den einzelnen Auffassungen eine überzeugende Harmonisierung der §§ 324 Abs. 1, 325 BGB gelingt, sei im folgenden für die verschiedenen Wahlmöglichkeiten des Gläubigers untersucht.

(a) Schadenersatz nach der Differenztheorie

Die Anwendung der Differenztheorie ist von Teubner dafür kritisiert worden, daß sie die Gegenleistung zweifach ansetze, als selbständigen Anspruch des Schuldners und zudem im Rahmen der Schadensberechnung auf Gläubigerseite[421]. Die doppelte Berücksichtigung bedeutet allerdings keine Ungereimtheit, wie Teubner behauptet, sondern folgt konsequent aus der Kumulation der §§ 324 Abs. 1, 325 BGB. Sie führt auch zu keiner Mehrfachbelastung des Schuldners; zumindest betragsgerechte Ergebnisse sind erreichbar.

Ein betragsgerechtes Ergebnis erfordert jedoch, den schuldnerischen Gegenleistungsanspruch anteilig zu mindern. Hiergegen wird eingewandt, daß die Gegenleistung - als selbständiger Anspruch (Austauschtheorie) oder als Rechnungsposten (Differenztheorie) - selbst bei der allein vom Schuldner zu vertretenden Unmöglichkeit ungemindert berücksichtigt werde, so daß dies bei verteilter Verantwortlichkeit erst recht der Fall sein müsse[422]. In diesem Argument werden die Berechnungsmethoden unzulässig verglichen, indem man den Rechnungsposten "ersparte Gegenleistung" als den fortbestehenden Schuldneranspruch behandelt. Tatsächlich wird lediglich der *Wert* der Gegenleistung als unselbständige Rechengröße in die Differenz eingestellt. Die Gegenleistung selbst steht im Rahmen des § 325 BGB zur Disposition der Gläubigers, da sie je nach Rechtswahl entweder fortbesteht oder erlischt, mit anderen Worten: auf Null reduziert wird.

---

[420] Ähnlich Jessen JA 1973, 171.

[421] S. 63 u. NJW 1975, 2295. Ihm folgen OLG Frankfurt NJW-RR 1995, 435, 437; Schreiber Jura 1995, 529, 535 f; Staudinger-Otto § 324 Rz 59.

[422] OLG Frankfurt NJW-RR 1995, 435, 437; Teubner S. 63 u. NJW 1975, 2295.

Zweifelhaft ist allerdings, wie der (anteilige) Gegenleistungsanspruch neben dem Anspruch auf Ersatz des Differenzschadens bestehen soll[423]. Die Bedenken gründen sich auf einen Funktionswechsel des § 324 Abs. 1 BGB: Während die Norm in unmittelbarer Anwendung nur deklaratorischen Charakter hat[424], erlangt sie hier regelnde Bedeutung, da der Fortbestand der Gegenleistungspflicht wegen des Erlöschensgrunds, den die Differenzmethode beinhaltet, nunmehr einer positiven Anordnung bedarf. Das Prinzip der Differenzmethode besteht jedoch gerade darin, auf einen Austausch der Vertragsleistungen zu verzichten und die wechselseitigen primären Erfüllungsansprüche statt dessen in einem einseitigen, auf Gelderstattung beschränkten Anspruch des Gläubigers zu saldieren. Mit dieser Funktion der Differenztheorie ist ein auch nur teilweises Fortbestehen des schuldnerischen Erfüllungsanspruchs nicht zu vereinbaren[425]. Hierin zeigt sich die Gegensätzlichkeit der von den §§ 324 Abs. 1, 325 BGB angeordneten Rechtsfolgen - Bestand bzw. Untergang des Gegenleistungsanspruchs - besonders deutlich.

In dieser Arbeit konnte bereits gezeigt werden, daß dann, wenn der Differenzschaden des Gläubigers negativ ist, betragsgerechte Ergebnisse nur durch einen Ausgleichsanspruch des Schuldners zu erzielen sind[426]. Von besonderem Interesse sind daher die Begründungen, mittels derer die Autoren einen solchen Ausgleichsanspruch begründen.

Einseitig an der Sachgerechtigkeit orientiert erscheinen die Vorschläge von Teubner und Heinrichs. Der erstgenannte will die Differenz zugunsten des Schuldners bilden. Hierin ist die Konzeption der Differenztheorie als eines einseitigen Anspruchs des Gläubigers nicht mehr wiederzuerkennen. Heinrichs wiederum befürwortet einen Ausgleichsanspruch für den Schuldner, ohne überhaupt eine Rechtsgrundlage für diesen Anspruch anzuführen.

Wiedemann hat mit der Analogie zu § 324 BGB eine Anspruchsgrundlage vorgeschlagen. Worauf sich diese Analogie stützen soll, erhellt er aber nicht. Der Rechtsähnlichkeit steht entgegen, daß hier ein Ersatzanspruch begründet werden soll, während § 324 Abs. 1 BGB einen vertraglichen Erfüllungsanspruch regelt. Hinzu tritt der bereits mehrfach erwähnte Rechtsfolgenkonflikt

---

[423] Wiedemann läßt den Gegenleistungsanspruch untergehen und gewährt dem Schuldner statt dessen Geldausgleich analog § 324 BGB. Damit erhält § 325 BGB jedoch im Widerspruch zum kumulativen Ansatz Vorrang vor § 324 BGB. Zudem reicht in manchen Konstellationen bloßer Wertersatz nicht aus, um einen gerechten Interessenausgleich zu schaffen.

[424] S.o. II. 2. a) aa) (2) (b).

[425] Ähnlich Baumann / Hauth JuS 1983, 273, 278.

[426] S.o. II. 2. b) (3) (b)

der §§ 324 Abs. 1, 325 BGB: Wenn schon die direkte Anwendung des § 324 Abs. 1 BGB mit der Differenztheorie kollidiert, ist die Vorschrift kaum als Ausgangspunkt für einen die Differenzmethode ergänzenden Analogieschluß geeignet[427]. Schließlich ist die im Fall eines negativen Differenzschadens notwendige Erhöhung des Anspruchs analog § 324 BGB, die damit dessen anteilige Kürzung teilweise wieder aufhebt, nicht anders als über das gewünschte Ergebnis zu begründen. Wiedemann schränkt die dogmatische Konsistenz seines Vorschlags selbst ein, wenn er ihn damit empfiehlt, daß er im Vergleich zu Haddings Konzept mit "weniger schweren Brüchen"[428] in das Leistungsstörungssystem einzufügen sei.

Baumann / Hauth gestalten die Differenztheorie nach dem Regelungsvorbild der §§ 346 ff. BGB. Analog § 351 BGB soll die Wahl der Differenzmethode ausgeschlossen sein, wenn den Gläubiger ein überwiegendes Verschulden trifft. § 351 BGB regelt bereits für den Rücktritt eine von der vorliegenden abweichende Interessenlage[429]. Es ist erst recht nicht plausibel, wie der Ausschluß des Rücktritts auf die Differenztheorie zu übertragen wäre. Die Begründung von Baumann / Hauth, die Differenzmethode vereinige Schadenersatz und Rücktritt, beschreibt die Verhältnisse nur in erster Annäherung.

Zwar erlischt die Leistungspflicht des Gläubigers bei der Differenzmethode ebenso wie bei seinem Rücktritt. Über die Differenzmethode sind jedoch nur solche Nachteile auszugleichen, die gerade durch den Eintritt der Unmöglichkeit hervorgerufen wurden. Anders als ein Rücktritt kompensiert der Schadenersatz keine Einbußen, die bereits durch einen ungünstigen Vertragsschluß entstanden sind. Die im Fall beiderseitigen Vertretenmüssens auf die Parteien zu verteilenden Lasten sind für Schadenersatz und Rücktritt unterschiedlich bestimmt[430]; hieran manifestiert sich der grundlegende Unterschied beider Wahlrechte. § 351 BGB ist demnach nicht per Analogie auf den Differenzschadenersatz zu übertragen.

Sofern Baumann / Hauth die Differenzmethode zulassen, wollen sie die Interesse der Parteien über § 347 BGB ausgleichen. Hinsichtlich dieser Norm gelten die gleichen Einwände wie gegenüber § 351 BGB. Der Verweis in das Recht des Eigentümer-Besitzer-Verhältnisses wirft zudem mehr Fragen auf, als

---

[427] Baumann / Hauth JuS 1983, 273, 279 weisen ebenfalls darauf hin, daß der Ausgleichsanspruch analog § 324 BGB "konstruktive Fragezeichen" aufwerfe, eine "überzeugende dogmatische Fundierung" bisher ausstehe.

[428] In: Soergel Vor § 323 Rz 158.

[429] S.o. II. 2. b) bb) (3) (e) (aa).

[430] Vgl. hierzu o. II. 2. b) bb) (3) (a) und (c).

er löst. Baumann / Hauth räumen dies selbst ein. In dieser Form bietet ihr Modell keine überzeugende Alternative[431].

Demnach ist keiner der Vorschläge zur Differenztheorie frei von Einwänden. Bedenken richten sich insbesondere gegen diejenigen Ansätze, die dem Ziel sachgerechter Ergebnisse zumindest nahekommen.

(b) Schadenersatz nach der Surrogationsmethode

Die Surrogationsmethode fügt sich stimmig in das kumulative Modell ein. Zwar greift von den Unmöglichkeitsnormen nur § 325 BGB unmittelbar regelnd ein, jedoch entspricht die deklaratorische Rolle des § 324 Abs. 1 BGB seiner gesetzlichen Funktion. Allein aus § 325 BGB ist der Fortbestand der Gegenleistung nicht zu erklären[432]. Insofern hat Siber[433] das Verhältnis der §§ 324 Abs. 1, 325 BGB für die Surrogationsmethode korrekt als Kumulation interpretiert.

Wenn Baumann / Hauth aus der Kumulation folgern, daß die Gegenleistung an sich zweifach erbracht werden müßte, einmal über § 324 BGB und das andere Mal im Rahmen des Austauschverhältnisses über § 325 BGB[434], verkennen sie den vorerwähnten Umstand, daß die Wahl des Surrogationsschadenersatzes keinerlei Regelung zur Gegenleistung des Gläubigers trifft. Der Fortbestand der Verpflichtung ist nicht Inhalt, sondern gleichsam Voraussetzung der Surrogationsmethode.

Einen Einwand gegen diejenigen Ansätze, welche zur Schadenersatzberechnung nur die Surrogationsmethode zulassen, bringt Wiedemann vor: Die Beschränkung auf diesen seltenen und unpraktischen Weg der Schadenersatzabwicklung vermöge nicht zu überzeugen[435]. Wenn der Beitrag des Gläubigers auch auf anderen Wege berücksichtigt werden könne, sei es nicht erforderlich, ihn zum Leistungsaustausch zu verpflichten. Andere halten eine Beschränkung auf die Surrogationstheorie für hinnehmbar; eine solche Beschränkung ergebe sich auch in anderen Konstellationen[436]. Jedoch sind diese Ausnahmen von der

[431] Ablehnend auch Soergel-Wiedemann Vor § 323 Rz 154.

[432] S.o. II. 2. b) bb) (4) (a).

[433] In: Planck § 324 Erl 1d. Ebenso Soergel-Wiedemann Vor § 323 Rz 157.

[434] Vgl. JuS 1983, 273, 278. Ebenso wohl Teubner S. 69.

[435] Vgl. Soergel Vor § 323 Rz 158.

[436] Baumann / Hauth JuS 1983, 273, 279.

Differenztheorie umstritten[437] und zudem sachlich begründet (Wahl des Gläubigers; vollzogener Leistungsaustausch), während der Ausschluß vorliegend auf Berechnungsprobleme gestützt wird[438].

Eine Beschränkung des Gläubigers auf die Surrogationsmethode ist mithin bedenklich. Der Methode selbst stehen aber keine Einwände entgegen.

(c) Rücktritt und Abstandnahme

Für die Vertragslösungsrechte ergeben sich ähnliche Schwierigkeiten aus dem Rechtsfolgenkonflikt der §§ 324 Abs. 1, 325 BGB, wie sie sich schon bei der Differenzmethode gezeigt haben. Die Gegensätzlichkeit der Normen spitzt sich insofern zu, als Rücktritt und Abstandnahme gerade darauf zielen, den Gläubiger von seiner ursprünglichen Leistungspflicht zu befreien[439], deren Fortbestand § 324 Abs. 1 BGB feststellt. Die §§ 324 Abs. 1, 325 BGB stehen so unvermittelt nebeneinander.

Einige Autoren suchen den Rechtsfolgenkonflikt zu vermeiden, indem sie den Schuldner anstelle der Gegenleistung auf einen Ausgleichsanspruch verweisen. Die Vorschläge, diesen Anspruch in Analogie zu § 324 Abs. 1 BGB bzw. § 347 BGB zu begründen, wurden bereits als nicht überzeugend zurückgewiesen[440]. Es fehlt jeweils die für eine Analogie erforderliche Rechtsähnlichkeit von geregeltem und zu regelnden Sachverhalt.

Abstandnahme und Rücktritt generell von der Rechtswahl des Gläubigers auszunehmen, bietet ebenfalls keine Lösung für das Rechtsfolgendilemma der §§ 324 Abs. 1, 325 BGB. Derart erhält § 324 Abs. 1 BGB nur einen nicht zu begründenden Vorrang vor den Rechtsfolgen des § 325 BGB. Ebensowenig weiter hilft der von Otto und Baumann / Hauth eingebrachte Vorschlag, die Vertragslösungsrechte je nach Überwiegen der Verantwortlichkeit auf seiten des Schuldners oder des Gläubigers zuzulassen oder zu versagen. So wird § 254 BGB entgegen seiner rein quantitativ-regelnden Bedeutung[441] eine qualitative Aufgabe zugewiesen.

---

[437] S.o. II. 2. b) bb) (4) (b).

[438] Beispielhaft hierfür die Ausführungen von Staudinger-Otto § 324 Rz 59.

[439] Honsell JuS 1979, 81, 85.

[440] S.o. II. 2. c) cc) (2) (a).

[441] Vgl.o. II. 2. b) bb) (4) (b).

Eine Harmonisierung suchen Teubner, Heinrichs und Otto in einer Teilwirkung der Vertragslösungsrechte, namentlich durch die Konstruktion eines Teilrücktritts zu erreichen. Diese Konstruktion lehnen Teubner und Otto ausdrücklich an die Wirkungen einer Teilunmöglichkeit an[442]. Gegen sie stellt sich Wiedemann[443] mit dem Einwand, daß ein am Maß des Verschuldens ausgerichteter Teilrücktritt den §§ 325, 326 BGB fremd sei. In der Tat leidet die Überzeugungskraft einer Problemlösung, wenn sie ein Einzelproblem nur durch eine grundlegende Erweiterung des rechtlichen Instrumentariums zu erfassen vermag.

Auch vorliegend ist bereits gegen eine Übertragung der Teilunmöglichkeitsregeln argumentiert worden[444], da sie Fragen der tatsächlichen Teilbarkeit eines Schuldinhalts mit solchen der wertenden Verteilung von Verantwortlichkeit vermengen würde. Die Regeln der Teilunmöglichkeit erweisen sich insbesondere darin als unbrauchbar, daß sie keine Kriterien enthalten, die eine Quantifizierung und Abwägung der Parteibeiträge erlaubten. Die genannten Autoren gehen anscheinend davon aus, daß die Parteibeiträge ohne Anwendung einer weiteren Rechtsnorm, gleichsam im Vorfeld der Teilunmöglichkeitsregeln abzuwägen seien. Die Abwägung bedeutet jedoch eine regelnde, für das Ergebnis ausschlaggebende Operation, die der Legitimation einer Rechtsnorm bedarf. Eine solche können Teubner und die übrigen Autoren nicht angeben; faktisch wenden sie § 254 BGB an, dessen Charakter als anspruchsausfüllende Norm des Schadenersatzes ihnen im Fall der Gestaltungsrechte Rücktritt und Abstandnahme einen offenen Rückgriff versagt. Die Konzeption eines Teilrücktritts bzw. einer Teilabstandnahme ist jedenfalls abzulehnen.

Baumann / Hauth konstruieren für bestimmte Konstellationen ein Rücktrittsrecht[445] des Schuldners aus einer p.V.V. des Gläubigers. Abweichend von Hadding wenden sie die p.V.V. nicht anstelle, sondern neben dem Anspruch aus § 324 Abs. 1 BGB an. Der Rückgriff auf die subsidiäre p.V.V. ist im Rahmen der beiderseits zu vertretenden Unmöglichkeit aber nicht zulässig[446]. Zwar wird ein Eingreifen der p.V.V. neben einer Unmöglichkeitshaftung überwiegend für möglich gehalten[447], dies jedoch ausdrücklich auf solche Nachteile beschränkt,

---

[442] Zu Heinrichs unklarer Konstruktion der Teilwirkung bereits o. II. 2. c) cc) (1).

[443] In: Soergel Vor § 323 Rz 157.

[444] S.o. II. 2. c) cc) (1).

[445] Und auch einen Anspruch auf Ersatz eines Nichterfüllungsschadens.

[446] S.o. II. 2. b) bb) (4) (c). Wie hier Soergel-Wiedemann Vor § 323 Rz 155. Baumann / Hauth sehen ihre Auffassung dagegen im Einklang mit der h.M. zum Verhältnis der Leistungsstörungen (vgl. JuS 1983, 273, 279 mit den Fn 94, 97).

[447] Vgl. RGRK-Ballhaus § 324 Rz 15; Staudinger-Otto § 324 Rz 54.

die über die Unmöglichkeit der Leistung hinausgehen[448]. Derartige Begleitschäden stehen hier aber nicht in Rede. Die Konzeption von Baumann / Hauth verläßt mithin nicht nur den von den §§ 324 Abs. 1, 325 BGB gesteckten Regelungsrahmen[449], sondern verstößt auch gegen die Systematik der Leistungsstörungen.

Zur Rechtslage nach der Wahl von Rücktritt oder Abstandnahme liegt folglich kein dogmatisch überzeugendes Konzept vor.

(d) Herausgabe des Surrogats

Die Konzepte zum Anspruch auf Herausgabe des Surrogats sind kaum ausgeführt; entsprechend erlauben sie keine eingehende Analyse. Teubner deutet einen Ausgleichsanspruch des Schuldners analog §§ 324, 254 BGB für den Fall an, daß das Surrogat weniger wert ist als die ursprünglich geschuldete Leistung. Ein solcher Ausgleich ist erforderlich wegen der den Gläubiger einseitig begünstigenden Minderung der Gegenleistung nach §§ 325 Abs. 1 S. 3, 323 Abs. 2 BGB. Auf dem von Teubner beschrittenen Weg gelingt der Ausgleich aber nicht systemkonform[450].

dd) Ergebnis der Kritik der kumulativen Ansätze

Aus dem Kreis der Ansätze zum beiderseitigen Vertretenmüssen erweist sich die Kumulation der §§ 324 Abs. 1, 325 BGB als die vergleichsweise tragfähigste Lösung. Mit der Surrogationstheorie gelangt sie dogmatisch einwandfrei zu angemessenen Ergebnissen. Die übrigen Gläubigerwahlrechte stellen das Modell allerdings vor Probleme. Für Rücktritt und Abstandnahme lassen sich sachgerechte Ergebnisse erzielen, jedoch fehlt den Konstruktionen eine überzeugende Begründung. Gleiches gilt für den Differenzschadenersatz und das Herausgabeverlangen eines minderwertigen Surrogats; für die Differenzmethode sind ohnehin nur betragsgerechte Ergebnisse zu erreichen. Demnach ist auch eine

---

[448] So Otto a.a.O. (dessen Stellungnahme Baumann / Hauth gleichwohl für ihr Modell in Anspruch nehmen); ebenso Ballhaus a.a.O.

[449] S.o. II. 2. b) bb) (3) (e) (aa).

[450] Es ergeben sich ähnliche Begründungsprobleme, wie sie im Rahmen der Differenztheorie bei der Aufstockung der Gegenleistung im Fall eines negativen Differenzschadens entstehen. S. dazu o. bei Fn 427.

Kumulation der §§ 324 Abs. 1, 325 BGB nicht in der Lage, die Problematik der beiderseits zu vertretenden Unmöglichkeit umfassend sachgerecht zu lösen.

d) Zusammenfassung und Fazit zum Streitstand

In Rechtsprechung und Literatur wurden bislang drei verschiedene Modelle entwickelt und erörtert, um die Problematik verteilter Verantwortlichkeit am Unmöglichkeitseintritt zu lösen. Einige Stimmen schlagen eine alternative Anwendung der Unmöglichkeitsnormen vor, wonach die maßgebliche Vorschrift jeweils anhand der Umstände des Einzelfalls bestimmt werden soll. Andere suchen sämtliche Konstellationen im Ausgang von ein und derselben Unmöglichkeitsnorm zu erfassen. Vertreten wird schließlich auch eine Kumulation der §§ 324 Abs. 1, 325 BGB. Von diesen Modellen finden gegenwärtig die ausschließliche Anwendung des § 325 BGB und insbesondere die Kumulation breitere Unterstützung.

In der Gesamtschau gilt für sämtliche diskutierten Positionen, daß die kritischen Einwände die jeweils zu ihrer Begründung vorgebrachten Argumente überwiegen. Überzeugende Konstruktionen führen zumindest nicht in jeder Fallgestaltung zu interessengerechten Ergebnissen, oder aber angemessene Rechtsfolgen können nicht schlüssig begründet werden. Freilich wiegen die praktischen und dogmatischen Unzulänglichkeiten bei den verschiedenen Ansätzen unterschiedlich schwer.

Das fundamentale Begründungsdilemma läßt sich durch die Gegenüberstellung der in praktischer Hinsicht befriedigenderen Ansätze verdeutlichen, desjenigen einer entsprechenden Anwendung des § 325 BGB und desjenigen einer kumulativen Anwendung der §§ 324 Abs. 1, 325 BGB: Der erste Vorschlag müßte den systematischen Vorrang des § 325 BGB zur Problemlösung begründen, vermag dies aber nicht; der zweite Vorschlag einer Kumulation überzeugt nicht wegen des (Teil)-Widerspruchs zwischen beiden Rechtsfolgen. Dieser ließe sich nur durch das Hintanstellen einer der Normen bewältigen, was jedoch der angenommenen Gleichrangigkeit zuwiderliefe.

Eine umfassende Lösung der Problematik auf der Grundlage der §§ 323 ff. BGB ist demnach nicht in Sicht.

3. Eigener Lösungsvorschlag

Nach der Analyse der bisherigen Lösungsvorschläge soll im folgenden ein neuer Ansatz zur Diskussion gestellt werden, der darauf zielt, sowohl die Erfordernisse praktischer Angemessenheit als auch diejenigen einer systemgerechten Begründung zu erfüllen.

a) Ausgangspunkt und Grundannahme

Den Ausgangspunkt dieses Ansatzes bildet die Feststellung, daß die Problematik der beiderseits zu vertretenden Unmöglichkeit im BGB keine Berücksichtigung gefunden hat, sondern nur durch Fortbildung des Rechts zu lösen ist. Dies ergab sich bereits aus der Auseinandersetzung mit den Auffassungen Honsells und Schultzes in Übereinstimmung mit der herrschenden Meinung[451]. So hat die beiderseits zu vertretende Unmöglichkeit Anlaß zu etlichen, teilweise recht komplizierten Modellen der Rechtsfortbildung gegeben. Diese Modelle setzten sämtlich auf der Ebene der Unmöglichkeitsnormen an, und haben - wie dargestellt - keine Lösung aufzeigen können, die den praktischen und dogmatischen Anforderungen gleichermaßen gerecht wurden. Sie mußten Ausnahmen speziell auf den Fall beiderseitiger Verantwortlichkeit zuschneiden und waren mehrheitlich nur unter Widersprüchen in das Leistungsstörungsrecht einzufügen.

Der vorliegende Vorschlag will dieses Mißverhältnis von konstruktivem Aufwand und praktischem Nutzen überwinden. Anders als in den diskutierten Ansätzen soll die Rechtsfortbildung nicht von einer entsprechenden Anwendung schuldrechtlicher Normen ausgehen. Eine angemessene Regelung ist vielmehr aus dem einzelnen, durch die Unmöglichkeit gestörten Schuldverhältnis selbst zu entwickeln. Den Weg hierfür eröffnet die ergänzende Auslegung des zwischen den Parteien geschlossenen Vertrags.

Im Rückgriff auf die ergänzenden Vertragsauslegung spiegelt sich die These, daß die §§ 323 ff. BGB allein das Problem beiderseitiger Verantwortlichkeit nicht lösen können; die Normen des Unmöglichkeitsrechts sollen als Regelungsrahmen, aber nicht als Grundlage der Rechtsfortbildung fungieren. Dieser Gedanke ist nicht neu. Esser deutet in der 2. Auflage seines "Lehrbuchs des Schuldrechts" in einem Schaubild eine Lösung über die §§ "242 BGB in Anlehnung an 324, 325 BGB" an. An anderer Stelle in demselben Werk allerdings verweist er auf die Bedeutung des § 254 BGB und die Rechtsprechung des RG[452] - ab der Folgeauflage nennt er dann nur noch § 254 BGB als Entschei-

---

[451] S.o. II. 2. a) aa) (2) (a), (b).

[452] Vgl. § 77, 1, S. 331 einerseits und § 81, 2, S. 353 andererseits.

dungsmaßstab[453]. Schränkt Esser den Rückgriff auf § 242 BGB demnach wieder ein, sieht Dubischar im Grundsatz von Treu und Glauben das Fundament der von ihm befürworteten Kumulationstheorie: Letztlich seien die Prinzipien der §§ 242, 254 BGB anzuwenden, um an den Erfordernissen des Einzelfalls orientierte Entscheidungen zu ermöglichen[454]. Übereinstimmend verwirft E. Schmidt (in der Nachfolge von Esser) schematische Lösungen zugunsten einzelfallbezogener Abwägungen[455].

An diesen Stellungnahmen ist sicher richtig, daß die Interessen der Vertragsparteien mit Blick auf die Besonderheiten des Einzelfalls ausgeglichen werden müssen. Dies um so mehr, als die beiderseits zu vertretende Unmöglichkeit sehr unterschiedliche Sachverhaltsgestaltungen vereint. Man wird jedoch nicht bei einer derart unverbindlichen Regelung stehenbleiben dürfen. Anderenfalls müßte der Richter in einem Rechtsstreit nicht nur die Parteibeiträge würdigen und gewichten, sondern zudem die grundsätzlichen Maßstäbe seines Urteils fallbezogen festlegen. Dies birgt die Gefahr uneinheitlicher und unberechenbarer Entscheidungen. Angesichts dieser Einbußen an Systemgerechtigkeit und Rechtssicherheit wäre Fikentscher[456] beizupflichten, der die aus § 242 BGB abzuleitenden Rechtsfolgen für eine brauchbare Lösung als zu ungenau einschätzt.

Diesem Einwand muß sich auch der vorliegende Ansatz stellen. Denn ihrem Wortlaut nach stimmen die Maßstäbe ergänzender Vertragsauslegung (§ 157 BGB)[457] mit denen des § 242 BGB überein ("Treu und Glauben mit Rücksicht auf die Verkehrssitte"). Dem Bedenken Fikentschers ist aber dadurch zu begegnen, daß aus den oben (unter II. 1. a)) gewonnenen Sachgerechtigkeitskriterien präzise Lösungsvorgaben entwickelt werden[458], die eine ebenso detaillierte Regelung der beiderseits zu vertretenden Unmöglichkeit erlauben wie die Modelle zur Fortbildung der §§ 323 ff. BGB.

Soll ein konkreter Vertrag um eine Regelung der beiderseits zu vertretenden Unmöglichkeit ergänzt werden, setzt das voraus, daß die Parteien diese Vertragsstörung tatsächlich nicht bedacht und geregelt haben, sich im Vertrag also keine ausdrückliche oder sonst durch erläuternde Auslegung[459] zu identifizierende Anordnung findet. Angesichts der relativen Seltenheit der beiderseits zu

---

453 S. hierzu o. II. 2. a) bb) (1).

454 In: AltKomm §§ 325-327 Rz 11.

455 Vgl. Esser / E. Schmidt § 28 III 1c.

456 SR Rz 351.

457 Zur gesetzlichen Grundlage sogleich unter b) aa).

458 S.u. 1. Teil: A. II. 2. c).

459 Statt von "erläuternder Auslegung" wird vielfach auch von "einfacher" oder "eigentlicher Auslegung" gesprochen, vgl. Staudinger-Roth § 157 Rz 3.

vertretenden Unmöglichkeit und der beschränkten Regelungsdichte typischer Vertragsschlüsse scheint diese Annahme plausibel; sie wird in der Praxis auf nahezu sämtliche Vertragsverhältnisse zutreffen.

Sollten die Parteien im Einzelfall die Folgen einer beiderseits zu vertretenden Unmöglichkeit geregelt haben, birgt der Eintritt der Störung keine besonderen juristischen Probleme: Es gilt dann die von den Parteien vereinbarte Regelung. Eine solche privatautonome Regelung ginge aber nicht nur der Vertragsergänzung, sondern auch einer auf die §§ 323 ff. BGB gestützten Normierung vor. Denn die §§ 323 ff. BGB sind allgemeiner Auffassung zufolge dispositiven Charakters. Sie sollen Abschluß und Gestaltung eines Vertrags erleichtern, indem sie den Regelungsbedarf mindern, wollen den Vertrag aber nicht inhaltlich festlegen[460].

Die Beobachtung des Vorrangs privatautonomer Gestaltung macht zugleich deutlich, daß die Problematik der beiderseits zu vertretenden Unmöglichkeit primär in der Lückenhaftigkeit der einzelnen Schuldverhältnisse begründet ist. Die Normen des allgemeinen Schuldrechts sind erst in zweiter Linie anzuwenden; ihre Funktion liegt in der Vervollständigung konkreter Rechtsgeschäfte. Hinsichtlich der beiderseitigen Verantwortlichkeit können die Schuldrechtsnormen diese Funktion nicht erfüllen, da sie insoweit selbst unvollständig sind. Wird somit eine Lückenfüllung erforderlich, liegt es nahe, auf der Ebene der primären Unvollständigkeit anzusetzen, den konkreten Vertrag also unmittelbar und nicht auf dem Umweg einer "Ergänzung der Ergänzungsnormen" zu vervollständigen.

b) Herleitung der Rechtsfolgen mittels ergänzender Vertragsauslegung

Um konkrete Regeln für die beiderseits zu vertretende Unmöglichkeit aufstellen zu können, muß sich die ergänzende Vertragsauslegung als zur Herleitung generell-abstrakter Normen und folglich zur Rechtsfortbildung geeignet erweisen (dazu unter dd)). Die Vertragsergänzung tritt dabei in Konkurrenz zu einer Fortbildung der dispositiven Schuldrechtsnormen. Daher ist zu klären, inwieweit für eine ergänzende Auslegung überhaupt Raum besteht (unter cc)). Zunächst sind jedoch Begriff und Maßstäbe der Vertragsergänzung zu klären (unter aa) und bb)).

---

[460] Vgl. Medicus AT Rz 340; Flume AT § 16, 4a, S. 321.

aa) Begriff der ergänzenden Auslegung

Um das Institut der ergänzenden Vertragsauslegung wurden und werden etliche Auseinandersetzungen geführt. Dabei ringt man nicht allein um die richtige Handhabung dieses Instruments[461], auch seine grundsätzliche Berechtigung ist bestritten[462]. Die vorliegende Arbeit kann den Fragen nicht sämtlich nachgehen - wo sich eine gefestigte herrschende Meinung durchgesetzt hat, wird diese im folgenden zugrunde gelegt. Diskutiert werden aber diejenigen Streitpunkte, die den Kern des vorliegenden Konzepts betreffen[463].

Mit der ganz überwiegenden Auffassung sei der Begriff der ergänzenden Vertragsauslegung hier so verstanden: Vertragsergänzung bezeichnet eine Auslegungsoperation, die ihre gesetzliche Grundlage in der Bestimmung des § 157 BGB findet[464]. Sie hat zunächst eine Lücke in der vertraglichen Regelung festzustellen[465]. Parallel zum Sprachgebrauch bei der Gesetzeslücke soll unter Vertragslücke eine planwidrige Unvollständigkeit verstanden werden[466]. Eine solche planwidrige Unvollständigkeit liegt vor, wenn eine regelungsbedürftige Situation von dem objektiven Regelungsinhalt eines Rechtsgeschäfts nicht mehr erfaßt wird[467].

Zum Teil setzt man für eine Vertragslücke auch das Nichteingreifen des dispositiven Rechts voraus[468]. Mayer-Maly[469] weist jedoch zutreffend darauf hin,

---

[461] Eine Übersicht der wichtigsten Streitfragen gibt AltKomm-Hart §§ 133/157 Rz 55.

[462] MünchKomm-Mayer-Maly § 157 Rz 24. Ein Nachweis der z.T. älteren Stellungnahmen findet sich bei Lüderitz S. 392 ff.

[463] Insbesondere das Verhältnis der Vertragsergänzung zur Lückenfüllung aus dispositivem Recht; vgl. dazu unten 1. Teil: A. II. 3. b) cc) (2), (3).

[464] BGHZ 9, 273, 277 f; 12, 337, 342; Staudinger-Roth § 157 Rz 4; RGRK-Piper § 157 Rz 97; Erman-Hefermehl § 157 Rz 16; Soergel-Wolf § 157 Rz 103; Palandt-Heinrichs § 157 Rz 2; Jauernig § 157 Rz 3; Larenz AT § 29 I, S. 539; Sandrock S. 103 f. A.A. AltKomm-Hart §§ 133/157 Rz 57, 59; Fikentscher SR Rz 127; Hübner Rz 1031; Henckel AcP 159, 106, 121 m.w.N. S. 110 Fn 19.

[465] H.M., vgl. BGHZ 16, 71, 76; Soergel-Wolf § 157 Rz 123; RGRK-Piper § 157 Rz 99; Medicus AT Rz 340; Schlosshauer-Selbach JZ 1982, 861, 863; Hübner Rz 1030. Dagegen sehen Lüderitz S. 410; Sonnenberger S. 165; AltKomm-Hart §§ 133/157 Rz 65 in der Lückenfeststellung ein Scheinproblem.

[466] Larenz NJW 1963, 737, 738; Schlosshauer-Selbach JZ 1982, 861, 863.

[467] MünchKomm-Mayer-Maly § 157 Rz 29; Henckel AcP 159, 106, 115. Ähnlich BGH NJW 1994, 1008, 1011; Larenz AT § 29 I, S. 538; Jauernig § 157 Rz 2; Staudinger-Roth § 157 Rz 15. Enger und nur für einen Teil der Fälle tauglich die Formulierung in BGHZ 12, 337, 343.

[468] Vgl. BGH LM § 133 (A) Nr. 5 Bl. 1 S. 1; Z 40, 91, 103; Soergel-Wolf § 157 Rz 124; Erman-Hefermehl § 157 Rz 20.

daß die Lückenfeststellung derart mit der Problematik des Verhältnisses von ergänzender Auslegung und Gesetzesrecht belastet würde. Aus Gründen der "Denkökonomie" sollte daher das Vorliegen einer Vertragslücke allein anhand der rechtsgeschäftlichen Vereinbarung entschieden werden.

Eine Lücke in diesem Sinn ist vorliegend gegeben: Es wurde oben vorausgesetzt, daß die Parteien keine durch schlichte Auslegung identifizierbare Regelung der beiderseits zu vertretenden Unmöglichkeit getroffen haben.

Mit einer Lücke ist aber nur die grundsätzliche Anwendbarkeit der ergänzenden Vertragsauslegung festgestellt. Der eigentliche Inhalt der Vertragsergänzung richtet sich auf die Ausfüllung der planwidrigen Unvollständigkeit. Die Lücke soll durch das folgerichtige Weiterdenken der vertraglichen Regelung geschlossen werden, das heißt die Regelung ist aus ihren eigenen Voraussetzungen und ihrem Sinnzusammenhang zu ergänzen[470]. Diese grundsätzliche Inhaltsbestimmung dürfte auf allseitige Zustimmung treffen. Um praktisch handhabbar zu sein, bedarf die ergänzende Vertragsauslegung jedoch präziser Maßstäbe.

bb) Maßstäbe der ergänzenden Vertragsauslegung

(1) Die einzelnen Kriterien

Die Maßstäbe für die ergänzende Vertragsauslegung sind mit Blick zunächst auf § 157 BGB zu ermitteln: Die Vorschrift nennt als einen Maßstab die Verkehrssitte, womit die Üblichkeit einer Vertragsgestaltung für die Lückenfüllung bedeutsam wird[471]. Ein zweites Kriterium bildet "Treu und Glauben"; es zielt auf die Verwirklichung allgemeiner Maßstäbe von Billigkeit[472] bzw. sozialer Gerechtigkeit[473] bei der Vertragsergänzung. Damit sind zwei normative, objektivierende Maßstäbe bezeichnet.

Im Fall der beiderseits zu vertretenden Unmöglichkeit erlangt die Verkehrssitte allerdings keine Bedeutung, da sich in dieser Frage keine allgemeine

---

[469] In: MünchKomm § 157 Rz 34. Ähnlich Staudinger-Roth § 157 Rz 22.

[470] Larenz AT § 29 I, S. 538. Ähnlich MünchKomm-Mayer-Maly § 157 Rz 39; Soergel-Wolf § 157 Rz 103 f. Ausführlich hierzu sogleich unter bb).

[471] Staudinger-Roth § 157 Rz 31; Erman-Hefermehl § 157 Rz 5; Larenz AT § 29 I, S. 539.

[472] So die "Übersetzung" von Staudinger-Roth § 157 Rz 31; Medicus AT Rz 343.

[473] Vgl. Staudinger-J. Schmidt § 242 Rz 153.

tatsächliche Übung herausgebildet hat. Entsprechend bedeutsam wird der Maßstab der Billigkeit, der schon in der Erörterung der bisherigen Ansätze ein wichtiges Moment der Kritik war.

Da stets konkrete Rechtsgeschäfte ergänzend auszulegen sind, sind neben den in § 157 BGB genannten objektiven Kriterien auch die Umstände des Einzelfalls heranzuziehen. Das heißt, daß der Vertrag auch nach einem individuellen Maßstab zu ergänzen ist. Als derartige individuelle Kriterien in Betracht kommen nicht nur die von den Parteien bei Vertragsschluß geäußerten Vorstellungen[474], sondern vor allem auch der erklärte Inhalt des zu ergänzenden Vertrags[475].

Häufig wird formuliert, daß Vertragslücken aus dem sog. "hypothetischen Parteiwillen" heraus zu füllen seien. Die Bezeichnung läßt eine psychologische Willenserforschung vermuten und erweckt so den Eindruck eines rein individuellen Maßstabs. Seiner Definition nach richtet sich der hypothetische Parteiwille jedoch auf diejenige Regelung, welche von den Parteien bei sachgerechter Abwägung ihrer beiderseitigen Interessen nach Treu und Glauben redlicherweise vereinbart worden wäre, wenn sie den nicht geregelten Fall bedacht hätten[476]. Die Abhängigkeit des hypothetischen Parteiwillens von Treu und Glauben macht deutlich, daß es sich hierbei keineswegs um ein rein individuelles, sondern um ein wenigstens teilweise objektives Kriterium handelt[477].

(2) Kombination der Kriterien in Rechtsprechung und Literatur

Zur Ergänzung eines konkreten Vertrags stehen mithin mehrere Gesichtspunkte zur Verfügung. Da zwischen den objektiv-normativen Kriterien einer-

---

[474] Erman-Hefermehl § 157 Rz 22; ähnlich Larenz AT § 29 I, S. 540. Zudem beschränkt der tatsächliche Parteiwille die Vertragsergänzung, vgl.u. Fn 479.

[475] Palandt-Heinrichs § 157 Rz 7; Soergel-Wolf § 157 Rz 129. BGH NJW 1990, 1723, 1725 nennt den Vertrag "Stütze und Richtlinie" der Auslegung, vgl. auch die Formulierung des "Weiterdenkens" des Vertrags von Larenz o. bei Fn 470. Dem widerspricht nicht, daß Larenz AT § 29 I, S. 539 von der "Auslegung der durch den Vertrag geschaffenen *objektiven Regelung*" (Hervorhebung dort) spricht. Dies soll die Vertragsauslegung von einer Auslegung der einzelnen Parteierklärungen abgrenzen.

[476] BGHZ 90, 69, 75 ff; NJW 1994, 1008, 1011; Palandt-Heinrichs § 157 Rz 7; Erman-Hefermehl § 157 Rz 22 f; Brox JZ 1966, 761, 766.

[477] Vgl. BGHZ 90, 69, 76; Erman-Hefermehl § 157 Rz 22; RGRK-Piper § 157 Rz 97; Staudinger-Roth § 157 Rz 31; Jauernig § 157 Rz 4; Flume AT § 16, 4a, S. 322; Kötz S. 236.

seits und den individuellen andererseits kein klares Rangverhältnis existiert[478], besteht Raum für unterschiedliche Auslegungskonzepte. Dabei stehen sich die Auffassungen nicht derart gegenüber, daß einseitig generalisierende mit ausschließlich am Einzelvertrag ausgerichteten Lösungen konkurrierten. Vielmehr ist die grundsätzliche Berechtigung beider Perspektiven weithin anerkannt, und auch die objektiven Konzepte akzeptieren eine individuelle Wertung zumindest als Grenze der normativen Ergänzung[479].

Gleichwohl sind Tendenzen zu einer subjektiv gefärbten oder umgekehrt zu einer objektivierenden Betrachtung auszumachen. Die Rechtsprechung des BGH ist uneinheitlich[480]: Während einige seiner Entscheidungen allein auf die objektiven Maßstäbe idealisierter Vertragspartner abstellen[481], rücken andere Urteile die Vorstellungen und Ziele der konkreten Vertragsparteien in den Vordergrund[482].

Auch in der Literatur besteht keine Einigkeit. Die Mehrzahl der Autoren befürwortet eine Auslegung, die subjektive wie objektiv-normative Elemente gleichermaßen berücksichtigt. Einige formulieren diesen dualen Maßstab ausdrücklich[483], bei anderen ergibt er sich aus dem Nebeneinander der genannten subjektiven und objektiven Kriterien[484]. Jedoch gibt es auch in der Literatur Stimmen, welche die objektive Komponente einer Vertragsergänzung betonen[485]. Flume beispielsweise faßt das zu ergänzende Rechtsgeschäft als Typus auf[486]: Die Ergänzung nicht für "diesen", sondern für "einen solchen" Vertrag sei zu identifizieren.

---

478 Staudinger-Roth § 157 Rz 32; Medicus AT Rz 344.

479 Nach allg.M. darf die Vertragsergänzung nicht gegen den erklärten Willen einer Seite verstoßen: BGHZ 90, 69, 77; MünchKomm-Mayer-Maly § 157 Rz 41 ("Bindung negativer Art" an den tatsächlichen Parteiwillen); RGRK-Piper § 157 Rz 103; Schlosshauer-Selbach JZ 1982, 861, 863; Flume AT § 16, 4d, S. 326 f.

480 Fikentscher SR Rz 127 m.N. der Rechtsprechung. Er sieht eine Tendenz zu einer objektiven Vertragsergänzung.

481 Vgl. BGHZ 7, 231, 235; 19, 110, 112 f; 74, 193, 199; 96, 313, 320 f.

482 Vgl. BGHZ 9, 273, 278; Z 23, 282, 285; BGH WM 1993, 2008, 2009.

483 So Palandt-Heinrichs § 157 Rz 7; MünchKomm-Mayer-Maly § 157 Rz 40; Staudinger-Roth § 157 Rz 32; Canaris S. 53; Sandrock S. 93 ff.

484 Vgl. Erman-Hefermehl § 157 Rz 21; Soergel-Wolf § 157 Rz 129 ff; Jauernig § 157 Rz 4; Larenz AT § 29 I, S. 539 f; Medicus AT Rz 344; Brox JZ 1966, 761, 766; Hübner Rz 1032; Canaris S. 53.

485 Vgl. RGRK-Piper § 157 Rz 97; Schlosshauer-Selbach JZ 1982, 861, 863.

486 FS S. 197 f. u. AT § 16, 4b, S. 324. Ähnlich auch Henckel AcP 159, 106, 121 ff, der eine Ergänzung allein aus objektivem Recht vornimmt. Canaris hingegen wird dieser Position zu Unrecht zugeordnet (z.B. von Staudinger-Roth § 157 Rz 32; Erman-Hefermehl § 157 Rz 22), vgl. seine Klarstellung S. 54 Fn 159.

(3) Maßstab für die vorliegende Vertragsergänzung

(a) Notwendige Beschränkung auf objektive Merkmale

Die Auffassung, die neben objektiven auch individuelle Gesichtspunkte zur Vertragsergänzung heranzieht, hat beachtliche Argumente für sich. Sie wird der Tatsache besser gerecht, daß die Auslegung stets an einem einzelnen Vertrag ansetzt und diesen konkret und unabhängig von seiner Typizität zu ergänzen hat.

Möglicherweise ist es für die vorliegende Fragestellung aber nicht erforderlich, den Streit zu entscheiden. Hier ist zu unterstellen, daß die Parteien keine Regelung für die von ihnen verantwortete Unmöglichkeit vorgesehen haben. Aus dieser Annahme ließ sich bereits folgern, daß eine bloß erläuternde Auslegung der Vertragserklärungen die Unmöglichkeitsproblematik nicht klären kann[487]. Darüber hinaus soll hier angenommen werden, daß sich auch jenseits der Grenzen einfacher Auslegung keine Anhaltspunkte aus dem Parteiverhalten ergeben, welche eine besondere Interessenlage hinsichtlich der von beiden Seiten zu vertretenden Unmöglichkeit anzeigten. Eine allgemeine Bearbeitung des beiderseitigen Vertretenmüssens kann auf eine solche Prämisse nicht verzichten.

Die Annahme eines Fehlens vertragsspezifischer Anhaltspunkte liegt auch nahe. Der Gesetzgeber hat die Unmöglichkeitsregeln in das allgemeine Schuldrecht eingeordnet, weil er davon ausging, daß sie unabhängig von unterschiedlichen Leistungsinhalten und -modalitäten für sämtliche Schuldverträge passen[488]. In der Tat läßt sich die Unmöglichkeitshaftung zum "Unterbau" eines Vertrags rechnen; sie trifft weitaus seltener auf abweichende Parteiinteressen als Fragen der Verjährung, der Gewährleistung oder möglicher Nebenleistungspflichten. Als Beleg mag dienen, daß in der Praxis auch Verträge mit einer höheren Regelungsdichte die Rechtsfolgen der Unmöglichkeit nur selten modifizieren. Daher werden unmöglichkeitsrelevante Sonderwertungen auch für das Detailproblem verteilter Verantwortlichkeit auf Ausnahmefälle beschränkt bleiben[489].

---

[487] S.o. II. 3. a).

[488] Besonderheiten einzelner Vertragstypen werden allerdings durch die besonderen Preisgefahrregeln zu § 323 BGB berücksichtigt.

[489] Wo diese Prämisse nicht zutrifft, sind die Überlegungen zur Vertragsergänzung zu modifizieren, zumindest aus der Perspektive der überwiegenden Auffassung, die solchen individuellen Abweichungen Raum bietet. - Die individuelle Wertung würde ebenso einer auf die Normen des Schuldrechts gestützten Lösung vorgehen, vgl. dazu das Verhältnis von Vertragsergänzung und dispositivem Recht sogleich unter cc).

(b) Ergänzung ohne vertragsspezifischen Anhalt?

Kann aber ein Vertrag, obwohl jeder vertragsspezifische Anhalt fehlt, durch Auslegung um eine Regelung der beiderseitigen Verantwortlichkeit ergänzt werden[490]? Eine solche Ergänzung verneinen Beuthien[491] und - ihm folgend - Köhler[492]. Ihrer Ansicht nach muß ein Vertrag eine "ergänzungsbedürftige und ergänzungsfähige Störungsregelung" enthalten, damit eine Vertragsergänzung in Betracht kommt. Die Parteien müßten "gewisse Vertragsstörungen bedenken und gegen sie vertraglich Vorsorge treffen". Ansonsten sei allein das Gesetzesrecht (und im Fall seiner Lückenhaftigkeit die Fortbildung des Gesetzes) zur Ergänzung berufen.

Diese Deutung der ergänzenden Vertragsauslegung ist zu eng. Wenn die Autoren einen Regelungsansatz fordern, dann wohl aus Sorge vor einer zu großen Unbestimmtheit der Vertragsergänzung. Einer solchen Ausdeutung ins Vage ist aber dadurch vorgebeugt, daß eine Vertragsergänzung anerkanntermaßen nicht möglich ist, wenn verschiedene Auslegungsmöglichkeiten nebeneinander in Betracht kommen[493]. Gefordert ist also ohnehin Eindeutigkeit. Diese Grenze der Vertragsergänzung ist für den Rechtsanwender auch handhabbar: Sie verläuft dort, wo er von der zwingenden Folgerichtigkeit eines Auslegungsergebnisses überzeugt ist und diese Überzeugung auch zu begründen vermag. Ab welcher Regelungsdichte die Parteien gegen "gewisse Vertragsstörungen" vertraglich Vorsorge getroffen haben, ist dagegen nur ungenau zu bestimmen. Und selbst bei vorhandenem Regelungsansatz könnten im Einzelfall verschiedene Ergänzungen gleichermaßen plausibel sein. Daß ein Vertrag keine Regelung der Unmöglichkeit vorsieht, verlegt somit nicht die Möglichkeit einer ergänzenden Auslegung.

---

[490] Zu dieser Frage gehört, ob die Vertragsergänzung eine *individuelle, atypische* Wertung voraussetzt. Die breite Anerkennung der ergänzenden Vertragsauslegung auch für Massen- und Formularverträge (vgl. BGH JZ 1985, 428, 429; Brox JZ 1966, 761, 766; MünchKomm-Mayer-Maly § 157 Rz 24) zeigt, daß dies nicht der Fall ist.

[491] S. 53.

[492] Unmöglichkeit S. 157. Ähnlich, jedoch zurückhaltender Soergel-Wolf § 157 Rz 129.

[493] Vgl. nur Staudinger-Roth § 157 Rz 43.

(c) "Treu und Glauben" als alleiniges Kriterium der Ergänzung

Wenn die Rechtsfolgen verteilter Verantwortlichkeit vorliegend nicht durch subjektive Gesichtspunkte zu bestimmen sind, können allein die normativen Merkmale der Billigkeit und Üblichkeit zur Vertragsergänzung dienen. Damit stellt der jeweilige ("dieser") Vertrag "einen solchen" dar, so daß die unterschiedlichen Auffassungen zu den Maßstäben ergänzender Auslegung zusammenfallen. Da keine tatsächliche Übung hinsichtlich der von beiden Vertragspartnern zu vertretenden Unmöglichkeit feststellbar ist[494], hilft das Kriterium der Verkehrssitte nicht weiter. So bleibt die Billigkeit - Treu und Glauben - der einzige Maßstab einer Vertragsergänzung.

In der Diskussion um die Bedeutung des § 242 BGB wird die Auffassung vertreten, daß der Begriff von "Treu und Glauben" keine gehaltvolle und damit subsumtionsfähige Regelung enthalte[495]. Infolge der Ähnlichkeit von § 242 BGB und § 157 BGB droht folglich der Einwand, ein aus Treu und Glauben hergeleitetes Auslegungsergebnis beruhe auf einer Scheinbegründung, die den eigentlichen Rechtsgrund der richterlichen Vertragsgestaltung verdecke. In der Tat verneinen J. Schmidt[496], Flume[497] und Sandrock[498] auch für § 157 BGB das Vorhandensein einer konkreten Regelung. Sie erachten den § 157 BGB als redundant. Sein Fehlen würde die Zulässigkeit ergänzender Auslegung demnach nicht berühren.

Zwischen § 242 BGB und der auf § 157 BGB gestützten ergänzenden Vertragsauslegung bestehen allerdings wesentliche Unterschiede. Zum einen unterscheiden sich die Institute auf der Voraussetzungsseite. Mag der Tatbestand des § 242 BGB auch keinerlei bestimmbare Einschränkung enthalten, findet die Vertragsergänzung in dem Erfordernis einer Vertragslücke eine sinnvolle Anwendungsbegrenzung: Erst dann, wenn eine solche planwidrige Unvollständigkeit festgestellt ist, werden Treu und Glauben als Maßstab einer Vertragsergänzung relevant. Und zumindest für die Fälle der beiderseits zu vertretenden Unmöglichkeit dürfte sich mit hinreichender Sicherheit feststellen lassen, ob ein Vertrag hierzu eine Regelung enthält oder nicht.

---

[494] S.o. II. 3. b) bb) (1).

[495] Vgl. Staudinger-J. Schmidt § 242 Rz 153; MünchKomm-Roth § 242 Rz 9; Sandrock S. 108.

[496] In: Staudinger § 242 Rz 265.

[497] FS S. 195.

[498] S. 104-108.

Mit derselben Beschränkung auf die vorliegende Problematik ist auch die Unbestimmtheit der von "Treu und Glauben" umfaßten Rechtsfolgen reduzierbar. Angesichts der "Informationsarmut"[499] des Ausdrucks kann die Begründung einer bestimmten Vertragsergänzung auf dieser Ebene nicht stehenbleiben; es bedarf der Konkretisierung, was als billig bzw. sozial gerecht gelten soll. Diese Konkretisierung leisten vorliegend die in §§ 324 Abs. 1, 325 BGB verkörperten Wertungen des Gesetzgebers: Aus dem Umstand, daß die beiderseits zu vertretende Unmöglichkeit einen Mittelfall zwischen beiden Regelungen darstellt, lassen sich konkrete Anforderungen an eine gerechte Lösung ableiten, wie dies oben geschehen ist[500] und hier zu präzisieren sein wird. Ein solches Verfahren der Konkretisierung schwebt auch Mayer-Maly vor[501]: "Rechtsnormen sind überhaupt der beste Zugang zur Erkenntnis dessen, was Treu und Glauben entspricht. Dabei kommt es gerade nicht auf die unmittelbare Anwendbarkeit der in diesem Sinn aufschlußreichen Rechtsnormen an. Entscheidend sind die durch die Rechtsnormen artikulierten Rechtsgedanken, die in ihnen anerkannten Wertungen."

Durch diesen Konkretisierungsmaßstab ist eine Brücke zu den Autoren geschlagen, die dem Ausdruck "Treu und Glauben" keinerlei Bedeutung für die Begründungsarbeit zumessen. Denn J. Schmidt verlangt für den Fall, daß der Wille der Parteien nicht empirisch festgestellt, sondern normativ gestaltet wird, eine Begründung des Auslegungsergebnisses wie für jede nicht kodifizierte Rechtsnorm[502]. Nachzuweisen sei, daß die angenommene Regelung den "geschichtlich und situativ zutreffenden Maßstäben der sozialen Gerechtigkeit"[503] entspreche. Wesentlich für die Bestimmung dieser Kriterien sozialer Gerechtigkeit seien die Maßstäbe des Teilrechtssystems (hier: das Zivilrecht) und des "Subsystems"[504] (hier: das Schuldrecht, genauer das Recht der Unmöglichkeit).

Demnach stimmen beide Auffassungen darin überein, daß zur Ermittlung des hypothetischen Parteiwillens maßgeblich auf die Wertungen des Gesetzes zurückzugreifen sei. Damit können hier die aus §§ 324 Abs. 1, 325 BGB gefolgerten Maßstäbe einer Vertragsergänzung zugrunde gelegt werden. Diese Lösung findet Akzeptanz unabhängig von der jeweiligen Antwort auf die Frage, ob der Inhalt einer normativen Ergänzung unter Bindung an den Tatbestand des

---

[499] Begriff bei Staudinger-J. Schmidt § 242 Rz 178.

[500] S.o. II. 1.

[501] In: MünchKomm § 157 Rz 11. Einschränkend Lüderitz S. 372 f.

[502] In Staudinger § 242 Rz 208 f.

[503] Staudinger-J. Schmidt § 242 Rz 211.

[504] Staudinger-J. Schmidt § 242 Rz 213. Ähnlich von einem allerdings unterschiedlichen Ansatz aus AltKomm-Hart § 133/157 Rz 66, 70.

§ 157 BGB oder aber durch eine von der Norm gelöste, freie[505] Rechtsschöpfung zu begründen ist.

Einziger Maßstab einer Vertragsvervollständigung hinsichtlich der beiderseits zu vertretenden Unmöglichkeit ist folglich die Billigkeit (Sachgerechtigkeit) der ergänzenden Regelung. Was als eine billige Regelung zu gelten hat, ergibt sich wiederum aus dem gesetzlichen Rahmen der vom Schuldner bzw. vom Gläubiger zu vertretenden Unmöglichkeit.

cc) Raum für ergänzende Auslegung

Um zur Lösung der beiderseits zu vertretenden Unmöglichkeit beitragen zu können, muß die ergänzende Vertragsauslegung im Rahmen des vorliegenden Regelungsproblems überhaupt anwendbar sein.

Die Last einer dogmatisch konsistenten Begründung wird durch den hiesigen Vorschlag verschoben: Die bisherigen Stellungnahmen mußten vor allem die Vereinbarkeit der von ihnen befürworteten Regelung mit den kodifizierten Normen der Unmöglichkeit darlegen. Innerhalb des hier vorzustellenden Ansatzes sind die konkreten Rechtsfolgen beiderseits zu vertretender Unmöglichkeit allein aus ihrer Angemessenheit (also aus "Treu und Glauben" oder den Maßstäben sozialer Gerechtigkeit) zu entwickeln. Die Normen des Leistungsstörungsrecht sind dabei nur durch die in ihnen verkörperten Wertungen, gleichsam als Rahmen, nicht aber unmittelbar in ihrer dogmatischen "Feinstruktur" von Bedeutung. Demnach ist um so genauer zu begründen, daß eine Vertragsergänzung vorliegend statthaft ist.

Im einzelnen muß sich die ergänzende Auslegung im Hinblick auf einen möglichen Vorrang des Unmöglichkeitsrechts (sogleich (1)) und dessen Fortbildung (unten (2)) als zulässig erweisen. Sie konkurriert überdies mit einer auf § 242 BGB gestützten Rechtsschöpfung (dazu (3)).

---

[505] "Frei" nicht im Sinn von willkürlich, sondern unter Aufgabe des Postulats einer sachlichen Bindung an das Kodifikat, vgl. hierzu Staudinger-J. Schmidt § 242 Rz 201, 209 ff.

(1) Vorrang vorhandenen dispositiven Rechts

Bei der Untersuchung des Verhältnisses der Vertragsergänzung zu den dispositiven Normen des Schuldrechts ist zu berücksichtigen, daß die Unmöglichkeitsnormen keine Regelung für eine beiderseitige Verantwortlichkeit bereithalten[506]. Die Erörterung des Anwendungsvorrangs zwischen Vertragsergänzung und dispositivem Recht dient hier vornehmlich dazu, die Grundlagen für das Rangverhältnis von ergänzender Auslegung und Schuldrechtsfortbildung zu klären.

Um das Verhältnis von ergänzender Vertragsauslegung und Anwendung dispositiven Rechts ist lange gestritten worden. In der Literatur besteht heute jedoch Einigkeit darüber, daß diese Frage nicht schematisch zugunsten einer der beiden Alternativen zu beantworten sei[507]. Als Ausgangspunkt wird überwiegend ein Vorrang des Dispositivrechts angenommen[508], da es andernfalls durch Einzelwertungen überspielt würde und so seine Funktion verlöre, die Masse typischer Fälle gleichmäßig zu regeln. Nach Lage des Einzelfalls könne sich das Dispositivrecht allerdings als unpassend erweisen (z.B. bei atypischen Verträgen)[509]. Dann sei der Vertrag nach Maßgabe des hypothetischen Parteiwillens zu ergänzen. Neben diesem Kriterium der sog. "Typizität des Geschäfts" wird teilweise nach dem Gerechtigkeitsgehalt der anzuwendenden Dispositivnormen differenziert[510].

Andere Stimmen in der Literatur gelangen zu sachlich übereinstimmenden Ergebnissen, legen ihrem Ansatz jedoch kein Regel-Ausnahme-Verhältnis von Dispositivrecht und Vertragsergänzung, sondern die methodische Gleichordnung beider Institute zugrunde[511].

---

506 Vgl.o. II. 2. a) aa) (2) (a), (b).

507 Überholt GroßKomm-Fischer § 105 Rz 59 und Staudinger-Coing (11. Aufl.) § 133 Rz 37, die der Vertragsergänzung grundsätzlichen Vorrang einräumen.

508 RGRK-Piper § 157 Rz 101 f; Erman-Hefermehl § 157 Rz 20; Staudinger-Roth § 157 Rz 23; Palandt-Heinrichs § 157 Rz 4; Hübner Rz 1030 f; Flume AT § 16, 4b, S. 325; Larenz NJW 1963, 737, 740 u. AT § 29 II, S. 547 f; Medicus AT Rz 340 ff; Lüderitz S. 454; Brox JZ 1966, 761, 766.

509 Eine ausführliche Darstellung der diskutierten Fallgruppen bei Staudinger-Roth § 157 Rz 23 ff.

510 Vgl. Medicus AT Rz 340 ff; Soergel-Wolf § 157 Rz 112; Staudinger-Roth § 157 Rz 24.

511 Vgl. Jauernig § 157 Rz 3; Soergel-Wolf § 157 Rz 110 ff; MünchKomm-Mayer-Maly § 157 Rz 26; Bunte NJW 1984, 1145, 1147 f; Sandrock S. 20 ff, insbes. S. 47 f; auch AltKomm-Hart § 133/157 Rz 67.

Die Rechtsprechung teilt diese differenzierende Auffassung[512]. Wenn einzelne Entscheidungen von einem ausnahmslosen Vorrang des dispositiven Rechts auszugehen scheinen[513], reichen deren Formulierungen zu weit. Auch der BGH setzt stets voraus, daß die Vorschriften des Dispositivrechts "passen". Beispielsweise erachtet der BGH einige Regelungen des Innenverhältnisses von Personenhandelsgesellschaften als unzeitgemäß; diesen Regeln läßt er eine ergänzende Auslegung vorgehen[514].

Dieser Konzeption ist in ihrem Ergebnis zuzustimmen. In ihrer methodischen Beschreibung bedarf sie allerdings einer Präzisierung: Wer, wie diese Meinung, im wesentlichen nach der Typizität eines Rechtsgeschäfts differenziert, nimmt in Wirklichkeit keine Gleichordnung von ergänzender Auslegung und der Anwendung dispositiven Rechts, erst recht keinen Vorrang der Dispositivnormen an. Die Konzeption beruht im Gegenteil auf dem methodischen Vorrang der ergänzenden Vertragsauslegung[515]. Denn wie sollte die situative Eignung der gesetzlichen Regelung festgestellt werden, wenn nicht durch Vergleich mit dem hypothetischen Willen der Parteien[516]? Besonders deutlich wird dies in der Formulierung Pipers: Eine Anwendung des dispositiven Rechts sei ausgeschlossen, wenn die Regelung "in dem für die Lückenschließung maßgeblichen Punkt mit dem Willen der Parteien nicht"[517] übereinstimme.

In der (gedanklichen) Prüfungsfolge liegt die Vertragsergänzung mithin vor einer Anwendung dispositiver Normen. Dieser erste Prüfungsschritt wird häufig nicht bewußt, sondern nur durch stillschweigende Feststellung der Typizität des Geschäfts ausgeführt. Dispositives Recht wird aber stets erst dann angewandt, wenn sein Inhalt nicht mit dem einer angenommenen Vertragsergänzung kollidiert, sondern den hypothetischen Parteiwillen gleichsam konkretisiert[518]. In ei-

---

[512] BGHZ 74, 370, 373 f; DB 1990, 1558, 1559. Der von RGZ 131, 343, 351 angenommene grundsätzliche Vorrang der Auslegung hat sich nicht durchgesetzt; vgl. aber Fn 514.

[513] Vgl. BGH LM § 133 (A) Nr. 5 Bl. 1; Z 40, 91, 103; 90, 69, 75.

[514] Vgl. BGH NJW 1979, 1705, 1706; Z 107, 351, 355.

[515] Es handelt sich lediglich um einen methodischen Vorrang; inhaltlich stehen typische Rechtsgeschäfte unter dem Regime des Dispositivrechts. Der Standpunkt der o. Fn 507 genannten Autoren geht darüber hinaus.

[516] Ein realer, geäußerter Parteiwille fehlt wegen der unterstellten Lückenhaftigkeit des Vertrags. Der h.M. reicht aber ein abweichender mutmaßlicher Wille zum Ausschluß der gesetzlichen Regelung aus, vgl. nur BGH DB 1990, 1558, 1559; MünchKomm-Mayer-Maly § 157 Rz 26; Staudinger-Roth § 157 Rz 25.

[517] In: RGRK § 157 Rz 102. Deutlich auch BGH NJW 1979, 1705, 1706.

[518] Eine Konkretisierung ist nicht nur dort anzunehmen, wo sich eine dem Dispositivrecht entsprechende Regelung bereits durch Auslegung ergibt, sondern auch dann, wenn die Ergänzung zu keinem eindeutigen Ergebnis führt.

ner echten Konkurrenzsituation muß es zurücktreten. Ergänzende Auslegung und Dispositivrecht stehen sich damit in einem Verhältnis von Vorrang und Konkretisierung gegenüber.

In dem vorliegenden Fall, der das Fehlen einer besonderen Interessenlage hinsichtlich des Unmöglichkeitseintritts unterstellt, ist der Rückgriff auf die §§ 323 ff. BGB statthaft. Es ist davon auszugehen, daß die §§ 323 ff. BGB die in ihnen erfaßten Sachverhalte im Sinn der Vertragsparteien regeln, wie dies auch täglich und selbstverständlich in der Rechtspraxis angenommen wird. Für den Sonderfall einer beiderseits zu vertretenden Unmöglichkeit jedoch helfen diese Normen - unmittelbar - nicht weiter.

(2) Vorrang einer Fortbildung des Unmöglichkeitsrechts

Die Lückenhaftigkeit der Unmöglichkeitsnormen hebt das Konkurrenzproblem nicht auf, sondern stellt es auf anderer Ebene neu: Fraglich ist nunmehr, ob die beiderseits zu vertretende Unmöglichkeit statt durch Auslegung nicht vorrangig durch eine Fortbildung des Unmöglichkeitsrechts zu regeln ist. Angesichts der dargelegten "doppelten" Unvollständigkeit von Vertrag und Gesetz ist also zu klären, auf welcher der Ebenen die Lückenschließung anzusetzen hat[519].

Diese Fragestellung hat bislang nur geringe Aufmerksamkeit erfahren[520]. Sie ist freilich im vorstehenden Sinn (methodischer Vorrang der ergänzenden Vertragsauslegung, Anwendung der dispositiven Normen in typischen Fallgestaltungen) beantwortet, wenn eine Gesetzeslücke bereits in der Vergangenheit durch Fortbildung des Rechts gefüllt worden ist; die lückenschließende Norm bildet dann selbst einen Teil des dispositiven Rechts[521].

(a) Ergebnislosigkeit einer Fortbildung des Unmöglichkeitsrechts

Im vorliegenden Fall ist eine solche Lückenfüllung nicht gelungen. Dabei läge angesichts der soeben gewonnenen Ergebnisse eine Problemlösung auf der

---

[519] Die Frage stellt sich nicht aus der Sicht von AltKomm-Hart § 133/157 Rz 57, 67, der von einer "strukturellen Identität der Probleme der Vertragsrechtsfortbildung und der allgemeinen richterlichen Rechtsfortbildung" ausgeht. Die Darstellung im Text folgt der ganz h.M. (vgl.o. II. 3. b) aa)).

[520] Sandrock S. 48 f, mit Hinweis auf die Diskussion in der Schweiz in Fn 105.

[521] Kötz S. 231; Staudinger-Roth § 157 Rz 23; wohl auch Hübner Rz 1030.

Ebene des dispositiven Rechts nahe[522]. Denn da die Parteien - unterstelltermaßen - keine individuellen Interessen oder Wertungen für den Fall der beiderseits zu vertretenden Unmöglichkeit erkennen lassen, erscheint die zu regelnde Konstellation als allgemeiner, typischer Fall[523].

Die oben unter II. 2. angestellten Untersuchungen führen allerdings vor eine besondere Schwierigkeit: Die wissenschaftliche Diskussion hat nicht nur keine ergänzende Norm, sondern nach hiesiger Auffassung nicht einmal einen überzeugenden Ansatz zur Fortbildung des Unmöglichkeitsrechts ergeben[524]. Dieses unbefriedigende Ergebnis geht nicht auf eine mangelnde Auseinandersetzung mit der Problematik zurück. Die Schwierigkeit liegt vielmehr in einer prinzipiellen Unvereinbarkeit der Rechtsfolgen des § 324 Abs. 1 und des § 325 BGB begründet[525]. Mit dieser Erkenntnis verbunden ist die Prognose, daß auch künftige Bemühungen um eine Lösung der beiderseits zu vertretenden Unmöglichkeit, die bei den §§ 323 ff. BGB ansetzen, keinen Erfolg versprechen.

Daß praktisch dennoch auf methodisch unbefriedigenden Wegen oder mit unangemessenen Ergebnissen entschieden wird, mag sich daraus erklären, daß sich die Gerichte - zu ihrer Unterstützung auch die Literatur - dem Dilemma gegenübersehen, im einzelnen Fall eine Entscheidung treffen zu müssen, sofern sie nicht Rechtsverweigerung üben wollen. Hinter diesem Dilemma verbirgt sich die Annahme, daß dann, wenn das gesetzlich geregelte Unmöglichkeitsrecht nicht sinnvoll fortzubilden sei, kein anderes Instrument zur Problemlösung zur Verfügung stehe. Diese Annahme läßt die Möglichkeit einer Vertragsergänzung außer acht.

(b) Ergänzende Vertragsauslegung als subsidiäres Instrument

Die (relative) Typizität der beiderseits zu vertretenden Unmöglichkeit weist das Problem - wie erörtert - grundsätzlich dem dispositiven Recht zu. Damit stellt sich die Frage, ob eine Vertragsergänzung vorliegend statthaft ist. Zu begründen wäre mit anderen Worten ein Wechsel der Fortbildungsebene: von der (sekundären) Gesetzeslücke hin zur (primären) Vertragslücke.

---

[522] So sind sie dort bislang auch ausschließlich gesucht worden!

[523] Das gute Dutzend allein höchstrichterlicher Entscheidungen zur Problemstellung dürfte die Behauptung einer typischen Fallgestaltung tragen. Der Begriff der Typizität zeigt hier allerdings seine Unschärfe.

[524] Dieses Urteil teilen - trotz eigener Lösungsbeiträge - OLG Frankfurt NJW-RR 1995, 435, 436; MünchKomm-Emmerich § 324 Rz 35.

[525] Vgl. insbes. die Zusammenfassung o. II. 2. d).

(aa) Die überwiegende Position in Rechtsprechung und Literatur

Verbreitet wird die Auffassung vertreten, daß die ergänzende Auslegung eines Vertrags dort möglich sein soll, wo das dispositive Recht (als mitgemeint ist zu ergänzen: und seine denkbare Fortbildung) keine passende Regelung bereithält[526]. Dabei beschränkt man den Anwendungsbereich der Auslegung nicht länger auf atypische und individuell gefärbte Sachlagen. Dies sei stellvertretend an der Kommentierung Roths nachgewiesen, der "die Domäne der ergänzenden Vertragsauslegung" im Bereich der "Moderne[n] Vertragstypen"[527], also außerhalb der kodifizierten Rechtsgeschäfte sieht und hierfür als Beispiel den Leasingvertrag wählt. Schon der Begriff Vertrags*typ* stellt klar, daß die Ergänzung auch und gerade regelmäßige, durchschnittliche Rechtsgeschäfte erfassen soll. Über die Grenze der "Typizität" hinweg wird ihr eine Auffangfunktion zugesprochen.

Wolf[528] und Larenz[529] behandeln die Möglichkeit einer lückenhaften gesetzlichen Regelung sogar ausdrücklich. Indem sie für typische Sachverhalte regelmäßig eine Fortbildung auf der Ebene des Dispositivrechts vorsehen[530], scheinen sie von der vorerwähnten Position abzuweichen. Aber auch Wolf und Larenz beschränken die Vertragsergänzung nicht auf den Bereich der "Atypizität": Auf gewöhnliche, wiederkehrende Sachverhalte soll sie dann angewandt werden, wenn "eine gesetzliche Regelung zu einzelnen Punkten fehlt"[531]. Damit erfassen sie die hiesige Problemlage und weisen sie im Sinn des vorliegenden Ansatzes der ergänzenden Vertragsauslegung zu. Gleiches gilt für Mayer-Maly. Zwar bleibt er innerhalb der Kategorien der Typizität, solange eine Gesetzeslücke durch ihre "allfällige Fortbildung"[532] zu schließen ist[533]. Wie Wolf und

---

[526] Palandt-Heinrichs § 157 Rz 6; Erman-Hefermehl § 157 Rz 20; RGRK-Piper § 157 Rz 101; Hübner Rz 1031. Ähnlich Staudinger-Dilcher (12. Aufl.) §§ 133, 157 Rz 39.

[527] In: Staudinger § 157 Rz 27.

[528] In: Soergel § 157 Rz 113.

[529] NJW 1963, 737, 741.

[530] Wolf spricht ungenau von Lückenfüllung durch "Gesetzesauslegung".

[531] Soergel-Wolf § 157 Rz 113. Daß er gerade typische Sachverhalte meint, verdeutlicht sein mietrechtliches Beispiel der Abwälzung von Schönheitsreparaturen. Ähnlich Larenz AT § 29 II, S. 547; auch er illustriert seine Auffassung mit einem typischen Beispiel (S. 548), nämlich mit dem Praxistausch zweier Ärzte, den er zum Tausch unkörperlicher Vermögenswerte verallgemeinert.

[532] MünchKomm-Mayer-Maly § 157 Rz 24 f.

[533] Der etwas unscharfe Ausdruck der Allfälligkeit fordert wohl eine breitere Anerkennung der Fortbildung, wenn er sich nicht sogar nur auf die Ergebnisse vergangener Rechtsfortbildung beschränkt (dazu schon o. bei Fn 520).

Larenz sieht aber auch Mayer-Maly die Möglichkeit, daß aus dem dispositiven Gesetzesrecht keine sachlich passende Regelung zu entwickeln ist. Hier sei man auf ergänzende Vertragsauslegung angewiesen[534].

Nicht anders verfährt schließlich der BGH, der auch typische Vertragsgestaltungen wiederholt ergänzend ausgelegt hat. Aus dem reichen Beispielsmaterial sei hier nur auf das Personengesellschaftsrecht hingewiesen, wo der BGH veraltete Regelungen nicht fortbildet, sondern sie statt dessen vertragsergänzend überspielt[535].

Mit dieser Position ist der vorliegende Vorschlag, nach Ausschöpfung der Möglichkeiten einer Fortbildung des Unmöglichkeitsrechts auf die ergänzende Vertragsauslegung zurückzugreifen, also vereinbar.

(bb) Die Position von Sandrock

Die Position Sandrocks steht dem hiesigen Vorgehen entgegen[536]. Sandrock orientiert sich strikt am Maßstab der Typizität, um das Schließen einer Regelungslücke entweder der Rechtsfortbildung oder der Vertragsergänzung zuzuweisen. Er beschränkt die Auslegung also auf außergewöhnliche und individuell geprägte Fallgestaltungen[537]; hier sei die Ergänzung aus dem Besonderen zu schöpfen - die sog. kasuistische Methode. Das dispositive Recht hingegen müsse mit Blick auf künftige, ähnlich liegende Fälle nach der gesetzgeberischen Methode entwickelt werden[538]. Den Gegensatz zwischen beiden Verfahren sucht Sandrock durch den Vergleich von Grundkonstellationen zu veranschaulichen[539], in denen er "typische" und "atypische" Sachverhalte zusammenfaßt. Auf das Problem, daß sich ein Normenkomplex in einer bestimmten Rechtsfrage als nicht fortbildungsfähig erweisen könnte, geht er nicht ein.

---

[534] MünchKomm-Mayer-Maly § 157 Rz 38; etwas unklar insofern, als er in Fn 77 zur Frage des Verhältnisses von Vertrags- und Gesetzeslücken auf Canaris S. 53 f. verweist, der dort zwar die Verwandtschaft beider Ergänzungsprobleme hervorhebt, ein Rangverhältnis aber nicht angibt. Jedoch wird deutlich, daß auch Canaris eine Vertragsergänzung nicht auf atypische Fälle sieht.

[535] Vgl. BGH NJW 1979, 1705, 1706; Z 107, 351, 355; S. auch o. bei Fn 514.

[536] Ähnlich Lüderitz S. 454; ausführlich zu seiner Position sogleich unter (3). Auch Beuthien S. 53 und Köhler Unmöglichkeit S. 157 verneinen eine Vertragsergänzung innerhalb des "Terrains" des dispositiven Rechts. Ihr Konzept der Vertragsergänzung wurde hier jedoch bereits zurückgewiesen, vgl.o. II. 3. b) bb) (2).

[537] Vgl. S. 64 ff.

[538] S. 58 ff, 86 f.

[539] Vgl. S. 54 ff.

Sandrocks kategoriale Trennung von Rechtsfortbildung und Vertragsergänzung hängt in ihrer Überzeugungskraft maßgeblich davon ab, ob sich in der Fallwirklichkeit tatsächlich eine strikte Unterscheidung typischer und atypischer Konstellationen treffen läßt. Wo aber sollte eine solche Trennlinie verlaufen? Wie häufig muß ein Sachverhalt in der (Gerichts-) Wirklichkeit in Erscheinung treten, um seinen Charakter der Außerordentlichkeit abzulegen? Vor allem: Nach welchen Grundsätzen soll der *erste* Fall entschieden werden? Sandrock will hier offenbar die Prognose anstellen, ob ähnlich gestaltete Sachverhalte zukünftig zu erwarten sind oder nicht.

Eine solche Prognose wird sich häufig nicht empirisch fundieren und daher nur willkürlich treffen lassen. Ob nach dem Praxistausch zweier Ärzte ein Rückkehr- und Konkurrenzverbot besteht, weist Sandrock dem Bereich der "immer wiederkehrenden, allgemeinen Rechtsfragen"[540] zu, während er die Frage, ob bei dem Verkauf eines Gasthauses auch Abonnementszahlungen für eine Lesemappe vom Käufer zu übernehmen sind, als ein atypisches, individuelles Problem ansieht. Diese Zuordnung ist nicht zwingend, nicht einmal überzeugend. Und es ist auch nicht plausibel, einen lückenhaften Vertrag nach unterschiedlichen Methoden zu vervollständigen, je nach dem, ob das Rechtsgeschäft als Formularvertrag oder als Individualvertrag geschlossen wurde[541].

Über die Begriffsunschärfe der Typizität hinaus ist zweifelhaft, ob sich die Methoden von Rechtsfortbildung und Vertragsergänzung tatsächlich so diametral gegenüber stehen, wie Sandrock es darstellt. Typisches typisch, Atypisches atypisch behandeln zu wollen, drückt eine Trivialität aus. Die Wertung Sandrocks liegt in seiner ausschließlichen Zuordnung dieser Kategorien: Er gründet den Antagonismus von Rechtsfortbildung und Vertragsergänzung darauf, daß er Inhalt und Funktion der ergänzenden Auslegung einzig auf das Atypische, Individuelle und Besondere reduziert.

Zwar sind hiermit die Fallgestaltungen umschrieben, in denen eine Auslegung die Normen des dispositiven Schuldrechts verdrängt. Daraus folgt aber nicht, daß jenseits dieser Grenze eine Vertragsergänzung nicht sinnvoll möglich wäre. Schon ihre normativen Komponenten machen deutlich, daß sie nicht auf einzelfallspezifische Wertungen beschränkt ist[542]. Eine Anwendung der ergänzenden Vertragsauslegung auf Massenverträge[543], die in aller Regel keine indi-

---

[540] S. 69.

[541] Grds. Kritik an der Unterscheidung Sandrocks auch bei Erman-Hefermehl § 157 Rz 3; Lüderitz AcP 171, 160, 163 f; Sonnenberger S. 124 f.

[542] Ähnlich argumentiert Sonnenberger S. 125, der fragt, wie "atypische Auslegung ... mittels typischer Auslegungsmaßstäbe vor sich gehen soll".

[543] Vgl.o. Fn 490.

viduellen Ansatzpunkte bieten, wäre ansonsten nicht denkbar. Jedenfalls im vorliegenden Zusammenhang, in dem die Verträge ausschließlich normativ ergänzt werden, eignet sich die Auslegung ebenso wie die Rechtsfortbildung zur Gestaltung typischer Sachverhalte[544,545].

Gleichwohl wird durch ergänzende Vertragsauslegung nur ein Einzelfall entschieden. Dies ist im Fall der Rechtsfortbildung (und bei der Anwendung vorhandener Rechtssätze) aber nicht anders; der Richter urteilt nur in der ihm zur Entscheidung vorgelegten Sache. Hier wie dort würde er einen zweiten Fall wie den ersten entscheiden, wenn jener in den aus seiner Sicht entscheidungserheblichen Punkten mit diesem übereinstimmt. Dies ist keine Frage des jeweils zur Lückenschließung gewählten Rechtsinstituts, sondern rationaler Entscheidungsfindung[546].

Zieht man die oben unter (1) gewonnene Analyse des Verhältnisses von Dispositivrecht und Vertragsergänzung hinzu, ergibt sich folgendes Bild: Dispositives Recht kann eine ergänzende Auslegung nicht ausschließen. Allerdings hält das dispositive Recht für typische Sachverhalte Regelungen bereit, die den zunächst unbestimmten "hypothetischen Parteiwillen" konkretisieren und somit Zustandekommen und Abwicklung der meisten Verträge wesentlich vereinfachen und entlasten. "Regelmäßige" Rechtsgeschäfte unterliegen daher den Regelungen des dispositiven Schuldrechts. Griffe es auch zu weit, die Geltung dispositiver Normen für den Einzelvertrag auf dem hypothetischen Willen der Parteien beruhen zu lassen, wird man doch sagen können, daß sie gelten, weil und sofern ihnen eine individuelle Wertung der Parteien nicht entgegen steht.

In der vorliegenden Situation ist eine Regelung beiderseitiger Verantwortlichkeit weder vorhanden noch durch Fortbildung des Unmöglichkeitsrechts zu entwickeln. Das dispositive Recht kann seine Ordnungs- und Entlastungsfunktion mithin nicht erfüllen. Insofern aber die ergänzende Vertragsauslegung die Anwendung dispositiven Rechts gleichsam umfaßt, ist nicht zu erkennen, was

---

[544] Diese Aussage liegt in der Linie Flumes, der eine Ergänzung für "einen solchen", nicht "für diesen" Vertrag fordert, vgl. AT § 16, 4b, S. 324. Für den hier gegebenen Fall fehlender individueller Anhaltspunkte ebenso Canaris S. 53 f.

[545] Umgekehrt ist auch die Rechtsfortbildung nicht derart einseitig auf Verallgemeinerung ausgelegt, wie es bei Sandrock den Anschein hat. Erweist sich ein Rechtssatz in concreto als einschränkungsbedürftig, wird sich eine Reduktion vor allem in ausdifferenzierten Normbereichen an den Besonderheiten des zu entscheidenden Falls orientieren, um das gesetzliche Regelungsgefüge nicht zu debalancieren; vgl. dazu Larenz ML S. 429 f.

[546] Ähnlich Röhl § 18 II, S. 150; Larenz ML S. 429. Nach Staudinger-J. Schmidt § 242 Rz 206 mündet die ausschließlich auf den Einzelfall beschränkte Rechtsprechung in "blanker Willkür", in - Wieacker zitierend - "grundsatzloser Kadijurisprudenz".

ihrer Anwendung in einer wiederkehrenden Rechtsfrage entgegenstehen sollte: Mit der Beschränkung auf einen rein normativen Auslegungsmaßstab ist das Instrumentarium für eine generalisierende Lösung vorhanden.

(3) Vorrang einer auf § 242 BGB gestützten Rechtsfortbildung

Erweist sich die Vertragsergänzung demnach als ein taugliches Instrument zur Beantwortung der Unmöglichkeitsfrage, könnte ihrer Anwendung schließlich noch eine (formal) auf § 242 BGB gestützte Rechtsfortbildung[547] zuvorkommen. Inhaltlich tritt eine Lösung über die Generalklausel nicht in Konkurrenz zur ergänzenden Vertragsauslegung, da die Maßstäbe der §§ 157, 242 BGB - Verkehrssitte[548] und Treu und Glauben - einander entsprechen. Vorliegend steht der Kongruenz auch nicht die bei der Vertragsergänzung hinzutretende subjektive Komponente entgegen, da diese in dem hier vorgeschlagenen Modell nicht wirksam wird. Die (unter c) zu präzisierenden) Rechtsfolgen der beiderseits zu vertretenden Unmöglichkeit ließen sich folglich ebenso unter Berufung auf § 242 BGB begründen.

Demgemäß wird verschiedentlich eine Abgrenzung zwischen beiden Instituten für überflüssig erachtet[549], und auch eine Anzahl höchstrichterlicher Entscheidungen stützt ihre Auslegungsergebnisse auf eine parallele Anwendung der §§ 157, 242 BGB[550]. Mit Blick auf die übrigen Stimmen, die eine Differenzierung für möglich und sinnvoll halten, ist hier gleichwohl der Vorrang einer Vertragsergänzung zu begründen.

---

[547] Z.T. wird bestritten, daß eine auf § 242 BGB gestützte Lösung als Rechtsfortbildung über den entschiedenen Einzelfall hinauswirkt, z.B. von Sonnenberger S. 126. Überzeugend dagegen Staudinger-J. Schmidt § 242 Rz 206; auch MünchKomm-Roth § 242 Rz 14; Flume § 16, 4b S. 324 f. Nimmt man aber eine solche Beschränkung an, dürfte der originär auf das Einzelverhältnis bezogenen Vertragsergänzung erst recht der Vorrang einzuräumen sein.

[548] Lüderitz S. 454 sieht die "ergänzende Verkehrssitte" als selbständiges Instrument zwischen Auslegung und Rechtsanwendung. Dies erscheint zweifelhaft angesichts ihrer Funktion als ein Kriterium ergänzender Vertragsauslegung. Die Frage kann hier aber dahinstehen, da sich hinsichtlich der beiderseits zu vertretenden Unmöglichkeit keine Verkehrssitte gebildet hat.

[549] Vgl. Staudinger-J. Schmidt § 242 Rz 265 f; Medicus SAT Rz 128; Flume AT § 16, 3a, S. 308 f. Ähnlich auch Henckel AcP 159, 106, 121 f.

[550] Z.B. BGHZ 77, 310, 317; 101, 130, 132; OLG Frankfurt FamRZ 1994, 197, 198; weitere Nachweise bei Staudinger-J. Schmidt § 242 Rz 263.

Diese Position findet die Unterstützung derjenigen Autoren[551], die eine Vertragsergänzung befürworten, wenn dispositive Vorschriften fehlen, wie zum Beispiel im Fall neuer Vertragstypen. Damit geben sie § 157 BGB den Vorzug vor dem alternativen § 242 BGB. Vielfach wird ein solcher Vorrang der ergänzenden Auslegung auch ausdrücklich postuliert[552], ein Vorrang rechtlichen Wollens (Vertragsergänzung) vor dem rechtlichen Sollen (§ 242 BGB) gefordert[553].

Allerdings ist fraglich, ob auch die vorliegende, ausschließlich normative Ergänzung noch als eine solche des "Wollens" aufgefaßt würde. Eindeutig verneint dies Lüderitz, der eine individuelle Wertung der Parteien zur Vertragsergänzung voraussetzt und darüber hinaus auf § 242 BGB zurückgreift[554]. Wenn Lüderitz somit auf die Typizität eines Vertrags abstellt, verwendet er ein Schema, welches sich bereits in der Auseinandersetzung mit Sandrock als zu eng erwiesen hat. Er begründet den Vorrang dispositiven Rechts für typische Rechtsgeschäfte aus seiner ordnenden, privatautonome Gestaltung entlastenden Funktion. Dieses Argument streitet unmittelbar nur für den Vorrang vorhandener Dispositivnormen und bricht sich an der Lückenhaftigkeit des Gesetzes. Es ließe sich höchstens auf die Fortbildung vorhandener, wohldefinierter Normen ausdehnen. Hier dagegen geht es um den Begriff "Treu und Glauben", welcher der Ausfüllung sowohl im Tatbestand des § 242 BGB als auch in § 157 BGB bedarf. Einer auf § 242 BGB gestützten Lösung kommt hierbei keine vorrangige Ordnungsfunktion zu.

Diesem Einwand ließe sich entgegenhalten, daß bereits mit der ersten, auf § 242 BGB gestützten Rechtsfortbildung eine neue Norm gewonnen sei. Jedoch fehlt einem in freier richterlicher Fortbildung geschaffenen Rechtssatz die Verfestigung und Publizität einer kodifizierten Norm. Zuverlässige Orientierung vermögen ohnehin nur die Judikate höchster Landes- oder der Bundesgerichte zu gewähren. Und auch diese Entscheidungen stehen unter dem Vorbehalt der Modifikation und Fortentwicklung. Letztlich schafft erst eine "gefestigte" oder gar "ständige" Rechtsprechung eine der gesetzlichen Normierung ebenbürtige

---

[551] S. die o. Fn 526 und 527 Genannten.

[552] BGH LM § 157 (D) Nr. 2; Z 81, 135, 143 (für den Sonderfall der entfallenen Geschäftsgrundlage); Staudinger-Roth § 157 Rz 8; Soergel-Wolf § 157 Rz 26; Larenz AT § 29 II, S. 548.

[553] BGH 16, 4, 8 in Anlehnung an Oertmann Rechtsordnung S. 314. Ebenso Erman-Werner § 242 Rz 12; Erman-Hefermehl § 157 Rz 3; Palandt-Heinrichs § 242 Rz 18; RGRK-Alff § 242 Rz 4; Soergel-Teichmann § 242 Rz 124.

[554] Vgl. S. 454. Ähnlich Soergel-Teichmann § 242 Rz 124; MünchKomm-Roth § 242 Rz 84; vgl. auch das Konzept Beuthiens und Köhlers o. bei Fn 490.

Rechtssicherheit[555]. Eine ständige Rechtsprechung kann sich aber ebenso auf ein durch ergänzende Vertragsauslegung gewonnenes Erkenntnis stützen[556].

Für den Vorrang der Vertragsergänzung spricht die Ebene der primären Unvollständigkeit. Der Impuls zur Vervollständigung geht vom Vertrag aus, der ohne seine Ergänzung, ohne ein "Zu-Ende-Denken" sein Regelungsziel verfehlen und somit sinnwidrig würde. Ausgangspunkt ist demnach das einzelne Schuldverhältnis, nicht das dispositive Recht. Mit Treu und Glauben steht auf beiden Ergänzungsebenen nur ein höchst vager Rechtsbegriff zur Verfügung. Wenn es, anders formuliert, hier darauf ankommt, die historisch und situativ zutreffenden Maßstäbe sozialer Gerechtigkeit zu identifizieren, sollte diese Interpretation auf der Ebene des Schuldverhältnisses ansetzen und sich zunächst auch hierauf beschränken. So rückt der Vertrag und damit der Regelungsplan der Parteien in den Vordergrund[557].

Aus dieser Perspektive steht der Maßstab von Treu und Glauben nicht außerhalb des Vertrags, sondern "wirkt ... mittelbar über den Parteiwillen"[558]. Mangels entgegenstehender Anhaltspunkte wird der Wille dort, wo er empirisch bei Vertragsschluß nicht vorhanden war, als vernünftig unterstellt und fortgedacht, um das Regelungsziel der Parteien trotz der eingetretenen Leistungsstörung zu verwirklichen[559]. Dieser Maßstab des "reasonable man" ist zwar nicht autonom gesetzt, als ein Hilfsmittel der Privatautonomie aber nicht fremd[560]. Denn der "vernünftige und redliche Partner" bestimmt als Empfänger einer rechtsgeschäftlichen Erklärung deren Inhalt schon im Rahmen bloß erläuternder Auslegung[561]. Hier wird er selbst zum Erklärenden[562].

---

[555] Die Bedeutung einer gefestigten Rechtsprechung betonen auch Fikentscher MR IV S. 318 f; Sandrock S. 53; MünchKomm-Roth § 242 Rz 27. - Zwar ist das Problem schwankender Norminterpretation nicht auf § 242 BGB beschränkt. Es zeigt sich hier allerdings ausgeprägter, da die freie Rechtsfortbildung nur selten exakte Normtatbestände schafft und die Gesetzesbindung des Richters in seiner bloß formalen Berufung auf § 242 BGB gelockert ist.

[556] Vgl. z.B. die Rechtsprechung des BGH zum Vertrag mit Schutzwirkung zugunsten Dritter. Zur Zulässigkeit einer solchen Fortschreibung s.u. dd) (2).

[557] Staudinger-Roth § 157 Rz 8; Larenz AT § 29 II, S. 548.

[558] Erman-Werner § 242 Rz 12. Ähnlich Soergel-Wolf § 157 Rz 26.

[559] Diese Konzeption begreift den Vertrag als ein über den Wortlaut der Erklärungen hinausreichendes "Regelwerk", aus dem die Parteien Lösungen auch für unbedachte Konflikte schöpfen - so BGH LM § 157 (D) Nr. 1. Larenz ML S. 301; AT § 29 I, S. 546 spricht von einem "Sinnüberschuß", Palandt-Heinrichs § 157 Rz 2 nennt den Vertrag eine selbständige Rechtsquelle.

[560] In diesem Sinn auch Staudinger-Roth § 157 Rz 4.

[561] Sog. objektiver Empfängerhorizont für empfangsbedürftige Willenserklärungen, statt aller BGHZ 36, 30, 33; Erman-Brox § 133 Rz 19; Hübner Rz 745.

In der Sache führt diese Konstruktion zwar zu keiner größeren Sicherheit der als sachgerecht identifizierten Ergebnisse. Sie erleichtert auch nicht die Begründung dessen, was im Einzelfall als gerecht gelten soll[563]. Insofern besteht nicht nur inhaltlich, sondern auch in der sachlichen Rechtfertigung einer Ergänzung keine Konkurrenz zwischen § 157 und § 242 BGB. In ihrem methodischen Ansatz, ihrer unterschiedlichen Verankerung auf den Ebenen des konkreten Vertrags bzw. ergänzenden Gesetzesrechts sind die Konzepte gleichwohl nicht austauschbar[564].

Die Problemlösung auf der Ebene des Vertrags entspricht dem methodischen Vorrang der Vertragsergänzung. Soweit sich die Ergänzung auf empirische, individuelle Wertungen stützen kann, wird ihr Vorrang ja auch allgemein zugestanden. Die individuelle Wertung ist aber nur eine Komponente ergänzender Vertragsauslegung. Ihr steht zumindest gleichberechtigt eine normative Komponente zur Seite. Angesichts des grundsätzlichen Vorrangs der Vertragsergänzung ist ein methodischer Wechsel von § 157 zu § 242 BGB wenig plausibel, der allein daran anknüpft, daß in dem Auslegungsergebnis nur eine von beiden Komponenten der Willensermittlung wirksam wurde. Er ist um so weniger plausibel, als hier gezeigt werden konnte, daß eine Lösung "aus § 242 BGB" einer Vertragsergänzung in keiner Weise überlegen ist.

Diese Besinnung auf das konkrete Schuldverhältnis als Ausgangspunkt für Fragen des Unmöglichkeitsrechts fügt sich auch in den größeren Zusammenhang moderner Leistungsstörungsdogmatik ein. So wird auch die Frage, wann überhaupt ein Fall der Unmöglichkeit vorliegt, heute vertragsbezogen beantwortet. Wiedemann formuliert: "Möglichkeitsmaßstab ist das konkrete Schuldverhältnis, insbes[ondere] der zugrunde liegende Vertrag"[565].

---

562 Staudinger-Roth § 157 Rz 5 hierzu: "Der Zusammenhang mit der Privatautonomie ist im Vergleich mit der eigentlichen Auslegung zwar gelockert, aber nicht aufgegeben."

563 So auch Staudinger-J. Schmidt § 242 Rz 208, 265 f.

564 Die Ergebnisneutralität der Vertragsergänzung macht sie nicht obsolet. Röhl § 6 III, S. 60 zeigt, daß begriffliche Konstruktion ergebnisneutral bleiben *muß* und doch hilfreich sein kann, "Probleme zu formulieren, ... gleichartige Problemlagen zu entdekken und sie gleichartigen Lösungen zuzuführen".

565 In: Soergel § 275 Rz 21. Übereinstimmend Emmerich § 2 III 1, S. 18; Westhelle S. 46. In diesem Sinn auch der Reformentwurf der Schuldrechtskommission, vgl. dazu 2. Teil: B. III. 2. a).

dd) Auslegung als Quelle der Rechtsfortbildung

Schließlich ist der Frage nachzugehen, wie die ergänzende Vertragsauslegung als Ausgangspunkt einer generellen rechtlichen Regelung der beiderseits zu vertretenden Unmöglichkeit dienen kann.

(1) Rechtsnormqualität der einzelnen Ergänzung

Bei der ergänzenden Auslegung wird zunächst nur das konkrete Rechtsgeschäft "zu Ende gedacht". Die vertragliche Regelung wirkt als selbständige Rechtsquelle und erlaubt so, rechtliche Lösungen für offene Punkte abzuleiten[566]. Diese "lex privata" legt freilich nur für die Parteien des ergänzten Vertrags fest, was rechtens sein soll. Es wird mit anderen Worten eine Regelung getroffen, deren Geltung sich auf den zu entscheidenden Einzelfall beschränkt[567].

(2) Entstehung richter- bzw. gewohnheitsrechtlicher Normen

(a) Der spezielle Fall der beiderseits zu vertretenden Unmöglichkeit

Auf diesem Weg würde die Problematik der beiderseits zu vertretenden Unmöglichkeit stets von neuem mit einer auf den jeweiligen Einzelfall beschränkten Geltung entschieden. Eine wirksame Lösung müßte allerdings auch für zukünftige Fälle Orientierung und damit Rechtssicherheit bieten.

Eine beachtliche Leitfunktion zumindest in tatsächlicher Hinsicht kommt einer höchstrichterlichen Entscheidung, mehr noch der bereits erwähnten "gefestigten" oder gar "ständigen" Rechtsprechung zu. Larenz mißt der faktischen Orientierungswirkung derartiger Präjudizien eine "kaum zu überschätzende Rolle"[568] bei der Rechtsfortbildung zu. Inwieweit solchem "Richterrecht" auch

---

[566] Palandt-Heinrichs § 157 Rz 2. In diesem Sinn auch Staudinger-J. Schmidt § 242 Rz 208, der darlegt, daß normativ gebildete Parteiwillen der Sache nach Rechtsnormen bedeuten.

[567] Damit ist nicht gesagt, daß ein übereinstimmender Sachverhalt nicht übereinstimmend entschieden würde (vgl.o. bei Fn 546). Hier ist nur die Geltung der Entscheidung beschrieben, nicht ihre faktische Wirkung.

[568] Larenz ML S. 429. Ähnlich Bydlinski S. 504.

rechtliche Verbindlichkeit als einer Rechtsquelle zukommt, ist umstritten, wird aber mehrheitlich verneint[569].

Rechtliche Verbindlichkeit ist aber jedenfalls dann erreicht, wenn sich die von der Rechtsprechung entwickelte Lösung gewohnheitsrechtlich verfestigt hat. Gewohnheitsrecht entsteht dadurch, daß sich eine allgemeine Rechtsüberzeugung (opinio necessitatis) in einer dauernden Übung (usus longaevus) manifestiert[570]. Ob und wann sich eine Rechtsüberzeugung allgemein und nicht nur unter Juristen durchgesetzt hat, wird sich häufig nicht verläßlich feststellen lassen. Mit Blick auf die Leitfunktion höchstrichterlicher Rechtsprechung wird man jedoch für den Regelfall davon ausgehen dürfen, daß eine ständige Rechtsprechung im Verlauf der Zeit zu Gewohnheitsrecht erstarkt[571].

Für eine solche Entwicklung von Ergebnissen richterlicher ergänzender Vertragsauslegung hin zu praktisch allgemein anerkannten Rechtsinstituten weist die Rechtsprechung des BGH eine Reihe von Beispielen auf. So hat der BGH die Rechtsfigur des Vertrags mit Schutzwirkung zugunsten Dritter zunächst im Wege ergänzender Vertragsauslegung "entdeckt" und begründet[572], ebenso (im Anschluß an das RG) das Institut der Drittschadensliquidation[573]. Weitere Beispiele finden sich bei Henckel[574].

Für den vorliegenden Ansatz läßt sich eine solche Entwicklung methodisch gut begründen: Da die (im Detail noch auszuführende) Ergänzungslösung von individuellen Wertungen abstrahiert, liegt es nahe, ihre Ergebnisse zu generalisieren und so durch die Erweiterung der Normadressaten die lex privata zu einer lex dispositiva, die Vertragsregel zu einer Norm des Schuldrechts zu entwickeln[575,576].

---

569 Vgl. Larenz ML S. 430 ff; Fikentscher MR III S. 701 ff; Bydlinski S. 501 ff. Die Frage kann hier nicht vertieft werden.

570 Statt aller Larenz ML S. 433.

571 So Fikentscher MR IV S. 319 f. Zurückhaltender Larenz ML S. 433, der eine solche Entwicklung eher bei der Konkretisierung rechtsethischer Grundsätze, seltener in nur rechtstechnischen Fragen unterstellt. Das Gegenteil liegt nahe: Gerade dort, wo (notwendig konkurrierende) ethische Maßstäbe keine Rolle spielen und der Bürger keine eigene Überzeugung vertritt, ist eine rasche Anlehnung an höchstrichterliche Wertungen anzunehmen. - Der Prozeß wird verlangsamt, wenn der Rechtsprechung eine gefestigte herrschende Lehre gegenübersteht.

572 BGH LM § 157 (D) Nr. 5 Bl. 2 S. 2. In der Entscheidung LM § 328 Nr. 18 Bl. 2 verweist der BGH schon nicht mehr auf eine ergänzende Vertragsauslegung.

573 BGHZ 15, 224, 228 f; Betr 1959, 1083.

574 AcP 159, 106, 123.

575 Exemplarisch für eine solche Generalisierung ist § 281 BGB, vom BGH als "gesetzlich geregelter Fall ergänzender Vertragsauslegung" (Z 25, 1, 9) bezeichnet; zustimmend Palandt-Heinrichs § 281 Rz 1; Erman-Battes § 281 Rz 1.

(b) Vertragsergänzung als ein Modell der Rechtsfortbildung

Das Verfahren, dispositive Normen über den "Umweg"[577] der ergänzenden Vertragsauslegung zu begründen, ist nicht auf die beiderseits zu vertretende Unmöglichkeit beschränkt, sondern prinzipiell auch in anderen Fällen vertraglicher Regelungslücken anwendbar. Es bietet sich immer dann an, wenn weder bestimmte dispositive Normen noch deren Fortbildung eine Regelung bereithalten, so daß eine Lösung alternativ nur in einer freien, auf § 242 BGB gestützten Wertung (und damit direkt auf der Ebene des Gesetzes) zu entwickeln wäre. Ein Vorgehen über die Vertragsergänzung erweist sich hier in zweifacher Hinsicht als vorzugswürdig:

Insbesondere dann, wenn die wissenschaftliche Diskussion über eine vertragliche Regelungslücke noch am Anfang steht, ist dieser Weg der Rechtsfortbildung behutsamer und in der Methodenwahl ehrlicher. Denn in den hier diskutierten Fällen ist eine Lösung nur aus der Konkretisierung des höchst unbestimmten Maßstabs der Sachgerechtigkeit zu gewinnen. Setzt man zu einer solchen Lösung direkt auf der Ebene des dispositiven Rechts an, behauptet man damit zugleich das Vorhandensein einer neuen Norm. Die "Autorität" dieser Norm kann sich allerdings nicht auf das Gesetz[578], sondern nur (faktisch) auf die Bedeutung des Gerichts und (methodisch) auf die Überzeugungskraft ihrer Begründung stützen. Möglicherweise aber fördert die Diskussion andere und bessere Gründe zutage, so daß Begründung und demzufolge die Norm korrigiert werden müssen. Es liegt wenig Sinn darin, eine Norm zu postulieren, deren dauerhafte Geltung derart unsicher ist[579]. Dem Rechtsverkehr vermag sie jedenfalls kaum Orientierung zu bieten[580].

Daher wird in diesem "offenen" Stadium der Rechtsfindung anstelle einer Leit- oder Grundsatzentscheidung des Gerichts eine betonte Anlehnung an den

---

[576] Daß ein Einzelfall abweichende Besonderheiten aufweisen kann, die einer unveränderten Übernahme der Regelung entgegenstehen, ergibt kein Gegenargument, sondern streicht einmal mehr den Vorrang individueller Wertungen und - in methodischer Entsprechung - der ergänzenden Auslegung heraus.

[577] Um einen Umweg handelt es sich nur scheinbar. Die Begründung vollzieht hier lediglich den historischen, organischen Weg der Normfindung nach, der seinen Ausgang im Einzelfall nahm (vgl. römisches und englisches Fallrecht!).

[578] Die Anbindung an § 242 BGB ist vornehmlich formaler Natur.

[579] Fikentscher MR III S. 711 f. weist nach, daß RG und BGH sich solange nicht gehindert sehen, ihre Rechtsprechung zu ändern, wie diese sich nicht verfestigt hat.

[580] Dazu bereits o. II. 3. b) cc) (3). Dies gilt einschränkungslos allerdings nur für Untergerichte.

konkreten Einzelfall vorgezogen[581]. Jedoch ist das dispositive Recht seiner Funktion nach auf die rechtliche Ordnung einer Vielzahl von Fällen angelegt. Eine Beschränkung auf den Einzelfall liegt ihm fern[582]. Näher am Einzelfall, am konkreten Vertrag steht die ergänzende Auslegung; ihr ist diese Begrenzung wesenseigen.

Ist die Interpretation der "zutreffenden Maßstäbe sozialer Gerechtigkeit" bzw. von Treu und Glauben durch eine Reihe von Urteilen gefestigt, hat sie ihre überindividuelle Anwendbarkeit und intersubjektive Überzeugungskraft erwiesen. Mit diesem Maß an Absicherung ist die Behauptung einer Norm nunmehr zutreffend[583], die Ausweitung des Adressatenkreises auf die Allgemeinheit daher möglich und geboten[584].

Diese Methode erlaubt zudem eine angemessene Differenzierung zwischen typischen und atypischen Sachverhalten. Zwar ist an diese Differenzierung keine derart kategoriale Trennung zu knüpfen, wie Sandrock es versucht. Mit dem Kriterium der Typizität sind aber diejenigen Fallgestaltungen umschrieben, die durch dispositive Rechtsnormen zu erfassen und sinnvoll zu ordnen sind[585]. Tritt eine vertragliche Lücke erstmalig auf, muß Sandrock die Typizität des Sachverhalts prognostizieren[586], um ihn dann entweder der ergänzenden Vertragsauslegung oder dem Dispositivrecht zuzuweisen. Maßstab und Verläßlichkeit dieser Prognose sind jedoch sehr ungewiß.

Innerhalb des hiesigen Ansatzes ist eine Prognose überflüssig, die Typizität wird gleichsam methodenimmanent erfaßt: Der erste Fall ist unbedingt nach den Grundsätzen der Vertragsergänzung zu entscheiden. Spiegelt eine regelmäßige Wiederkehr des Sachverhalts sein regelmäßiges Auftreten im Rechtsleben, schafft eine ständige Rechtsprechung allmählich eine neue dispositive Norm -

---

581 Mit Bezug auf die ergänzende Vertragsauslegung Lüderitz S. 453; ähnlich Flume AT § 16, 4b, S. 324 f; Pawlowski Rz 186 f.

582 Dies betrifft die Geltung der Norm; die Geltung der richterlichen Entscheidung beschränkt sich freilich stets auf die Parteien des konkreten Verfahrens.

583 Pawlowski (Rz 187) nennt diesen Prozeß einer allmählichen Gewinnung subsumtionsfähiger Rechtssätze "werdendes Recht".

584 Das hier vorgeschlagene Zusammenwirken von Vertragsergänzung und dispositivem Recht findet eine Parallele in den Äußerungen Flumes DNotZ Sdh. Notartag 1969, 30, 35 f. und Rehbinders S. 85 f. zum Verhältnis von kautelarjuristischer Gestaltung und einer auf sie gestützten richterlicher Rechtsfortbildung: Zahlreiche richterrechtliche Rechtsfiguren entsprängen der einzelvertraglichen Gestaltung. Zwar bedürfe die vertragliche Gestaltung richterlicher Anerkennung, um zu gelten; das schöpferische Element jedoch liege im Vertrag selbst.

585 S.o. II. 3. b) cc) (1), (2).

586 S.o. II. 3. b) cc) (2) (b) (bb).

für die typische Rechtsfrage ist eine typisierende Antwort gefunden[587]. Andernfalls bleibt es bei einzelfallbezogenen Entscheidungen auf der Basis des § 157 BGB.

Somit erweist sich die ergänzende Vertragsauslegung als ein tragfähiges Fundament zur Lösung der von beiden Vertragsteilen zu vertretenden Unmöglichkeit.

c) Inhalt einer ergänzenden Vertragsauslegung

Nachdem damit die Anwendung der ergänzenden Vertragsauslegung ihre dogmatische Rechtfertigung gefunden hat, ist nunmehr zu zeigen, daß sich auf diesem Weg auch umfassend sachgerechte Ergebnisse erzielen lassen. Dies ist gleichsam per definitionem der Fall, da die Verträge hier anhand der Billigkeit (Angemessenheit, Sachgerechtigkeit) der Ergebnisse als einzigem Maßstab ergänzt werden. Der Begriff der Billigkeit ist allerdings zu unbestimmt, um unmittelbar in Rechtsfolgen umgesetzt zu werden. Für eine Konkretisierung sorgen neben dem Abwägungsgedanken die §§ 324 Abs. 1, 325 BGB, deren Wertungen den Regelungsrahmen für die beiderseits zu vertretende Unmöglichkeit abstecken (vergleiche hierzu die Ausführungen zu II. 1.).

Somit besteht die Aufgabe wesentlich darin, aus den Sachgerechtigkeitskriterien präzise Rechtsfolgen für das beiderseitige Vertretenmüssen zu entwickeln, wie dies zum Teil auch schon im Rahmen der Diskussion der bisherigen Ansätze geschehen ist. Hierfür ist zunächst der Maßstab zu klären, anhand dessen die Unmöglichkeitsbeiträge der Parteien gegeneinander abgewogen werden können. Danach sind die - je nach der Rechtswahl des Gläubigers unterschiedlichen - Rechtsfolgen im einzelnen zu untersuchen.

aa) Bewertungsmaßstab für die Parteibeiträge

Der Maßstab, mittels dessen die Parteibeiträge gewichtet und ins Verhältnis zueinander gesetzt werden sollen, ist vorliegend noch nicht festgelegt worden: Zwar war wiederholt von "Verschuldensquote" und "überwiegender Verantwortlichkeit" die Rede. Welche Faktoren eine solche Quantifizierung tragen

---

[587] Andeutungsweise Lüderitz S. 454. - In der Zwischenzeit besteht die beschriebene faktische Orientierung an der höchstrichterlichen Rechtsprechung.

sollen, ist nunmehr zu erörtern, nachdem die dogmatischen Grundlagen des Ansatzes geklärt sind.

Sofern die oben diskutierten Lösungsmodelle einen Bewertungsmaßstab offengelegt haben, griffen sie in unmittelbarer oder entsprechender Anwendung auf § 254 BGB zurück. Dort wird in erster Linie das "Maß der Verursachung", d.h. die Wahrscheinlichkeit, mit welcher eine Handlung zum Schaden führte[588], daneben aber auch der jeweilige Grad des Verschuldens[589] berücksichtigt und gegeneinander abgewogen. Dieser Abwägungsmaßstab ist auch hier interessengerecht: Vernünftige Parteien werden mutmaßlich keinen eigenständigen Maßstab vereinbaren, sondern auf denjenigen des § 254 BGB zurückgreifen, da er im Zivilrecht - direkt oder entsprechend angewandt - breiteste Verwendung in Abwägungskonstellationen gefunden hat[590].

bb) Rechtsfolgen nach der Rechtswahl des Gläubigers

Die Vorschrift des § 325 BGB erlaubt dem Gläubiger im Fall der vom Schuldner zu vertretenden Unmöglichkeit, zwischen mehreren Rechten zur Vertragsabwicklung zu wählen. Vorliegend erlangt die Norm zwar keine unmittelbare Bedeutung. Als ein "Pfeiler" des Regelungsrahmens für das beiderseitige Vertretenmüssen wirkt ihre Wertung jedoch in die ergänzende Vertragsauslegung hinein. Das Wahlrecht des Gläubigers ist damit notwendiges Element einer sachgerechten Regelung[591]. Dem Schuldner steht eine Rechtswahl nicht zu. Er kann aber - dies folgt aus der in § 324 Abs. 1 BGB beinhalteten Wertung - dem Grunde nach weiterhin die ihm vom Gläubiger versprochene Gegenleistung verlangen[592].

Da die konkrete Rechtslage nach dem Eintritt einer beiderseits zu vertretenden Unmöglichkeit mithin von einer Entscheidung des Gläubigers abhängt, orientiert sich die Gliederung im folgenden an den grundsätzlichen Möglichkeiten seiner Rechtswahl: Er kann einen Anspruch auf Schadenersatz (dazu (1)) oder seine Vertragslösungsrechte, also Rücktritt und Abstandnahme (dazu (2)), ver-

---

[588] BGH NJW 1969, 789, 790; Medicus SAT Rz 683; Erman-Kuckuk § 254 Rz 86.

[589] BGH NJW 1969, 789, 790; Erman-Kuckuk § 254 Rz 87; Palandt-Heinrichs § 254 Rz 47.

[590] Jedoch werden nur die Wertungen des § 254 BGB herangezogen; die Norm selbst ist nur unter Systemwidersprüchen aus ihrem haftungsausfüllenden Regelungszusammenhang herauszulösen.

[591] S.o. II. 2. b) bb) (3) (e) (aa).

[592] S.o. II. 2. b) bb) (3) (e) (bb).

folgen. Die weitere Möglichkeit des Gläubigers, die Herausgabe eines stellvertretenden Surrogats zu verlangen, ist hier in den größeren Zusammenhang der Reduktion des Unmöglichkeitsschadens eingerückt (siehe unten (3)).

(1) Schadenersatz

Zunächst soll die Vertragsabwicklung auf Schadenersatzbasis dargestellt werden. Hier zeigen sich - parallel zu den Verfahren der Schadenersatzkalkulation im Rahmen des § 325 BGB - zwei Möglichkeiten der Berechnung: Einerseits kann dem Gläubiger Schadenersatz im Zuge eines Leistungsaustauschs, d.h. bei vollständiger Erbringung der von ihm geschuldeten Gegenleistung gewährt werden (Austauschtheorie). Als Alternative bietet sich ein der Differenztheorie entsprechendes Verfahren, welches die wechselseitigen Ansprüche in ihren Geldwerten ausdrückt und dann saldiert. Einem solchen Vorgehen sind allerdings durch den Anspruch des Schuldners auf Naturalerfüllung Schranken gesetzt.

(a) Mit Leistungsaustausch - "Surrogationstheorie"

Dieses Verfahren der Schadenersatzleistung bereitet keine Probleme und konnte bereits in die meisten der oben diskutierten Lösungsmodelle integriert werden. Der Schuldner behält seinen Gegenleistungsanspruch in vollem Umfang. Dem Gläubiger steht für die untergegangene Vertragsleistung ein Schadenersatzanspruch zu, der sämtliche Nachteile ausgleicht, die dem Gläubiger durch die Leistungsstörung entstanden sind; dies beinhaltet zumindest den Wert der verlorenen Leistung. Von diesem Ersatzanspruch ist jedoch der Eigenanteil des Gläubigers - entsprechend der Quote seiner Mitverantwortlichkeit am Unmöglichkeitseintritt - abzusetzen.

Im Ergebnis stehen sich der volle Gegenleistungsanspruch des Schuldners und ein anteilig reduzierter Ersatzanspruch des Gläubigers gegenüber. Auf diesem Weg werden die Nachteile der Unmöglichkeit sachgerecht auf die für ihre Herbeiführung verantwortlichen Parteien verteilt[593].

[593] Der Nachweis hierfür wurde o. unter II. 2. b) bb) (3) (a) erbracht.

(b) Ohne Leistungsaustausch - "Differenztheorie"

Fraglich ist, ob sich auch auf dem alternativen Weg der Differenzmethode befriedigende Ergebnisse erreichen lassen. In der Dogmatik zum Schadenersatz wegen Nichterfüllung bildet sie die Regel[594]. Ihr Vorteil gegenüber der Austauschlösung liegt darin, daß sich ein Leistungsaustausch in der großen Mehrzahl praktischer Fälle als umständlich darstellt. Besteht die Gegenleistung in einer Geldschuld, führt die Austauschmethode zu wechselseitigen Geldforderungen und macht mit einer Aufrechnung ein weiteres Rechtsgeschäft notwendig, um eine reale Kreuzung der Zahlungswege zu vermeiden. Solange also mit der Differenzmethode keine Einbußen an Sachgerechtigkeit verbunden sind, werden sie vernünftige Parteien als Möglichkeit der Schadensberechnung in ihren Vertragswillen mit aufnehmen.

Entscheidend ist mithin die Frage, unter welchen Voraussetzungen mit der Differenzmethode angemessene Ergebnisse zu erreichen sind. Die Berechnungen zur Differenzmethode zeigen, daß eine verschuldensgerechte Verteilung der Unmöglichkeitslasten nur durch einen Ausgleichsanspruch des Schuldners zu erzielen ist, welcher dem Differenzanspruch des Gläubigers gegenübergestellt wird. Beide Ansprüche sind entsprechend der jeweiligen Eigenverantwortung zu kürzen. Sollte der Differenzanspruch des Gläubigers einen negativen Wert annehmen - in der Praxis wird er dann jedoch kaum Schadenersatz verlangen -, ist der Anspruch des Schuldners um diesen Betrag zu erhöhen[595].

Dieses Verfahren brachte für die oben diskutierten Ansätze die Schwierigkeit mit sich, eine gesetzliche Grundlage für den Ausgleichsanspruch nennen und überdies den Anspruch und seine Erhöhung stimmig in die Schadenersatzdogmatik des § 325 BGB einfügen zu müssen. Mit der Rückführung der Problematik von dem gesetzlichen in den vertraglichen Rahmen ist diese Schwierigkeit überwunden: Seine Begründung findet der Anspruch im Schuldverhältnis selbst, er bedeutet eine notwendige Ergänzung, um eine Schadenersatzlösung ohne Leistungsaustausch zu ermöglichen. Innerhalb der ergänzenden Auslegung ist der Ausgleichsanspruch durch seine Sachgerechtigkeit auch hinreichend legitimiert[596].

Differenziert nach dem Inhalt der Gegenleistung ist zu untersuchen, ob sich dieses Modell des Schadenersatzes praktisch umsetzen läßt.

---

[594] S.o. bei Fn 333.

[595] Vgl.o. II. 2. b) bb) (3) (b), c) bb) (1) (b).

[596] Zu diesem Gedankengang bereits o. II. 3. b) cc).

(aa) Gegenleistung ist Geldschuld

In der überwiegenden Mehrzahl praktischer Fälle ist eine Geldschuld als Gegenleistung vereinbart. Hier sind die Ansprüche von Schuldner und Gläubiger problemlos zu bestimmen. Bliebe man dabei stehen, wäre die Vertragsabwicklung allerdings nicht vereinfacht - die wechselseitigen Ansprüche müßten wiederum aufgerechnet werden. Insofern liegt es nahe, den Ausgleichsanspruch des Schuldners in einer zweiten Saldierung ebenfalls intern zu verrechnen[597]. Ein derart erweitertes Differenzverfahren wirkt nicht mehr einseitig zugunsten des Gläubigers, sondern kann ebenso einen Anspruch des Schuldners begründen. In dieser Form stellt die Differenzmethode eine sinnvolle Alternative zum Leistungsaustausch dar.

(bb) Anderer Inhalt als Gegenleistung

Besteht die Gegenleistung nicht in einer Geldzahlung, wirkt das Differenzverfahren über die Ersparnis einer Aufrechnung hinaus, da hier der Inhalt der Gegenleistung von eigenständiger Bedeutung ist. Anders als bei einem Leistungsaustausch steht sie dem Schuldner nicht länger in vollem Umfang zu. Sein ursprünglicher Erfüllungsanspruch geht unter, und der Ausgleichsanspruch, der wegen der Rahmenvorgabe des § 324 Abs. 1 BGB wiederum auf Naturalerfüllung gerichtet sein muß, ist um die Verschuldensquote des Schuldners gekürzt[598].

Einer solchen Kürzung könnte die Wertung des § 324 Abs. 1 BGB entgegenstehen. Jedoch sichert diese den Anspruch des Schuldners auf Naturalerfüllung nur dem Grund nach. Hinsichtlich der Höhe seines Anspruchs muß er sich seine Mitverantwortung entgegenhalten lassen. So hat er - wie umgekehrt auch der Gläubiger in seinen Rechten aus § 325 BGB - eine anteilige Kürzung seines Anspruchs hinzunehmen: Durch sie wird die Naturalleistung sachgerecht auf die Parteien verteilt.

Daraus folgt: Ist die Gegenleistung des Gläubigers entsprechend den Verschuldensquoten teilbar, kann sie der Schuldner in Höhe des vom Gläubiger zu vertretenden Anteils beanspruchen. Im Gegenzug kann der Gläubiger Ersatz seines Differenzschadens verlangen. Betrachtet man die unmöglichkeitsbedingte

---

[597] Ist der Saldo des Gläubigers bereits negativ, besteht ohnehin nur ein Anspruch des Schuldners gegen den Gläubiger.

[598] Ggf. wiederum um den "negativen Anspruch" des Gläubigers erhöht.

Belastung der Parteien und bewertet die Gegenleistung nach ihrem Wert bei Vertragsschluß, erhält man - folgerichtig - dieselbe verantwortlichkeitsgerechte Verteilung wie bei der Austauschlösung. Ein Unterschied ergibt sich dann, wenn der Gegenleistung in natura ein ideeller oder inzwischen erhöhter wirtschaftlicher Wert zukommt. Hier wird deutlich, daß für den Gläubiger die Möglichkeit, einen Teil seiner Leistung einzubehalten, von hoher Bedeutung sein kann.

In den Fällen einer (physisch oder wirtschaftlich) unteilbaren oder zumindest nicht verantwortungsgerecht teilbaren Gegenleistung bietet das Differenzverfahren dagegen keine Alternative zu einem Leistungsaustausch. Da das Hauptinteresse des Gläubigers nicht auf die Befreiung von seiner Verbindlichkeit, sondern auf Schadenersatz gerichtet ist, geht seiner Befreiung der Anspruch des Schuldners auf Naturalerfüllung vor. Der Gläubiger muß seine Leistung demnach in voller Höhe erbringen[599]. Für die übrigen geschilderten Fallgruppen erweist es sich aber als praktikabel und sachgerecht, dem Gläubiger die Differenzmethode zur Wahl zu stellen.

(2) Vertragslösung - "Rücktritt und Abstandnahme"

Die Erörterungen der verschiedenen Ansätze haben gezeigt, daß die Vertragslösungsrechte dem Schadenersatz innerhalb der Gläubigerwahl nicht nachzuordnen, sondern von gleichrangiger Bedeutung sind[600]. Rücktritt und Abstandnahme[601] bilden einen Teil des Regelungsrahmens der §§ 324 Abs. 1, 325 BGB, den vernünftige Parteien zugrunde legen würden, um eine von ihnen gemeinsam zu vertretende Unmöglichkeit zu regeln. Anders als bei einer Abwicklung auf Schadenersatzbasis sucht der Gläubiger hier keinen Ausgleich für den Wert des Leistungsgegenstands samt eventueller Folgenachteile, sondern will seine Verpflichtung zur Gegenleistung beseitigen[602]. Das verschärft den Interessenkonflikt mit dem Schuldner, dem als einzige "Waffe" sein Erfüllungsanspruch aus § 324 Abs. 1 BGB in die Hand gegeben ist.

---

599 Ist die Gegenleistung zwar grundsätzlich, aber nicht quotengerecht teilbar, könnte man den Anspruch des Schuldners auf den nächsthöheren möglichen Teilbetrag beschränken und ihn für den überproportionalen Anteil zum Wertausgleich verpflichten. Vgl. dazu auch die Diskussion unter (2).

600 S.o. II. 2. b) bb) (3) (c).

601 Die praktische Bedeutung der Abstandnahme ist gering. Wegen § 822 BGB wird sie aber bedeutsam, wenn der Gläubiger schon geleistet und der Schuldner die Leistung unentgeltlich an einen Dritten weitergegeben hat.

602 Bzw. die erbrachte Gegenleistung wiedererlangen.

Der Interessenkonflikt ist aber moderierbar: Der Schuldner kann den Anspruch auf Naturalerfüllung berechtigterweise nur in Höhe der Quote geltend machen, zu welcher der Gläubiger die Unmöglichkeit zu vertreten hat; die Mitverantwortlichkeit des Schuldners steht einem weitergehenden Anspruch entgegen[603]. Umgekehrt erlaubt die Wahl von Rücktritt und Abstandnahme dem Gläubiger nur, sich insoweit von der Verpflichtung zur Gegenleistung zu befreien, als die Unmöglichkeit nicht von ihm selbst, sondern von seinem Vertragspartner zu vertreten ist. Damit ist ein Modell kontinuierlicher Rechtsfolgen beschrieben, das den Interessen beider Seiten gleichermaßen gerecht wird.

Dieser Regelungsvorschlag bereitet keinerlei Probleme, wenn der Gläubiger eine Geldleistung - der die Praxis dominierende Regelfall - bzw. eine sonstige anteilsgerecht teilbare Leistung schuldet. Im Verhältnis der Verschuldensanteile wird der Gläubiger befreit bzw. seine Verpflichtung aufrechterhalten.

Probleme entstehen, wenn die Gegenleistung nicht oder zumindest nicht im Verhältnis der Unmöglichkeitsbeiträge teilbar ist. Hier lassen sich die Begehren der Parteien, die auf den Erhalt bzw. Einbehalt der Gegenleistung gerichtet sind, nicht gleichzeitig befriedigen. Herstellbar ist dann lediglich Betragsgerechtigkeit, also ein Ausgleich dem Wert nach. Das bedeutet, daß eine Partei bestimmt werden muß, die statt der Gegenleistung in Natur nur Geldersatz erhält.

Soll nicht eine Vertragsseite generell bevorzugt werden (eine solche Lösung wäre der anderen Partei kaum abzuringen, sie entbehrte auch jeder sachlichen Begründung), ist eine Grenze in Abhängigkeit von der Verantwortlichkeit zu bestimmen, ab der sich diese Partei mit Geldersatz bescheiden muß. Eine solche Grenze kann wegen der Reziprozität der Verhältnisse nur bei einer hälftig verteilten Verantwortlichkeit verlaufen. Vor diese Grenze stößt zugleich die Forderung nach einem System stetiger Rechtsfolgen. In dieser eher seltenen Konstellation und bei gewährleistetem Wertausgleich ist eine scharfe Trennlinie zwischen Erbringen und Erlöschen der Gegenleistung aber hinnehmbar.

Ist der Leistungsgegenstand grundsätzlich zu teilen, nur eben nicht entsprechend der Verantwortlichkeitsquoten, läßt sich das Entweder-Oder der Naturalleistung unter Umständen mildern. Hierzu ein

Beispiel: G schuldet S tauschweise vier Rokokokommoden für dessen nicht mehr zu erbringende Leistung. Die Unmöglichkeit ist von G zu 3/5, von S zu 2/5 zu vertreten. G will vom Vertrag zurücktreten.

---

[603] Vgl. die Erörterung der Differenzmethode, soeben unter (1) (bb).

Wegen seiner überwiegenden Verantwortlichkeit kann sich G nicht vollständig von seiner Verpflichtung befreien, auch eine Teilung der Kommoden im Verhältnis von 60 zu 40 ist nicht möglich. Möglich ist allerdings eine Teilung 75 zu 25. Statt G vollständig auf Geldersatz zu verweisen, wird es den Verschuldensanteilen gerechter, wenn G zumindest eine Kommode behalten darf. S kann sich dieser Lösung billigerweise nicht widersetzen, da er so einen größeren Anteil an der Naturalleistung erhält, als ihm seiner Verantwortlichkeit nach zusteht. G hat also drei Kommoden an S zu liefern, deren Wert ihm allerdings von S zu ersetzen ist[604].

Es ergibt sich ein letztes, in der Kumulation seiner Bedingungen eher theoretisches Problem. Welcher Partei gebührt eine unteilbare Leistung in Natur, wenn beide gleichermaßen verantwortlich sind und damit keiner Seite ein überwiegendes Verschulden anzulasten ist? Es liegt in der Logik des Vertragsschlusses, hier dem Begehren des Schuldners den Vorrang einzuräumen. Denn während er um des Leistungsgegenstands willen mit dem Gläubiger kontrahiert hat, war jener zu dessen Weggabe bereit. Insofern der Schuldner der Gegenleistung also "näher" steht, ist sie ihm nur dann vorzuenthalten, wenn ihn eine überwiegende Verantwortlichkeit an der Unmöglichkeit trifft.

Die Rahmenregelungen §§ 324 Abs. 1, 325 BGB einerseits und das Prinzip stetiger Rechtsfolgen andererseits erlauben somit für jede Konstellation einer Vertragslösung, aus dem unbestimmten, vagen Maßstab der Sachgerechtigkeit bzw. von "Treu und Glauben" eindeutige, befriedigende Lastenverteilungen zu konkretisieren.

(3) Reduktion des Unmöglichkeitsschadens

Der auf die Parteien zu verteilende Unmöglichkeitsschaden[605] ist - je nach Rechtswahl des Gläubigers - durch den Wert der untergegangenen Leistung samt Folgenachteilen (Schadenersatz) oder durch den Wert der Gegenleistung (Rücktritt / Abstandnahme) bestimmt. Im Einzelfall kann er sich reduzieren. Dies ist zum einen dadurch möglich, daß ein Surrogat i.S.d. § 281 BGB an die Stelle des untergegangenen Gegenstands tritt und der Gläubiger dessen Herausgabe verlangt. Zum anderen kann der Schuldner entsprechend der Wertung des

---

[604] Um die ursprüngliche Balance von Leistung und Gegenleistung nicht zu stören, ist der Wert zur Zeit des Vertragsschlusses maßgeblich. Die Vertragslösungsrechte lassen für eine Berücksichtigung der Wertentwicklung (parallel zum "entgangenen Gewinn" im Rahmen des Schadenersatzes) keinen Raum.

[605] Der Begriff "Unmöglichkeitsschaden" hier in seinem weiteren Sinn verstanden, s.o. Fn 192.

§ 324 Abs. 1 S. 2 BGB verpflichtet sein, ersparte Aufwendungen oder anderweitigen Erwerb auf seinen Gegenleistungsanspruch anrechnen zu lassen.

(a) Forderung des Surrogats

Verlangt der Gläubiger die Herausgabe des Surrogats, so reduziert sich der noch auszugleichende Unmöglichkeitsschaden um den Wert eben dieses Ersatzgegenstands. Der Gläubiger kann das Surrogat auf zwei verschiedenen Wegen erlangen: Er beschränkt sein Begehren auf die Herausgabe des Surrogats; dieser Anspruch ergibt sich aus § 281 Abs. 1 BGB. Er kann die Herausgabe aber ebenso als Teil einer Schadenersatzforderung beanspruchen, arg. e § 281 Abs. 2 BGB.

(aa) Isoliertes Geltendmachen des Surrogats

Zunächst zur isolierten Herausgabeforderung. Übersteigt der Wert des Surrogats denjenigen der eigentlich versprochenen Leistung oder entspricht er ihm, sind mit der Unmöglichkeit keine Nachteile für den Gläubiger verbunden: Mit dem Erhalt des Ersatzgegenstands ist seine Vermögenslage derjenigen bei vertragsgerechter Leistung zumindest gleichwertig[606]. Auch für den Schuldner entsteht kein Nachteil, da er die vereinbarte Gegenleistung weiterhin in vollem Umfang beanspruchen kann[607]. In diesem Fall reduziert sich der Unmöglichkeitsschaden also auf Null. Es besteht keinerlei Regelungsbedarf.

Ist das Surrogat dagegen geringwertiger als der vertraglich geschuldete Gegenstand, kann es den Schaden, der mit dem Untergang der Leistung entstanden ist, nicht vollständig kompensieren. Wie ist in dieser Situation zu verfahren? Auch hier muß die Lösung aus dem Regelungsrahmen der einseitig zu vertretenden Unmöglichkeit entwickelt werden. Im Fall des § 324 Abs. 1 BGB hat der Gläubiger die Werteinbuße allein zu tragen, die Gegenleistung bleibt unverändert geschuldet. Entgegengesetzt sehen die §§ 325 Abs. 1 S. 3, 323 Abs. 2

[606] Im Unterschied zur Wahl von Schadenersatz bleiben hier etwaige Folgenachteile außer Betracht, d.h. der Gläubiger beschränkt seinen relevanten Unmöglichkeitsschaden auf den Wert der verlorenen Leistung.

[607] Ein etwaiger Wertüberschuß des Surrogats wird nicht zwischen den Parteien ausgeglichen, da er dem Gläubiger sogar im Fall der allein von ihm zu vertretenden Unmöglichkeit zustände, s.o. II. 2. b) bb) (3) (d).

i.V.m. §§ 472, 473 BGB vor, die Forderung des Schuldners dem nunmehr verringerten Wert seiner eigenen (Ersatz-)Leistung verhältnismäßig anzupassen.

Daraus folgt für die Binnenfälle beiderseitiger Verantwortlichkeit, daß sich der verschuldensgerecht auf die Parteien zu verteilende Schaden auf eben diese Minderung der Gegenleistung beschränkt: Entsprechend der Verantwortlichkeit des Schuldners ist der Minderungsbetrag voll (zur Hälfte, zu 1/4 ..., gar nicht) von seiner Forderung abzusetzen, den Rest des Minderwerts trägt der Gläubiger. Die Minderung eines teilbaren Geldanspruchs wirft keine weiteren Fragen auf. Bei einer unteilbaren Gegenleistung ist zu entscheiden, ob dem Schuldner weiterhin Naturalerfüllung gegen die ausgleichsweise Zahlung des Minderungsbetrags zustehen soll. Da der Schuldner - wenn auch nur ersatzweise - seinerseits an den Gläubiger in Natur leistet, dürfte die Frage zu bejahen sein. Dies entspricht zudem der Wertung des § 473 S. 2 BGB.

Für den Fall eines wesentlich geringerwertigen Surrogats ist denkbar, daß der vom Gläubiger zu beanspruchende anteilige Wertausgleich die Gegenleistung übersteigt. Möglich ist dies dann, wenn der Wert der Leistung bei Vertragsschluß höher war als derjenige der Gegenleistung, der Gläubiger also ein "gutes Geschäft gemacht" hat. In diesem Fall findet die den Minderungsbetrag übersteigende Werteinbuße des Gläubigers keinen Ausgleich. Denn sie wird selbst dann nicht ausgeglichen, wenn die Unmöglichkeit allein vom Schuldner zu vertreten ist. In dieser Konstellation wird der Gläubiger das Surrogat folglich nicht isoliert, sondern als Teil des Schadenersatzes herausverlangen.

(bb) Surrogat als Teil des Schadenersatzes

Die Rechtslage gestaltet sich einheitlicher, wenn der Gläubiger das Surrogat im Rahmen seiner Schadenersatzforderung geltend macht. Der Ersatzgegenstand erhöht das Vermögen des Gläubigers und kompensiert damit (ganz oder teilweise) die für ihn aus der Unmöglichkeit hervorgegangenen Nachteile. So ordnet auch § 281 Abs. 2 BGB für die Forderung des Surrogats als Teil des Nichterfüllungsschadenersatzes an, daß sich die Entschädigungssumme um den Wert des Commodums vermindert. Eine verhältnismäßige Herabsetzung der Gegenleistung ist daneben nicht vorgesehen[608] und würde den Schuldner auch überproportional belasten.

Für die Schadenersatzberechnung ergeben sich dann keine Besonderheiten. Der Gläubiger kann vom Schuldner den Ersatz seines Restschadens fordern, ge-

---

[608] Erman-Battes § 325 Rz 22.

kürzt um den Anteil seines Eigenverschuldens. Dem Schuldner steht die volle Gegenleistung zu[609]. So wird der verbliebene Unmöglichkeitsschaden verschuldensgerecht auf die Parteien verteilt[610].

(b) Anrechnung ersparter Aufwendungen des Schuldners

Mit § 324 Abs. 1 S. 2 BGB ergibt sich eine zweite Möglichkeit, den Umfang der unmöglichkeitsbedingten Vermögenseinbußen zu reduzieren. Die Norm verpflichtet den Schuldner im Fall der gläubigerverschuldeten Unmöglichkeit, sich Ersparnisse und bestimmte Erwerbungen anrechnen zu lassen, die aus der unmöglichkeitsbedingten Leistungsbefreiung resultieren. Dadurch soll ausgeschlossen werden, daß der Schuldner einen Vorteil aus dem Eintritt der Leistungsstörung zieht.

Die Vorschrift gilt hier - wie der ganze § 324 BGB - nicht unmittelbar; gleichwohl markiert sie als Rahmenregelung den "Limes", gegen den die Regelung der beiderseits zu vertretenden Unmöglichkeit mit steigender Verantwortlichkeit des Schuldners konvergiert. Insofern dient sie zur Identifizierung der von den Parteien hypothetisch vereinbarten, sachgerechten Regelung.

Otto[611] weist zu Recht darauf hin, daß die in § 324 Abs. 1 S. 2 BGB niedergelegte Anrechnungspflicht im Rahmen der hiesigen Problematik bislang vernachlässigt wurde, und macht Vorschläge zu ihrer Berücksichtigung neben einem Schadenersatzbegehren des Gläubigers. Deutlicher wird die schadensreduzierende Funktion der Anrechnungspflicht jedoch auf der Basis der Vertragslösungsrechte. Hier hat der Gläubiger den Unmöglichkeitsschaden durch seine Rechtswahl auf den Gegenleistungsanspruch des Schuldners festgelegt[612]. Indem der Schuldner andere Einkünfte etc. erzielt hat, ist das zu verteilende Schadensvolumen um eben diese Einkünfte vermindert. Gegenstand der quotalen Lastenverteilung ist dann nur noch die Differenz der Einkünfte / Ersparnisse zum Wert der Gegenleistung[613]. Dabei ergeben sich keine Besonderheiten.

---

[609] Aus den soeben unter (aa) genannten Gründen sollte dem Schuldner der volle Anspruch auf Naturalerfüllung belassen, die Schadensberechnung daher auf die Austauschmethode beschränkt werden.

[610] Für den Fall, daß der Wert des Surrogats den Betrag des Schadensersatzes übersteigt, der dem Gläubiger anteilig zusteht, erhält er den Ersatzgegenstand dennoch, ohne zum Ausgleich verpflichtet zu sein: Ein Wertgewinn durch das Surrogat wird grundsätzlich nicht kompensiert, vgl.o. bei Fn 606.

[611] In: Staudinger § 324 Rz 62.

[612] Vgl.o. II. 2. b) bb) (3) (c).

[613] Grds. schuldet der Gläubiger auch weiterhin Naturalerfüllung; bei einer unteilbaren Gegenleistung gelten die soeben unter (2) dargestellten Regeln.

Der Unmöglichkeitsschaden verringert sich auch dann um anzurechnende Ersparnisse bzw. Einkünfte, wenn der Gläubiger Schadenersatz wählt. Die These liegt zunächst fern, da der Unmöglichkeitsschaden hier durch die gestörte Leistung bestimmt wird, während die Kürzung den Gegenleistungsanspruch betrifft. Otto erklärt die Anrechnung mit der "synallagmatischen Verknüpfung" von Leistung und Gegenleistung nur unzureichend.

Der Zusammenhang erweist sich als komplizierter. Zunächst kann die Anrechnung für den Schuldner über die verschiedenen Verantwortlichkeitsquoten hinweg nicht konstant sein: An dem einen Ende der Skala - § 324 Abs. 1 BGB - ist eine vollständige Anrechnung vorgesehen, am anderen - § 325 BGB - überhaupt keine[614]. Legt man sachgerechterweise einen stetigen Übergang der Rechtsfolgen zugrunde, folgt hieraus eine proportionale Abhängigkeit des Anrechnungsbetrags von der Verschuldensquote des Gläubigers. Dies sei ausgedrückt in einem

Gleichungssystem: Es bedeute

A : den Betrag der anrechenbaren Einkünfte etc. (die übrigen Variablen und Symbole wie oben)[615].

Dann gilt

(1) $G \Rightarrow S: D * p(S) - (L - A * p(G)) \quad =$

(2) $G \Rightarrow S: D * p(S) - L + A * (1 - p(S)) \quad =$ $\qquad$ [wg. $p(G) + p(S) = 1$]

(3) $G \Rightarrow S: D * p(S) - L + A - A * p(S) \quad =$

(4) $G \Rightarrow S: D * p(S) - A * p(S) - L + A \quad =$

(5) $G \Rightarrow S: (D - A) * p(S) - (L - A)$.

Die Gleichung (1) gibt den im Text formulierten Ausgangspunkt wieder: Der Gläubiger beansprucht vom Schuldner anteiligen Ersatz seines Unmöglichkeitsschadens, dieser hält ihm den Gegenleistungsanspruch entgegen, der seinerseits um den verschuldensabhängigen Anrechnungsbetrag vermindert ist. Als Ergebnis der algebraischen Umformungen zeigt sich, daß der Anrechnungsbetrag die Ansprüche beider Seiten reduziert; denkt man sich die Konstante 'A' hinweg, zeigt Gleichung (5) den gewohnten sachgerechten Anspruchssaldo des Schadenersatzes.

Die Anrechnung von Einkünften und Ersparnissen wirkt schadensreduzierend also auch bei der Wahl von Schadenersatz. Sie vermindert die Ansprüche

---

[614] Übereinstimmend Staudinger-Otto § 324 Rz 62.

[615] Vgl. II. 2. b) bb) (3) (a).

beider Seiten. Die verbliebenen Nachteile tragen die Vertragsparteien entsprechend ihren Verschuldensanteilen.

d) Fazit zu Ergebnis und Begründung des Vorschlags

Nach den hier aufgestellten und begründeten Kriterien der Sachgerechtigkeit darf die soeben entwickelte Lösung als gerecht und als den Interessen beider Parteien gleichermaßen angemessen gelten. Damit erfüllt das Modell seine fundamentale Funktion: Recht soll das Zusammenleben von Menschen sinnvoll und gerecht gestalten. Insofern bildet die Sachgerechtigkeit einer Norm den wichtigsten Maßstab zu ihrer Beurteilung.

Für den Juristen tritt zum "richtigen" Inhalt der Norm aber auch ihre Begründung, ihre konsistente Einbettung in die Rechtsordnung als bedeutsamer Faktor. Zur Basis des Rechtsinhalts muß der Jurist gleichsam den Überbau einer überzeugenden Ableitung konstruieren.

Die vorgeschlagene Lösung der beiderseits zu vertretenden Unmöglichkeit wurde vorliegend mittels ergänzender Vertragsauslegung begründet, die konkurrierenden Modelle einer Analogie zu den §§ 324, 325, 254 BGB bzw. einer anderweitigen Verankerung auf der Ebene des dispositiven Rechts ("§ 242 BGB") wurden zurückgewiesen. Zwar mag auch eine Ergänzung und Umbildung der §§ 324, 325 BGB - beispielsweise durch die Konstruktion eines "Teilrücktritts" - umfassend sachgerechte Ergebnisse erlauben. Man argumentiert dann aber auf dem Boden eines doppelten Analogieschlusses: Ein gesetzlich nicht erfaßter Sachverhalt wird mit gesetzlich nicht vorgesehenen Rechtsfolgen versehen. Hier droht die Rechtsähnlichkeit, Grundlage jedes Analogieschlusses, zu verblassen; es entsteht der Eindruck konstruktiver (nicht notwendig inhaltlicher) Beliebigkeit. Mit zunehmender Komplexität wird ein Regelungssystem zugleich zunehmend angreifbar. Bestehen Alternativen der Begründung, verdient gemäß "Ockhams Rasiermesser" die einfachere den Vorzug.

Dieser Vorzug kommt hier den Konstruktionen zu, welche die erstrebte Lösung "frei" aus den Kriterien der Sachgerechtigkeit ableiten, sei es auf der Ebene des Gesetzes (§ 242 BGB), sei es auf der Ebene des Vertrags (§ 157 BGB). Hilfsannahmen sind hier nicht notwendig. Die Begründungslast verschiebt sich vielmehr auf die Frage, warum diese Instrumente zur Anwendung kommen sollen. Gegenüber dem Analogieschluß zu §§ 324, 325 BGB ist die Begründung gegeben. Bleibt das ausführlich erörterte Problem des Verhältnisses von vertraglicher und gesetzlicher Lückenfüllung. Vorliegend konnten zahlreiche Gesichtspunkte zugunsten einer Vertragslösung aufgezeigt werden.

Jedoch sei noch einmal festgehalten: Der Schwerpunkt der Erörterung liegt auf der Konsensfähigkeit und -würdigkeit der hier vorgeschlagenen inhaltlichen Lösung. Wirken sich dogmatische Fragestellungen - wie es hier der Fall ist - nicht notwendig auf das Ergebnis aus, tritt der rechtstechnische hinter den inhaltlichen Aspekt zurück.

e) Zusammenfassung des Lösungsvorschlags

Der hier vorgetragene Lösungsvorschlag läßt sich in drei Thesen zusammenfassen:

1) Da das gesetzlich geregelte Unmöglichkeitsrecht keine Lösung für die beiderseits zu vertretende Unmöglichkeit bereithält, die §§ 324 Abs. 1, 325 BGB in ihrer Gegensätzlichkeit auch keine sachgerechte und zugleich systemkonforme Fortbildung erlauben, ist eine Lösung auf der Ebene des gestörten Vertrags zu suchen. Das methodische Instrument zur Lückenfüllung ist die ergänzende Vertragsauslegung. Mangels konkreter Anhaltspunkte ist zu unterstellen, daß die Vertragsparteien, hätten sie den Fall einer von beiden Seiten zu vertretenden Unmöglichkeit bedacht, eine sachgerechte Lösung gewählt hätten, welche die Interessen beider Seiten gleichermaßen berücksichtigt.

2) In die Bestimmung, welche Lösung als sachgerecht zu gelten hat, fließen die gesetzlichen Wertungen der §§ 324 Abs. 1, 325 BGB als Rahmenvorgaben ein. Aus ihnen ergibt sich, daß dem Gläubiger grundsätzlich sämtliche in § 325 BGB genannten Rechte zustehen, während der Schuldner weiterhin die Naturalerfüllung der Gegenleistungsverpflichtung verlangen kann. Die wechselseitigen Rechte und Ansprüche sind so aufeinander abzustimmen, daß die mit der Unmöglichkeit verbundenen Nachteile entsprechend der jeweiligen Verantwortlichkeitsquote auf die Parteien verteilt werden. Ist eine Leistung (z.B. eine unkörperliche Gegenleistung) nicht entsprechend teilbar, ist durch Ausgleichsansprüche in Geld zumindest Betragsgerechtigkeit herzustellen.

3) Diese durch abstrahierende Betrachtung gewonnene Billigkeitsregelung vermag durch ihre wiederholte Anwendung in der (höchstrichterlichen) Rechtsprechung endlich eine Festigung zu erreichen, die ihr gewohnheitsrechtlichen Charakter verleiht. Derart würde sie, nunmehr selbst Norm des dispositiven Rechts, das vorhandene System des Unmöglichkeitsrechts erweitern.

B. Anfängliche Unmöglichkeit

Sofern die beiderseits zu vertretende Unmöglichkeit bislang erörtert wurde, geschah dies nahezu ausschließlich unter dem Blickwinkel einer nachträglichen Unmöglichkeit; die anfängliche Unmöglichkeit blieb unbeachtet. Dies mag sich aus einer geringeren praktischen Bedeutung der anfänglichen Unmöglichkeit erklären[1]. Eine umfassende Untersuchung beiderseitiger Verantwortlichkeit jedoch schließt die Analyse der Konstellationen anfänglicher Unmöglichkeit ein.

Für die anfängliche Unmöglichkeit findet sich eine gesetzliche Regelung in den §§ 306 ff. BGB. Dort ist allerdings nur die objektiv unmögliche Leistung erfaßt. Damit ist eine Leistung umschrieben, die von niemandem mehr erbracht werden kann. In Abgrenzung hierzu spricht das Gesetz von Unvermögen, wenn zwar nicht der Schuldner, aber ein Dritter den Leistungserfolg herbeiführen kann[2]. § 275 Abs. 2 BGB stellt das nachträgliche Unvermögen der nachträglichen (objektiven) Unmöglichkeit gleich, so daß die Differenzierung dort keine Rolle spielt. Für die anfängliche Unmöglichkeit fehlt eine vergleichbare Vorschrift. Insoweit bleibt das Unvermögen (auch: subjektive Unmöglichkeit) im Allgemeinen Schuldrecht ohne Regelung. Rechtsprechung und Lehre streiten um eine angemessene Lösung. Die folgende Untersuchung setzt bei den gesetzlichen Regeln und damit bei der objektiven Unmöglichkeit an.

I. Objektive Unmöglichkeit

Beispielsfall: Der Pferdezüchter B vereinbart nach Besichtigung des Hengstes Goliath mit dessen Eigentümer A, daß der Hengst B's Stute Anatevka für 12 Stunden zugeführt wird. In dieser Zeit soll der Hengst die Stute wenigstens einmal decken; dafür will B an A 5.000,- DM zahlen. A verschweigt, daß Goliath infolge einer Virusinfektion seine Zeugungsfähigkeit verloren hat; B hätte die Krankheit als ein professioneller Züchter allerdings ohne weiteres bei der Besichtigung des Hengstes erkennen können.

---

[1] Es findet sich keine Gerichtsentscheidung, die einen Fall anfänglicher, beiderseits zu vertretender Unmöglichkeit namentlich erörtert. Urteile, die sich mit § 307 Abs. 1 S. 2 BGB auseinandersetzen (dazu sogleich unter I. 1.), erörtern die Norm nur im Zusammenhang mit §§ 309, 134 BGB (vgl. z.B. RGZ 105, 157). Eine Entscheidung des BGH erwägt jedoch eine Schadensteilung im Fall anfänglichen Unvermögens (s.u. 1. Teil: B. II. 1. c) bb), d)).

[2] Zu den Begriffen objektiver und subjektiver Unmöglichkeit statt aller Brox Rz 231 ff.

1. Grundregel der §§ 306, 307 BGB

§ 306 BGB erklärt den Vertrag, der auf eine objektiv unmögliche Leistung gerichtet ist, für nichtig. Eine Vertragsseite kann von der anderen allerdings gemäß § 307 Abs. 1 S. 1 BGB Schadenersatz verlangen, wenn diese die Unmöglichkeit kannte oder kennen mußte (das heißt infolge ihrer Fahrlässigkeit nicht kannte, § 122 Abs. 2 BGB). Ob diese Vertragspartei Gläubigerin oder Schuldnerin der unmöglichen Leistung war, ist ohne Belang[3]. Der zu ersetzende Schaden besteht in den Nachteilen, welche die Partei aufgrund ihres Vertrauens auf die Gültigkeit des Vertrags erleidet (sog. Vertrauensschaden oder negatives Interesse). Der Ersatz ist auf den Betrag des positiven Interesses begrenzt (§ 307 Abs. 1 S. 1 letzter HS BGB). Für das Vertretenmüssen wird also an den Vertragsschluß selbst angeknüpft[4], dieser ist der zeitlich letzte Umstand, der die Unmöglichkeit herbeiführte (und der einzige, wenn die Leistung niemals erbringbar gewesen ist, wie z.B. bei der Verpachtung des letzten Einhorns oder dem Chartern der Arche Noah).

Eine Situation beiderseitigen Vertretenmüssens liegt demnach vor, wenn beide Vertragsparteien die Unmöglichkeit kannten oder kennen mußten. Hier ließe sich eine Regelung parallel zur Behandlung der nachträglichen Unmöglichkeit vorstellen: Der auf einer oder auch beiden Vertragsseiten entstandene Vertrauensschaden wird nach dem Maß ihrer jeweiligen Verantwortlichkeit auf die Parteien verteilt. § 307 Abs. 1 S. 2 BGB geht allerdings einen anderen Weg, indem er anordnet, daß gegenüber einer Partei mit tatsächlicher oder fiktiver Kenntnis keine Ersatzpflicht eintritt. Das beiderseitige Vertretenmüssen anfänglicher Unmöglichkeit begründet demnach für keinen der Vertragspartner einen vertraglichen Anspruch.

a) Anwendung des § 254 BGB i.R.d. § 307 BGB

Fikentscher hält die gesetzliche Regelung für nicht hinnehmbar[5]. Zwar räumt Fikentscher ein, daß der Gesetzeswortlaut eindeutig ist. Dennoch hält er eine Abwägung nach § 254 BGB im Rahmen des § 307 BGB für geboten. So sei

---

[3] Palandt-Heinrichs § 307 Rz 3; Staudinger-Löwisch § 306 Rz 8.

[4] Dahinstehen kann hier der theoretische Streit, ob die Haftung auf der unterlassenen Aufklärung des Vertragspartners über die Unmöglichkeit (so z.B. Larenz SAT § 8 III, S. 104) oder auf dem vertraglichen Versprechen einer nicht erfüllbaren Leistung (dafür Staudinger-Löwisch § 307 Rz 1) beruht.

[5] Vgl. SR Rz 327.

Übereinstimmung mit der Haftung aus c.i.c. gewonnen, wo die Schadensteilung allgemein anerkannt sei. Auch Esser / E. Schmidt erachten die Abweichung des § 307 Abs. 1 S. 2 BGB von § 254 BGB als verfehlt, halten es aber für "fraglich", ob man deswegen von seiner eindeutigen Anordnung abweichen könne[6]. Ähnlich unentschieden äußert sich Larenz[7].

Will man mit Fikentscher eine Anwendung des § 254 BGB erreichen, stellt sich die Frage nach einem methodisch gangbaren Weg. Eine bloß einschränkende Auslegung des § 307 Abs. 1 BGB nützt angesichts seines eindeutigen Wortlauts nicht. Auch ein Zurückdrängen der Vorschrift hinter ihren Wortsinn im Wege der teleologischen Reduktion[8] hilft nicht weiter. Denn es liegt nicht so, daß § 307 Abs. 1 S. 2 BGB seinem Wortsinn nach Fälle erfaßte, welche dem Regelungszweck zufolge nicht erfaßt sein sollten. Als Zweck tritt die Regelung der Fälle beiderseits zu vertretender anfänglicher Unmöglichkeit klar zutage; die genannten Stimmen wenden sich lediglich gegen das vom Gesetzgeber gewählte Mittel. Zudem bedeutete eine Anwendung des § 254 BGB keine Reduktion, sondern praktisch die Aufhebung des § 307 Abs. 1 S. 2 BGB.

Eine Rechtsfortbildung, die eine gesetzliche Vorschrift aufhebt, wird man nur unter engsten Voraussetzungen für möglich halten dürfen. Als eine solche Ausnahmebedingung kommt ein Redaktionsversehen des Gesetzgebers in Frage. Eine Norm mag aber auch von der Entwicklung der Lebens- oder Rechtsverhältnisse gänzlich "überholt" sein. Für den vorliegenden Fall bestreiten auch die Kritiker des § 307 Abs. 1 S. 2 BGB nicht, daß der Gesetzgeber sich bewußt für diese Regelung entschieden hat. Die Tatsache, daß das gewohnheitsrechtliche Institut der c.i.c., welches eine Schadensteilung nach § 254 BGB vorsieht, § 307 BGB an praktischer Bedeutung längst überragt, bietet allein keinen ausreichenden Anlaß zu einer Derogation der Regelung[9].

Die Kritik vornehmlich Fikentschers verfehlt daher die Ebene: Sie ist de lege ferenda bedeutsam und berechtigt, nicht aber de lege lata. Die aus (heutiger) rechtspolitischer Sicht mangelnde Zweckeignung des § 307 Abs. 1 S. 2 ist nur vom Gesetzgeber zu korrigieren[10], nicht aber von Gerichten oder der Lehre.

---

[6] Vgl. § 22 III, S. 10.

[7] Vgl. SAT § 8 III, S. 104.

[8] Zum Begriff S. Larenz ML S. 391 ff.

[9] Um so weniger, als der die c.i.c. tragende Rechtsgedanke aus § 307 BGB und den §§ 122, 179, 309 BGB entnommen wurde (statt aller Palandt-Heinrichs § 276 Rz 65; Medicus SAT Rz 103), sämtlich Vorschriften, die von der Regel des § 254 BGB abweichen!

[10] Die Streichung der §§ 306, 307 BGB als Sonderregelung der anfänglichen Unmöglichkeit wird von der Schuldrechtskommission in der Tat vorgeschlagen, vgl. dazu 2. Teil: A. II.

Dies entspricht denn auch der Auffassung der Rechtsprechung[11] und der herrschenden Meinung in der Literatur[12]. § 254 BGB ist daher nicht auf die Fälle einer von beiden Vertragsteilen zu vertretenden, anfänglichen objektiven Unmöglichkeit anzuwenden.

b) Ausnahme von § 307 Abs. 1 S. 2 BGB bei Arglist

Neben § 254 BGB wird noch eine weitere Korrektur des § 307 Abs. 1 S. 2 BGB vorgeschlagen. Hat sich eine Vertragspartei hinsichtlich der Unmöglichkeit arglistig verhalten, soll der Vertragsgegner Schadenersatz trotz einer etwaigen Fahrlässigkeit beanspruchen können[13]. Die Einschränkung des Haftungsausschlusses des § 307 Abs. 1 S. 2 BGB bleibt allerdings ohne Begründung. Von der Mehrzahl der Autoren wird sie zurückgewiesen[14].

Bedenken erregt der Vorschlag bereits in seiner Differenzierung von Arglist und Kenntnis. Kenntnis wird auch von der hier diskutierten Auffassung mit Vorsatz gleichgesetzt[15]. Andererseits ist man im Rahmen der §§ 123, 463 S. 2 BGB - der praktisch wichtigsten Vorschriften des BGB zur Arglisthaftung - einig, für Arglist (auch bedingten) Vorsatz genügen zu lassen[16]. Somit ist unklar, wie zwischen Kenntnis und Arglist zu differenzieren sein soll[17]. Ein engeres Verständnis der Arglist bedürfte jedenfalls näherer Begründung.

Selbst dann, wenn man die Arglist auf Fälle des "dolus malus" beschränkte, bliebe die Ausnahme zum Haftungsausschluß zweifelhaft. Denn eine "böse Absicht" ist, wenn auch nicht notwendige, so doch die typische Erscheinungsform der Kenntnis. Die Konstellation, in welcher eine Vertragsseite um die Unmöglichkeit weiß, den unerfüllbaren Vertrag aber nicht zu eigenen Gunsten bei Übervorteilung der Gegenseite schließt, dürfte praktisch höchst selten auftreten.

---

[11] RGZ 105, 410, 412; 106, 157, 162; 110, 53, 55; BGHZ 76, 16, 22.

[12] Palandt-Heinrichs § 306 Rz 4; Soergel-Wolf § 307 Rz 5; Erman-Battes § 307 Rz 2; MünchKomm-Thode § 307 Rz 10; Jauernig-Vollkommer § 307 Rz 4; v.Wallenberg ZRP 1994, 306, 308; Brox Rz 238; Medicus Rz 381; Emmerich § 2 V 2, S. 28.

[13] RG JW 1925, 940 Nr. 9; Erman-Battes § 307 Rz 2; Staudinger-Löwisch § 307 Rz 9 (hält sogar eine Kenntnis des Anspruchstellers für unschädlich).

[14] Vgl. MünchKomm-Thode § 307 Rz 10; Soergel-Wolf § 307 Rz 5; Palandt-Heinrichs § 306 Rz 4; Brox Rz 238; Emmerich § 2 V 2, S. 28.

[15] Vgl. Staudinger-Löwisch § 307 Rz 9.

[16] Statt aller MünchKomm-Kramer § 123 Rz 6; Palandt-Heinrichs § 463 Rz 11; Erman-Brox § 123 Rz 27; RGRK-Krüger-Nieland § 123 Rz 6; RGRK-Mezger § 463 Rz 5.

[17] RGZ 105, 410, 412; Henle JW 1925, 940 (in seiner kritischen Anmerkung zu RG, ebd.) identifizieren sogar Kenntnis und Arglist.

Im Ergebnis würde der Ansatz dazu führen, daß eine Vertragspartei mit Kenntnis der Unmöglichkeit ihrem bloß fahrlässig handelnden Kontrahenten schadenersatzpflichtig wäre. Dies liefe praktisch auf die Restauration der Auffassung Oertmanns[18] hinaus, die wegen ihres Widerspruchs zur gesetzlichen Gleichstellung von Kenntnis und Kennenmüssen in § 307 Abs. 1 BGB heute allgemein zurückgewiesen wird - auch von den Vertretern einer einschränkenden Anwendung des § 307 Abs. 1 S. 2 BGB[19].

§ 307 Abs. 1 S. 2 BGB ist demnach seinem Wortlaut gemäß anzuwenden. Im Fall der anfänglichen objektiven, von beiden Vertragsteilen zu vertretenden Unmöglichkeit kommt es auf die Verteilung der Verantwortlichkeit zwischen den Parteien nicht an. Keine Partei kann vertragliche Ansprüche aus der Unmöglichkeit herleiten.

2. Ausnahmen von § 306 BGB - Garantiehaftung

Im Einzelfall kann ein Vertrag trotz anfänglicher objektiver Unmöglichkeit wirksam sein. § 437 BGB regelt einen solchen Fall hinsichtlich der Existenz eines verkauften Rechts. Der Verkäufer soll für den rechtlichen Bestand des Rechts verschuldensunabhängig einstehen, er haftet gemäß §§ 440 Abs. 1, 437, 325 BGB auf das positive Interesse. Diese Verweisung setzt das Bestehen eines wirksamen Kaufvertrags voraus; § 306 BGB ist folglich verdrängt.

Da § 306 BGB nachgiebiges Recht beinhaltet, kann die in ihm angeordnete Nichtigkeit auch in anderen Fällen durch die Vereinbarung einer Garantie des Schuldners abbedungen werden. Einige Autoren nehmen eine solche Garantiehaftung beispielsweise für den Fall an, daß der Schuldner sich zu einer höchstpersönlichen Leistung verpflichtet hat[20]. Hier soll der Schuldner unabhängig von einem Verschulden für seine Leistungsfähigkeit einstehen und den Nichterfüllungsschaden des Gläubigers ersetzen. Eine ebensolche Garantiehaftung gilt nach herrschender Auffassung für ein anfängliches Unvermögen. Inwiefern ein

---

[18] Schuldverhältnisse § 307 Erl 4. Er nahm an, daß das Gesetz die Haftung der wissenden Vertragspartei nur bei Kenntnis des Gegners, nicht aber bei dessen bloßen Kennenmüssen ausschließe.

[19] Vgl. nur RGZ 110, 53, 55 f; Erman-Battes § 307 Rz 2, Staudinger-Löwisch § 307 Rz 9.

[20] Z.B. von Larenz SAT § 8 II, S. 103. Im Ergebnis ebenso Staudinger-Löwisch § 306 Rz 20, der aber einen Fall anfänglichen Unvermögens annimmt. Einen Überblick über weitere Vorschläge zur Einschränkung des Anwendungsbereichs der §§ 306 ff. BGB gibt v.Wallenberg ZRP 1994, 306, 307.

Vertretenmüssen des Gläubigers neben der Einstandspflicht des Schuldners zu einer geteilten Verantwortlichkeit führt, soll daher sogleich im Zusammenhang des anfänglichen Unvermögens erörtert werden.

II. Subjektive Unmöglichkeit

Beispielsfall: S und G handeln Gemälde in ständiger Geschäftsbeziehung. Zuweilen tritt G auch als Vermittler für Geschäfte des S auf. S verkauft G ein kleineres Bild von Lohner, "Der Zug", zu einem Kaufpreis von 1000 DM. Als G das Bild in Empfang nehmen will, eröffnet ihm S, daß er es gar nicht mehr besitzt - er hat es zwei Wochen vor Vertragsschluß an X veräußert, als "Dreingabe" zu einem im übrigen spektakulären Gemäldeverkauf (Werke von Cézanne, Matisse, Kirchner). G hatte auch dieses Geschäft vermittelt und war bei den Verhandlungen zwischen S und X anwesend. Daß das unscheinbare Bild zu den verkauften Bildern gehörte, war ihm allerdings in Vergessenheit geraten.

S hingegen wußte genau, daß er seinen Vertrag mit G nicht würde erfüllen können. Ihm war allerdings zu Ohren gekommen, daß G das Bild unmittelbar nach dem Vertragsschluß mit ihm, S, für 4000 DM an einen Liebhaber weiterverkaufen würde. Er fühlte sich von G übervorteilt und wollte ihm eine Lehre erteilen. So verzichtete er darauf, G an die Veräußerung von "Der Zug" zu erinnern.

G will das Verhalten des S nicht hinnehmen. Er hält ihn für unbedingt einstandspflichtig und fordert Ersatz seines entgangenen Gewinns von 3000 DM.

1. Voraussetzungen eines beiderseitigen Vertretenmüssens

a) Haftung des Schuldners für sein anfängliches Unvermögen

Eine analoge Anwendung der §§ 306 ff. BGB auf den Fall anfänglicher subjektiver Unmöglichkeit wird allgemein abgelehnt[21]; der auf eine subjektiv unmögliche Leistung gerichtete Vertrag ist wirksam. Anstelle der unerfüllbaren Leistungspflicht soll der Gläubiger vom Schuldner Ersatz seines Nichterfüllungsschadens verlangen können[22]. Umstritten ist, ob die Haftung des Schuldners sein Vertretenmüssen der Leistungsstörung voraussetzt.

---

[21] Statt aller Palandt-Heinrichs § 306 Rz 4, 9 f.

[22] Zu anderen Rechten wie Rücktritt, Herausgabe des Surrogats s.u. 2.

Von der wohl herrschenden Ansicht wird eine generelle Einstandspflicht des Schuldners angenommen[23]. Der Schuldner übernehme mit seinem Leistungsversprechen für den Zeitpunkt des Vertragsschlusses gleichsam eine stillschweigende Garantie seines Leistungsvermögens. Von der Mehrzahl der Stimmen wird diese Garantiehaftung aber dahin eingeschränkt, daß die unmöglichkeitsauslösenden Umstände nicht außerhalb des Geschäftsbereichs des Schuldners eingetreten sein dürfen[24]. Andere Autoren lehnen eine verschuldensunabhängige Haftung des Schuldners von vornherein ab. Statt dessen stellen sie das anfängliche Unvermögen einem nachträglichen grundsätzlich gleich und fordern so - in entsprechender Anwendung der §§ 276 ff. BGB - ein Vertretenmüssen des Schuldners für das Unmöglichkeitsereignis[25].

Die Vertreter beider Auffassungen erkennen an, daß es den Vertragsparteien frei steht, die Haftung des Schuldners von seinem Vertretenmüssen abhängig zu machen oder aber verschuldensunabhängig zu gestalten. So sind Vorliegen und Grenzen einer Leistungsgarantie letztlich durch (ergänzende) Vertragsauslegung zu bestimmen. Daher ist Löwisch[26] beizupflichten, wenn er darauf hinweist, daß praktisch kaum eine Differenz zwischen den geschilderten Auffassungen bestehe, es sich vielmehr um gegensätzliche Regel-Ausnahme-Bildungen handele. Aber auch bei einer Divergenz der Meinungen ist eine Stellungnahme hier möglicherweise entbehrlich, dann nämlich, wenn die Konzepte jedenfalls für den Fall einer beiderseitigen Verantwortlichkeit übereinstimmen (dazu unter c)).

Zumindest für die Konstellationen, in denen der Schuldner nicht schlechthin für die Unmöglichkeit einstehen muß, ist zu klären, welches Verhalten des Schuldners überhaupt als Ansatzpunkt seiner Haftung in Betracht kommt. Für die anfängliche objektive Unmöglichkeit ließ sich § 307 BGB entnehmen, daß die Schadenersatzpflicht allein an die Vertragserklärung in Kenntnis bzw. Kennenmüssen der Unmöglichkeit anknüpft. Für das anfängliche Unvermögen läßt sich der Vorschrift keine Vorgabe entnehmen; hier ist eine eigenständige Wertung erforderlich.

---

[23] Vgl. BGHZ 85, 267, 271; BAG Betr 1974, 1617 f; Palandt-Heinrichs § 306 Rz 9; Staudinger-Löwisch § 306 Rz 49; Larenz SAT § 8 II, S. 101 f; Fikentscher SR Rz 330; Medicus SAT Rz 384; Brox Rz 243; v.Wallenberg ZRP 1994, 306, 307. Eine Stütze findet diese Ansicht in Mot. II, 45 f.

[24] Vgl. Larenz SAT § 8 II, S. 102; Fikentscher SR Rz 330; Medicus SAT Rz 384; Brox Rz 244; enger Palandt-Heinrichs § 306 Rz 10. Eingehend Eichenhofer JuS 1989, 777, 778 ff.

[25] MünchKomm-Emmerich Vor § 275 Rz 17; Arp S. 162; Esser / E. Schmidt § 22 III 2, S. 11; Heck § 47, S. 141 f. Differenzierend Eichenhofer JuS 1989, 777, 781 ff.

[26] In: Staudinger § 306 Rz 47.

Zwei unterschiedliche Ansatzpunkte sind zu unterscheiden: Zum einen läßt sich wie bei der objektiven Unmöglichkeit an das Kontrahieren anknüpfen; der Vertragsschluß selbst erscheint hier als vertragswidriges Verhalten. Auch dann, wenn für einen objektiven Beobachter die Leistungsunfähigkeit des Schuldners bereits vor Vertragsschluß feststand, tritt das Unvermögen (als eine Kategorie vertraglicher Leistungsstörung) erst mit Abgabe des Leistungsversprechens ein. Wußte der Schuldner von seiner Unfähigkeit oder hätte er von ihr wissen müssen, begründet dieses Verhalten seine Einstandspflicht[27]. War die Leistung vom Schuldner zu keinem Zeitpunkt zu erbringen, ist der Vertragsschluß die einzig relevante Störungshandlung.

Bedeutsam für eine Zurechnung kann ebenso das Verhalten sein, welches die Leistungsunfähigkeit herbeigeführt hat. Diese Begründung der Schuldnerhaftung reicht über die Anknüpfung an den Vertragsschluß hinaus, da denkbar ist, daß der Schuldner sein Unvermögen herbeiführte, ohne zum Zeitpunkt des Vertragsschlusses hiervon Kenntnis zu haben oder auch nur haben zu müssen.

Allerdings wirkt nicht jedes leistungshindernde Verhalten im Vorfeld des Vertrags haftungsbegründend. Die Möglichkeit, eine bestimmte Handlung vorzunehmen oder einen bestimmten Erfolg herbeizuführen, ist als spezifischer Inhalt einer Leistungsverpflichtung erst im Rahmen eines Vertragsverhältnisses von Bedeutung. Ein Verhalten, das zum Unvermögen des Schuldners geführt hat, ist als Leistungsstörung daher nur beachtlich, wenn es in die Phase der Vertragsanbahnung fällt, zu diesem Zeitpunkt also zumindest vorvertragliche Verhaltenspflichten hinsichtlich der vereitelten Leistung bestanden haben. Anderenfalls würde die Vertragshaftung überdehnt. Daraus folgt: Hat sich der Schuldner der Möglichkeit zur Erbringung der Leistung außerhalb jeder Verbindung zum künftigen Vertragsschluß begeben, läßt sich eine Vertragshaftung nur an seine Kenntnis bzw. sein Kennenmüssen zur Zeit des Vertragsschlusses knüpfen.

b) Verantwortlichkeit des Gläubigers

Die Frage, unter welchen Umständen der Gläubiger für ein anfängliches Unvermögen des Schuldners zu haften hat, wurde bislang wenig diskutiert. Es dürfte in der Fallwirklichkeit freilich auch die Ausnahme bilden, daß der Gläu-

---

[27] Das Wissen bezieht sich auf ein endgültiges Unvermögen, nicht darauf, daß der Schuldner sich zur Beschaffung einer Gattungssache verpflichtet hat und diese dann tatsächlich nicht liefern kann. Hier ergibt sich eine Einstandspflicht allenfalls aus § 279 BGB.

biger bereits vor Vertragsschluß ein subjektives Leistungshindernis auf Seiten des Schuldners schafft oder bei Abschluß des Geschäftes von ihm Kenntnis hat oder haben müßte.

Beuthien[28] und Emmerich[29] sehen eine Verantwortlichkeit des Gläubigers (mit der Folge des § 324 Abs. 1 BGB analog, d.h. dem Fortbestand der Gegenleistungsverpflichtung), wenn das "fragliche Leistungshindernis ... aus der Sphäre des Gläubigers stammt"[30]. Hier soll die Frage nach einer Sphärenverantwortlichkeit des Gläubigers nicht aufgenommen werden[31]. Insbesondere der Verweis auf § 324 Abs. 1 BGB legt aber die Interpretation nahe, daß die Zurechnungsregeln aus dem Bereich nachträglicher Leistungsstörungen analog angewandt werden sollen. Dieses Konzept verdient Zustimmung. Eine überzeugende Alternative ist nicht ersichtlich.

c) Beiderseitiges Vertretenmüssen

Die Frage einer beiderseitigen Verantwortlichkeit für anfängliches Unvermögen hat der BGH in einer Entscheidung aus dem Jahre 1972 gestreift; einschlägige Erörterungen sind nicht ersichtlich. Mit Blick auf den oben geschilderten Streit um den Umfang der Schuldnerverantwortlichkeit ist zunächst zu untersuchen, ob die Haftung des Schuldners nicht zumindest dann auf von ihm zu vertretende Störungen zu beschränken ist, wenn den Gläubiger eine (Mit-) Verantwortlichkeit für die Unmöglichkeit trifft.

aa) Notwendiges Vertretenmüssen auf Schuldnerseite

Auszugehen ist von den praktisch konsentierten Einschränkungen der Garantiehaftung. Wenn es dem Schuldner generell nicht zuzumuten ist, für Ereignisse außerhalb seines Macht- oder Geschäftsbereichs verschuldensunabhängig einzustehen, wird man eine solche Haftung erst recht nicht annehmen können, wenn das leistungsstörende Ereignis zumindest auch auf ein Verhalten des Vertragspartners zurückzuführen ist. Zwar wird diese Einschränkung nur von weni-

---

[28] S. 224 f. (unmittelbar nur auf Fälle anfänglicher Zweckstörung bezogen).

[29] In: MünchKomm § Vor § 275 Rz 17; ihm folgend Hadding, Anmerkung zu BAG AP § 306 Nr. 2 Bl. 6.

[30] MünchKomm-Emmerich § Vor § 275 Rz 17.

[31] Dazu o. A. I. 1. a) bb).

gen ausdrücklich formuliert[32]; sie dürfte aber auf allgemeine Zustimmung treffen. Die Einschränkung ergibt sich auch aus der Begründung der Schuldnerhaftung, die im Leistungsversprechen eine Garantie des Leistungsvermögens schlüssig miterklärt sieht. Der Gläubiger wird die Vertragserklärung des Schuldners redlicherweise nicht derart verstehen dürfen, daß dieser auch dann für seine Leistungsfähigkeit einstehen wolle, wenn das Unvermögen auf einem vom Gläubiger zu vertretenden Umstand zurückgeht. Mit anderen Worten: Die Garantiehaftung steht - wie auch die Gefahrtragung[33] - unter dem Vorbehalt eines vertragskonformen Verhaltens des Kontrahenten[34].

Steht also ein Vertretenmüssen des Gläubigers fest, haftet der Schuldner für sein Unvermögen nicht länger garantiemäßig. Umgekehrt kann das vertragswidrige Verhalten des Gläubigers aber auch nicht pauschal zu einer Entlastung des Schuldners führen. Hier wird die Frage einseitiger oder gemeinsamer Verantwortlichkeit vielmehr danach zu entscheiden sein, ob sich der Schuldner in einer Weise vertragswidrig verhalten hat, die er entsprechend der §§ 276 ff. BGB vertreten muß. Steht die Verantwortlichkeit des Gläubigers fest, ist für eine beiderseitige Verantwortlichkeit also ein über die garantiemäßige Zurechnung hinausreichendes Vertretenmüssen auch des Schuldners erforderlich.

bb) Kenntnis des Gläubigers vom Unvermögen

Bislang wurde die mitwirkende Verantwortlichkeit des Gläubigers allein aus der Vereitelung des schuldnerischen Leistungsversprechens begründet. Ein Vertretenmüssen des Unvermögens kann sich jedoch - wie gezeigt - auch aus dem Abschluß des Vertrags in Kenntnis bzw. fahrlässiger Unkenntnis des Leistungshindernisses ergeben. Hier sind unterschiedliche Fallgestaltungen denkbar.

Eine erste ergibt sich, wenn für die Vertragsparteien offenbar ist, daß der Schuldner die Leistung gegenwärtig nicht erbringen könnte, sondern sie sich erst beschaffen muß. Eine solche Konstellation ist gerade für Gattungskaufverträge typisch. Hier übernimmt der Schuldner eine Beschaffungspflicht, für de-

---

[32] S. die o. unter bb) genannten Autoren. Derselbe Gedanke in allerdings anderem Zusammenhang bei v.Caemmerer / Schlechtriem-Stoll Art. 80 Rz 3.

[33] Vgl.o. A. I. 8. b).

[34] Diese Begrenzung der Garantiehaftung muß auch für den Gläubiger im Fall der sog. Sphärentheorie (vgl.o. bei Fn 30) gelten. So kann die Berechtigung dieser pauschalen Risikozuweisung dahinstehen; jedenfalls für Fälle beiderseitiger Verantwortlichkeit bedarf es eines zu vertretenden Verhaltens.

ren Erfüllung er grundsätzlich verschuldensunabhängig haftet (§ 279 BGB). In dieser Situation kann die Kenntnis des Gläubigers, daß der Schuldner seinen Leistungsgegenstand zunächst selbst beschaffen muß, ohne weitere Anhaltspunkte nicht zur Einschränkung der Schuldnerhaftung oder sogar zu einer Mitverantwortlichkeit führen. In diesem Sinn hat der BGH[35] zutreffend entschieden. Es bleibt bei der einseitigen Haftung des Schuldners; die Kenntnis des Gläubigers ist nicht erheblich. Erheblich wird sie erst dann, wenn der Gläubiger von der endgültigen Unerbringbarkeit für den Schuldner wußte[36].

In seiner Entscheidung prüft und verwirft der BGH damit ein beiderseitiges Vertretenmüssen, ohne allerdings die Problematik als solche zu erkennen und zu benennen. Er erörtert lediglich die Möglichkeit einer Schadensteilung gemäß § 254 BGB mit der Begründung, daß die Vorschrift "auf alle Fälle anzuwenden [sei], in denen Schadenersatz zu leisten ist"[37]. Zwar deutet die Formulierung auf eine Erörterung lediglich des ausfüllenden Haftungszusammenhangs; der Sache nach untersucht der BGH allerdings eine gemeinsame Verantwortlichkeit für den Eintritt der Leistungsstörung.

Anstatt eine Mitverantwortlichkeit zu begründen, kann die Kenntnis des Gläubigers den Schuldner auch vollständig entlasten. Dies ist beispielsweise der Fall, wenn Lieferschwierigkeiten Gegenstand der Vertragsverhandlungen waren, der Schuldner dem Gläubiger also Unwägbarkeiten der Beschaffung oder Herstellung offen gelegt hat. Hier ist mit Larenz[38] und dem BAG[39] davon auszugehen, daß die Mitteilung den Schuldner regelmäßig von dessen Einstandspflicht befreit.

Aus diesen besonderen Konstellationen ist allerdings nicht zu schließen, daß eine Kenntnis des Gläubigers grundsätzlich nicht als Unvermögensbeitrag zu werten wäre. Trifft den Schuldner kein Verschulden, führen Kenntnis wie Kennenmüssen des Gläubigers zum Zeitpunkt des Vertragsschlusses sogar zu seiner Alleinhaftung; es wäre widersprüchlich, wenn sie neben einem Verschulden der Gegenseite kein Mitvertretenmüssen begründen könnten. Die oben geschilder-

---

[35] NJW 1972, 1702. Die Entscheidung läßt allerdings offen, ob der Fall als anfängliche oder nachträgliche Unmöglichkeit oder als Verzug einzuordnen ist.

[36] S. bereits o. Fn 27 u. Fn 40.

[37] BGH NJW 1972, 1702, 1703.

[38] SAT § 8 II, S. 102. Ihm folgt Staudinger-Löwisch § 306 Rz 47.

[39] Betr 1974, 1617. Unklar bleibt, warum das BAG ein "mitwirkendes Verschulden" des Gläubigers gem. § 254 BGB erörtert, da es doch eine Haftung des Schuldners ausschließt; für ein Mitverschulden ist dann aber kein Raum. Zur beiderseits zu vertretenden Unmöglichkeit bezieht die Entscheidung keine Position; die Ausführungen beschränken sich auf die Haftungsausfüllung.

ten Konstellationen bilden insofern Ausnahmen, als hier die Kenntnis des Gläubigers dem Schuldner offenbar war oder sogar auf seiner Mitteilung beruhte. Unabhängig davon, ob das Wissen des Gläubigers für die Haftung des Schuldners beachtlich (zweite Fallgruppe) oder unbeachtlich (erste Fallgruppe) ist, läßt es ein Kontrahieren des Gläubigers nicht als vertragswidrig erscheinen. Die Frage einer (Mit-)Haftung stellt sich nicht.

Die Regel zur Ausnahme liegt dort, wo der Gläubiger Kenntnis vom Unvermögen gewinnt, ohne daß der Schuldner dies weiß. Ein Informationsvorsprung des Gläubigers ist durchaus nicht erforderlich; hinreichend, aber auch notwendig ist, daß das Wissen des Gläubigers nicht bis zum Abschluß des Vertrags offenbar geworden ist und daher nicht in die vertragliche Risikoverteilung einfließen konnte[40]. Für das bloße Kennenmüssen ist ein solches Offenlegen schon begrifflich nicht denkbar; fahrlässige Unkenntnis dürfte daher stets eine Mithaftung des Gläubigers begründen.

cc) Zusammentreffen der Beiträge

Sowohl auf der Seite des Gläubigers wie der des Schuldners kommen als Haftungsgründe in Betracht

a) eine Vereitelung der Leistung und
b) der Vertragsschluß in Kenntnis bzw. in fahrlässiger Unkenntnis der Unausführbarkeit.

In welcher Weise die Parteien für die Herbeiführung des Unvermögens verantwortlich sind, ist für das "Ob" und - losgelöst vom Einzelfall - auch für das "Wie" ihrer Verantwortlichkeit ohne Bedeutung. Selbst eine deutliche Diskrepanz zwischen den Gewichten der Parteibeiträge führt nicht zur Anwendung der Regeln einseitiger Verantwortlichkeit, sondern ist bei der Abwägung innerhalb des Modells beiderseits zu vertretender Unmöglichkeit zu berücksichtigen[41].

---

[40] Dies ist auch dann der Fall, wenn der Schuldner nur von seinem momentanen Unvermögen ausgeht, der Gläubiger aber um die Endgültigkeit der Situation weiß, vgl.o. bei Fn 36.

[41] Vgl. im Zusammenhang der nachträglichen Unmöglichkeit o. A. I. 1. c) bb).

d) Fallsammlung

In der Rechtsprechung findet sich die Entscheidung BGH NJW 1972, 1702[42].

Zum Beispielsfall: S konnte G das Bild bereits bei Vertragsschluß nicht verschaffen, er war anfänglich unvermögend. Beide Parteien waren an dem Rechtsakt beteiligt, der die Fähigkeit des S zur Übergabe und Übereignung des Bildes an G beseitigte. Diese Beteiligung ist für die Vertragshaftung aber nur von Bedeutung, wenn beide zu diesem Zeitpunkt bereits Verhandlungen über den Verkauf des Bildes aufgenommen und damit vorvertragliche Pflichten begründet haben. Die Frage kann hier allerdings dahinstehen, da S jedenfalls bei Vertragsschluß mit G um sein Unvermögen wußte. Andererseits trifft G der Vorwurf fahrlässiger Unkenntnis, da er sich bei Anwendung der im Geschäftsverkehr gebotenen Sorgfalt an die Veräußerung von "Der Zug" erinnert hätte.

Damit haben beide Vertragspartner die anfängliche subjektive Unmöglichkeit zu vertreten.

2. Rechtsfolgen

Zu den Rechtsfolgen anfänglichen, beiderseits zu vertretenden Unvermögens liegt keine Stellungnahme der Gerichte oder aus der Lehre vor.

a) Rechtsfolgen bei einseitiger Verantwortlichkeit

Die Rechtsfolgen sind mit Blick auf die unterschiedlichen Ansprüche und Rechte zu bestimmen, die Schuldner und Gläubiger im Fall eines von ihrem Widerpart zu vertretenden Unvermögens eröffnet sind. Während der Schuldner hier weiterhin - in entsprechender Anwendung des § 324 Abs. 1 BGB - die versprochene Gegenleistung beanspruchen kann[43], darf der Gläubiger analog § 325 BGB wahlweise Schadenersatz verlangen oder vom Vertrag zurücktreten[44]. Als

---

[42] Der BGH verkennt hier das Vorliegen einer beiderseitigen haftungsbegründenden Verantwortlichkeit; die Einordnung der Störung als anfängliches Unvermögen hat er offengelassen (vgl. dazu o. Fn 35).

[43] S.o. B. II. 1. b).

[44] BGH NJW 1988, 2878; MünchKomm-Emmerich Vor § 275 Rz 15; Hadding AP § 306 Nr. 2 Bl. 4, 5; ähnlich Staudinger-Löwisch § 306 Rz 50.

ein Minus gegenüber einem Rücktritt wird man dem Gläubiger auch das Recht zur Abstandnahme eröffnen (entsprechend §§ 325 Abs. 1 S. 3, 323 BGB).

Fraglich ist, ob der Gläubiger auch ein etwaiges Surrogat nach § 281 BGB herausverlangen kann. Der Wortlaut "infolge des Umstands, welcher die Leistung unmöglich macht" beschränkt eine unmittelbare Anwendung der Vorschrift auf Fälle nachträglicher Unmöglichkeit. Zahlreiche Stimmen belassen es hierbei[45]. Hat man das Gesetz aber einmal als lückenhaft hinsichtlich eines anfänglichen Unvermögens identifiziert, sollte man sich zu einer umfassenden Füllung dieser Lücke entschließen. Erwägungen materieller Billigkeit stehen einer analogen Anwendung des § 281 BGB sowenig im Wege wie der entsprechenden Anwendung der §§ 324 Abs. 1, 325 BGB[46]: Wenn es sachgerecht ist, dem Gläubiger ein Surrogat für die nach Vertragsschluß untergegangene Leistung zuzusprechen, trifft dieser Gedanke ebenso zu, wenn der Leistungsgegenstand schon bei Vertragsschluß vom Schuldner nicht erbracht werden konnte[47].

Im Ergebnis stehen den Vertragsparteien bei einseitig zu vertretendem, anfänglichem Unvermögen folglich dieselben Rechte zu wie für den Fall der nachträglichen Unmöglichkeit.

b) Rechtsfolgen beiderseitigen Vertretenmüssens

Zum Zusammentreffen der Unmöglichkeitsbeiträge beider Vertragsparteien weist das systematische Umfeld des anfänglichen Unvermögens zwei unterschiedliche Konzepte auf: Die Alles-oder-Nichts-Lösung des § 307 Abs. 1 S. 2 BGB im Fall anfänglich objektiver Unmöglichkeit[48] und das Abwägungsmodell für Konstellationen nachträglicher (subjektiver wie objektiver) Unmöglichkeit[49]. Auf den Beispielsfall bezogen fragt sich, ob die Folgen der vorhergehenden Veräußerung des Bildes an den gesetzlichen Regeln für seine vor-käufliche Vernichtung (z.B. durch Brand) anzulehnen sind oder aber an der Lösung für den Fall, daß G das Bild erst nach dem Vertragsschluß mit S veräußert hat?

Vorzuziehen ist das Abwägungsmodell nachträglicher Unmöglichkeit. Die Regelung des § 307 Abs. 1 S. 2 BGB stößt auf berechtigte rechtspolitische Ab-

---

[45] Vgl. nur Palandt-Heinrichs § 281 Rz 5.

[46] § 325 Abs. 1 S. 3 BGB verweist über § 323 Abs. 2 BGB auf § 281 BGB!

[47] Im Ergebnis übereinstimmend Soergel-Wiedemann § 281 Rz 24; Heck § 47, 5, S. 142; zurückhaltender MünchKomm-Emmerich § 281 Rz 3.

[48] S. dazu o. B. I. 1.

[49] Dazu A. II., insbes. 3.

lehnung[50]. Als Ausnahme zu dem in § 254 BGB manifestierten Abwägungsgrundsatz ist sie ohnehin restriktiv anzuwenden. Zudem entsprechen auch die Ansprüche von Schuldner und Gläubiger im Fall der einseitigen Verantwortlichkeit ihres Vertragsgegners denjenigen einer nachträglichen Unmöglichkeit. Gleiches muß für den Binnenfall des beiderseitigen Vertretenmüssens gelten. Folgerichtig sind die wechselseitigen Ansprüche an der Regelung nachträglicher Unmöglichkeit auszurichten.

Zum Beispielsfall: G kann (nach der Surrogationsmethode) Ersatz seines Nichterfüllungsschadens nur insoweit verlangen, als er die Unmöglichkeit nicht zu vertreten hat. Eine Abwägung der Parteibeiträge läßt es als angemessen erscheinen, ihm einen Verantwortlichkeitsanteil von 1/4 zuzuweisen. Danach kann er von S Zahlung von 1500 DM verlangen, muß seinerseits aber noch die vereinbarte Gegenleistung von 1000 DM erbringen. Per Saldo hat er gegen S mithin einen Anspruch auf Zahlung von 500 DM.

Die Lösung mag ungerechte Ergebnisse befürchten lassen. So ist der Einwand vorwegzunehmen, daß es innerhalb des Abwägungsmodells möglich wäre, daß eine Partei Vorteil aus einem Vertrag zieht, dessen Unerfüllbarkeit ihr schon bei Abschluß bekannt war, der Gegenseite aber nicht (im Beispielsfall dann, wenn der entgangene Gewinn des G nur 200 DM statt 1000 DM betrüge; im Ergebnis müßte G hier noch 100 DM an S leisten).

Dieses Problem geht aber nicht auf Besonderheiten des anfänglichen Unvermögens zurück. Derselbe Einwand ließe sich für den Fall formulieren, daß eine Partei ihre Leistungsfähigkeit nach Vertragsschluß zielgerichtet vereitelt. Es handelt sich vielmehr um eine Konsequenz jeder Abwägungslösung, die eben darauf beruht, den geringeren Verursachungs- und Verschuldensbeitrag neben dem gewichtigeren nicht für unerheblich zu halten, sondern ihn statt dessen mit anteiligem Rechtsnachteil belegt. Für den Beispielsfall steht das eminent vertragswidrige Verhalten des S außer Frage; aber G hat durch seine grobe Unachtsamkeit ebenfalls erheblich gegen seine Vertragspflichten verstoßen.

Letztlich sind unbillige Ergebnisse in einem Abwägungssystem ausgeschlossen: Die gegeneinander gewogenen Parteibeiträge schlagen sich in den von den Parteien zu tragenden Unmöglichkeitslasten nieder. Gelangt man derart zu als untragbar erachteten Ergebnissen, bedarf die erste Abwägung der Korrektur; sie entsprach dann nicht einer sachgerechten Gewichtung der Verantwortlichkeit.

Im Ergebnis ist also das oben unter A. II. 3. entwickelte Rechtsfolgenmodell auf den Fall anfänglichen Unvermögens zu übertragen.

---

[50] Vgl.o. B. I. 1. a).

3. Zusammenfassung

1) Die beiderseits zu vertretende, anfängliche objektive Unmöglichkeit ist durch § 307 Abs. 1 S. 2 BGB geregelt: Kannten sowohl Schuldner als auch Gläubiger die Unmöglichkeit oder mußten sie diese kennen, können sie aus der (von § 306 BGB angeordneten) Nichtigkeit ihres Vertrags keine vertraglichen Ansprüche gegeneinander herleiten.

2) Ein von beiden Vertragsteilen zu verantwortendes anfängliches Unvermögen führt zu denselben Rechtsfolgen, wie sie sich im Fall nachträglicher Unmöglichkeit ergeben. Als zu vertretende Parteibeiträge in Betracht kommen sowohl die Beseitigung der Leistungsfähigkeit im Anbahnungsstadium des Vertrags als auch das Kontrahieren selbst in Kenntnis oder fahrlässiger Unkenntnis des Unvermögens.

Zweiter Teil

Rechtsfolgen der beiderseits zu vertretenden Unmöglichkeit nach der Schuldrechtsreform und im UN-Kaufrecht

Im Anschluß an die Untersuchung der beiderseits zu vertretenden Unmöglichkeit innerhalb des BGB soll hier erörtert werden, welche Rechtsfolgen sich im UN-Kaufrecht und nach dem Reformentwurf der Schuldrechtskommission ergeben.

A. UN-Kaufrecht und Reformentwurf als mit dem BGB konkurrierende Regelungsmodelle

Das UN-Kaufrecht (eigentlich: Wiener UN-Übereinkommen über Verträge über den internationalen Warenkauf vom 11. April 1980, im Englischen "CISG" abgekürzt, für: "Convention on the International Sale of Goods") konkurriert mit dem BGB seit seinem Inkrafttreten am 1. Januar 1991. Im Rahmen seines sachlichen, räumlichen und zeitlichen Anwendungsbereichs (vergleiche dazu die Art. 1-6, 100 CISG) geht es als innerstaatlich geltendes Recht den Regelungen des BGB vor.

Demgegenüber beschränkt sich die Konkurrenz des Reformentwurfs zum BGB gegenwärtig auf die wissenschaftliche Diskussion. Seit nahezu zwei Jahrzehnten verfolgt das Bundesministerium der Justiz den Plan einer Schuldrechtsreform. Nachdem zunächst 24 "Gutachten und Vorschläge zur Überarbeitung des Schuldrechts" von Wissenschaftlern und Praktikern eingeholt und 1981 bzw. 1983 veröffentlicht worden waren, berief der Justizminister eine "Kommission für die Überarbeitung des Schuldrechts" ein, die 1984 erstmals zusammentrat. Als Ergebnis der Kommissionsarbeit ist der Öffentlichkeit 1992 ein ausführlich begründeter Regelungsentwurf (BGB-KE) vorgestellt worden. Derzeit ist offen, wann und in welcher (endgültigen) Gestalt der Entwurf die von ihm erfaßten Regelungen des Allgemeinen und Besonderen Schuldrechts ablösen wird[1]. Der Reformdebatte ist durch den Kommissionsentwurf jedenfalls eine einheitliche Grundlage gegeben.

I. Systematische Unterschiede gegenüber dem geltenden BGB

UN-Kaufrecht und Reformentwurf haben etwas Wesentliches gemeinsam. Sie suchen die verschiedenen Erscheinungsformen von Leistungsstörungen durch einen einheitlichen Tatbestand zu erfassen, anstatt wie das BGB Typen der Nichtleistung (v.a. Unmöglichkeit und Verzug) und Schlechtleistung einzeln zu normieren. Das UN-Kaufrecht verwendet den Begriff der "Vertragsverletzung" (breach of contract)[2], vergleiche z.B. Art. 25 CISG; der Kommissionsentwurf prägt den Begriff der "Pflichtverletzung", z.B. in § 280 BGB-KE. Die Wahl eines einheitlichen Grundtatbestands der Leistungsstörung führt gleichwohl nicht dazu, daß sämtliche Fälle der Pflicht- bzw. Vertragsverletzung gleich behandelt würden; sowohl das UN-Kaufrecht als auch der Reformentwurf sehen Differenzierungen nach dem Inhalt und dem Vertretenmüssen der Pflichtverletzung vor, vergleiche nur §§ 323 Abs. 2 Nr. 2, 438 ff. BGB-KE; Art. 49 Abs. 1, 2, jeweils lit. a) und b) CISG[3]. Die Einführung des Einheitstatbestands durch UN-Kaufrecht und Reformentwurf ist so weniger in praktischer als vielmehr in rechtstechnischer Hinsicht von Bedeutung[4].

Mit Blick auf den Inhalt einer verletzten Vertragspflicht ergibt sich ein weiterer systematischer, den "neuen" Schuldrechten gemeinsamer Unterschied zum geltenden BGB. Die dort geläufige strenge Abgrenzung von synallagmatischen Pflichten gegenüber sonstigen Leistungs- und Nebenpflichten entfällt. Auch hier ist eine Differenzierung nur durch eine andere ersetzt. Das UN-Kaufrecht unterscheidet wesentliche von den übrigen Vertragsverletzungen (Art. 25 CISG); der Kommissionsentwurf schließt bestimmte Gläubigerrechte aus, wenn nur eine unerhebliche Pflicht oder eine Schutzpflicht i.S.d. § 241 Abs. 2 BGB-KE verletzt wurde, beispielsweise § 323 Abs. 3 Nr. 1, 2 BGB-KE.

---

[1] Nach der Ansicht des Rechtsausschusses des Bundestages soll die Reform "spätestens zum 1.1.2000 in Kraft treten", vgl. ZRP 1994, 88.

[2] Der deutsche Text des Übereinkommens ist nicht authentisch. Gleichberechtigt verbindlich sind seine Fassungen in englisch, französisch, spanisch, russisch, arabisch und chinesisch.

[3] Auf die Notwendigkeit von Differenzierungen innerhalb des Reformentwurfs verweisen auch Flume ZIP 1994, 1497, 1500; Schlechtriem ZEuP 1993, 217, 221, 227; Rabe ZIP 1996, 1652, 1655; für das UN-Kaufrecht Honsell-Schnyder / Straub Art. 45 Rz 11; Karollus S. 90 f.

[4] Vgl. Abschlußbericht S. 20.

UN-Kaufrecht und Reformentwurf ähneln einander in systematischer und terminologischer Hinsicht. Diese Ähnlichkeit ist nicht zufällig. Die Schuldrechtskommission hat das UN-Kaufrecht bewußt zum Regelungsvorbild gewählt, unter anderem deshalb, weil sie ein dauerhaftes innerstaatliches Nebeneinander von zwei unterschiedlich strukturierten Normensystemen vermeiden wollte[5].

II. Auswirkungen der Unterschiede auf die vorliegende Untersuchung

Aus dem System des Einheitstatbestands in UN-Kaufrecht und Reformentwurf erwächst für die vorliegende Arbeit eine Schwierigkeit: Ihr Untersuchungsgegenstand ist die beiderseits zu vertretende Unmöglichkeit einer gegenseitigen Vertragspflicht. Deren Rechtsfolgen nach UN-Kaufrecht und Reformentwurf sind zu erörtern. Die Begriffe der Unmöglichkeit und der gegenseitigen Vertragspflicht treten in den beiden Regelungssystemen aber nicht in Erscheinung[6].

Ein bestimmter sozialer Konflikt entfällt freilich nicht mit der abweichenden Formulierung eines Gesetzes[7]. Jedoch unterscheiden sich die rechtlichen Wertungen und Formen, mit denen verschiedene Normensysteme den Konflikt zu bewältigen suchen. Der invariante Konflikt bildet so das "tertium comparationis" eines Vergleichs dieser Rechtssysteme. Für diesen Vergleich ist das Regelungsproblem rein funktional und frei von Systembegriffen der heimischen Rechtsordnung zu formulieren[8].

Konkret geht es darum, die "beiderseits zu vertretende Unmöglichkeit einer gegenseitigen Vertragspflicht" von der Begrifflichkeit des BGB zu lösen. Neutral ließen sich die von ihr erfaßten Konflikte ungefähr wie folgt umschreiben: Zu regeln ist die von beiden Vertragsparteien zu verantwortende Nichterfüllung bestimmter Vertragspflichten[9]. Die Nichterfüllung muß auf einem dauerhaften

---

[5] Vgl. Abschlußbericht S. 20.

[6] Das gilt hinsichtlich des Kommissionsentwurfs freilich nur für die überarbeiteten Passagen. Ahrens ZRP 1995, 417, 421 weist zu Recht darauf in, daß unter den fortgeltenden Vorschriften zahlreiche den Begriff der Unmöglichkeit verwenden, z.B. §§ 265, 425, 292 BGB. Zum UN-Kaufrecht vgl.u. Fn 2.

[7] Darauf verweist auch Ahrens ZRP 1995, 417, 421.

[8] S. hierzu Zweigert / Kötz § 3 II, S. 33 ff; Koch / Magnus / Winkler v.Mohrenfels § 13 II 2, S. 237; Rheinstein / v.Borries S. 25 ff.

[9] Welche Umstände von beiden Vertragsseiten zu verantworten sind, bestimmt jedes Rechtssystem nach eigenen Maßstäben; für das BGB sind sie im 1. Teil: A. I. und B. I, II. 1. dargestellt. Der vorliegende Vergleich schließt diese Frage nicht ein.

Leistungshindernis beruhen, welches der Schuldner bei Aufbietung der von ihm geschuldeten Leistungsanstrengungen nicht überwinden kann. Relevant sind nur solche Leistungspflichten, wegen deren Erhalt die Parteien den Vertrag geschlossen haben, auf deren Erfüllung es ihrem jeweiligen Gläubiger also entscheidend ankam.

Wie bereits dargestellt, differenzieren Reformentwurf und UN-Kaufrecht Leistungsstörungen und Vertragspflichten nicht in der vorstehenden Weise. Insofern liegt nahe, daß der Anwendungsbereich der zu identifizierenden Regelungen über den der beiderseits zu vertretenden Unmöglichkeit im BGB hinausreicht[10]. Gleichwohl soll der Gegenstand dieser Untersuchung nicht auf weitere beiderseitige Pflichtverletzungen ausgedehnt werden. Der Fokus richtet sich auf Vertragsverletzungen, die aus Sicht des geltenden BGB als Unmöglichkeit einer Hauptleistungspflicht aufzufassen sind.

Der Reformentwurf und das UN-Kaufrecht verfügen über keinen spezifischen Terminus für das vorliegende Regelungsproblem. Andererseits ist die oben vorgeschlagene funktionale Umschreibung wegen ihrer Länge praktisch kaum handhabbar. Ein abkürzender Begriff wird somit erforderlich; er könnte "Unerfüllbarkeit" oder "Unmöglichkeit^{x}" lauten. Einfacher scheint jedoch, die zu regelnden Konstellationen auch im folgenden schlicht mit Unmöglichkeit zu bezeichnen. Dabei muß bewußt bleiben, daß dieser Begriff die Perspektive des BGB spiegelt, dem Reformentwurf und dem UN-Kaufrecht aber fremd ist. Der Sprachgebrauch dient - wie gesagt - der Vereinfachung.

Im folgenden sollen die "neuen" Regelungssysteme daraufhin analysiert werden, welche Rechtsfolgen sie im Fall einer beiderseits zu vertretenden Vertragsverletzung (im Sinn einer Unmöglichkeit aus Sicht des geltenden BGB) anordnen: zunächst der dem BGB nähere Reformentwurf, anschließend das UN-Kaufrecht.

---

[10] Ob die größere Reichweite einschließt, daß nicht länger zwischen verschiedenen Unmöglichkeitskonstellationen zu differenzieren ist, wird u. unter B. III. 2. b) aa), bb) sowie C. III. 4 untersucht.

B. Kommissionsentwurf

Vor einer Erörterung der speziellen Rechtsfolgen einer von beiden Vertragsparteien zu vertretenden Unmöglichkeit ist zu untersuchen, welche Ansprüche und Gestaltungsrechte nach dem Reformentwurf - unabhängig von der Problematik verteilter Verantwortlichkeit - bei einer solchen Pflichtverletzung in Betracht kommen.

I. Rechtsfolgen der Unmöglichkeit nach dem Reformentwurf

1. Erfüllungsanspruch

Im BGB befreit § 275 BGB den Schuldner bei nachträglicher Unmöglichkeit von seiner Verpflichtung zur (primären) Leistung. Aus dem Untergang des Vertragsanspruchs können sich für den Gläubiger allerdings Sekundäransprüche ergeben. § 275 BGB-KE läßt diese Regelung in ihrem materiellen Kern unberührt. Die "Grenzen der Leistungspflicht" werden allerdings über die nachträgliche Unmöglichkeit hinausgeschoben[1], und statt einer Befreiung ipso iure muß sich der Schuldner nunmehr einredeweise auf das Leistungshindernis berufen. Klarstellend nennt § 275 S. 2 BGB-KE die §§ 280, 281, 283, 323 BGB-KE als Rechte des Gläubigers, welche sich aus der Entlastung des Schuldners von der primären Verbindlichkeit ergeben können. Eine Naturalerfüllung der unmöglichen Leistung kann der Gläubiger nach neuer wie alter Rechtslage nicht durchsetzen.

2. Schadenersatz

§ 280 Abs. 1 BGB-KE gewährt dem Gläubiger einen Ersatzanspruch für diejenigen Schäden, die dem Gläubiger aus einer vom Schuldner zu vertretenden Pflichtverletzung entstanden sind. Der Begriff der Pflichtverletzung umfaßt hier - wie stets im Reformentwurf - auch Fälle der Unmöglichkeit[2].

In Fällen der Unmöglichkeit tritt der an den Gläubiger zu leistende Schadenersatz in aller Regel nicht neben die eigentliche Verbindlichkeit (deren Erfüllung nicht mehr durchgesetzt werden kann, s.vor. 1.), sondern ersetzt sie (eine

[1] Dazu i.e. Abschlußbericht S. 118 ff; Medicus NJW 1992, 2384, 2385.

[2] Abschlußbericht S. 29 f.

Ausnahme gilt für Schadenersatz neben dem Surrogat, vergleiche § 281 Abs. 2 BGB-KE[3]). Für diesen Fall sieht § 280 Abs. 2 BGB-KE zusätzliche Erfordernisse vor: Ein Schadenersatz "statt der Leistung" - der Ausdruck ersetzt den Begriff des Schadenersatzes wegen Nichterfüllung - soll nur unter den Voraussetzungen des § 283 BGB-KE zu erlangen sein, § 280 Abs. 2 S. 1 BGB-KE. Ein Anspruch auf Schadenersatz "wegen Nichtausführung" eines gegenseitigen Vertrags besteht gemäß § 280 Abs. 2 S. 3 BGB-KE nur in der Form des § 327 BGB-KE nach einem Rücktritt des Gläubigers. Damit stellt sich die Notwendigkeit, zwischen Schadenersatz "statt der Leistung" und "wegen Nichtausführung des Vertrags" abzugrenzen.

a) Schadenersatz "statt der Leistung", § 283 BGB-KE

Der Schadenersatzanspruch aus § 283 BGB-KE läßt die Gegenleistungsforderung des Schuldners unberührt. Dafür spricht zum einen seine systematische Stellung innerhalb des Ersten Titels des Allgemeinen Schuldrechts, "Die Verpflichtung zur Leistung", der neben gegenseitigen Verträgen auch einseitig verpflichtende Schuldverhältnisse behandelt, bei denen keine Gegenleistung geschuldet ist. Zum anderen deutet die Formulierung "statt der Leistung" darauf hin, daß die Schadenersatzforderung an die Stelle der ursprünglich geschuldeten Leistung treten soll, ohne das Schuldverhältnis im übrigen umzugestalten. Gedacht ist folglich an Schadenersatz im Sinn der Surrogationstheorie des geltenden BGB.

Der Anspruch hängt nach § 283 Abs. 1 BGB-KE davon ab, daß der Gläubiger dem Schuldner zuvor eine angemessene Frist zur Leistung gesetzt hat. § 283 Abs. 2 BGB-KE befreit den Gläubiger allerdings von der Fristbestimmung, wenn "offensichtlich ist, daß diese Bestimmung keinen Erfolg hätte". Mit Fällen offensichtlicher Erfolglosigkeit ist auch und insbesondere eine Leistungsunmöglichkeit gemeint[4]. Demnach besteht der Anspruch aus § 283 BGB-KE hier ohne über § 280 BGB-KE hinausreichende Erfordernisse; er wird allein durch eine vom Schuldner zu vertretende Unmöglichkeit begründet.

---

[3] S. dazu u. B. 4.

[4] Abschlußbericht S. 135.

b) Schadenersatz "wegen Nichtausführung des Vertrags", § 327 BGB-KE

§ 280 Abs. 2 S. 3 BGB-KE knüpft den Schadenersatz "wegen Nichtausführung" an einen Rücktritt des Gläubigers. Die Vorschrift nimmt § 327 BGB-KE ausdrücklich, sachlich auch die Rücktrittsregelung des § 323 BGB-KE in Bezug[5]. Daraus erwächst zunächst die Frage, in welchem Verhältnis die §§ 323, 327 BGB-KE zu § 280 Abs. 2 S. 3 BGB-KE stehen.

§ 280 BGB-KE regelt Schadenersatzansprüche des Gläubigers; Voraussetzungen eines Rücktritts bestimmt er nicht. Er setzt eine solche Regelung vielmehr voraus ("nach Rücktritt") und bezieht sich auf § 323 BGB-KE somit als Rechtsgrund eines Rücktritts.

Hinsichtlich des Zusammenspiels von § 280 Abs. 2 S. 3 und § 327 BGB-KE macht eine Differenzierung nach Rechtsgrund- und Rechtsfolgenverweis wenig Sinn. Denn § 327 BGB-KE setzt für den Nichterfüllungsschadenersatz nur voraus, was auch § 280 Abs. 2 S. 3 BGB-KE postuliert, nämlich einen vorherigen Rücktritt des Gläubigers. Wenn § 327 Abs. 2 BGB-KE den Schadenersatz "wegen Nichtausführung" an ein Vertretenmüssen des Schuldners knüpft, ist damit nur eine Voraussetzung jeden Schadenersatzes (§ 280 Abs. 1 S. 2 BGB-KE) wiederholt. Da die §§ 280 Abs. 2 S. 3, 327 BGB-KE in ihrem Anwendungsbereich[6] und ihren Anspruchsvoraussetzungen zusammenfallen, ist eine genaue Abgrenzung zwischen beiden Normen nicht erforderlich.

Der von den §§ 280 Abs. 2 S. 3, 327 BGB-KE vorausgesetzte Rücktritt läßt die Gegenleistungsverpflichtung des Gläubigers untergehen. Der Schadenersatz tritt so nicht nur an die Stelle der Primärleistung des Schuldners, sondern des Vertrags im Ganzen. Im System des geltenden BGB wird diese Funktion vom Differenzschaden erfüllt. Der Reformentwurf erübrigt einen Rückgriff auf diese Berechnungsmethode, die den Schadenersatz um Elemente des Rücktritts erweitert. Er läßt den Gläubiger beide Rechte kombinieren. Dafür müssen allerdings auch deren Voraussetzungen kumulativ vorliegen (§ 327 Abs. 2 BGB-KE stellt dies sicher). Die Regelung des § 280 Abs. 2 S. 3 BGB-KE soll verhindern, daß der Schuldner denselben Rechtserfolg allein als Differenzschadenersatz und damit außerhalb der Rücktrittsvoraussetzungen durchsetzt[7]. Als Schadenersatz - dies eine Neuerung der Reform - kann der Gläubiger statt des positiven Interes-

[5] Zum Rücktritt sogleich unter c).

[6] § 280 Abs. 2 S. 3 BGB-KE verweist auf § 327 BGB-KE, dessen Anwendung sich seinerseits auf die Fälle des § 280 Abs. 2 S. 3 BGB-KE beschränkt, vgl. Abschlußbericht S. 173.

[7] Abschlußbericht S. 131, 173; Medicus NJW 1982, 2384, 2238.

ses auch Ersatz seines Vertrauensschadens verlangen, § 327 Abs. 1 S. 2 BGB-KE.

Die Begründung zum Entwurf stellt klar, daß § 327 BGB-KE die Verfolgung von Schadenersatz bei fortbestehender Gegenleistungspflicht nach § 283 BGB-KE nicht einschränken will[8]. Daraus ergibt sich zunächst die Anwendbarkeit des § 283 BGB-KE auch innerhalb gegenseitiger Verträge[9]. Weiter folgt daraus, daß der Gläubiger - wie unter der Geltung des BGB zwischen Surrogations- und Differenzschadenersatz - zwischen Schadenersatz statt der Leistung und wegen Nichtausführung des Vertrags wählen kann.

3. Rücktritt, § 323 BGB-KE

Nach § 323 Abs. 1 S. 1 BGB-KE kann der Gläubiger wegen einer Pflichtverletzung des Schuldners vom Vertrag zurücktreten. Die Vorschrift setzt nicht voraus, daß der Schuldner seine Pflichtverletzung zu vertreten hat[10]. Jedoch muß der Gläubiger dem Schuldner zunächst eine Frist zur Beseitigung der Störung setzen bzw. ihn abmahnen, § 323 Abs. 1 S. 1, 2 BGB-KE. Die Fristsetzung ist gemäß § 323 Abs. 2 Nr. 1 BGB-KE ausnahmsweise entbehrlich, wenn ihre Erfolglosigkeit offensichtlich ist. Die Formulierung des § 323 Abs. 2 Nr. 1 BGB-KE stimmt mit § 283 Abs. 2 BGB-KE überein; wie dort macht die Unmöglichkeit auch hier eine Fristsetzung entbehrlich[11]. Somit kann der Gläubiger unmittelbar aufgrund der Unmöglichkeit zurücktreten.

Ein Rücktritts ist gemäß § 323 Abs. 3 Nr. 1 BGB-KE ausgeschlossen, wenn die Pflichtverletzung des Schuldners nur als unwesentlich anzusehen ist. Dieser Ausschlußgrund ist nach Vorstellung der Schuldrechtskommission aber nicht auf Fälle der Unmöglichkeit einer Hauptleistungspflicht anzuwenden[12]. Ein weiterer Ausschlußgrund ist an die alleinige oder überwiegende Verantwortlichkeit des Gläubigers für die Pflichtverletzung geknüpft, § 323 Abs. 3 Nr. 3 BGB-KE. Zu dieser Konstellation, die den Kern beiderseitiger Verantwortlichkeit berührt, siehe unten B. II. 1.

---

[8] Vgl. Abschlußbericht S. 173.

[9] Unklar insofern Abschlußbericht S. 130 f.

[10] Abschlußbericht S. 166.

[11] Abschlußbericht S. 168; Medicus NJW 1992, 2384, 2388.

[12] Vgl. Abschlußbericht S. 169.

4. Surrogat, § 281 BGB-KE

Die Schuldrechtskommission hat § 281 BGB dem neuen Leistungsstörungskonzept terminologisch angepaßt; die Vorschrift sollte "praktisch unverändert" übernommen werden[13]. Daher muß sie auch im Rahmen des Reformentwurfs unabhängig davon greifen, wer die Unmöglichkeit zu vertreten hat[14]. Der Gläubiger kann wie im geltenden Recht die Herausgabe eines Ersatzgegenstands entweder isoliert (§ 281 Abs. 1 BGB-KE) oder im Rahmen einer (dann allerdings reduzierten) Schadenersatzforderung verlangen, § 281 Abs. 2 BGB-KE[15].

Eine wesentliche Abweichung gegenüber dem geltenden Recht ergibt sich allerdings aus dem Wegfall des § 323 Abs. 2 BGB. Gemäß dieser Vorschrift ist die Gegenleistung nach den Grundsätzen der §§ 472, 473 BGB herabzusetzen, wenn das vom Gläubiger nach § 281 Abs. 1 BGB beanspruchte Surrogat von geringerem Wert ist als die ursprünglich geschuldete Leistung. Da die Kommission § 281 BGB wegen seines "offenbaren Gerechtigkeitsgehalts" übernehmen wollte[16], könnte die ersatzlose Streichung des § 323 Abs. 2 BGB ein Redaktionsversehen bedeuten, zumal sich die Begründung zur Neufassung des § 323 BGB ausschließlich mit der Regelung des Rücktritts befaßt[17].

Andererseits präzisiert die Entwurfsbegründung den Gerechtigkeitsgehalt des § 281 BGB dahingehend, daß der Gläubiger, wenn er schon die Leistung nicht bekomme, wenigstens das Surrogat erhalten solle. Die Sachgerechtigkeit dieser Regelung ist in der Tat evident. Eine andere Frage ist, ob der Gläubiger, der ein geringerwertiges Surrogat seiner Befreiung von der Gegenleistung (nach §§ 323 oder 325 BGB bzw. § 323 BGB-KE) vorzieht, dafür einen "Ausgleich" in Gestalt einer Herabsetzung der Gegenleistung erhalten soll.

Ein Wegfall der Minderung belastet den Gläubiger nicht unverhältnismäßig: Er wird das Surrogat dann nur verlangen, wenn es ihm trotz seiner Gegenleistungsverpflichtung lohnend erscheint, und ansonsten vom Vertrag zurücktreten oder Schadenersatz wählen[18]. Zudem führt das geltende Recht zu der Asymmetrie, daß der Gläubiger zwar den Nachteil eines minderwertigen Surrogats auf

---

[13] Abschlußbericht S. 132.

[14] Zur Rechtslage im BGB s.o. 1. Teil: A. II. 2. b) bb) (3) (d).

[15] Eine Schadenersatzforderung ist freilich nur gegeben, wenn der Schuldner die Unmöglichkeit (zumindest auch) zu vertreten hat.

[16] Vgl. Abschlußbericht S. 132.

[17] Vgl. Abschlußbericht S. 162 ff.

[18] So auch Huber S. 832. Seine Stellungnahme spricht ebenfalls gegen ein Redaktionsversehen, da sich die Kommission bei der Übernahme des § 281 BGB ausdrücklich auf sein Gutachten beruft.

den Schuldner überwälzen kann, von einem Wertzuwachs aber allein profitiert. Für den Fall der von keiner Seite zu vertretenden Unmöglichkeit ist diese Lösung keineswegs zwingend.

Ein Redaktionsversehen läßt sich demnach nicht feststellen. Insofern ist der klare Wortlaut des Entwurfs zu respektieren, der eine Minderung der Gegenleistung nicht vorsieht. Verlangt also der Gläubiger das Surrogat gemäß § 281 Abs. 1 BGB-KE, schuldet er unabhängig von dessen Wert die Gegenleistung in voller Höhe.

5. Gegenleistungsanspruch, § 324 BGB-KE

Wie § 281 BGB bleibt auch § 324 BGB Bestandteil des reformierten Schuldrechts. Wie dort bedurfte es hier lediglich einer Anpassung des Normtextes. Hat der Gläubiger den Eintritt der Unmöglichkeit zu vertreten, behält der Schuldner den Anspruch auf die Gegenleistung. Auch die Anrechnungsregel des § 324 Abs. 1 S. 2 BGB ist von der Schuldrechtskommission übernommen worden[19].

6. Zusammenfassung und Vergleich mit dem BGB

Zusammenfassend ist festzustellen, daß sich die Unmöglichkeitsrechte des BGB im Reformentwurf im wesentlichen wiederfinden. Lediglich das Recht zur Abstandnahme vom Vertrag aus §§ 325 Abs. 1 S. 3, 323 BGB, das in seiner Bedeutung ohnehin hinter dem Rücktritt zurückbleibt, ist nicht mehr vorgesehen[20]. Die praktisch wichtigste Neuerung liegt darin, daß der Rücktritt keine vom Schuldner zu vertretende Pflichtverletzung mehr voraussetzt. Systematisch ist von Bedeutung, daß Nichterfüllungsschadenersatz und Rücktritt nebeneinander geltend gemacht werden können, was bislang nur eingeschränkt im Rahmen der Differenztheorie möglich war.

---

[19] Am Rande vermerkt sei das Redaktionsversehen in der Formulierung des § 324 Abs. 2 BGB-KE. Wie im geltenden Recht soll der Annahmeverzug des Gläubigers seinem Vertretenmüssen gleichgestellt werden. Daher muß es dort statt "Dies gilt nicht, wenn ..." heißen: "Das gleiche gilt, wenn ...".

[20] Abschlußbericht S. 166.

II. Regelung der beiderseits zu vertretenden Unmöglichkeit

Die Kommission hat die Überarbeitung des Schuldrechts zum Anlaß genommen, "die im geltenden Recht umstrittene Frage gesetzlich" zu klären, "wie sich eine Mitverantwortung des Gläubigers" am Eintritt der Unmöglichkeit auf die beiderseitigen Rechte auswirkt[21]. Der Reformentwurf enthält daher eine ausdrückliche Regelung einer von beiden Seiten zu vertretenden Leistungsstörung in § 323 Abs. 3 Nr. 3 BGB-KE. Diese Regelung betrifft das Rücktrittsrecht des Gläubigers. Die Darstellung der Rechtslage nach einer beiderseits zu vertretenden Unmöglichkeit wird daher vom Rücktritt ausgehen; Gewähr oder Versagen des Rücktrittsrechts gestalten zugleich das rechtliche Schicksal des schuldnerischen Anspruchs auf die Gegenleistung (sogleich unter 1.). Anschließend (unter 2.) ist der Schadenersatzanspruch des Gläubigers zu untersuchen, der in der Form der §§ 280 Abs. 1, Abs. 2 S. 3, 327 Abs. 1 BGB-KE ebenfalls vom Bestehen des Rücktrittsrechts abhängt. Schließlich soll die Rechtslage bei der Herausgabe des Surrogats nach § 281 BGB-KE erörtert werden (unter 3.).

1. Rücktritt vom Vertrag und Anspruch auf die Gegenleistung

Die Kommission sieht in § 323 Abs. 3 Nr. 3 BGB-KE eine Alles-oder-Nichts-Regelung des Rücktritts vor. Das Rücktrittsrecht ist dem Gläubiger verwehrt, wenn er die Pflichtverletzung (Unmöglichkeit) des Schuldners allein oder zumindest überwiegend zu vertreten hat. Hieraus folgt im Umkehrschluß, daß ein Rücktrittsrecht (unter seinen übrigen Voraussetzungen) besteht, wenn der Gläubiger die Unmöglichkeit höchstens hälftig zu vertreten hat. Hinsichtlich des Rücktritts ist die von der Kommission erstrebte gesetzliche Klärung des beiderseitigen Vertretenmüssens durch § 323 Abs. 3 Nr. 3 BGB-KE also erreicht.

Dem Rücktrittsrecht des Gläubigers steht der Gegenleistungsanspruch des Schuldners gegenüber. In § 324 Abs. 1 BGB-KE ist lediglich der Fortbestand des Anspruchs für die vom Gläubiger zu vertretende Unmöglichkeit geregelt. Die Vorschrift erhellt zunächst nicht, ob "von dem Gläubiger zu vertreten" als "zumindest auch vom Gläubiger zu vertreten" zu lesen ist. Jedoch ist zu berücksichtigen, daß der Reformentwurf einen unmöglichkeitsbedingten Wegfall des Gegenleistungsanspruchs ipso iure, wie er in § 323 BGB geregelt ist, nicht kennt. Der Schuldner kann die Gegenleistung also vorbehaltlich eines Rücktritts

[21] Abschlußbericht S. 170, S. 172. Ebenso Medicus NJW 1992, 2384, 2388.

des Gläubigers verlangen. Ist der Rücktritt ausgeschlossen, besteht der Gegenleistungsanspruch fort.

Derart läßt sich aus der klaren Ausschlußregelung des Rücktrittsrechts bei einer (Mit-)Verantwortung des Gläubigers auch die Reichweite des § 324 Abs. 1 BGB-KE eindeutig ermitteln: Der Gegenleistungsanspruch des Schuldners besteht unabhängig von einer Rechtswahl des Gläubigers, wenn dieser die Pflichtverletzung überwiegend oder allein zu vertreten hat[22]. Dieses Ergebnis wird durch die Begründung des Reformentwurfs bestätigt[23].

2. *Schadenersatz*

a) Schadenersatz statt der Leistung - Austauschlösung

Die vom Schuldner zu vertretende Unmöglichkeit erlaubt dem Gläubiger, gemäß §§ 280 Abs. 1, Abs. 2 S. 1, 283 BGB-KE sein Erfüllungsinteresse zu liquidieren, während er seinerseits zur Gegenleistung verpflichtet bleibt. Auf diesem Weg findet also ein Leistungsaustausch zwischen den Parteien statt. Anders als beim Rücktritt hat die Kommission keine ausdrückliche Lösung für den Fall eines beiderseitigen Vertretenmüssens vorgesehen. Aus der Entwurfsbegründung geht hervor, daß man die vorhandenen Vorschriften, insbesondere § 254 BGB, für ausreichend erachtet[24].

Unterliegt der Schadenersatzanspruch des Gläubigers aus § 280 Abs. 1 BGB-KE mithin einer Kürzung in Höhe seines Verantwortlichkeitsanteils, schuldet er die Gegenleistung mangels einer Minderungsvorschrift weiterhin in vollem Umfang[25]. Damit werden hier dieselben Ergebnisse erreicht wie bei Anwendung der Surrogationstheorie unter geltendem Recht.

---

[22] Indem § 324 Abs. 1 BGB-KE so den Fortbestand des Gegenleistungsanspruchs nur für die Fälle feststellt, in denen kein Erlöschensgrund eingreift, wirkt die Vorschrift wie schon § 324 Abs. 1 BGB rein deklaratorisch.

[23] Vgl. Abschlußbericht S. 172.

[24] Vgl. Abschlußbericht S. 172.

[25] Der Verweis der Entwurfsbegründung auf § 254 BGB (Abschlußbericht S. 172) beschränkt sich auf den Schadenersatzanspruch.

b) Schadenersatz wegen Nichtausführung - Differenzlösung

Steht dem Gläubiger das Recht zum Rücktritt zu, hat er die Unmöglichkeit also höchstens zur Hälfte zu vertreten, kann er gemäß §§ 280 Abs. 1, Abs. 2 S. 3, 327 Abs. 1 BGB-KE über den Rücktritt hinaus den Schaden ersetzt verlangen, der ihm aus der Nichtausführung des Vertrags entsteht. Es fragt sich, wie die Mitverantwortung des Gläubigers im Rahmen dieses Schadenersatzanspruchs zu berücksichtigen ist.

Betrachtet man den Schadenersatzanspruch aus § 327 Abs. 1 BGB-KE als einen Annex zum Rücktritt, ließe sich vertreten, die Alles-oder-Nichts-Lösung des Gesetzes zum Rücktritt auf diesen Anspruch auszudehnen. Das hieße, daß sämtliche durch die Unmöglichkeit hervorgerufenen Nachteile stets allein vom Schuldner zu tragen wären. Damit bliebe der (möglicherweise nicht unbeträchtliche, sogar hälftige) Verschuldensanteil des Gläubigers folgenlos. Diese Lösung überzeugt nicht; sie steht im Gegensatz zu der verantwortlichkeitsgerechten Lastenverteilung im Rahmen des Ersatzanspruchs aus § 283 BGB-KE. § 254 BGB ist daher auch auf den Anspruch aus § 327 Abs. 1 BGB-KE anzuwenden. Denn der Verweis der Entwurfsbegründung auf § 254 BGB differenziert nicht zwischen Schadenersatz "statt der Leistung" und "wegen Nichtausführung des Vertrags"[26].

Allerdings ist die Quote nicht an einer verschuldensgerechten Verteilung des gesamten Unmöglichkeitsschadens auszurichten, also unter Einbeziehung der Nachteile, die dem Schuldner durch den Rücktritt entstanden sind.

Beispiel: S und G sind zu gleichen Teilen für die Unmöglichkeit verantwortlich; S hat durch den Rücktritt seine Gegenleistungsforderung i. H.v. 3000 DM verloren; G macht weitere 3000 DM Schadenersatz geltend. Um S und G entsprechend ihren Verschuldensanteilen zu belasten, wird die Ersatzforderung des G auf Null reduziert.

Dieses Modell liefe auf eine Korrektur der gesetzgeberischen Entscheidung für die zweiwertige Lösung ("Alles oder Nichts") zum Rücktrittsrecht in § 323 Abs. 3 Nr. 3 BGB-KE hinaus. Sie ist als systemfremd abzulehnen. Die Mitverantwortlichkeit des Gläubigers ist nur hinsichtlich des Umfangs der Schadenersatzforderung zu berücksichtigen.

[26] Vgl. Abschlußbericht S. 172.

3. Surrogat

Auf den Anspruch aus § 281 Abs. 2 BGB-KE, der in seinem Regelungsgehalt mit § 281 Abs. 2 BGB übereinstimmt, läßt sich das zum BGB entwickelte Lösungsmodell übertragen[27]: Wird das Surrogat neben einer Schadenersatzforderung aus § 283 BGB-KE geltend gemacht, so ist sein Wert gemäß § 281 Abs. 2 BGB-KE vom Schadenersatz abzuziehen. Der verbleibende Ersatzanspruch ist dann - nicht anders als ein isolierter Anspruch aus § 283 BGB-KE - um den Eigenanteil des Gläubigers gemäß § 254 BGB zu mindern. Insoweit besteht keine Besonderheit.

Eine Änderung gegenüber dem geltenden Recht ergibt sich dann, wenn der Gläubiger seinen Anspruch auf die Herausgabe des Surrogats beschränkt. Hier war bislang erforderlich, die von § 323 Abs. 2 BGB angeordnete Minderung der Gegenleistung sachgerecht auf die Parteien zu verteilen. Mit dem Wegfall der Vorschrift[28] entfällt diese Notwendigkeit. Da § 281 BGB selbst unverändert fortgelten soll, kann der Gläubiger das Surrogat ohne Rücksicht auf den Grad seines Verschuldens verlangen[29]. Macht er diesen Anspruch geltend, schuldet er mangels eines Erlöschens- oder Minderungsgrunds die vertraglich vereinbarte Gegenleistung in voller Höhe.

III. Bewertung des Entwurfs

1. Behandlung der beiderseitigen Verantwortlichkeit

Vergleicht man die vom Kommissionsentwurf geschaffene Rechtslage mit der Situation nach geltendem BGB, so ist der prägende Eindruck derjenige einer nachhaltigen Vereinfachung. Die Vereinfachung stellt sich in zweifacher Hinsicht dar: Vereinfacht ist zunächst die Feststellung des für die beiderseits zu vertretende Unmöglichkeit geltenden Rechts. Die Rechtsfolgen beiderseitigen Vertretenmüssens sind im Kommissionsentwurf zum Teil ausdrücklich festgelegt (§ 323 Abs. 3 Nr. 3 BGB-KE) und im übrigen ohne weiteres zu ermitteln[30]. Fragen des Gläubigerwahlrechts und der Anspruchsbegrenzung, die für das geltende Recht ganz unterschiedliche Antworten finden, werden so gesetzlich

---

[27] Zur Lösung nach geltendem Recht s.o. 1. Teil: A. II. 3. c) bb) (3) (a) (bb).

[28] S.o. 2. Teil: B. I. 4.

[29] Vgl.o. 1. Teil: A. II. 2. b) bb) (3) (d).

[30] Eine eingehendere Auslegung der Regelungen war allein für den (isolierten) Anspruch auf Herausgabe des Surrogates erforderlich, vgl.o. 2.Teil: B. II. 3.

geklärt. Eine solche Klarstellung der Rechtsfolgen ist denn auch von der Schuldrechtskommission angestrebt worden[31].

Diese Vereinfachung durch Erledigung eines langwährenden Meinungsstreits nutzt in erster Linie dem Rechtsanwender. Er kann die Folgen beiderseits zu vertretender Unmöglichkeit nunmehr schneller und ohne die Last weiterer Begründung aus dem Kodex ableiten. Mittelbar profitiert auch der Rechtsunterworfene: Für ihn ist der Ausgang eines Rechtsstreits leichter zu prognostizieren.

Die beschriebene Vereinfachung dürfte freilich mit jeder (sorgfältigen) gesetzlichen Fixierung eines Meinungsstreits einhergehen. Insofern stellt sie keine besondere, jedenfalls keine inhaltliche Leistung der Schuldrechtskommission dar. Der Kommissionsentwurf vereinfacht die Behandlung beiderseitigen Vertretenmüssens allerdings auch in inhaltlicher Hinsicht: Er baut Alles-oder-Nichts-Entscheidungen (sogleich unter a)) gegenüber den in dieser Untersuchung befürworteten Abwägungslösungen aus. Auf eine Abwägung der Parteibeiträge wird allerdings nicht völlig verzichtet; wählt der Gläubiger Schadenersatz, ist sie weiterhin vorgesehen. Damit entsteht das Problem, beide Lösungswege zu harmonisieren (dazu b)).

a) Alles-oder-Nichts-Entscheidungen im Kommissionsentwurf

aa) Rücktritt vom Vertrag, § 323 BGB-KE

Eine Alles-oder-Nichts-Lösung sieht der Kommissionsentwurf für den Rücktritt vom Vertrag vor. Gemäß § 323 Abs. 1 BGB-KE kann der Gläubiger bei einer Pflichtverletzung des Schuldners vom Vertrag zurücktreten, es sei denn, er habe die Unmöglichkeit allein oder überwiegend zu verantworten (Abs. 3 Nr. 3 derselben Vorschrift). Demnach büßt der Schuldner in den Fällen, in denen er den Eintritt der Unmöglichkeit wenigstens zur Hälfte zu vertreten hat, seinen Anspruch auf die Gegenleistung vollständig und ersatzlos ein.

Der Rücktritt nimmt im System der Leistungsstörungsrechte des Reformentwurfs eine bedeutsamere Stellung ein als im geltenden BGB. Dort kann sich der Gläubiger auch durch Abstandnahme von seiner Verpflichtung zur Gegenleistung lösen. Hier stellt der Rücktritt das einzige Vertragslösungsrecht dar. Zudem erlangt er Bedeutung, wenn der Gläubiger Schadenersatz begehrt, ohne seinerseits an den Schuldner leisten zu wollen. In diesen Fällen konnte der Gläubiger bislang nach der Differenzmethode vorgehen; im neuen Recht muß er

---

[31] Vgl. Abschlußbericht S. 170, 172.

dazu Schadenersatz und Rücktritt nebeneinander geltend machen (vergleiche § 327 BGB-KE).

Der Vorteil der aufgezeigten Vereinfachung in Form einer Alles-oder-Nichts-Lösung liegt auf der Hand: Sie überwindet den konstruktiven Aufwand, der notwendig ist, um einen partiellen Rücktritt bzw. den teilweisen Fortbestand der Gegenleistung nach der Wahl von Differenzschadenersatz zu begründen. Solche "Teillösungen" erweisen sich insbesondere dann als problematisch, wenn der Anspruch auf eine unteilbare Gegenleistung anteilig herabzusetzen ist[32].

Mit diesem Vorteil gehen jedoch beachtliche Bedenken einher. Zunächst steht das zweiwertige Konzept des Alles-oder-Nichts vor dem Dilemma, im Falle gleichmäßig verteilter Verantwortlichkeit stets eine Vertragspartei gegenüber der anderen - erheblich - benachteiligen zu müssen. Der Entwurf entscheidet hier für den Gläubiger, ohne diese Bevorzugung zu begründen. Die Entscheidung zugunsten des Gläubigers erscheint willkürlich[33]. Dem Vorwurf, Gleichgewichtslagen materiell ungerecht zu entscheiden, kann eine Alles-oder-Nichts-Lösung aber in keinem Fall entgehen. Es erweist sich zudem ein Defizit an Rechtssicherheit: Streitende Parteien können das Ergebnis eines Prozesses nicht abschätzen und müssen - abhängig von der richterlichen Gewichtung der Parteibeiträge - mit diametral entgegengesetzten Entscheidungen rechnen[34].

Die Unzulänglichkeiten des starren Entweder-Oder beschränken sich jedoch nicht auf Gleichgewichtslagen. Stets bleibt hier der (im Einzelfall vielleicht nur um weniges) geringere Parteibeitrag unberücksichtigt; der überwiegend Verantwortliche wird wie ein Alleinverantwortlicher behandelt. Dies schafft ein Spannungsverhältnis zu dem fundamentalen Gerechtigkeitsprinzip, Gleichartiges gleich zu behandeln, zwischen Ungleichem jedoch zu differenzieren[35].

Zwar ist der Gesetzgeber weitgehend frei darin, Sachverhalte als gleich oder ungleich festzulegen. Der Kommissionsentwurf optiert hier für ein Modell, das Parteibeiträge bis zur hälftigen Verantwortlichkeit als unwesentlich vernachlässigt. Fraglich ist allerdings, ob diese Lösung den Erwartungen und Bedürfnissen der Rechtsgemeinschaft gerecht wird. Die moderne plurale Gesellschaft prägt und fördert einen Individualismus, in welchem der einzelne eine schablonenhafte Behandlung seines rechtlichen Konflikts als unbefriedigend empfindet und

[32] Vgl. dazu o. 1. Teil: A. II. 2. c) cc) (1) u. (2) (a), (c).

[33] Im 1. Teil: A. II. 3. c) bb) (2) wird für eine gegenteilige Entscheidung plädiert.

[34] Dieser Einwand wurde bereits im 1. Teil: A. II. 1. a) cc) erhoben.

[35] Ebenso Bianca / Bonell-Tallon Art. 80 Anm 3.1 (zum UN-Kaufrecht), demzufolge eine solche Regelung dem Prinzip von Treu und Glauben widerspricht.

statt dessen eine auf seine konkrete Situation zugeschnittene richterliche Entscheidung erwartet. Einseitige Schuld- oder Lastenzuweisungen büßen an Überzeugungskraft ein, differenzierende Regelungsmodelle setzen sich zunehmend durch[36].

Auch das Privatrecht zielt seit jeher auf die Balancierung von Parteiinteressen; zugunsten der Abwägung speziell von Verantwortlichkeitsanteilen enthält die Vorschrift des § 254 BGB eine für das Zivilrecht grundlegende Wertung. Jedoch ist diese Wertung im BGB nicht einschränkungslos verwirklicht. Es finden sich ebenso Vorschriften, die eine zweiwertige Entscheidung an die Stelle eines kontinuierlichen Rechtsfolgensystems setzen, zum Beispiel die §§ 122 Abs. 2, 179 Abs. 3 S. 1, 307 Abs. 1 S. 2, 460 BGB. Eine ähnliche Entweder-Oder-Entscheidung treffen die §§ 350, 351 BGB. Auch wenn diese Normen lediglich Ausnahmen zur Regel des § 254 BGB bilden, erscheint die Entscheidung für oder gegen eine Abwägungslösung nach der Konzeption des BGB als prinzipiell offen.

Ein Blick auf die Rechtsentwicklung belegt gleichwohl die hier formulierte These, daß eine Abwägungslösung der heutigen Rechtsauffassung[37] besser gerecht wird als ein starres Rechtsfolgenmodell. Denn Gesetzgebung und wissenschaftliche Diskussion haben sich von den genannten Ausnahmebildungen des BGB entfernt, die allesamt seit dem Jahre 1900 in Kraft sind und zum Teil auf wesentlich ältere Rechtsquellen zurückgehen[38]. Als Beispiel für die in Rechtsprechung und Lehre herrschenden Rechtsmaßstäbe mag die oben[39] wiedergegebene Kritik an § 307 Abs. 1 S. 2 BGB dienen: Die Regelung wird nahezu einhellig als unangemessen starr erachtet. Man plädiert - de lege ferenda oder sogar de lege lata - für ihre Einschränkung bzw. Ersetzung durch eine Abwägungslösung nach § 254 BGB.

Noch aufschlußreicher für die hier behauptete Tendenz zugunsten abwägender Lösungen dürften die jüngeren sondergesetzlichen Regelungen des Rücktritts bzw. Widerrufs sein. Die §§ 350, 351 BGB sehen noch eine zweiwertige

---

[36] Innerhalb des öffentlich-rechtlichen Folgenbeseitigungsanspruchs z.B. hat das BVerwG ein Mitverschulden des Geschädigten früher nach dem Alles-oder-Nichts-Prinzip behandelt; nunmehr hält es diese Lösung für "unbefriedigend" und wendet § 254 BGB analog an, vgl. BVerwG NJW 1989, 2484, 2485. Gegenwärtig finden Ausgleichs- und Vermittlungsansätze insbesondere unter dem Stichwort der Mediation breiten Zuspruch.

[37] Schlechtriem ZEuP 1993, 217, 218 prägt hier den anschaulichen Begriff der "Fließrichtung" des Schuldrechts.

[38] So entspringt die Gestaltung der §§ 350, 351 BGB dem Preußischen Allgemeinen Landrecht von 1794, vgl. Abschlußbericht S. 179.

[39] Siehe 1.Teil: B. I. 1. a).

Entscheidung für den Fall vor, daß der Rücktrittsberechtigte den empfangenen Gegenstand nicht (ohne wesentliche Verschlechterung) zurückgewähren kann[40]. Beruhte die Unmöglichkeit auf Zufall, ist das Rücktrittsrecht eröffnet, war sie verschuldet, ist es ausgeschlossen. Die neueren §§ 3 Abs. 1 HaustürWG, 7 Abs. 4 VerbrKrG[41] und 13a Abs. 3 S. 1 UWG hingegen lassen einen Rücktritt auch bei verschuldeter wesentlicher Beschädigung zu, verpflichten den Berechtigten allerdings zum Ersatz des konkret eingebüßten Werts. An die Stelle der starren Grenze Zufall / Verschulden[42] tritt somit ein kontinuierliches Rechtsfolgensystem, welches die Berücksichtigung einer Mitverantwortlichkeit des Rücktrittsgegners erlaubt[43].

Bemerkenswert ist, daß die Schuldrechtskommission ihre Neufassung der §§ 346 ff. BGB-KE an diese Regelungen anlehnt, sie also vom Sonderprivatrecht auf das allgemeine Bürgerliche Recht überträgt[44]. Hieran wird das Ziel - in den Worten des Kommissionsmitglieds Medicus[45] - "elastischer" Regelungen deutlich. Offen bleibt, warum die Kommission eine solche elastische Lösung nicht auch für den Rücktritt bei beiderseitiger Verantwortlichkeit gewählt hat. Die von ihr gewählte Alles-oder-Nichts-Lösung verdient jedenfalls keine Zustimmung.

bb) Behandlung des Anspruchs aus § 281 BGB-KE

Der Alles-oder-Nichts-Lösung des Rücktritts zumindest ähnlich ist der vorgeschlagene Wegfall der §§ 325 Abs. 1 S. 3, 323 Abs. 2 BGB im Kommissionsentwurf. Demnach wird die Gegenleistung nicht mehr proportional herabgesetzt, wenn der Gläubiger einen geringerwertigen Ersatzgegenstand gemäß § 281 BGB-KE herausverlangt; der Gläubiger schuldet sie weiterhin in vollem Umfang. Hierin liegt jedoch keine Wertung speziell für die Konstellationen verteilter Verantwortlichkeit - der Anspruch aus § 281 BGB(-KE) ist dem Gläubiger unabhängig davon eröffnet, wer den Eintritt der Leistungsstörung zu vertreten hat.

---

[40] Zum folgenden vgl. Medicus NJW 1992, 2384, 2389.

[41] Ebenso zuvor § 1d Abs. 1 AbzG.

[42] Ähnlich: wesentliche / unwesentliche Verschlechterung.

[43] Darauf weist auch Medicus NJW 1992, 2394, 2389 hin.

[44] Vgl. Abschlußbericht S. 185; ausführlich Medicus NJW 1992, 2384, 2389.

[45] In: NJW 1992, 2384, 2389.

Gleichwohl ist zu fragen, ob diese Regelung eine Vertragspartei im Fall einer beiderseits zu vertretenden Unmöglichkeit unangemessen benachteiligt. Der Schuldner profitiert von ihr. Für den Gläubiger ist die Frage schon bei der Auslegung des Kommissionsentwurfs verneint worden[46]; er wird ohnehin nur selten an einem Surrogat interessiert sein, wenn dessen Wert hinter dem ursprünglich geschuldeten Gegenstand zurückbleibt. Wählt er es dennoch, ist ein gesetzlicher Ausgleich für diese Entscheidung nicht erforderlich. Dies um so weniger, als der Gläubiger eine verantwortungsgerechte Lastenverteilung herbeiführen kann, indem er Surrogat und Schadenersatz gemäß § 281 Abs. 2 BGB-KE nebeneinander geltend macht.

Die Neuregelung des Anspruchs auf Herausgabe eines Surrogats stößt mithin nicht auf Bedenken. Im Gegenteil: Dadurch, daß sie die Komplizierungen eines Wertausgleichs bei unteilbaren Gegenleistungen vermeidet, ist sie dem geltenden Recht vorzuziehen.

b) Verknüpfung mit der Abwägungslösung (§§ 280 BGB-KE, 254 BGB)

Während die Schuldrechtskommission für den Rücktritt eine Alles-oder-Nichts-Lösung entwirft - der Gläubiger kann bis zu einer festen Grenze seiner Verantwortlichkeit kompensationslos zurücktreten, darüber hinaus ist sein Rücktritt ausgeschlossen -, soll der Gläubigeranspruch auf Schadenersatz[47] aus § 280 BGB-KE weiterhin der Abwägung nach § 254 BGB unterliegen.

Diese Differenzierung leuchtet nicht ein. Wie bereits dargestellt[48], zielen die Rechte Rücktritt und Schadenersatz auf die Kompensation unterschiedlicher Nachteile: Der Gläubiger wird den Rücktritt wählen, wenn ihm bereits durch den Vertragsschluß Vermögensnachteile entstanden sind[49], der Schadenersatz hingegen kompensiert Einbußen, die durch die Unmöglichkeit hervorgerufen wurden. Aus welchem sachlichen Grund sollten hier unterschiedliche Wege des Interessenausgleichs beschritten werden? Die quotale Aufteilung des Gegenleistungsanspruchs kompliziert die praktische Rechtsanwendung nicht mehr als die entsprechende Kürzung eines Schadenersatzanspruchs[50]; als komplizierter er-

---

[46] S.o. 2. Teil: B. I. 4.

[47] Im Sinn der Surrogationstheorie nach geltendem BGB.

[48] S.o. 1. Teil: A. II. 2. b) bb) (3) (c).

[49] Dies aufgrund eines ungünstigen Wertverhältnisses von Leistung und Gegenleistung.

[50] Anderes mag für den Fall einer unteilbaren Gegenleistung gelten; diese (seltene) Ausnahme sollte jedoch keine unangemessene Regel begründen.

weist sie sich lediglich in rechtstechnischer Hinsicht, nämlich in dem Aufwand, eine derartige Teilwirkung stimmig in das Leistungsstörungssystem einzufügen.

Die Vermutung liegt nahe, daß die Kommission den konstruktiven Aufwand für das relativ seltene Phänomen der beiderseits zu vertretenden Unmöglichkeit gescheut hat. Die Kommissionsmitglieder haben daher eine zweiwertige Lösung bevorzugt, obwohl auch sie eine verschuldensgerechte Begrenzung der wechselseitigen Ansprüche als angemessener empfanden. Wäre es anders, hätte es ihnen freigestanden, eine § 323 Abs. 3 Nr. 3 BGB-KE entsprechende Alles-oder-Nichts-Regelung in das Schadenersatzrecht einzufügen.

Rechtstechnische Schwierigkeiten dürfen den Reformgesetzgeber allerdings nicht dazu verleiten, auf die sachlich gerechteste Regelung zu verzichten. Zwar ist der Gesetzgeber im Rahmen einer Teilreform an die fortbestehenden Grundstrukturen des Rechtsgebiets gebunden. Innerhalb dieser obliegt es ihm jedoch, die Gesetzessystematik den Sachinteressen anzupassen. Der Schuldrechtskommission hätte ihr Novellierungsauftrag jedenfalls ermöglicht, die Wirkung eines Rücktritts auf den vom Schuldner zu vertretenden Unmöglichkeitsanteil zu begrenzen.

Möglicherweise hat die Schuldrechtskommission die Problematik der beiderseits zu vertretenden Unmöglichkeit aber als zu marginal eingestuft, um in das Recht des Rücktritts umfangreich einzugreifen. Dann jedoch hätte sie ganz davon absehen müssen, die Rechtsfrage im BGB-Entwurf zu regeln. Erscheint die angemessene Lösung für ihre gesetzliche Fixierung als zu kompliziert, ist ihre Entwicklung weiterhin Rechtsprechung und Lehre zu überlassen.

Überdies schafft die Konzeption des Schuldrechtsentwurfs neue systematische Probleme, anstatt sie zu vermeiden. Begehrt der Gläubiger Schadenersatz, steht es ihm gemäß § 327 BGB-KE frei, dieses Begehren mit dem Rücktritt vom Vertrag zu verknüpfen, soweit er nicht überwiegend für die Unmöglichkeit verantwortlich ist (Schadenersatz wegen Nichtausführung des Vertrags). Diese Option entspricht dem Wahlrecht zwischen Austausch- und Differenzmethode im geltenden BGB. Dort hat die Wahl des Gläubigers allerdings keinen Einfluß auf die Verteilung des Unmöglichkeitsschadens zwischen den Parteien. Auf der Grundlage des Reformentwurfs ist die Kombination von Rücktritt und Schadenersatz für den Gläubiger stets vorteilhafter, da so nur der "Differenzschaden" und nicht der gesamte Nichterfüllungsschaden um seinen Eigenanteil nach § 254 BGB gekürzt wird. Derart schafft der zusätzliche Rücktritt einen beträchtlichen Vermögensvorteil gegenüber der isolierten Forderung von Schadenersatz. Indes knüpft der Entwurf Schadenersatz stets an ein Vertretenmüssen des Gegners (vergleiche § 280 BGB-KE) und damit an engere Voraussetzungen als den Rücktritt.

Der hierin enthaltene Wertungswiderspruch zeigt sich besonders deutlich in der Situation gleichmäßig verteilter Verantwortlichkeit: Sofern der Nichterfüllungsschaden des Gläubigers den Wert der Gegenleistung nicht um das Doppelte übersteigt (das ist die große Mehrzahl praktischer Fälle), ist der isolierte Rücktritt für den Gläubiger günstiger als die isolierte Forderung von Schadenersatz nach § 283 BGB-KE. Zum Beleg eine

Beispielsrechnung: Der Wert der Gegenleistung betrage 3000 DM. G ist durch die Unmöglichkeit ein (Dritt-)Veräußerungsgewinn i.H.v. 2500 DM entgangen. Verlangt er von S Schadenersatz, kann er 50 % von 5500 DM, also 2750 DM verlangen, muß aber seinerseits die Gegenleistung von 3000 DM erbringen. Per Saldo zahlt er 250 DM.

Tritt G hingegen vom Vertrag zurück, ist er von jeder Zahlungspflicht frei.

2. *Vereinfachung und Vereinheitlichung des Unmöglichkeitsrechts*

Die Schuldrechtskommission befürwortet eine grundlegende Reform des Leistungsstörungsrechts; für sie bedeutet die beiderseits zu vertretende Unmöglichkeit nur ein Einzelproblem. Die vorliegende Arbeit kann und will den Reformentwurf nicht umfassend würdigen[51]. Zu betrachten sind jedoch diejenigen Festlegungen des Reformentwurfs, die den Anwendungsbereich der beiderseits zu vertretenden Unmöglichkeit gestalten. Dabei ist von besonderem Interesse, ob das Modell der Pflichtverletzung die Vereinfachung leistet, auf die ein "Einheitstatbestand" hoffen läßt.

a) Neufassung des § 275 BGB

§ 275 BGB-KE regelt die Grenzen der Leistungspflicht des Schuldners. Er zieht sie dort, wo der Schuldner die Leistung nicht mit den von ihm geschuldeten Anstrengungen zu erbringen vermag. Die Kommission sieht für § 275 BGB-KE einen weiteren Anwendungsbereich als den der Unmöglichkeit des BGB, die sie im Sinn rein physischer Unmöglichkeit interpretiert[52]. Tatsächlich ist der

[51] Beiträge zu dieser Diskussion z.B. von Rabe ZIP 1996, 1652 ff; Ahrens ZRP 1995, 417 ff; Flume ZIP 1994, 1497 ff; Schlechtriem ZEuP 1993, 217 ff. Eine Zusammenstellung der Grundfragen gibt Stürner NJW 1994, Beil. zu Heft 25, S. 2 ff; weitere Nachweise bei Staudinger-J. Schmidt Einl zu §§ 241 Rz 83.

[52] Vgl. Abschlußbericht S. 118 f.

Begriff der Unmöglichkeit nicht eindeutig; über seine genauen Konturen besteht Streit. Die Kommission räumt ein, daß sich Praxis und Lehre längst über die Beschränkung des § 275 BGB auf die von ihr so genannte "wirkliche" Unmöglichkeit hinweggesetzt haben[53]. Inwieweit § 275 BGB-KE über § 275 BGB hinausreicht, hängt mithin von der jeweiligen Auffassung zur Unmöglichkeit ab. Von herrschender Warte aus betrachtet dürfte die Erweiterung kaum wesentlich sein[54].

Aus Sicht des Rechtsanwenders ersetzt die Neufassung des § 275 BGB den unscharfen Ausdruck der Unmöglichkeit durch den zumindest ebenso unbestimmten der "nach Inhalt und Natur des Schuldverhältnisses geschuldeten Anstrengungen"[55]. In der Sache identifiziert der Entwurf die Grenzen des Möglichen mit den Grenzen des Geschuldeten; ob eine Leistungsstörung vorliegt, ist somit vorrangig anhand der Umstände des einzelnen Schuldverhältnisses zu beurteilen. Diese Klärung verdient Zustimmung[56]. Zugleich aber kompliziert die Neufassung die Sprache des Gesetzes: Wo das BGB heute knapp und bündig von Unmöglichkeit spricht, muß § 324 BGB-KE umständlich darauf verweisen, daß der Schuldner die ihm obliegende Leistung nach § 275 BGB-KE verweigert[57]. Dieser "rechts-ästhetische" Einwand ist freilich von untergeordnetem Gewicht.

b) Differenzierungen innerhalb des Einheitstatbestands

Im BGB hatte die Regelung des beiderseitigen Vertretenmüssens zwischen anfänglicher objektiver Unmöglichkeit einerseits und den übrigen Unmöglichkeitskonstellationen andererseits zu differenzieren. Kann der Reformentwurf auf derartige Unterscheidungen verzichten, gestaltet er das Leistungsstörungsrecht erheblich übersichtlicher.

---

[53] Vgl. Abschlußbericht S. 119.

[54] Vgl. nur die Übersicht der Erscheinungsformen der Unmöglichkeit bei MünchKomm-Emmerich § 275 Rz 11-56. Auch Ahrens ZRP 1995, 417, 421 und Kommissionsmitglied Schlechtriem ZEuP 1993, 217, 224 sehen den Anwendungskern der reformierten Vorschrift in der Unmöglichkeit.

[55] Ähnlich Ahrens ZRP 1995, 417, 421.

[56] Vgl. hierzu die Argumentation im 1. Teil: A. II. 3., insbes. b) cc) (3).

[57] Ähnliches gilt für § 323 Abs. 3 Nr. 4, letzter HS. BGB-KE.

aa) Gleichstellung des anfänglichen Unvermögens

Der Entwurf stellt die Folgen anfänglichen Unvermögens denen einer nachträglichen Unmöglichkeit gleich. Insoweit wirft er keine besonderen Probleme auf; die Rechtsfolgen stimmen bereits nach geltendem Recht miteinander überein. Ein Unterschied ergibt sich allein in den Voraussetzungen der Haftung. Innerhalb des BGB ist umstritten, ob der Schuldner für sein anfängliches Unvermögen garantiemäßig oder nur analog der §§ 276 ff. BGB haftet[58]. Indem die Kommission eine einheitliche Regelung der zu vertretenden Unmöglichkeit vorschlägt, unterstützt sie die zweitgenannte Auffassung. Für die beiderseits zu vertretende Unmöglichkeit ergibt sich keine Neuerung, da hier schon nach geltendem Recht eine Verantwortlichkeit des Schuldners neben derjenigen des Gläubigers erforderlich ist[59].

bb) Gleichstellung der anfänglich objektiven Unmöglichkeit

Größer ist die Neuerung in der Behandlung der anfänglichen objektiven Unmöglichkeit. Hier erklärt § 306 BGB den Vertrag bislang für nichtig. Als Sanktion ist lediglich der Ersatz eines Vertrauensschadens vorgesehen. Dieser Anspruch entfällt jedoch bei verteilter Verantwortlichkeit.

Infolge der prinzipiellen Gleichstellung der einzelnen Unmöglichkeitsvarianten ist der Vertrag nunmehr wirksam[60]. Der Gläubiger kann neben Schadenersatz einen etwaigen Ersatzgegenstand fordern (§ 281 BGB-KE) oder vom Vertrag zurücktreten. Wählt er Schadenersatz, kommt es statt der geltenden Alles-oder-Nichts-Lösung des § 307 Abs. 1 S. 2 BGB zu einer Schadensteilung entsprechend § 254 BGB.

Ob diese Regelung der Interessenlage bei anfänglicher Unmöglichkeit besser gerecht wird als die geltenden §§ 306, 307 BGB, ist derart allgemein nicht zu entscheiden. Immerhin entspricht die Korrektur lange vorgetragener Kritik. Die Neufassung ist denn auch begrüßt worden[61]. Für die beiderseits zu vertretende

---

[58] S. hierzu o. 1. Teil: B. I. 1. a) und 2.

[59] S.o. 1. Teil: B. II. 1. c) aa).

[60] Allerdings weist die Kommission darauf hin, daß sich eine Nichtigkeit im Einzelfall aus § 138 BGB ergeben kann (vgl. Abschlußbericht S. 145); die Mehrzahl der Verträge wird diese Hürde allerdings nehmen.

[61] Vgl. v.Wallenberg ZRP 1994, 306, 309. Demgegenüber befürwortet Flume ZIP 1994, 1497, 1498 die bestehende Regelung.

Unmöglichkeit bringt der Entwurf - jedenfalls von dem hier eingenommen Standpunkt aus - einen Fortschritt, da nunmehr die einzige Fallgruppe entfällt, in welcher es im BGB nur auf das "Ob", nicht aber auf das Maß der Parteiverantwortlichkeit ankam.

Damit ist eine umfassende Vereinheitlichung gelungen: Sind das Vorliegen einer Pflichtverletzung i.S.v. § 275 BGB-KE und ein beiderseitiges Vertretenmüssen festgestellt, sind weitere Differenzierungen nicht erforderlich. Von dieser Vereinheitlichung ausgenommen scheint allein der Fall, in welchem der Schuldner eine anfängliche Unmöglichkeit deswegen zu verantworten hat, weil er sich seiner Leistungsfähigkeit nicht vergewissert hat. Hier soll der Schadenersatz regelmäßig auf das negative Interesse begrenzt sein[62].

Der Entwurf formuliert gleichwohl keine Sonderregel; die Begrenzung auf das negative Interesse ergibt sich vielmehr aus einer genauen Anwendung der §§ 280 Abs. 1 S. 1, 305 Abs. 2 BGB-KE i.V.m. § 249 BGB: Zu ersetzen ist der durch die Pflichtwidrigkeit entstandene Schaden, d.h. der Gläubiger ist so zu stellen, wie er bei pflichtgemäßem Verhalten des Schuldners stünde. Wäre aber bei pflichtgemäßem Verhalten des Schuldners kein Vertrag zustande gekommen, hat der Gläubiger lediglich einen "Vertrauensschaden" erlitten; zu erstatten ist dann nur sein negatives Interesse[63]. Eine Besonderheit liegt hierin nicht.

Somit erweist sich, daß die Schuldrechtskommission ihr Ziel, das Leistungsstörungsrecht zu vereinfachen, jedenfalls hinsichtlich der Fälle der (beiderseits zu vertretenden) Unmöglichkeit erreicht hat. § 275 BGB-KE und die an ihn anknüpfenden Vorschriften ersetzen die differenzierende Normierung der Unmöglichkeit im BGB durch eine einheitliche Regelung.

3. Fazit

Der Ansatz der Reformkommission, das geltende Schuldrecht zu straffen und zu vereinfachen, wirkt sich auch und gerade auf die Regelung beiderseits zu vertretender Unmöglichkeit aus. § 275 BGB-KE regelt unter dem Begriff der "Grenzen der Leistungspflicht" im wesentlichen Fälle der Unmöglichkeit (aus Sicht des geltenden BGB); deren Konstellationen werden einheitlich behandelt. Hier ist eine wichtige Zusammenführung erreicht, welche die zuweilen schwie-

---

[62] Abschlußbericht S. 146; v.Wallenberg ZRP 1994, 306, 309.

[63] Die Kommission weist allerdings darauf hin, daß die Vielgestaltigkeit eines möglichen vorvertraglichen Verschuldens keine schematische Berechnung des Schadenersatzes zulasse, vgl. Abschlußbericht S. 146.

rige Einordnung einer Störung als anfänglich, nachträglich, objektiv oder subjektiv obsolet werden läßt.

Hinsichtlich der beiderseits zu vertretenden Unmöglichkeit kommt dem Reformentwurf zudem das Verdienst zu, diese streitige Frage überhaupt in den Kodex einbezogen zu haben. In der Tat entspricht es dem Gebot systematischer Vollständigkeit, neben den Konstellationen einseitiger bzw. fehlender Parteiverantwortlichkeit auch das "tertium" eines beiderseitigen Vertretenmüssens zu regeln.

Die Regelung selbst überzeugt indes nicht. Die vorgeschlagene Gestaltung des Rücktritts ist in jeder Hinsicht unbefriedigend: Ihr Alles-oder-Nichts entspricht weder dem Maßstab heutiger Überzeugungen von Sachgerechtigkeit, noch fügt es sich stimmig in die dem Entwurf eigene Systematik ein. Denn im Rahmen des Schadenersatzes sieht der Reformentwurf weiterhin vor, Verantwortlichkeitsanteile gegeneinander zu wägen, so daß die Unmöglichkeitslasten im Verhältnis der jeweiligen Beiträge auf die Parteien verteilt werden.

Hier wirkt der Entwurf halbherzig, gleichsam als habe die Kommission eine eingehende, detailliertere Regelung gescheut. In seinem vorbereitenden Gutachten zur Reform des Schuldrechts hat Huber den Standpunkt eingenommen, daß man die rechtliche Schwierigkeit der beiderseits zu vertretenden Unmöglichkeit nicht überschätzen und "jedenfalls durch eine allzu differenzierende Regelung nicht vergrößern"[64] solle. Anscheinend ist die Kommission dieser Wertung Hubers gefolgt.

Wie die Analyse zeigt, hat das karge Entweder-Oder des Rücktritts die rechtlichen Schwierigkeiten keineswegs vermindert. Überdies wären Inhalt und Umfang der gesetzlichen Regelung aus den sachlichen Erfordernissen des zu lösenden sozialen Konflikts zu entwickeln gewesen. Im Kommissionsentwurf hingegen verlegt das schematische Regelungskonzept den Weg zu einer sachgerechten Lösung.

Das Modell der Schuldrechtskommission, würde es Gesetz, verwehrte Rechtsprechung und Lehre die Entwicklung einer geeigneten Lösung. Es ist abzulehnen.

---

[64] S. 853.

C. Das UN-Kaufrecht (CISG)

I. Grundkonzeption des UN-Kaufrechts

Das UN-Kaufrecht beschränkt sich auf die Regelung des internationalen Kaufs von Waren. Sein Anwendungsbereich ist so wesentlich enger als derjenige von BGB und Reformentwurf, die Regelungen für jeden denkbaren schuldrechtlichen Vertrag schaffen wollen.

Wie bereits erwähnt[1] legt das UN-Kaufrecht seinem Leistungsstörungsrecht ebenso wie der Schuldrechts-Reformentwurf einen einheitlichen Tatbestand zugrunde, nämlich denjenigen der Vertragsverletzung[2]. In einigen Bestimmungen spricht das UN-Kaufrecht auch von der Nichterfüllung einer Vertragspflicht, so in den Art. 80, 45 Abs. 1, 61 Abs. 1 CISG. Dies ist nicht - wie in der Dogmatik zum BGB - als Gegenbegriff zur Schlechterfüllung gedacht, sondern vielmehr als synonymer Ausdruck für Vertragsverletzung zu verstehen[3].

Eine Differenzierung wird jedoch durch den weitergehenden Begriff der "wesentlichen Vertragsverletzung" geschaffen. Nach der Definition in Art. 25 CISG ist eine Vertragsverletzung wesentlich, "wenn sie für die andere Partei solchen Nachteil zur Folge hat, daß ihr im wesentlichen entgeht, was sie nach dem Vertrag hätte erwarten dürfen"; diese Folge mußte für eine vernünftige Person auch vorhersehbar sein. Die Unterscheidung wesentlicher von sonstigen Vertragsverletzungen ist für zahlreiche Rechte bedeutsam, die entweder nicht oder nur unter zusätzlichen Voraussetzungen im Fall der "einfachen" Vertragsverletzung zur Verfügung stehen (beispielsweise Art. 71 ff; Art. 49 Abs. 1 a) gegenüber b) CISG).

Im folgenden werden zunächst die im hiesigen Zusammenhang relevanten Rechte der Parteien vorgestellt; alsdann ist auf die spezifische Problemlage verteilter Verantwortlichkeit einzugehen.

---

[1] S.o. 2. Teil: A. I.

[2] Auch das UN-Kaufrecht kennt den Begriff der Unmöglichkeit, S. Art. 82, 84 CISG, jedoch mit anderem Inhalt als im BGB, vgl. v.Caemmerer / Schlechtriem-Leser Art. 82 Rz 9. Unmöglichkeit bedeutet hier keine eigene Leistungsstörung, sondern einen Ausschlußgrund für das Recht zur Vertragsaufhebung.

[3] v.Caemmerer / Schlechtriem-Stoll Art. 79 Rz 10; Staudinger-Magnus Art. 45 Rz 25; Karollus S. 90.

II. Rechtsfolgen dauernder Nichterfüllbarkeit (i.S.v. Unmöglichkeit)

1. Beschränkung der Untersuchung

Die Darstellung konzentriert sich auf diejenigen Rechte, welche sich - aus der Sicht des BGB - im Fall der Unmöglichkeit einer synallagmatischen Leistungspflicht ergeben können[4].

a) Beschränkung auf die Verletzung vertragswesentlicher Pflichten

Die verletzte Vertragspflicht muß eine solche sein, deren Erfüllung halber ihr Gläubiger den Vertrag geschlossen hat. Die Beschränkung auf vertragswesentliche *Pflichten* ist von der gesonderten Regelung vertragswesentlicher *Störungen* in Art. 25 CISG zu unterscheiden. Sie ist dem UN-Kaufrecht fremd[5], auch wenn wesentliche Vertragsverletzungen in aller Regel mit der Verletzung vertragswesentlicher Pflichten zusammenfallen werden.

Daß das UN-Kaufrecht keine besonderen Rechtsfolgen an die Verletzung synallagmatischer Pflicht knüpft, bedeutet nicht, daß solche Pflichten nicht auch für einen vom UN-Übereinkommen beherrschten Kauf unterschieden werden könnten. Hier wie unter der Geltung des BGB schließt der Käufer einen Kaufvertrag hauptsächlich mit dem Ziel, die Kaufsache rechtlich und tatsächlich zu erwerben, vergleiche die prominente Festlegung dieser Ansprüche des Käufers in Art. 30 CISG[6] und § 433 Abs. 1 BGB. Synallagmatisch verknüpft mit diesem Vertragsziel ist das Interesse des Verkäufers am Erhalt des Kaufpreises, Art. 53 CISG, § 433 Abs. 2 BGB.

Die Art. 53 CISG, § 433 Abs. 2 BGB statuieren auch jeweils die Pflicht des Käufers zur Abnahme des Kaufgegenstands. Mit Abnahme ist die körperliche Entgegennahme des Kaufobjekts bezeichnet[7]. Ob sie eine vertragswesentliche Leistungspflicht darstellt, hängt von den Umständen des Einzelfalls ab; regel-

---

[4] Zur Begrifflichkeit vgl.o. 2. Teil: A. II.

[5] S.o. 2. Teil: A. I., II.

[6] Die hier ebenfalls genannte Verpflichtung zur Übergabe der die Ware betreffenden Dokumente ist demgegenüber untergeordneter Natur, sie dient allein dem Erhalt und der Verwendungsfähigkeit des Kaufgegenstands.

[7] Honsell-Schnyder / Straub Art. 60 Rz 6, 9; v.Caemmerer / Schlechtriem-Hager Art. 60 Rz 2a; Herber / Czerwenka Art. 60 Rz 2.

mäßig ist dies nicht der Fall[8], denn der Verkäufer ist vornehmlich an der Bezahlung der Ware interessiert, nicht an der Aufgabe seine Besitzes[9]. Die Frage kann hier aber auch dahinstehen, da sich die Unerfüllbarkeit der Abnahmeverpflichtung als Spiegelbild, als ein Rechtsreflex der Lieferunmöglichkeit erweist. Ist die Ware hingegen vorhanden, ist auch ihre körperliche Entgegennahme stets möglich[10,11].

b) Beschränkung auf die Verkäuferleistung

Der Kreis der vorliegend interessierenden Vertragspflichten beschränkt sich mithin auf die Lieferung und Übereignung der Ware durch den Verkäufer und die Kaufpreiszahlung durch den Käufer. Er läßt sich sogar noch enger fassen: Zwar stellt die letztgenannte Kaufpreiszahlungspflicht eine vertragswesentliche Verpflichtung dar; es ist jedoch fraglich, ob die Erfüllung dieser Verpflichtung im Rechtssinn dauernd ausgeschlossen, also unmöglich sein kann.

Ohne Zweifel mag der Käufer tatsächlich außerstande sein, den geschuldeten Kaufpreis aufzubringen. Das BGB fußt allerdings auf dem Grundsatz, daß Geld prinzipiell immer beschaffbar ist, sein Mangel also nicht befreit[12]. Zum Beleg wird einerseits auf die Vorschriften der Zwangsvollstreckung, andererseits darauf verwiesen, daß sich die primäre Zahlungspflicht nicht sinnvoll durch eine sekundäre Verpflichtung ersetzen lasse, da diese wiederum nur auf Geldleistung lauten könne.

Mit dieser Wertung steht das BGB keineswegs in Widerspruch zum UN-Kaufrecht. Auch dort gilt der Grundsatz, daß Geld immer beschaffbar ist[13]. Er ergibt sich unmittelbar aus dem Übereinkommen, genauer aus der Regelung der Vertragsaufhebung. In Art. 82 CISG ist ein Verlust des Aufhebungsrechts des Käufers vorgesehen, wenn er zur Rückgewähr der empfangenen Ware außer-

---

[8] Palandt-Putzo § 433 Rz 36; Jauernig-Vollkommer § 433 Rz 40; Erman-Grunewald § 433 Rz 35.

[9] Die Nachrangigkeit der Abnahmepflicht gegenüber der Zahlungspflicht betonen auch Staudinger-Magnus Art. 53 Rz 4; Herber / Czerwenka Art. 53 Rz 2; Plantard Clunet 1988, 311, 345. Abweichend Schlechtriem Rz 238.

[10] Dies gilt auch für die in Art. 60 a) CISG geregelten Mitwirkungsleistungen des Käufers als Teil seiner Abnahmepflicht: Kann er die Mitwirkungshandlungen nicht erbringen, schlägt sich dies in der Lieferunmöglichkeit nieder.

[11] Zur Verletzung der Abnahmeverpflichtung s.u. C. II. 3. b).

[12] Palandt-Heinrichs § 279 Rz 4; MünchKomm-Emmerich § 279 Rz 5; Brox Rz 103; Medicus SAT Rz 352.

[13] v.Caemmerer / Schlechtriem-Leser Art. 82 Rz 8; Neumayer RIW 1994, 99, 107.

stande sein sollte. Eine entsprechende Vorschrift für das Aufhebungsrecht des Verkäufers fehlt; das UN-Kaufrecht geht demnach offensichtlich von der prinzipiellen Erfüllbarkeit eines Zahlungsanspruchs aus.

Hieraus folgt: Die Erörterung der beiderseits zu vertretenden Unmöglichkeit synallagmatischer Leistungspflichten kann sich im Rahmen des Kaufrechts darauf beschränken, die Unerfüllbarkeit der Verkäuferhauptleistungen, Übergabe und Übereignung des Kaufgegenstands, zu untersuchen.

2. *Rechte des Käufers (als Gläubiger der gestörten Leistung)*

a) Anspruch auf Erfüllung, Art. 46 Abs. 1 CISG

Mit Abschluß des Vertragsschlusses entsteht gemäß Art. 30 CISG ein Anspruch des Käufers auf Lieferung und Übereignung des Kaufgegenstands. Das UN-Kaufrecht sieht ein Erlöschen dieses Anspruchs im Fall seiner dauernden Nichterfüllbarkeit nicht ausdrücklich vor. Dennoch besteht Einigkeit, daß der Erfüllungsanspruch unmöglichkeitsbedingt entfällt - Unmögliches kann der Schuldner nicht leisten[14]. Allerdings wird verbreitet ein Vorbehalt für die Fälle bloß subjektiver Unmöglichkeit erhoben. Hier soll der Erfüllungsanspruch bestehen bleiben, solange der Verkäufer die Ware noch unter zumutbaren Bedingungen besorgen könne[15].

Dieser Vorbehalt erweist sich indes als überflüssig. Denn wenn die Beschaffung der Ware vom Verkäufer geschuldet und ihm möglich ist, liegt kein Fall von Unvermögen vor: Der Verkäufer vermag seiner Leistungspflicht nachzukommen. Es steht daher außer Frage, daß er hier weiterhin die Erfüllung seiner primären Verpflichtungen schuldet. Unvermögen stellt sich erst dann ein, wenn der Verkäufer eine Beschaffung der Ware (unter den konkreten Umständen) nicht schuldet[16] oder ihm diese aus sonstigen Gründen nicht möglich ist, zum Beispiel weil sich ihr einziger Hersteller kategorisch weigert, an ihn zu liefern.

---

[14] Honsell-Schnyder / Straub Art. 46 Rz 30 ff; v.Caemmerer / Schlechtriem-Huber Art. 46 Rz 15 ff; Karollus S. 141; Plantard Clunet 1988, 311, 361; Staudinger-Magnus Art. 46 Rz 26 ff, Art. 79 Rz 58 ff. m.w.N. auch zu den unterschiedlichen Herleitungen dieses Ergebnisses.

[15] Vgl. v.Caemmerer / Schlechtriem-Huber Art. 46 Rz 17; Staudinger-Magnus Art. 46 Rz 27; Honsell-Schnyder / Straub Art. 46 Rz 31; Karollus S. 141.

[16] Von großer praktischer Bedeutung - hier aber nicht zu erörtern - ist die Frage, bis zu welcher Grenze der Verpflichtete eine Beschaffung schuldet.

Ein solches dauerndes Leistungshindernis muß den Schuldner von seiner Erfüllungsverpflichtung befreien, ohne daß damit über seine Verantwortlichkeit auf Sekundärebene entschieden wäre. Zu demselben Ergebnis gelangt die oben genannte Auffassung, die für ein Unvermögen ausreichen läßt, daß der Schuldner nicht über die Ware verfügt, ihn aber nur im Fall einer unzumutbaren Beschaffung von seiner Verpflichtung freistellt. Eine Differenz besteht nur in der Terminologie.

Faßt man den Begriff des Unvermögens so eng, wie es hier geschieht, läßt sich festhalten: Der Erfüllungsanspruch des Käufers aus Art. 46 Abs. 1 CISG steht unter dem Vorbehalt seiner Erfüllbarkeit; ein dauerndes Leistungshindernis in Form objektiver oder subjektiver Unmöglichkeit führt zu seinem Erlöschen. In den hier zu untersuchenden Fallgestaltungen kommt dem Erfüllungsanspruch folglich keine Bedeutung zu.

b) Schadenersatzanspruch, Art. 45 Abs. 1 b), 74 ff. CISG

Jede Vertragsverletzung des Verkäufers begründet einen Schadenersatzanspruch des Käufers gemäß Art. 45 Abs. 1 b) CISG. Zu ersetzen ist der infolge der Vertragsverletzung entstandene Verlust einschließlich eines entgangenen Gewinns, Art. 74 S. 1 CISG. Die Nichterfüllung der Lieferungs- und Übereignungspflicht aufgrund ihrer dauernden Unerfüllbarkeit stellt eine solche Vertragsverletzung dar.

Allerdings bleibt der Verkäufer von einer Schadenersatzpflicht frei, wenn die Nichterfüllung seiner Vertragspflicht auf einem Hinderungsgrund beruht, der außerhalb seines Einflußbereichs lag und vernünftigerweise weder in Betracht zu ziehen noch zu überwinden war, Art. 79 Abs. 1 CISG. Insofern hier nur solche Leistungsstörungen interessieren, die vom Verkäufer (und zugleich vom Käufer) zu vertreten sind, greift diese Befreiung vorliegend nicht ein. Der Schadenersatzanspruch des Käufers ist also stets ausgelöst.

Art. 74 CISG läßt die Frage unbeantwortet, ob der Käufer trotz seines Schadenersatzanspruchs weiterhin zur Leistung des Kaufpreises verpflichtet ist. Aus der Möglichkeit des Käufers, Schadenersatz und Vertragsaufhebung zu kombinieren (vergleiche Art. 45 Abs. 2 CISG), sowie der Bestimmung des Art. 62 CISG ergibt sich jedoch, daß die Verpflichtung des Käufers zur Kaufpreiszahlung von seinem Schadenersatzbegehren unberührt bleibt. In der Sprache des BGB zielt der Anspruch aus Art. 74 CISG mithin auf Surrogationsschadenersatz.

c) Kein Anspruch auf Herausgabe eines Ersatzgegenstands

Anders als in BGB und im Reformentwurf ist im UN-Kaufrecht ein Anspruch des Käufers auf die Herausgabe eines Surrogats für den verlorenen Kaufgegenstand nicht vorgesehen. Auch läßt sich der Wert eines etwaigen Ersatzgegenstands nicht der Berechnung des Schadenersatzes nach Art. 74 CISG zugrunde legen[17]. Umstritten ist, ob ein Anspruch auf Herausgabe des Surrogats bzw. seines Werts aus nationalem Recht hergeleitet werden kann oder das UN-Kaufrecht im Gegenteil die Rechte abschließend regelt[18]. Hier kann die Frage dahinstehen.

d) Vertragsaufhebung, Art. 49 CISG

aa) Isolierte Lösung des Vertrags

Der Käufer kann den Vertrag gemäß Art. 49 Abs. 1 a) CISG ohne weiteres aufheben, wenn die Nichterfüllung einer Verkäuferpflicht eine wesentliche Vertragsverletzung darstellt. Unmöglichkeit bedeutet jedenfalls eine Vertragsverletzung. Sie bedeutet weitergehend auch eine wesentliche Vertragsverletzung, da, wie Wilhelm es formuliert, die vom Käufer an den Vertrag geknüpften Erwartungen gar nicht in höherem Maße enttäuscht werden können[19]. Um sein Recht nicht zu verlieren, wird der Käufer allerdings darauf achten müssen, daß er die Aufhebung in angemessener Frist erklärt, vergleiche Art. 49 Abs. 2 b) i) CISG.

bb) Schadenersatz neben einer Vertragsaufhebung

Dem Käufer steht im Fall der dauernden Unerfüllbarkeit der Lieferpflicht des Verkäufers sowohl ein Anspruch auf Schadenersatz aus Art. 45 Abs. 1 b) CISG als auch das Recht zur Vertragsaufhebung gemäß Art. 49 Abs. 1 a) CISG zu.

---

[17] Staudinger-Magnus Art. 74 Rz 18; Honsell-Schönle Art. 74 Rz 4; Honsell SJZ 1992, 361.

[18] Vgl. Staudinger-Magnus Art. 74 Rz 18; Honsell SJZ 1992, 361.

[19] S. 23. Ähnlich Schlechtriem Rz 189; Ziegler S. 58. Ebenso v.Caemmerer / Schlechtriem-Huber Art. 49 Rz 7; Piltz § 5 Rz 253, jedoch einschränkend für Unvermögen; vgl. hierzu 2. Teil: C. II. 2. a). Zur Differenzierung der Unmöglichkeitsfallgruppen s.u. C. III. 4.

Art. 45 Abs. 2 CISG stellt klar, daß diese Rechte dem Käufer kumulativ zur Verfügung stehen. Die Regelung war (ein) Vorbild für das Konzept des Reformentwurfs[20] und den dortigen Anspruch auf Schadenersatz wegen Nichtausführung des Vertrags; innerhalb des BGB kommt ihr der Differenzschadenersatz am nächsten.

e) Sonstige Rechte

Das UN-Kaufrecht sieht weitere Rechte des Käufers vor, namentlich Ansprüche auf Ersatzlieferung (Art. 46 Abs. 2 CISG) und Nachbesserung (Art. 46 Abs. 3 CISG) sowie das Recht zur Minderung des Kaufpreises, Art. 50 CISG.

Von diesen Rechten kommt die Minderung im hiesigen Zusammenhang nicht in Betracht. Der Wortlaut des Art. 50 CISG setzt "tatsächlich gelieferte Ware" voraus; vorliegend wird aber gerade eine Unerfüllbarkeit der Lieferverpflichtung angenommen. Ebenso wie für die Minderung muß für den Anspruch auf Ersatzlieferung zunächst eine Erstlieferung (samt ihrer Abnahme i.S.v. Art. 60 CISG durch den Käufer) vorhanden gewesen sein[21]; auch dieser Anspruch steht dem Käufer in der vorliegenden Fallgestaltung folglich nicht zur Verfügung. Aus denselben Erwägungen scheidet schließlich der Nachbesserungsanspruch aus Art. 46 Abs. 3 CISG aus.

Damit beschränken sich die Rechte des Käufers im Fall einer dauerhaft unerfüllbaren Lieferverpflichtung des Verkäufers auf Schadenersatz und Vertragsaufhebung; diese Rechte kann der Käufer allerdings nebeneinander geltend machen.

3. Rechte des Verkäufers (d.i. des Schuldners)

a) Anspruch auf Zahlung des Kaufpreises

Mit dem Abschluß des Kaufvertrags erwächst dem Verkäufer ein Anspruch auf Zahlung des vereinbarten Kaufpreises. Wie sich aus Art. 62 CISG ergibt, besteht dieser Anspruch unabhängig von der eigenen Vertragsverletzung grundsätzlich fort. Die Norm sieht ein Erlöschen des Anspruchs nur für den Fall vor,

---

[20] Abschlußbericht S. 173.

[21] Besonders deutlich Honsell-Schnyder / Straub Art. 46 Rz 54; ebenso v. Caemmerer / Schlechtriem-Huber Art. 46 Rz 28a.

daß der Käufer ein Recht ausgeübt hat, das mit dem Fortbestand des Kaufpreisanspruchs unvereinbar ist. Für den vorliegenden Zusammenhang bedeutet dies, daß der Verkäufer die Zahlung des Kaufpreis verlangen kann, solange der Käufer nicht die Aufhebung des Vertrags erklärt.

b) Rechte aus einer Verletzung der Abnahmepflicht (Art. 60 CISG)

Dem Verkäufer könnten zudem Rechte aus Art. 61 i.V.m. Art. 60 CISG zustehen. Art. 60 CISG präzisiert die Pflicht des Käufers zur Abnahme der Ware aus Art. 53 CISG. Zwar interessiert hier eine Verletzung dieser Pflicht nicht als unmittelbare Störung des Synallagmas, da eine Störung der Abnahme sich stets in der Störung der Lieferverpflichtung des Verkäufers widerspiegelt[22]. Umgekehrt schlägt sich ein Verhalten, durch welches der Käufer pflichtwidrig zur Leistungsunmöglichkeit seines Kontrahenten beigetragen hat, notwendig in einer Verletzung seiner Abnahmepflicht, genauer: seiner Verpflichtung aus Art. 60 a) CISG nieder. Denn diese Vorschrift verpflichtet den Käufer zur Vornahme all derjenigen Handlungen, die vernünftigerweise von ihm erwartet werden können, um dem Verkäufer die Lieferung zu ermöglichen. Honnold weist zu Recht darauf hin, daß diese Verpflichtung zum mindesten beinhaltet, dem Verkäufer keine Hindernisse zu bereiten[23].

Als Sanktion einer Verletzung der Abnahmepflicht sehen die Art. 61 b), 74 ff. CISG den Ersatz des aus dieser Pflichtverletzung hervorgegangenen Schadens vor. Art. 64 CISG statuiert ein Aufhebungsrecht für den Verkäufer, wenn die Nichterfüllung der Abnahmepflicht eine wesentliche Vertragsverletzung darstellt, was mit Blick auf die durch sie herbeigeführte Unmöglichkeit regelmäßig zu bejahen sein wird[24]. Schadenersatz und Aufhebungsrecht sind gemäß Art. 61 Abs. 2 CISG nebeneinander eröffnet. In den hier zu diskutierenden Fällen stehen Verkäufer und Käufer somit die gleichen Rechte zur Verfügung.

Praktisch ist das Aufhebungsrecht für den Verkäufer hier allerdings kaum von Interesse. Denn mit der Aufhebung brächte er nur seinen Kaufpreisanspruch zum Erlöschen, während seine eigene Pflicht zur Naturalleistung bereits durch die Unmöglichkeit erloschen ist[25]. Bedeutsam wäre das Aufhebungsrecht allerdings dann, wenn der Verkäufer derart einen unmöglichkeitsbedingten

---

[22] S.o. 2. Teil: C. II. 1. a).

[23] Rz 436.3.

[24] Die Rechte des Verkäufers aus Art. 63 und 65 CISG interessieren vorliegend nicht.

[25] S.o. 2. Teil: C. II. 2. a).

Schadenersatzanspruch des Käufers abwehren könnte, dessen Höhe den Kaufpreis übersteigt. Diese Frage ist im Zusammenhang der beiderseitigen Verantwortlichkeit zu erörtern[26].

III. Rechtsfolgen der beiderseits zu vertretenden Unmöglichkeit

Im vorstehenden Abschnitt sind die wechselseitigen Rechte beschrieben, die sich aus einer wesentlichen Vertragsverletzung in der Form der Unmöglichkeit für Käufer und Verkäufer ergeben können. Für sämtliche dieser Rechte ist nunmehr zu untersuchen, inwiefern sie den Parteien auch im Fall ihrer beiderseitigen Verantwortlichkeit zustehen (dazu 2.). Es schließen sich Ausführungen zur Gewichtung der Parteibeiträge und zur Reichweite der unter 2. zu entwickelnden Regelung an (3. und 4.). Vorab soll jedoch erörtert werden, ob und gegebenenfalls an welcher Stelle eine beiderseitige Verantwortlichkeit im UN-Kaufrecht geregelt wurde.

1. Regelung des beiderseitigen Vertretenmüssens im UN-Kaufrecht

Ein Fall der beiderseits zu vertretenden Leistungsstörung ist unter dem UN-Kaufrecht bislang nicht in Erscheinung getreten. Lüderitz bezweifelt, ob es überhaupt möglich sei, Fälle einer "echten Mitverursachung" auf der Grundlage des UN-Kaufrechts zu lösen[27]. Die beiderseitige Verantwortlichkeit mag gleichwohl bei der Ausarbeitung des UN-Kaufrechts bedacht und geregelt worden sein. Ob dies der Fall ist, wird in der Literatur unterschiedlich beantwortet. Teilweise erachtet man Art. 80 CISG als einschlägige Regelung, teilweise Art. 77 CISG. Andere Stimmen nehmen in dieser Frage eine Lücke des UN-Kaufrechts an, die sie über Art. 7 Abs. 2 CISG füllen wollen.

a) Rekurse auf Art. 77 und 7 Abs. 2 CISG

Der - skeptische[28] - Vorschlag, Fälle geteilter Verantwortung über Art. 77 CISG zu lösen, stammt von Lüderitz[29]. Ihrem Wortlaut nach regelt die Vor-

[26] S. dazu u. C. III. 2. a) bb) (2).

[27] In: Soergel Art. 80 Rz 4.

[28] Vgl. den Text zur vorstehenden Fn.

schrift allerdings eine Gläubigerbeteiligung nur an dem aus einer Vertragsverletzung hervorgegangenen Schaden, nicht an der Vertragsverletzung als solcher[30]. Ein Mitvertretenmüssen der Vertragsverletzung an sich ist in Art. 77 CISG also nicht unmittelbar geregelt. Dies räumt auch Lüderitz ein, erwägt aber eine ausdehnende Anwendung der Vorschrift[31]. Der Vorschlag entspricht insofern dem verbreitet vertretenen Rückgriff auf § 254 im geltenden BGB.

Auch ohne nähere Erörterung der Auslegungs- und Ergänzungstechniken des UN-Kaufrechts[32] steht fest, daß eine solche Ausdehnung der Vorschrift über ihren Wortlaut hinaus erst dann in Betracht kommt, wenn keine andere Regelung des Übereinkommens den Sachverhalt in wortgetreuer Anwendung erfaßt. Die Auffassung Lüderitz' steht damit unter dem Vorbehalt, daß sich Art. 80 CISG als nicht einschlägig erweist. Der Ansicht steht überdies eine weitere Beschränkung des Art. 77 CISG entgegen, für die auch Lüderitz keine Ausdehnung der Vorschrift vorschlägt: Sie bezieht sich allein auf Schadenersatzansprüche[33]. Zur Lösung der Fälle, in denen der Käufer Vertragsaufhebung begehrt, kann sie daher nichts beitragen.

Ähnliches wie für die Auffassung von Lüderitz gilt für die Position, die davon ausgeht, daß das beiderseitige Vertretenmüssen einer Leistungsstörung im UN-Kaufrecht nicht berücksichtigt wurde, und die vermeintliche Lücke über Art. 7 Abs. 2 CISG zu füllen sucht[34]. Auch sie setzt voraus, daß Art. 80 CISG nicht eingreift. Dies wird daher zunächst zu prüfen sein.

---

[29] In: Soergel Art. 80 Rz 4, 77 Rz 2.

[30] Vgl. den Wortlaut des Art. 77 S. 1 CISG: " (...) alle den Umständen nach angemessenen Maßnahmen zur Verringerung des aus der Vertragsverletzung folgenden Verlusts (...)". Wie hier auch Schlechtriem JZ 1988, 1037, 1047.

[31] Vgl. Soergel Art. 77 Rz 2: " (...) grundsätzlich keine Herabsetzung der Schadenersatzpflicht, wenn die Vertragsverletzung selbst vom Gläubiger mitverursacht ist."

[32] Dazu sogleich unter b) aa).

[33] v.Caemmerer / Schlechtriem-Stoll Art. 77 Rz 2, 7 mit überzeugender Begründung aus der Entstehungsgeschichte der Norm; ebenso Soergel-Lüderitz Art. 77 Rz 7; Staudinger-Magnus Art. 77 Rz 6; Herber / Czerwenka Art. 77 Rz 3. A.A. allein Honnold Uniform Law Art. 80 Rz 419.3.

[34] Vertreter: v.Caemmerer / Schlechtriem-Stoll Art. 80 Rz 5; Karollus S. 189; wohl auch Honnold Uniform Law Art. 80 Rz 436.4. Bei der Füllung der Lücke wollen Karollus und Honnold die Wertungen des Art. 80 CISG einbeziehen.

b) Anwendung des Art. 80 CISG

Art. 80 CISG sieht vor, daß sich eine Partei nicht auf die Nichterfüllung von Pflichten durch die andere berufen kann, soweit diese Nichterfüllung auf ihr eigenes Handeln oder Unterlassen zurückzuführen ist. Wie sich aus dem Vorhergehenden ergibt, ist die Anwendbarkeit dieser Vorschrift auf von beiden Vertragsteilen zu vertretende Leistungsstörungen umstritten: Während zahlreiche Stimmen sie verneinen[35], hält die Mehrzahl der Kommentatoren Art. 80 CISG für einschlägig[36].

aa) Instrumente zur Auslegung der Vorschrift

Die Frage ist durch Auslegung des Art. 80 CISG zu beantworten. Die Interpretation kann allerdings nicht ohne weiteres auf das Instrumentarium zurückgreifen, das bei der Auslegung rein innerstaatlicher Gesetze verwandt wird. Art. 7 Abs. 1 CISG schreibt im Gegenteil vor, daß die Auslegung des Übereinkommens seinen internationalen Charakter und sein Ziel einer einheitlichen Rechtsgeltung zu berücksichtigen habe. Herber weist jedoch darauf hin, daß die Methoden zur Auslegung internationalen Einheitsrechts in den einzelnen Rechtsordnungen einander ähneln und von den Methoden im deutschen Recht nicht wesentlich abweichen[37].

Als Auslegungsmaxime gibt Herber an: "Die Textinterpretation steht am Anfang der Auslegung. Nur dann, wenn sie nicht zum Ergebnis führt, soll auf den Zweck der Vorschrift zurückgegriffen werden; dafür können und müssen die Materialien herangezogen werden."[38]

---

[35] Vgl. v.Caemmerer / Schlechtriem-Stoll Art. 80 Rz 5; Soergel-Lüderitz Art. 80 Rz 3 f; Piltz § 4 Rz 214; Karollus S. 94; Keil S. 50; Klauss-Hartung S. 257 ("einhellige Meinung"). Unklar Honnold Uniform Law Art. 80 Rz 436.4; Reinhart Art. 80 Rz 4.

[36] Schlechtriem UN-KaufR Rz 298 u. JZ 1988, 1037, 1047; Bianca / Bonell-Tallon Art. 80 Anm 2.5; Enderlein / Maskow / Strohbach Art. 80 Anm 6; Staudinger-Magnus Art. 80 Rz 14; Audit Rz 188; Heuzé Rz 463 f; Herber / Czerwenka Art. 80 Rz 8; Neumayer / Ming Art. 80 Anm 3; Rudolph Art. 80 Rz 10; Rummel S. 192; Heilmann S. 380; Krapp ZSR 103, 289, 309; Ziegler S. 238 f.

[37] In: v.Caemmerer / Schlechtriem Art. 7 Rz 19. Zurückhaltender Magnus RabelsZ 53, 117, 122.

[38] In: v.Caemmerer / Schlechtriem Art. 7 Rz 20. Übereinstimmend Staudinger-Magnus Art. 7 Rz 32 ff; Honsell-Melis Art. 7 Rz 11; Herber / Czerwenka Art. 7 Rz 7 f; Reinicke / Tiedtke S. 321; ähnlich auch Karollus S. 13 ff.

bb) Ermittlung des Wortsinns der Vorschrift

Wie oben[39] bereits festgehalten wurde, ist der Wortlaut des deutschen Textes nicht maßgeblich, sondern lediglich eine Übersetzung der allein verbindlichen Vertragssprachen. Bei Zweifeln und Abweichungen der Vertragssprachen untereinander ist der englischen Fassung der Vorrang einzuräumen, da die Verhandlungen über das Abkommen überwiegend in englisch geführt wurden[40]. Ohne besondere Anhaltspunkte läßt sich aber annehmen, daß die amtliche deutsche Fassung den Inhalt des Übereinkommens zutreffend wiedergibt[41]; die Auslegung des UN-Kaufrechts wird daher auch hier grundsätzlich vom deutschen Text ausgehen.

Im Fall des Art. 80 CISG ist die Interpretation des (deutschen wie englischen) Wortlauts unergiebig: Er läßt sich gegen keine der Positionen verwenden und kann so auch keine von beiden überzeugend stützen. Denn die Formulierung der Vorschrift läßt zum einen die Lesart zu, daß nur die alleinige Verantwortlichkeit des Gläubigers geregelt sein sollte - das "soweit" im zweiten Halbsatz des Art. 80 CISG bezöge sich dann nur auf den *Umfang der Folgen* einer vom Gläubiger zu vertretenden Pflichtverletzung. Ebenso erlaubt der Wortlaut, das "soweit" auf das Maß, also den *Anteil der Verantwortlichkeit* des Gläubigers zu beziehen. Dieses zweite Verständnis impliziert, daß neben einem alleinigen auch das bloß teilweise Vertretenmüssen des Gläubigers geregelt ist, Art. 80 CISG folglich auch den Fall beiderseitiger Verantwortlichkeit umfaßt.

cc) Entstehungsgeschichte des Art. 80 CISG

Insofern der Wortlaut über ein "non liquet" nicht hinaushilft, ist die Entstehungsgeschichte der Vorschrift heranzuziehen. Im Entwurf des UN-Übereinkommens war die durch den (jetzigen) Art. 80 CISG getroffene Regelung noch nicht vorgesehen. Sie geht auf eine Anregung der Delegation der DDR während der 28. Sitzung des Ersten Verhandlungskomitees zurück[42]. Nachdem zunächst eingewandt wurde, daß eine Regelung dieses Inhalts neben der Generalklausel des Art. 7 Abs. 1 CISG - Treu und Glauben - überflüssig sei,

---

[39] S. Fn 2.

[40] Honsell-Melis Art. 7 Rz 10; Staudinger-Magnus Art. 7 Rz 17; Herber / Czerwenka Art. 7 Rz 7 f

[41] v.Caemmerer / Schlechtriem-Herber Art. 7 Rz 21. Im Ergebnis ebenso Staudinger-Magnus Art. 7 Rz 15, 18.

[42] Vgl. O.R. S. 135, zit. nach Honnold Documentary S. 707.

konnte sich die Auffassung durchsetzen, die eine derartige Konkretisierung der Anspruchsgrenzen als durchaus sinnvoll erachtete[43]. Nach verschiedenen, klarstellenden Änderungen des Wortlauts wurde die Vorschrift ohne Gegenstimme in das Übereinkommen aufgenommen[44].

Von Bedeutung im vorliegenden Zusammenhang sind die Verhandlungen des 30. Treffens des Ersten Verhandlungskomitees. Der Vertreter Norwegens fragte, wie sich die von der DDR vorgeschlagene Regelung zu dem Fall verhalte, daß beide Parteien zu einer Vertragsverletzung beigetragen hätten, dabei jedoch in unterschiedlichem Maße verantwortlich seien[45]. Der Delegierte der DDR antwortete mit dem Hinweis, daß die Formulierung "soweit" hinreichend elastisch sei, um einem Gericht zu ermöglichen, die jeweiligen Verantwortlichkeitsanteile der Parteien zu bewerten[46]. Die Erklärung blieb ohne Widerspruch. Daraufhin beschlossen die Delegierten, den Artikel in das Abkommen einzufügen.

Unter dem Eindruck dieser Diskussion läßt sich schwerlich vertreten, die Delegierten des Verhandlungskomitees hätten Art. 80 CISG ausschließlich für die einseitige Verantwortlichkeit des Gläubigers konzipiert. Die Dokumentation der Verhandlungen belegt im Gegenteil, daß die Vorschrift auch die Konstellationen einer zwischen den Parteien verteilten Verantwortlichkeit erfassen sollte[47,48]. Es ist insbesondere bemerkenswert, daß von den am Meinungsstreit beteiligten Autoren diejenigen, welche als Delegierte an der Wiener Konferenz mitgewirkt haben (Maskow, Schlechtriem, Herber), übereinstimmend die Posi-

---

[43] Vgl. O.R. S. 386 f, 393, 135 f, zit. nach Honnold Documentary S. 607 f, 614, 707 f.

[44] Vgl. O.R. S. 135 f, 227, zit. nach Honnold Documentary S. 707 f, 762.

[45] O.R. S. 393 Nr. 6: "Mr. Rognlien (Norway): (...) What happened if both parties had been at fault, if both parties had contributed to the failure to perform, but one party to a lesser extent than the other?" (zit. nach Honnold Documentary S. 614).

[46] A.a.O., Nr. 7; "Mr. Maskow (German Democratic Republic): (...) On the other hand, the expression 'in so far as' was sufficiently elastic to allow the court to determine each party's share of responsibility." - Die Formulierung "in so far as" wurde vor der Abstimmung durch "to the extent that" ersetzt, vgl. O. R. S. 135 f, zit. nach Honnold Documentary S. 707 f.

[47] Die Bedeutung des "Wille[n] der Konferenz" betonen Herber / Czerwenka Art. 80 Rz 7.

[48] Unverständlich ist, wie Keil S. 50 die Anwendung des Art. 80 CISG auf Fälle beiderseitigen Vertretenmüssens ohne weitere Begründung ablehnen kann, obwohl er in Fn 135 die entscheidende Passage der O.R. zitiert.

tion vertreten, nach der Art. 80 CISG auch eine Teilverantwortlichkeit des Gläubigers erfaßt[49].

dd) Einwände gegen die Eignung des Art. 80 CISG zur Problemlösung

Einige Autoren wollen das beiderseitige Vertretenmüssen aus dem Anwendungsbereich des Art. 80 CISG ausnehmen, indem sie die Vorschrift "eng" bzw. restriktiv interpretieren[50]. Dabei entnehmen sie der Vorschrift eine Alles-oder-Nichts-Lösung im Sinn einer totalen Gewährung oder Verweigerung aller Rechte, deren Radikalität sie für die Fälle verteilter Verantwortlichkeit als ungeeignet erachten.

Diese Argumentation begegnet Bedenken in zweierlei Hinsicht: Zum einen wäre zunächst zu belegen, daß Art. 80 CISG tatsächlich die behauptete Alles-oder-Nichts-Lösung vorsieht[51]. Aber selbst wenn diese Interpretation zutreffen sollte, kann sie kaum hinreichenden Anlaß dafür bieten, das beiderseitige Vertretenmüssen aus dem Anwendungsbereich des Art. 80 CISG auszunehmen und somit vom eindeutigen Regelungswillen der Vertragskonferenz abzuweichen[52]. Zwar vermag die Einschätzung des Gesetzgebers den Inhalt einer Norm nicht für alle Zeit zu konservieren. Eine effektive Rechtsordnung muß sich veränderten Lebenssachverhalten und Rechtsüberzeugungen anpassen; solchermaßen mögen objektiv-teleologische Erwägungen mit der Zeit die (subjektiven) Wertungen des historischen Gesetzgebers verdrängen[53].

Ein derartiger Wandel hat in den wenigen Jahren seit Ausarbeitung (1980) bzw. Inkrafttreten des Übereinkommens (1988) aber nicht stattgefunden. Zur zeitlichen Nähe tritt der Umstand, daß das UN-Kaufrecht auf einem völkerrechtlichen Vertrag und damit auf einem Kompromiß ganz unterschiedlicher Rechtsordnungen beruht. Eine "Korrektur" des ursprünglichen Verständnisses konterkariert die gemeinsamen Wertungen, aufgrund derer die Vertragsstaaten ihre Zustimmung zur Konvention erklärt haben[54]. So würde die Einheitlichkeit

---

[49] Vgl. die Nachweise o. in Fn 36. Eine Ausnahme bildet Honnold, dessen Standpunkt in dieser Frage aber nicht ganz eindeutig ist.

[50] Soergel-Lüderitz Art. 80 Rz 3; v.Caemmerer / Schlechtriem-Stoll Art 80 Rz 5.

[51] Zu dieser Frage s.u. 2.

[52] Zur Bedeutung des gesetzgeberischen Regelungsziels vgl. Zippelius S. 56.

[53] Larenz ML S. 345 f, 350 f; Zippelius S. 57.

[54] Der Einwand, bei der beiderseitigen Verantwortlichkeit handele es sich um ein Randproblem, das diese gemeinsame Basis nicht ernsthaft tangiere, verfängt nicht: Es handelt sich um eine grundsätzliche methodische Frage.

der internationalen Rechtsanwendung in Frage gestellt. Mit Recht wird daher Zurückhaltung bei der teleologischen Auslegung des Kaufrechts-Übereinkommens gefordert[55].

Für die konkrete Rechtsfrage bedeutet dies aber: Wiederum unterstellt, Art. 80 CISG ordnete das beiderseitige Vertretenmüssen nach dem Prinzip des Entweder-Oder, läge darin zwar eine - möglicherweise - zu mißbilligende[56] Entscheidung des Gesetzgebers. Sie bedeutete gleichwohl keine solche Unerträglichkeit, daß der Rechtsanwender zu ihrer Korrektur berechtigt wäre[57].

Die vorgetragene Argumentation gegen die Eignung des Art. 80 CISG, beiderseits zu vertretende Leistungsstörungen zu regeln, trägt mithin nicht. Im Gegenteil spricht für seine Einschlägigkeit, daß die Anwendung der Vorschrift nicht auf das Begehren von Schadenersatz beschränkt ist, sondern sämtliche Rechte der Parteien erfaßt[58]. Art. 80 CISG ist somit in umfassender Hinsicht Grundlage der Bestimmung der Rechtsfolgen eines beiderseitigen Vertretenmüssens. Diese Rechtsfolgen sind im folgenden für die einzelnen Rechte näher zu bestimmen.

2. Einzelne Rechte

a) Wahl von Schadenersatz durch den Käufer

Zunächst sollen die wechselseitigen Ansprüche der Parteien für den Fall ermittelt werden, daß der Käufer vom Verkäufer Schadenersatz nach Art. 45 Abs. 1 b), 74 ff. CISG verlangt.

---

[55] Vgl. nur Staudinger-Magnus Art. 7 Rz 36; Honsell-Melis Art. 7 Rz 11.

[56] Vgl. hierzu die Erwägungen im 2. Teil: B. III. 1. a) aa).

[57] Magnus RabelsZ 53, 117, 123 sieht generell keine Bestimmungen des UN-Kaufrechts, die zu einem unerträglichen Ergebnis führten.

[58] Enderlein / Maskow / Strohbach Art. 80 Anm 3.1; Honsell-Magnus Art. 80 Rz 4; v.Caemmerer / Schlechtriem-Stoll Art. 80 Rz 10; Neumayer / Ming Art. 80 Anm 1; Welser S. 132; Heuzé Rz 463; Rummel S. 192; Audit Rz 188; Heilmann S. 380; Klauss-Hartung S. 257; Keil S. 51. A.A. Honnold Uniform Law Art. 80 Rz 436.4, der die Vorschrift außerhalb des Schadensersatzes nur analog anwenden will; für eine umfassende Geltung dagegen noch in Uniform Law (1. Aufl.) Art. 80 Rz 436.

aa) Abwägungslösung

Unter der Geltung des BGB bzw. des Reformentwurfs bereitet eine beiderseitige Verantwortlichkeit keine besonderen Schwierigkeiten, wenn der Gläubiger Schadenersatz für die ihm entgangene Leistung verlangt[59]: Der Schadenersatz wird entsprechend der Eigenverantwortlichkeit des Gläubigers gekürzt (hier als Abwägungslösung bezeichnet). Auch im Rahmen des UN-Kaufrechts wird ganz überwiegend eine solche Abwägungslösung befürwortet[60]; eine andere Ansicht vertreten allein Karollus[61] und Rummel[62]. Die Abwägungslösung wird allerdings unterschiedlich begründet.

(1) Begründung der Anspruchsabwägung

Von manchen Autoren wird das Modell einer verantwortungsgerechten Schadensteilung nicht unmittelbar Art. 80 CISG, sondern der Existenz eines "allgemeinen Grundsatzes"[63] entnommen. Diesen Rechtsgrundsatz entwickeln diese Autoren aus Art. 77, 80 CISG[64] bzw. aus Art. 7 II CISG in Verbindung mit den allgemeinen Grundsätzen des Einheitlichen Kaufrechts über die Haftung für Vertragsverletzungen[65].

Hier zeigen sich Parallelen zur Diskussion um die übergeordnete Frage, ob und wo innerhalb des UN-Kaufrechts ein beiderseitiges Vertretenmüssen geregelt ist. Ein Rückgriff auf ungeschriebene allgemeine Rechtsgrundsätze wird erst dann erforderlich, wenn das geschriebene Recht keine Regelung bereithält - ihm kommt der Anwendungsvorrang zu. In der Tat wird verbreitet die Auffassung vertreten, daß sich das Erfordernis einer Schadensteilung bereits aus

---

[59] Schadenersatz nach der Surrogationsmethode bzw. "statt der Leistung"; vgl.o. 1. Teil: A. II. 3. c) bb) (1) (a); 2. Teil: B. II. 2. a).

[60] Vgl. v.Caemmerer / Schlechtriem-Stoll Art. 80 Rz 5; Bianca / Bonell-Tallon Art. 80 Anm 2.5; Staudinger-Magnus Art. 80 Rz 15; Herber / Czerwenka Art. 80 Rz 8; Neumayer / Ming Art. 80 Anm 3; Schlechtriem UN-KaufR Rz 298 u. JZ 1988, 1037, 1047; Audit Rz 188; Heuzé Rz 464; Ziegler S. 239; wohl auch Heilmann S. 380; Enderlein / Maskow / Strohbach Art. 80 Anm 6. Von seinem abweichenden Ansatz her ebenso Soergel-Lüderitz Art. 77 Rz 2.

[61] S. 189.

[62] S. 192, jedoch ohne Begründung.

[63] v.Caemmerer / Schlechtriem-Stoll Art. 80 Rz 5. Scheinbar ebenso Magnus in Staudinger Art. 80 Rz 15, vgl. aber denselben in Honsell Art. 80 Rz 12.

[64] Vgl. Staudinger-Magnus Art. 80 Rz 15; S. aber die vor. Fn.

[65] Vgl. v.Caemmerer / Schlechtriem-Stoll Art. 80 Rz 5.

Art. 80 CISG selbst ergebe[66]. Diese Interpretation der Vorschrift wird im folgenden zu überprüfen sein.

(a) Interpretation des Wortlauts

Art. 80 CISG sieht vor, daß sich der Gläubiger einer Vertragspflicht nicht auf deren Nichterfüllung berufen kann, "soweit diese Nichterfüllung" durch seine Handlung oder Unterlassung verursacht wurde. Das "soweit" übersetzt die authentischen Fassungen "to the extent" bzw. "dans la mesure" in deutsche Rechtsterminologie.

Insbesondere den authentischen Formulierungen wird der Hinweis entnommen, daß die beiderseitigen ursächlichen Beiträge wertend gegeneinander zu wägen seien mit dem Ergebnis einer entsprechenden Minderung des Schadenersatzanspruchs[67]. Stoll hält diese Deutung für ein Mißverständnis[68]. Die Formulierung halte nur die Selbstverständlichkeit fest, daß der Schuldner hinsichtlich solcher Nachteile nicht für eine Vertragsverletzung hafte, für die ein Handeln des Gläubigers ursächlich sei. Liefere der Schuldner verspätet und zudem an eine falsche Adresse, die ihm der Gläubiger genannt hatte, sei er weiterhin für die Folgen der Verspätung bis zur Versendung haftbar, nach diesem Zeitpunkt aber wegen der Gläubigerverursachung befreit. Die Einschränkung "soweit" betreffe insofern nur den Anwendungsbereich, nicht aber die Rechtsfolgen des Art. 80 CISG. Dieser ordne ein Entweder-Oder der Anspruchsbefreiung an.

Die Argumentation Stolls wendet sich allerdings nicht gegen die quotale Begrenzung des Schadenersatzes, sondern nur gegen Art. 80 CISG als Grundlage dieser Lösung. Ihm ist insofern entgegenzukommen, als der Wortlaut der Vorschrift die Frage nicht mit Eindeutigkeit entscheidet. Allerdings ließ sich hier bereits zeigen, daß Art. 80 CISG entgegen der Auffassung Stolls durchaus auch die Fälle geteilter Verantwortlichkeit erfassen soll. Insoweit liegt es nahe, dem "soweit" in Art. 80 CISG einen Sinn jenseits des Ausdrucks einer bloßen Selbstverständlichkeit zu entnehmen. Dann aber ist es kaum anders denn als ei-

---

[66] Herber / Czerwenka Art. 80 Rz 7; Enderlein / Maskow / Strohbach Art. 80 Anm 6c; Honsell-Magnus Art. 80 Rz 14 (vgl.o. Fn 63); Schlechtriem UN-KaufR Rz 298; Rudolph Art. 80 Rz 10; Bianca / Bonell-Tallon Art. 80 Anm 2.5; Neumayer / Ming Art. 80 Anm 3; Ziegler S. 239. Ebenso wohl Audit Rz 188; Heuzé Rz 464; Heilmann S. 380.

[67] Herber / Czerwenka Art. 80 Rz 7 f; Neumayer / Ming Art. 80 Anm 3; Rudolph Art. 80 Rz 10; Schlechtriem UN-KaufR Rz 298; Ziegler S. 239.

[68] In: v.Caemmerer / Schlechtriem Art. 80 Rz 5.

ne Anordnung zu lesen, den Ausschluß der Leistungsstörungsrechte auf den Verantwortlichkeitsanteil des Gläubigers zu begrenzen.

(b) Entstehungsgeschichte

Die Annahme, daß die Formulierung "soweit" mehr als nur Selbstverständliches ausdrücken soll, läßt sich auch mit historischen Argumenten belegen. So wurde während der Beratungen der Ausdruck "in so far as" durch die Formulierung "to the extent" ersetzt[69]. Die Postulierung des ohnehin Einsichtigen hätte kaum einer derartigen Verfeinerung bedurft. Zudem klingt das Verständnis des Ersten Komitees in der bereits geschilderten Diskussion um die Frage an, ob die vorgeschlagene Vorschrift auch beiderseitiges Vertretenmüssen umfassen solle. Der Vertreter der DDR erklärte unwidersprochen, daß die Formulierung hinreichend elastisch sei, um die Parteibeiträge gegeneinander abzuwägen[70]. Dies hätte sich von einem strikt zweiwertigen Rechtsfolgensystem kaum behaupten lassen.

(c) Angemessenheit der Regelung

Karollus befürwortet dennoch ein solches Alles-oder-Nichts-Konzept, da er die Rechtsfindung bei einer Schadensteilung als zu kompliziert erachtet[71]. Dieser Einwand bleibt an der Oberfläche der Problematik, indem er sich nur gegen den Aufwand der Rechtsfindung richtet. Zudem überzeichnet Karollus den Aufwand einer Abwägung. Deutsche Gerichte beispielsweise treffen regelmäßig Abwägungen (insbesondere im Rahmen des § 254 BGB), ohne daß ihre übermäßige Belastung beklagt würde.

Überdies ist die sachliche Angemessenheit einer Abwägungslösung hier eingehend dargelegt worden[72]. Sie wird selbst von denjenigen Stimmen anerkannt, welche Art. 80 CISG nicht auf ein beiderseitiges Vertretenmüssen anwenden wollen; ihr Verständnis der Vorschrift als eine Alles-oder-Nichts-Regelung ver-

---

[69] Vorschlag seitens der Bundesrepublik (Schlechtriem), vgl. O.R. S. 393, 136, zit. nach Honnold Documentary S. 614, 708.

[70] S.o. Fn 46.

[71] Vgl. S. 189.

[72] Vgl. 1. Teil: A. II. 1. a), insbes. dd); 2. Teil: B. III. 1. a) aa).

anlaßt sie im Gegenteil, auf andere Normen oder allgemeine Rechtsgrundsätze auszuweichen, um so eine Schadensteilung zu ermöglichen[73].

Als Schlußfolgerung ergibt sich: Das Verständnis des Art. 80 CISG als eine Regelung der Schadensteilung wird vom Wortlaut nicht nur gedeckt, sondern nahegelegt, von den historischen Materialien unterstützt und führt zu einer sachgerechten Lösung.

(2) Inhalt der Abwägungslösung

Daraus folgt, daß der Käufer den Schaden, der ihm durch die Unerfüllbarkeit der Lieferverpflichtung entstanden ist, nur in beschränktem Umfang ersetzt verlangen kann. Gemäß Art. 80 CISG ist ihm sein Eigenanteil am Eintritt der Leistungsstörung entgegen zu halten mit der Wirkung, daß sein Ersatzanspruch anteilig gekürzt wird. Bei der isolierten Wahl von Schadenersatz bleibt der Käufer zudem weiterhin zur Leistung des Kaufpreises verpflichtet[74,75]. Wollte sich der Käufer von der Kaufpreisverbindlichkeit befreien, müßte er die Aufhebung des Vertrags erklären.

Die Lösung entspricht dem Surrogationsschadenersatz des BGB bzw. dem Schadenersatz "statt der Leistung" des Reformentwurfs. Es ergibt sich die bereits festgestellte[76] verantwortlichkeitsgerechte Verteilung der Unmöglichkeitslasten auf die Vertragsparteien.

---

[73] Vgl. v.Caemmerer / Schlechtriem-Stoll Art. 80 Rz 5; Soergel-Lüderitz Art. 80 Rz 3.

[74] Art. 80 CISG berührt die Gegenleistungsverpflichtung nicht, so ausdrücklich Honsell-Magnus Art. 80 Rz 15; Soergel-Lüderitz Art. 80 Rz 6; Heilmann S. 381.

[75] v.Caemmerer / Schlechtriem-Stoll Art. 80 Rz 10; Honsell-Magnus Art. 80 Rz 15; Heilmann S. 381 sehen vor, daß sich der Verkäufer ersparte Aufwendungen i.S.v. § 324 Abs. 1 S. 2 BGB auf den Kaufpreis anrechnen lassen müsse. Eine solche pauschale Anrechnung würde den Käufer aber unangemessen benachteiligen; ersparte Aufwendungen sind vielmehr nur anteilig anzurechnen, vgl. zur parallelen Problematik im BGB 1. Teil: A. II. 3. c) bb) (3) (b).

[76] Vgl.o. 1. Teil: A. II. 2. b) bb) (3) (a); 2. Teil: B. II. 2. a).

bb) Rechte des Verkäufers

(1) Schadenersatzverlangen nach Art. 61 b) CISG

Eine Störung dieses Gleichgewichts könnte sich ergeben, wenn der Verkäufer seinerseits nach Art. 61 b), 74 ff. CISG Schadenersatz vom Käufer verlangt wegen dessen Verletzung der Abnahmepflicht aus Art. 60 a) CISG[77]. Jedoch fragt sich, worin der vom Käufer zu ersetzende Schaden bestehen soll. Hinsichtlich des Kaufpreises ist dem Verkäufer kein Schaden entstanden, da der Käufer nach wie vor zu dessen Leistung verpflichtet ist.

Als möglicher Inhalt des Ersatzanspruchs kommt so nur eine Kompensation der eigenen Ersatzpflicht gegenüber dem Käufer aus Art. 45 Abs. 1 b), 74 ff. CISG in Betracht. Gleichwohl kann der Verkäufer mit diesem Ersatzbegehren nicht durchdringen. Dies wird schon vom Ergebnis her deutlich, da anderenfalls die Verteilung der Unmöglichkeitslasten aus ihrem verantwortlichkeitsproportionalen Gleichgewicht gestoßen würde. Der Anspruch, seinen haftungsbegründenden Voraussetzungen nach gegeben, muß in seiner Höhe also auf "Null" lauten.

Konstruktiv begründen läßt sich das Ergebnis wie folgt: Beide Parteien haben in - unterschiedlichen - Anteilen an der Verletzung der Lieferverpflichtung des Verkäufers mitgewirkt. Hierdurch hat der Käufer notwendig zugleich seine Pflicht aus Art. 60 a) CISG verletzt, seine Belieferung nicht zu verhindern. Diese Vertragsverletzung verpflichtet den Käufer zwar zum Ersatz des aus ihr hervorgehenden Schadens. Sein vertragswidriges Verhalten ist jedoch bereits dadurch berücksichtigt, daß sein Ausgleichsanspruch gegen den Verkäufer und damit dessen Ersatzpflicht gemäß Art. 80 CISG anteilig reduziert wurde. Auf den Beitrag des Käufers über die Kürzung des Art. 80 CISG hinaus noch eine selbständige Ersatzpflicht zu stützen, bedeutete somit eine Doppelverwertung ein- und derselben Vertragswidrigkeit.

Anders gewendet: Was nach der Kürzung durch Art. 80 CISG an einer Ersatzpflicht des Verkäufers verbleibt, entspricht dessen Anteil an dem Gesamtvertretenmüssen der Leistungsstörung. Es handelt sich insofern um keinen vom Käufer zu verantwortenden und zu ersetzenden Schaden. Der Anspruch des Verkäufers aus Art. 61 b) CISG läuft leer.

---

[77] Vgl.o. 2. Teil: C. II. 3. b). Schlechtriem UN-KaufR Rz 298 weist eigens auf das mögliche Nebeneinander der Art. 80, 60 a) CISG hin. Ähnlich Honnold Uniform Law Art. 80 Rz 436.4.

(2) Erklärung der Vertragsaufhebung

Läßt die Verletzung der Abnahmepflicht die Leistung des Verkäufers unmöglich werden, sind dessen Rechte nicht auf Kaufpreis- und Schadenersatzanspruch begrenzt; gemäß Art. 64 CISG kann er zudem die Aufhebung des Kaufvertrags erklären[78]. Auch insofern stellt sich die Frage, ob dem Verkäufer dieses Recht im Fall beiderseitiger Verantwortlichkeit zusteht.

Wie schon ausgeführt wurde, wird der Verkäufer die Aufhebung nur dann erklären, wenn der (anteilig geminderte) Schadenersatzanspruch des Käufers den Betrag des Kaufpreises übersteigt. Daraus folgt, daß dann, wenn die Unmöglichkeit besonders schwere wirtschaftliche Folgen zeitigt, sich der Verkäufer einer Mithaftung zu entziehen droht. Insofern liegt es nahe, das Aufhebungsrecht zur Wahrung interessengerechter Ergebnisse auszuschließen. Dies ließe sich durch Anwendung des Art. 80 CISG erreichen, der ein Geltendmachen des Aufhebungsrechts wegen der Eigenverantwortlichkeit des Verkäufers ausschließen könnte.

Eine derartige Hilfskonstruktion erweist sich jedoch als überflüssig. Das Aufhebungsrecht ist für den Verkäufer nur insofern von Interesse, als es ihm erlaubt, den gegnerischen Schadenersatzanspruch zu beseitigen. Die mögliche Kumulation von Schadenersatz und Aufhebungsrecht sowohl auf Käufer- wie auf Verkäuferseite (vergleiche Art. 45 Abs. 2, 61 Abs. 2 CISG) widerlegt diese Interpretation: Beide Rechte bestehen unabhängig voneinander. Der Schadenersatzanspruch des Käufers ist bereits mit Eintritt der Unmöglichkeit entstanden; eine spätere Aufhebung des Vertrags durch Käufer oder Verkäufer beeinflußt ihn nur insoweit, als sich der Käufer nunmehr die ersparte Gegenleistung anrechnen lassen muß (und so Differenzschaden- statt Surrogationsschadenersatz erhält).

Damit bleibt es bei der oben dargestellten Verteilung der Unmöglichkeitslasten; wählt der Käufer Schadenersatz gemäß Art. 45 Abs. 1 b) CISG, sind interessengerechte Ergebnisse sichergestellt.

b) Vertragsaufhebung durch den Käufer

Fraglich ist, ob auch dann, wenn der Käufer den Vertrag gemäß Art. 49 CISG aufhebt, eine - interessengerechte - Abwägungslösung möglich ist.

---

[78] Vgl.o. 2. Teil: C. II. 3. b).

aa) Allgemeine Übereinstimmung: Keine Teilaufhebung

Auf den ersten Blick scheint dies mit einer Teilwirkung der Vertragsaufhebung auf einfachstem Wege erreichbar: Der Käufer könnte den Vertrag nur insoweit aufheben, als das Vertretenmüssen des Verkäufers reicht. Ein solches Modell wird allerdings von niemandem vertreten. Zahlreiche Autoren weisen sogar ausdrücklich darauf hin, daß die Vertragsaufhebung einer "Reduktion" oder "Verteilung" nicht zugänglich sei[79].

In der Tat findet die beschriebene verantwortlichkeitsabhängige Teilaufhebung des Vertrags im UN-Kaufrecht keine Verankerung. Art. 51 Abs. 1 CISG sieht die Teilwirkung einer Aufhebung lediglich insofern vor, als sich eine Vertragsverletzung auf einen (abgrenzbaren) Teil des Vertragsgegenstands beschränkt[80,81]. Insbesondere das Gebot zur einheitlichen Auslegung des Übereinkommens aus Art. 7 Abs. 1 CISG[82] gebietet Zurückhaltung bei Konstruktionen, welche das System der Leistungsstörungsrechte - wenn auch innerhalb eines möglichen Wortsinns - qualitativ erweitern. Vorliegend stünde bereits eine Unterstützung der Teilaufhebung durch die heimische Rechtsprechung und Lehre in Frage; die Akzeptanz der Konstruktion in den übrigen Rechtskulturen wäre vollends zweifelhaft.

bb) Unterschiedliche Konzepte

Besteht insofern Einigkeit, einer Vertragsaufhebung keine Teilwirkung zuzumessen, gehen die Auffassungen im übrigen auseinander.

---

[79] Vgl. Bianca / Bonell-Tallon Art. 80 Anm 2.5; v.Caemmerer / Schlechtriem-Stoll Art. 80 Rz 5; Herber / Czerwenka Art. 80 Rz 8; Honsell-Magnus Art. 80 Rz 12; Heuzé Rz 464.

[80] Sinngemäß Rudolph Art. 80 Rz 10, die eine Teilaufhebung ausdrücklich auf den Fall begrenzt, daß "die von jeder Partei gesetzten Ursachen (...) jeweils einen selbständigen Teil der nichterfüllten Leistung" beträfen.

[81] Ein Gleiches gilt für den Teilrücktritt innerhalb des Systems der Leistungsstörungen des BGB, vgl. 1. Teil: A. II. 2. c) cc) (1), (2) (c).

[82] Hierzu o. 2. Teil: C. II. 1. b) aa).

(1) Genereller Ausschluß des Aufhebungsrechts

Zahlreiche Autoren schließen das Aufhebungsrecht des Käufers generell aus, wenn die Vertragsverletzung von beiden Parteien zu vertreten ist[83]. Ihrer Ansicht zufolge soll sich der Verkäufer in jedem Fall verteilter Verantwortlichkeit auf den Befreiungstatbestand des Art. 80 CISG berufen können, ohne daß es auf das Gewicht seines eigenen Beitrags ankäme. Eine unangemessene Benachteiligung des Käufers sieht man hierin nicht, da diesem ja stets die Möglichkeit bleibe, vom Verkäufer anteiligen Schadenersatz gemäß der Art. 45 Abs. 1 b), 74 ff, 80 CISG zu verlangen. Unterschiedlich wird beurteilt, auf welchem Wege der Käufer auf Schadenersatz zu verweisen ist. Überwiegend geht man davon aus, daß es Sache des Käufers sei, seinen Antrag von Ansprüchen aus einer Vertragslösung auf Schadenersatz umzustellen[84]. Hingegen wollen manche dem Richter die Befugnis einräumen, von sich aus Schadenersatz anstelle der nicht zu erlangenden Aufhebung zuzusprechen[85].

(2) Entscheidung nach überwiegender Verantwortlichkeit

Eine zweite Auffassung entscheidet nach der Verantwortlichkeitsverteilung zwischen den Parteien, ob der Käufer den Vertrag aufheben oder umgekehrt der Verkäufer dieses Recht durch Berufung auf Art. 80 CISG ausschließen kann. Ihr zufolge steht dem Käufer das Aufhebungsrecht zu, wenn sein Beitrag zur Leistungsstörung denjenigen des Verkäufers nicht[86] bzw. nicht deutlich[87] überwiegt. Für den Fall der Vertragsaufhebung deutet Magnus[88] einen weitergehenden Interessenausgleich an. Liege im mitursächlichen Verhalten des Käufers

[83] Vgl. Herber / Czerwenka Art. 80 Rz 8; Ziegler S. 239; Bianca / Bonell-Tallon Art. 80 Anm 2.5; Enderlein / Maskow / Strohbach Art. 80 Anm 6; Heuzé Rz 464; Audit Rz 188; ebenso wohl Rudolph Art. 80 Rz 10.

[84] In diesem Sinn Herber / Czerwenka Art. 80 Rz 8; Heuzé Rz 464; Audit Rz 188; Ziegler S. 239.

[85] Vgl. Bianca / Bonell-Tallon Art. 80 Anm 2.5; ähnlich Enderlein / Maskow / Strohbach Art. 80 Anm 6.

[86] Karollus S. 189.

[87] Magnus in Honsell Art. 80 Rz 12 u. in Staudinger Art. 80 Rz 14; unklar Schlechtriem UN-KaufR Rz 298.

[88] In: Staudinger Art. 80 Rz 14.

zugleich eine Vertragsverletzung, könne der Schuldner den daraus für ihn resultierenden Schaden anteilig ersetzt verlangen[89].

Dieser Vorschlag verdient eine nähere Analyse: Als Grundlage des von Magnus vorgeschlagenen Ersatzanspruchs kommt nur Art. 61 b) CISG in Betracht, als verletzte Vertragspflicht diejenige aus Art. 60 a) CISG. Anders als beim (isolierten) Schadenersatzbegehren[90] des Käufers führt das haftungsbegründende Verhalten des Käufers auch zu einem kompensationsfähigen Vermögensnachteil des Verkäufers, da er infolge der Vertragsaufhebung seinen Anspruch auf Erhalt des Kaufpreises einbüßt[91].

Der Verlust der Gegenleistung kann freilich nicht in voller Höhe ausgeglichen werden, beruht er doch auf einer von beiden Parteien zu vertretenden Vertragsverletzung. Art. 80 CISG führt hier zu einer Begrenzung des Ersatzes auf das Maß der gegnerischen Verantwortlichkeit[92]. Dies bedeutet, daß der Verkäufer im Umfang seines eigenen Unmöglichkeitsbeitrags auf die Gegenleistung verzichten muß, im übrigen für den Verlust aber Geldausgleich erhält.

In dieser Konstellation werden die Unmöglichkeitslasten somit beitragsadäquat verteilt. Trifft den Käufer hingegen eine überwiegende Verantwortlichkeit, wird ihm das Aufhebungsrecht ohne eine Kompensation versagt; er wird - wie geschildert - auf Schadenersatz verwiesen.

cc) Kritik und eigener Vorschlag

Bemerkenswert ist, daß sowohl ein völliger Ausschluß des Aufhebungsrechts diskutiert wird als auch seine Gewährung in Abhängigkeit von den Parteibeiträgen. Die Vertragslösung durch den Käufer generell zuzulassen, ist bislang nicht erwogen worden.

---

[89] Staudinger-Magnus Art. 80 Rz 14 berechnet diesen Anspruch "unter Beachtung des Art. 77" CISG. Zu Magnus' unklarer Position zu einer Abwägung unmittelbar aus Art. 80 CISG vgl.o. Fn 63.

[90] S. dazu o. 2. Teil: C. II. 2. a) bb).

[91] Die Rechtswahl bedeutet hierbei kein vertragswidriges Verhalten, sondern entscheidet lediglich über die Haftungsausfüllung; vgl. zur parallelen Situation im Rahmen des BGB o. 1. Teil: A. II. 2. b) bb) (2) (b), (4) (c).

[92] S.o. 2. Teil: C. II. 2. a) aa) (2).

(1) Kritik eines generellen Ausschlusses der Vertragsaufhebung

Das erste Konzept, welches das Aufhebungsrecht in den Konstellationen verteilter Verantwortlichkeit ausschließt, führt zu einer ungerechtfertigten Benachteiligung des Käufers. Er müßte so eine Verkürzung seiner im UN-Kaufrecht niedergelegten Rechte selbst dann hinnehmen, wenn die Verantwortlichkeit des Verkäufers seinen eigenen Beitrag erheblich überwiegt.

Entgegen der Auffassung beispielsweise von Herber / Czerwenka[93] gleicht die verbliebene Möglichkeit, nach Art. 45 Abs. 1 b), 80 CISG Schadenersatz zu verlangen, diesen Rechtsverlust nicht aus. Denn gemäß Art. 74 CISG sind nur solche Verluste zu ersetzen, die aus der Vertragsverletzung entstanden sind. Diese Gestaltung der Haftungsausfüllung entspricht dem geltenden BGB. Dort wie im UN-Kaufrecht vermag das Leistungsstörungsrecht Schadenersatz keinen Ausgleich für diejenigen Nachteile zu leisten, die unmittelbar aus einem ungünstigen Vertragsschluß resultieren. Dieser "Abschlußschaden" ist nur über die Lösung der Gegenleistungsverpflichtung auszugleichen, d.h. durch die Aufhebung[94] des Vertrags[95]. Das UN-Kaufrecht eröffnet dem Käufer im Fall der (vom Verkäufer zu vertretenden, wesentlichen) Vertragsverletzung beide Ausgleichsperspektiven, Vertragsaufhebung sowie Ersatz der aus der Vertragsverletzung resultierenden Nachteile. Bei beiderseitiger Verantwortlichkeit das eine dieser Rechte zu gewähren, das andere auszuschließen, zudem unabhängig von dem jeweiligen Gewicht der Parteibeiträge, leuchtet nicht ein.

(2) Kritik des teilweisen Ausschlusses

Der nur teilweise Ausschluß der Vertragsaufhebung bedeutet demgegenüber einen Fortschritt. Beifall verdient das Konzept insofern, als es für aufgehobene Verträge eine verantwortlichkeitsgerechte Lastenverteilung schafft. Eine solche quotale Lösung ist in der vorliegenden Arbeit wiederholt vertreten und begründet worden[96]. Diese Wertung ist auch dem System des UN-Kaufrechts nicht

---

[93] Art. 80 Rz 8.

[94] Bzw. durch Rücktritt oder Abstandnahme in den Kategorien des BGB.

[95] Vgl.o. 1. Teil: A. II. 2. b) bb) (3) (c).

[96] S.o. 1. Teil: A. II. 1. a); 2. Teil: B. III. 1 a) aa).

fremd, wie die Lösung des Schadenersatzes[97] und insbesondere die Stellungnahme Tallons[98] zeigen.

Unbefriedigend bleibt das von Magnus vertretende Konzept dort, wo es dem Käufer die Vertragsaufhebung versagt, ohne den Parteibeitrag des Verkäufers entsprechend zu sanktionieren. Hier wird der Verkäufer überproportional begünstigt, während im spiegelbildlichen Fall seiner überwiegenden Verantwortlichkeit der erforderliche Ausgleich geschaffen wird. Diese Ungleichbehandlung ist nicht durch sachliche Gründe gerechtfertigt. Überdies stellen sich auch hier die mit einer starren Rechtsfolgengrenze verbundenen Probleme[99]: Im Fall eines ungefähren Gleichgewichts der Beiträge von Käufer und Verkäufer lösen geringfügig unterschiedliche Bewertungen beträchtliche Rechtsfolgendifferenzen - kompensierte Vertragsaufhebung oder ihr völliger Ausschluß - aus. In einer solchen Situation ist das Prozeßrisiko für die Parteien kaum zu kalkulieren.

(3) Vorschlag: generelle Zulassung der Aufhebung

Die vorstehenden Einwände weisen den Weg zu einem sachgerechten Ergebnis. Dem Käufer ist das Recht zur Vertragsaufhebung nicht nur im Fall seines minderschweren Unmöglichkeitsbeitrags, sondern unabhängig von der konkreten Verteilung der Verantwortlichkeit zu gewähren. Gegenüber einem Aufhebungsbegehren des Käufers kann sich der Verkäufer also nicht erfolgreich auf den Befreiungstatbestand des Art. 80 CISG berufen.

Auf diesem Weg ist zum einen die kritisierte starre Rechtsfolgengrenze vermieden. Zum anderen beläßt es die Lösung bei dem Wahlrecht, welches das UN-Kaufrecht dem Käufer einräumt. Ihm steht durch das Nebeneinander von Schadenersatz und Vertragsaufhebung frei, Einbußen entweder aus der Leistungsstörung oder aus dem Vertragsschluß selbst zu kompensieren, indem er das jeweils vorteilhaftere Recht wählt.

Der vorliegende Vorschlag berücksichtigt jedoch nicht nur die Interessen des Käufers. Die Belange des Verkäufers sind durch den geschilderten Schadenersatzanspruch aus Art. 61 Abs. 1 b) i.V.m. Art. 60 a) CISG angemessen gewahrt. Dieser gleicht den aufhebungsbedingten Verlust des Kaufpreisanspruchs aus,

---

[97] S.o. 2. Teil: C. II. 2. a).

[98] In: Bianca / Bonell Art. 80 Anm 3.1: Es widerspräche Treu und Glauben, wenn ein Vertragspartner volle Kompensation erlangen könnte, obwohl er selbst eine Vertragspflicht verletzt hat.

[99] Vgl.o. 1. Teil: A. II. 1. a) cc), dd).

allerdings in seiner Höhe gemäß Art. 80 CISG begrenzt auf den Verantwortlichkeitsanteil des Käufers[100]. Derart werden die Unmöglichkeitslasten in jeder Konstellation sachgerecht verteilt.

In der Untersuchung der Rechtsfolgen nach geltendem BGB erwies es sich allerdings als problematisch, den Gegenleistungsanspruch in natura erlöschen zu lassen und den Schuldner statt dessen auf einen Ersatzanspruch in Geld zu verweisen[101]. Im Rahmen des UN-Kaufrechts erwachsen hieraus keine Schwierigkeiten, da die Gegenleistung beim Kauf von vornherein auf Geldleistung gerichtet ist.

Der hiesige Entwurf, die Berufung auf Art. 80 CISG bei verteilter Verantwortlichkeit grundsätzlich auszuschließen, wenn der Käufer Aufhebung des Vertrags begehrt, läßt sich mit dem Wortlaut der Vorschrift ebenso gut vereinbaren wie eine generelle Zulassung dieses Einwands (also dem grundsätzlichen Ausschluß der Aufhebung) oder die zweiwertige Entscheidung nach dem Überwiegen eines Parteibeitrags. Die Entstehungsgeschichte zur Vorschrift schafft in dieser Frage keine Klarheit; die vom Ersten Komitee beabsichtigte[102] und in der Literatur nahezu allseitig unterstützte[103] elastische Regelung beiderseitigen Vertretenmüssens läßt sich nicht unmittelbar auf das Recht zur Vertragsaufhebung anwenden.

In dieser Situation ist dasjenige Konzept zu verfolgen, welches das genannte Ziel einer proportionalen Lastenverteilung am besten verwirklicht. Wie die vorstehenden Erörterungen zeigen, stellt das vorliegende Modell als einziges für sämtliche Konstellationen eine verantwortlichkeitsgerechte Lastenverteilung sicher, und dies bei verhältnismäßig geringem konstruktiven Aufwand. Es verdient daher den Vorzug vor den konkurrierenden Vorschlägen.

c) Schadenersatz neben Vertragsaufhebung

Verfolgt der Käufer seine Rechte auf Vertragsaufhebung und Schadenersatz nebeneinander, wie es ihm gemäß Art. 45 Abs. 2 CISG freisteht, ergeben sich hieraus keine spezifischen Schwierigkeiten. Die zu Schadenersatz und Vertragsaufhebung erörterten Rechtsfolgen treten nebeneinander ein.

---

[100] Der Schadenersatzanspruch wird durch die Vertragsaufhebung nicht ausgeschlossen, s.o. 2. Teil: C. III. 2. a) bb) (2).

[101] Vgl.o. 1. Teil: A. II. 2. b) bb) (3) (e) (bb)

[102] Vgl. O.R. S. 393, zit. nach Honnold Documentary S. 614.

[103] S.o. 2. Teil: C. II. 2. a) aa) (1).

Im einzelnen: Der Käufer erklärt gemäß Art. 49, 81 ff. CISG die Aufhebung des Vertrags. Der Verkäufer kann vom Käufer Schadenersatz verlangen wegen dessen Mitwirkung am Eintritt der Leistungsstörung, Art. 61 b), 60 a) CISG. Der Anspruch richtet sich auf den Ausgleich des entgangenen Kaufpreises und wird gemäß Art. 80 CISG um den Eigenanteil des Verkäufers gemindert.

Hinzu tritt der Schadenersatzanspruch des Käufers aus Art. 45 b) CISG, der die infolge der Nichtausführung des Vertrags entstandenen Nachteile ausgleicht. Auch dieser Anspruch ist gemäß Art. 80 CISG entsprechend der Gewichtung der Parteibeiträge zu kürzen. So stehen sich im Ergebnis Zahlungsansprüche von Verkäufer und Käufer gegenüber, die, jeweils im Umfang der eigenen Beteiligung an der Vertragsverletzung gemindert, auch in ihrer Verrechnung für eine verantwortlichkeitsgerechte Lastenverteilung sorgen.

3. Kriterien der Abwägung

Demnach sind unabhängig davon, ob der Käufer Schadenersatz, Aufhebung oder beide Rechte in Kombination wählt, die Beiträge der Parteien zum Eintritt der Leistungsstörung zu gewichten und gegeneinander abzuwägen. Damit stellt sich die Frage nach den Maßstäben, anhand derer der Richter eine solche Abwägungsentscheidung treffen soll.

a) Maß der Verursachung

Einigkeit besteht insoweit, als man vorrangig auf das jeweilige Maß der Verursachung abstellt, also auf den Grad der Wahrscheinlichkeit, mit welcher das Verhalten einer Partei zur Vertragsverletzung führte[104]. Dieser Maßstab ist sachgerecht. Für den Beitrag des Gläubigers ergibt er sich unmittelbar aus Art. 80 CISG, da nach dessen Wortlaut der Schuldner von den Konsequenzen einer Nichterfüllung befreit ist, "soweit diese Nichterfüllung durch ... [eine] Handlung oder Unterlassung [des Gläubigers] verursacht wurde".

Eine Gewichtung auch des schuldnerischen Kausalbeitrags mutet zunächst fremd an im Rahmen des erfolgsbezogenen Haftungssystems des UN-Kaufrechts. Diese Erfolgshaftung wird jedoch durch Art. 79 CISG durchbrochen, der eine Befreiung des Schuldners von der Ursache der Leistungshinde-

---

[104] Vgl. Bianca / Bonell-Tallon Art. 80 Anm 2.5; Herber / Czerwenka Art. 80 Rz 7; v.Caemmerer / Schlechtriem-Stoll Art. 80 Rz 5; Audit Rz 188; Heilmann S. 380.

rung abhängig macht; Kausalitätserwägungen sind folglich auch auf seiten des Schuldners von Bedeutung.

Für eine Gewichtung der von den Parteien gesetzten Ursachen ist es erforderlich, jeweils die relevanten Erfolgsbedingungen von der Menge der unergiebigen Glieder der Ursachenkette zu scheiden. Denn bereits durch die Abgabe ihrer Vertragserklärungen haben beide Seiten notwendige Bedingungen für den Eintritt der Leistungsstörung gesetzt: Ohne Erklärung kein Vertrag, ohne Vertrag keine Vertragsverletzung. Bliebe man hierbei stehen, wäre jede Vertragsverletzung (auch) vom Gläubiger verursacht, das Eingreifen des Art. 80 CISG damit trivialisiert.

Liegt die Notwendigkeit einer Eingrenzung somit auf der Hand, gestaltet sich eine abstrakte Umschreibung der relevanten Kausalbeiträge gleichwohl als außerordentlich schwierig[105]. Für den Gegenstand der vorliegenden Untersuchung erwachsen hieraus allerdings keine besonderen Schwierigkeiten, als von beiden Vertragsseiten ihr Vertretenmüssen der Leistungsstörung vorausgesetzt wird. Bezugspunkt für die Gewichtung der Kausalbeiträge ist so das Tun oder Unterlassen, an welches das UN-Kaufrecht die Verantwortlichkeit der jeweiligen Partei knüpft.

b) Grad des Verschuldens

Damit ist das Maß der Verursachung als ein Kriterium der Abwägungsentscheidung ermittelt. Neben diesem ließe sich auch das Gewicht des jeweiligen Verschuldens berücksichtigen, also sein "ob" und sein Umfang, wie § 254 BGB es für eine Schadensteilung im internen Recht vorsieht[106]. Es ist demnach zu entscheiden, ob die Abwägung im UN-Kaufrecht dem Vorbild des § 254 BGB folgen und dem Grad des jeweiligen Verschuldens der Vertragsparteien Bedeutung beimessen soll.

Einzelne Stimmen haben sich für eine solche Berücksichtigung des Verschuldens ausgesprochen[107]. Sie treffen auf eine Gegenansicht, welche die Lasten der Vertragsverletzung allein anhand der Verursachungsbeiträge verteilen

---

[105] Bianca / Bonell-Tallon Art. 80 Anm 2.4.

[106] Auch im BGB lehnt sich die Abwägung eines beiderseitigen Vertretenmüssens der Unmöglichkeit an § 254 BGB an, vgl.o. 1. Teil: A. II. 3. c) aa).

[107] Vgl. Herber / Czerwenka Art. 80 Rz 7; ebenso wohl Audit Rz 188.

will[108]. Diese zweite Auffassung stützt sich darauf, daß das Kaufrechts-Übereinkommen auch im übrigen auf die subjektive Kategorie des Verschuldens verzichte. Insofern füge sich eine Abwägung allein nach dem Grad objektiver Verursachung besser in den Regelungszusammenhang[109]. Dieser Argumentation ist beizupflichten. Die Auffassung kann sich vor allem auf den Wortlaut des Art. 80 CISG stützen, der ausschließlich darauf abstellt, inwieweit der Gläubiger "die Nichterfüllung ... *verursacht*" hat[110]. Angesichts der eindeutigen Formulierung obliegt es der erstgenannten Ansicht zu begründen, warum der Verschuldensgrad als Abwägungskriterium in Art. 80 CISG hineinzulesen sei. Daran läßt sie es fehlen.

Demnach ergibt sich hier eine Abweichung gegenüber dem Abwägungsmaßstab des beiderseitigen Vertretenmüssens im BGB. Diese Differenz wird man allerdings nicht überschätzen dürfen. Denn wie Tallon[111] zu Recht bemerkt, geht die erhöhte Wahrscheinlichkeit, daß ein bestimmtes Verhalten zu einer Vertragsstörung führt, regelmäßig mit einem ebenso erhöhten Grad der Vorwerfbarkeit dieses Verhaltens einher. In der Praxis werden die Maßstäbe von BGB und UN-Kaufrecht also einander häufig entsprechen.

4. Geregelte Konstellationen der Unmöglichkeit

Schließlich stellt sich die Frage, welche Konstellationen der Unmöglichkeit (im Sinn des BGB) in dem Begriff der Vertragsverletzung und in der hier erörterten Regelung beiderseitigen Vertretenmüssens zusammengefaßt sind.

Der Wortlaut des UN-Kaufrechts differenziert nicht nach dem Zeitpunkt der pflichtverletzenden Handlung, sie kann sich sowohl vor oder während der Vertragsverhandlungen als auch im Stadium der Vertragsabwicklung ereignen. Ebensowenig unterscheidet eine der hier relevanten Vorschriften danach, ob die Leistung, welche der Schuldner nicht zu erbringen vermag, an seiner Stelle von einem Dritten erbracht werden könnte oder nicht.

---

108 Vgl. Bianca / Bonell-Tallon Art. 80 Anm 2.5; Heilmann S. 380; Staudinger-Magnus Art. 80 Rz 14; v.Caemmerer / Schlechtriem-Stoll Art. 80 Rz 5.

109 Bianca / Bonell-Tallon Art. 80 Anm 2.5; Heilmann S. 380.

110 Anders insoweit § 254 BGB, der ein mitwirkendes "Verschulden des Beschädigten" voraussetzt und die Kausalbeiträge der Parteien nur als ein Abwägungskriterium unter anderen nennt.

111 In: Bianca / Bonell Art. 80 Anm 2.5.

Demgemäß wird auch in der Kommentierung zum UN-Kaufrecht eine Differenzierung einzelner Fallgruppen der Unmöglichkeit ganz überwiegend abgelehnt[112], Unmöglichkeit schlechthin als eine wesentliche Vertragsverletzung im Sinn des UN-Kaufrechts aufgefaßt[113].

Eine Differenzierung wird jedoch hinsichtlich der Fallgruppen anfänglicher Leistungsstörungen vorgeschlagen. Als Folge einer solchen vorvertraglichen Vertragsverletzung erwägt Audit[114] die Nichtigkeit des Kaufs. Diese Nichtigkeit könne sich allerdings nur aus einer nationalen Rechtsordnung ergeben, da Wirksamkeitsfragen nach Art. 4 a) CISG grundsätzlich außerhalb des Anwendungsbereichs des UN-Kaufrechts lägen. Warum Audit die Nichtigkeit des Vertrags für die angemessene Sanktion einer vorvertraglichen Pflichtverletzung hält, wird von ihm nicht begründet.

Der Vorschlag verdient keine Unterstützung. Die Vorschrift des Art. 68 S. 3 CISG regelt den Gefahrübergang ausdrücklich auch für den Fall anfänglicher Unmöglichkeit und geht somit ersichtlich von der Wirksamkeit des Kaufvertrags in dieser Konstellation aus[115].

Die Regeln des UN-Kaufrechts ermöglichen zudem eine interessengerechte Lösung. In dieser Situation sollte der Regelungsbereich des Übereinkommens nicht ohne Not verengt werden mit der Folge, daß unterschiedliche interne (Internationale Privat- und Sach-)Rechte gälten. Auch Audit selbst stellt seinen Vorschlag in Frage: Wenn die Voraussetzungen des Art. 80 CISG erfüllt seien, so Audit, läge eine Lösung im Sinn der Regelungen des Übereinkommens nahe[116]. Seine Position bleibt mithin unklar. Die Unterscheidung vorheriger und nachträglicher Leistungshindernisse findet jedenfalls keine Grundlage.

Als Ergebnis läßt sich demnach festhalten, daß die dargestellten Regeln beiderseitiger Verantwortlichkeit für sämtliche Konstellationen gelten, die im BGB unter dem Begriff der Unmöglichkeit zusammengefaßt sind.

---

[112] Vgl. MünchKomm-Thode § 306 Rz 4a; Lautenbach S. 90 f. Zur Gleichstellung von Unvermögen und objektiver Unmöglichkeit Ziegler S. 58; Piltz § 5 Rz 253; ebenso v.Caemmerer / Schlechtriem-Huber Art. 49 Rz 7 mit der Einschränkung, daß es sich um ein dauerhaftes Leistungshindernis handeln müsse.

[113] Vgl. hierzu o. 2. Teil: C. II. 2. d).

[114] Rz 187. Wie er auch Bianca / Bonell-Tallon Art. 79 Anm 2.4.3.

[115] Staudinger-Magnus Art. 4 Rz 44; Schlechtriem SAT Rz 290. Gegen Audit auch Heuzé Rz 463; in der Sache ähnlich v.Caemmerer / Schlechtriem-Stoll Art. 79 Rz 18.

[116] Vgl. Rz 187.

IV. Zusammenfassung

Ist es dem Verkäufer unmöglich, seine Hauptleistungspflicht gegenüber dem Käufer zu erfüllen, kann dieser Schadenersatz verlangen oder den Vertrag aufheben oder auch beide Rechte nebeneinander geltend machen. Die Konstellation, daß beide Vertragsparteien für den Eintritt der Leistungsstörung verantwortlich sind, wird im UN-Kaufrecht durch die Vorschrift des Art. 80 CISG erfaßt. Diese Regelung des beiderseitigen Vertretenmüssens gewährleistet eine verantwortlichkeitsadäquate Verteilung der aus der Nichtleistung hervorgegangenen Lasten, ohne daß es auf die Rechtswahl des Käufers ankäme. Ein Schadenersatzanspruch des Käufers wird gemäß Art. 80 CISG um dessen Eigenanteil gekürzt; hebt der Käufer den Vertrag auf, kann der Verkäufer Schadenersatz für den entgangenen Kaufpreis verlangen, der dann seinerseits gemäß Art. 80 CISG zu mindern ist. Die Parteibeiträge werden nach der Wahrscheinlichkeit gewichtet, mit der sie den Leistungsstörungserfolg herbeigeführt haben.

D. Vergleich der Lösungen des Reformentwurfs und des UN-Kaufrechts mit dem BGB

Nach der Untersuchung der Rechtsfolgen, die Schuldrechtsreform und UN-Kaufrecht für den Fall vorsehen, daß beide Parteien die Unerbringlichkeit einer wesentlichen Vertragsleistung zu vertreten haben, sind diese Folgen mit denjenigen zu vergleichen, die sich unter der Geltung des BGB für die beiderseits zu vertretende Unmöglichkeit ergeben.

I. Wahlrecht des Gläubigers als gemeinsamer Ausgangspunkt

Sämtliche Normensysteme haben den Ausgangspunkt gemeinsam, daß sie den Gläubiger zwischen mehreren Rechten wählen lassen. Stets sind Schadenersatz und die Vertragslösung samt der Möglichkeit eröffnet, beide Rechte zu kombinieren - ausdrücklich im UN-Kaufrecht und im Reformentwurf, eingeschränkt im BGB mit der Konstruktion eines Differenzschadens. BGB und Reformentwurf kennen zudem einen Anspruch auf Herausgabe eines Ersatzgegenstands. Mit diesem Wahlrecht gewinnt der Gläubiger eine den Schuldner dominierende Position: Er hat es in der Hand, die zwischen den Parteien auszugleichenden Lasten der Leistungsstörung auf den Wert der Leistung oder denjenigen der Gegenleistung festzulegen[1]. Die Mittel des Schuldners begrenzen BGB und Reformentwurf auf den Gegenleistungsanspruch. Allein im UN-Kaufrecht steht ihm unter Umständen Schadenersatz zu.

II. Behandlung der beiderseitigen Verantwortlichkeit

Die zentrale Gemeinsamkeit von BGB und UN-Kaufrecht liegt darin, daß beide Rechtssysteme - in den hier vertretenen Interpretationen - für jede Rechtswahl des Gläubigers zu einer verantwortungsgerechten Verteilung der Unmöglichkeitslasten gelangen. Der Reformentwurf sieht eine solche Verteilung nur bei der Wahl von Schadenersatz oder Surrogat vor. Im Fall eines Rücktritts ordnet er hingegen eine pauschalierende Lösung an. Diese Unausgewogenheit gab den Anlaß dafür, den Regelungsvorschlag der Schuldrechtskommission hinsichtlich des beiderseitigen Vertretenmüssens zurückzuweisen.

Darin, daß BGB und UN-Kaufrecht gleichermaßen zu sachgerechten Ergebnissen führen, zeigt sich zugleich die Neutralität der Ergebnisse gegenüber ihrer juristischen Konstruktion: Insofern stehen sich das ausdifferenzierte System der Leistungsstörungen im BGB und der vom UN-Kaufrecht (und auch vom Reformentwurf) bevorzugte Einheitstatbestand ebenbürtig gegenüber.

Allerdings waren die sachgerechten Ergebnisse im BGB nur unter erheblichem konstruktiven Aufwand zu erzielen. Das UN-Kaufrecht bereitet dem Rechtsanwender hier wesentlich geringere Schwierigkeiten. Zwar läßt sich der Reformentwurf aufgrund seiner abweichenden Lösung in dieser Hinsicht nur eingeschränkt mit BGB und UN-Kaufrecht vergleichen; jenseits der Kritik am Inhalt dieser Lösung ist aber auch der Schuldrechtskommission zuzugestehen, eine leicht zu ermittelnde und anzuwendende Regelung geschaffen zu haben.

III. Überlegenheit des Einheitstatbestands?

Von diesem Vorzug der "neuen" Rechte auf eine Überlegenheit des von ihnen verwandten einheitlichen Leistungsstörungstatbestands zu schließen, wäre

[1] S. hierzu o. 1. Teil: A. II. 2. b) bb) (3) (c).

aber voreilig. Die einfachere Rechtsanwendung erklärt sich zunächst dadurch, daß die beiderseitige Verantwortlichkeit im Reformentwurf und im UN-Kaufrecht eine ausdrückliche Regelung gefunden hat, während sich das BGB in dieser Hinsicht als lückenhaft und ergänzungsbedürftig erweist.

Ohne Zweifel sind die Schwierigkeiten, die sich bei der Fortbildung des BGB zur Lösung der beiderseits zu vertretenden Unmöglichkeit gezeigt haben, in seiner Systematik begründet. Sie wurzeln jedoch nicht in der Grundentscheidung zugunsten differenzierter Tatbestände, sondern in der spezifischen Ausgestaltung der wechselseitigen Ansprüche der Parteien.

In erster Linie ist die Position des Schuldners zu schwach ausgestaltet. Hat allein der Gläubiger die Unmöglichkeit zu vertreten, reicht der Fortbestand der Gegenleistungspflicht aus: Der Schuldner erhält so, was er auch bei ungestörter Vertragsabwicklung erhalten hätte. Insofern scheint er keines Schadenersatzanspruchs zu bedürfen. Die Situation ändert sich bei verteilter Verantwortlichkeit, wenn sich der Schuldner einer Palette von Gläubigerrechten gegenüber sieht. Löst sich der Gläubiger vom Vertrag, verliert der Schuldner seinen Gegenleistungsanspruch. Hier gleicht das UN-Kaufrecht die Parteiinteressen über einen Schadenersatzanspruch des Schuldners aus.

Mit einem solchen Schadenersatzanspruch ist jedoch keine Patentlösung gefunden. Ersatz in Geld vermag lediglich die hier sogenannte Betragsgerechtigkeit[2] herzustellen. Dies genügt für das UN-Kaufrecht, da die Gegenleistung dort ohnehin stets in einer Zahlungsverpflichtung besteht, beim Kauf wie überhaupt den meisten Vertragstypen der Praxis. Aber auch für die verbleibenden Verträge muß die Rechtsordnung eine gerechte Lösung bereithalten. Insbesondere für die Konstellationen unteilbarer Gegenleistungen ist vorzusehen, daß der Schuldner jedenfalls dann nicht auf bloßen Ausgleich in Geld verwiesen werden darf, wenn die Verantwortlichkeit des Gläubigers überwiegt.

Diese Regelung läßt sich nicht in einen Halbsatz fassen, und die Vermutung liegt ausgesprochen nahe[3], daß die Schuldrechtskommission vorrangig deshalb eine Pauschallösung für den Rücktritt vorgesehen hat, um der Notwendigkeit einer solchen Detailregelung zu entgehen.

Dies zeigt: Unabhängig vom jeweiligen Rahmen des Leistungsstörungssystems bedarf das beiderseitige Vertretenmüssen einer Regelung, die, um umfassend sachgerecht zu sein, auch einen gewissen Grad an Komplexität erfordert. Zwar haben die jüngeren Schuldrechte der Schuldrechtskommission und der

---

[2] S.o. 1. Teil: A. II. 2. c) bb) (1) (b).

[3] Vgl.o. 2. Teil: B. III. 1. b).

Wiener Konferenz Rechtsfindung und -anwendung in der Frage verteilter Verantwortlichkeit erleichtert. Aber diese Erleichterungen sind im Fall des Reformentwurfs einer pauschalierten Lösung zu Lasten der Sachgerechtigkeit, im Fall des UN-Kaufrechts einem auf Gegenleistungen in Geld beschränkten Regelungsbereich geschuldet. Sie erlauben keinen Rückschluß auf eine Überlegenheit des Einheitstatbestands gegenüber einem System differenzierter Leistungsstörungen.

Die Erörterung der beiderseits zu vertretenden Unmöglichkeit erlaubt demgemäß keine Parteinahme in der Diskussion, ob das Leistungsstörungsrecht des BGB zugunsten eines Einheitstatbestands reformiert werden sollte: Nicht nur hinsichtlich der Ergebnisse, sondern auch unter dem Blickwinkel des konstruktiven Aufwands einer Problemlösung bleibt die Entscheidung offen[4].

E. Fazit zur Stellung des beiderseitigen Vertretenmüssens im BGB

Man kann darüber streiten, ob die Problematik der beiderseits zu vertretenden Unmöglichkeit notwendig durch eine gesetzliche Regelung zu klären ist. Für eine Aufnahme in die Kodifikation streitet weniger die praktische Bedeutung der Frage als das Ziel systematischer Vollständigkeit im Leistungsstörungsrecht: Die geregelten Fälle der einseitig und der von keiner Partei zu vertretenden Unmöglichkeit lassen es als folgerichtig erscheinen, auch die verbleibende Konstellation verteilter Verantwortlichkeit im BGB zu regeln. Diese Regelung gewönne zusätzliches Gewicht, indem sie einen Orientierungspunkt auch für andere Leistungsstörungen bilden könnte; eine solche Ausdehnung legen die entsprechend weit gefaßten Normierungen beiderseitiger Verantwortlichkeit im Reformentwurf und im UN-Kaufrecht jedenfalls nahe.

Einigkeit sollte allerdings darin bestehen, daß eine gesetzliche Regelung des beiderseitigen Vertretenmüssens in erster Linie der Sachgerechtigkeit ihrer Ergebnisse verpflichtet ist. Einer vereinfachenden Normierung, welche dieses Ziel auch nur teilweise preisgibt und wie sie im Reformentwurf vorgeschlagen ist, sollte sich der Gesetzgeber enthalten.

---

[4] Positiv an den Konzepten von Reformentwurf und UN-Kaufrecht ist hervorzuheben, daß sie eine einheitliche Behandlung der Unterfälle der Unmöglichkeit erlauben, so daß eine Differenzierung anfänglicher / nachträglicher und subjektiver / objektiver Störungen entfällt. Dies ließe sich aber ebenso innerhalb des herkömmlichen Systems unterschiedener Leistungsstörungen erreichen.

Wer darauf verzichten will, die Problematik der beiderseits zu vertretenden Unmöglichkeit umfassend zu fixieren, wird ihre Lösung weiterhin Rechtsprechung und Lehre zu überlassen haben. Das Ziel sachgerechter Ergebnisse wird sich mit dem geringsten konstruktiven Aufwand auf dem Wege ergänzender Vertragsauslegung erreichen lassen, der hier im 1. Teil unter A. II. 3. dargestellt und begründet wurde.

Anhang

Gesetzesauszüge

I. Kommissionsentwurf zur Überarbeitung des Schuldrechts von 1992

§ 275 BGB-KE. Besteht die Schuld nicht in einer Geldschuld, kann der Schuldner die Leistung verweigern, soweit und solange er diese nicht mit denjenigen Anstrengungen zu erbringen vermag, zu denen er nach Inhalt und Natur des Schuldverhältnisses verpflichtet ist. Für die Rechte des Gläubiger gelten die §§ 280, 281, 283, 323 BGB-KE.

§ 280 BGB-KE. (1) Verletzt der Schuldner eine Pflicht aus dem Schuldverhältnis, so kann der Gläubiger Ersatz des hierdurch entstandenen Schadens verlangen. Dies gilt nicht, wenn der Schuldner die Pflichtverletzung nicht zu vertreten hat.

(2) Für das Recht des Gläubigers, statt der Leistung Schadensersatz zu verlangen, gelten die zusätzlichen Erfordernisse des § 283 BGB-KE. Schadensersatz wegen Verzögerung der Leistung kann der Gläubiger nur unter den zusätzlichen Voraussetzungen des Verzugs nach § 284 BGB-KE verlangen. Bei einem gegenseitigen Vertrag kann der Gläubiger Schadensersatz wegen Nichtausführung des Vertrags nur gemäß § 327 BGB-KE nach Rücktritt verlangen.

§ 281 BGB-KE. (1) Erlangt der Schuldner infolge des Umstandes, der sein Einrederecht nach § 275 BGB-KE begründet, für den geschuldeten Gegenstand einen Ersatz oder einen Ersatzanspruch, so kann der Gläubiger Herausgabe des als Ersatz Empfangenen oder Abtretung des Ersatzanspruchs verlangen.

(2) Kann der Gläubiger statt der Leistung Schadensersatz verlangen, so mindert sich, wenn er von dem in Absatz 1 bestimmten Recht Gebrauch macht, die ihm zu leistende Entschädigung um den Wert des erlangten Ersatzes oder Ersatzanspruchs.

§ 283 BGB-KE. (1) Der Gläubiger kann statt der Leistung Schadensersatz nur verlangen, wenn er dem Schuldner zuvor eine angemessene Frist für die Leistung bestimmt hat. Besteht die Leistung in der Rückgewähr eines bestimmten Gegenstandes, so ist weiter erforderlich, daß der Gläubiger durch die Verzögerung das Interesse an der Rückgewähr verloren hat.

(2) Der Bestimmung der Frist bedarf es nicht, wenn offensichtlich ist, daß diese Bestimmung keinen Erfolg hätte oder besondere Umstände vorliegen, die unter Abwägung der beiderseitigen Interessen die sofortige Geltendmachung des Schadensersatzanspruches rechtfertigen.

(3), (4) [...]

§ 323 BGB-KE. (1) Verletzt der eine Teil eine Pflicht aus einem gegenseitigen Vertrag, so kann der andere Teil nach erfolglosem Ablauf einer von ihm bestimmten angemessenen Frist vom Vertrag zurücktreten, wenn der Schuldner auf Grund der Fristsetzung mit dem Rücktritt rechnen mußte. Kommt nach der Art der Pflichtverletzung eine Fristsetzung nicht in Betracht, so tritt an deren Stelle eine Abmahnung. Beschränkt sich die Pflichtverletzung auf einen Teil der Leistung, so kann der Gläubiger vom ganzen Vertrag nur zurücktreten, wenn er an einer Teilleistung kein Interesse hat.

(2) Der Bestimmung einer Frist oder der Abmahnung bedarf es nicht, wenn

1. offensichtlich ist, daß sie keinen Erfolg hätten,
2. die Pflichtverletzung darin besteht, daß die Leistung zu einem im Vertrag bestimmten Termin oder innerhalb einer im Vertrag bestimmten Frist unterbleibt und der Gläubiger im Vertrag den Fortbestand seines Leistungsinteresses an die Rechtzeitigkeit der Leistung gebunden hat,
3. aus besonderen Gründen unter Abwägung der beiderseitigen Interessen der sofortige Rücktritt gerechtfertigt ist.

(3) Der Rücktritt ist ausgeschlossen, wenn

1. die Pflichtverletzung unerheblich ist;
2. eine Pflicht im Sinne der § 241 Abs. 2 BGB-KE verletzt ist und dem Gläubiger trotz der Pflichtverletzung das Festhalten am Vertrag zugemutet werden kann;
3. der Gläubiger für die Pflichtverletzung allein oder überwiegend verantwortlich ist;
4. dem Anspruch eine Einrede entgegensteht, die der Schuldner bereits erhoben hat oder unverzüglich nach dem Rücktritt erhebt; die Einrede aus § 275 BGB-KE bleibt außer Betracht.

(4), (5) [...]

§ 324 BGB-KE. (1) Kann bei einem gegenseitigen Vertrag der Schuldner die ihm obliegende Leistung nach § 275 BGB-KE verweigern und ist der Umstand, der ihn hierzu berechtigt, von dem Gläubiger zu vertreten, so behält er den Anspruch auf die Gegenleistung. Er muß sich jedoch dasjenige anrechnen lassen, was er infolge der Befreiung von der Leistung erspart oder durch anderweitige Verwendung seiner Arbeitskraft erwirbt oder zu erwerben böswillig unterläßt.

(2) Dies gilt nicht, wenn der die Einrede begründende Umstand zu einer Zeit eingetreten ist, zu welcher der Gläubiger im Verzug der Annahme ist.[1]

§ 327 BGB-KE. (1) Nach dem Rücktritt kann der Gläubiger Ersatz des Schadens verlangen, der ihm durch die Nichtausführung des Vertrages entsteht. Er kann statt dessen auch Ersatz des Schadens verlangen, der ihm daraus entsteht, daß er auf die Ausführung des Vertrages vertraut hat.

(2) Dies gilt nicht, wenn der Schuldner den Rücktrittsgrund nicht zu vertreten hat.

---

[1] Bei der Redaktion des § 324 Abs. 2 BGB-KE ist ein Fehler unterlaufen. Richtig muß es heißen: "Das gleiche gilt, wenn ...".

II. Wiener UN-Übereinkommen über Verträge über den internationalen Warenkauf vom 11. April 1980

(Übersetzung)

Art. 4 CISG. Dieses Übereinkommen regelt ausschließlich den Abschluß des Kaufvertrages und die aus ihm erwachsenden Rechte und Pflichten des Verkäufers und des Käufers. Soweit in diesem Übereinkommen nicht ausdrücklich etwas anderes bestimmt ist, betrifft es insbesondere nicht

a) die Gültigkeit des Vertrages oder einzelner Vertragsbestimmungen oder die Gültigkeit von Gebräuchen,
b) die Wirkungen, die der Vertrag auf das Eigentum an der verkauften Ware haben kann.

Art. 7 CISG. (1) Bei der Auslegung dieses Übereinkommens sind sein internationaler Charakter und die Notwendigkeit zu berücksichtigen, seine einheitliche Anwendung und die Wahrung des guten Glaubens im internationalen Handel zu fördern.

(2) Fragen, die in diesem Übereinkommen geregelte Gegenstände betreffen, aber in diesem Übereinkommen nicht ausdrücklich entschieden werden, sind nach den allgemeinen Grundsätzen, die diesem Übereinkommen zugrunde liegen, oder mangels solcher Grundsätze nach dem Recht zu entscheiden, das nach den Regeln des internationalen Privatrechts anzuwenden ist.

Art. 25 CISG. Eine von einer Partei begangene Vertragsverletzung ist wesentlich, wenn sie für die andere Partei solchen Nachteil zur Folge hat, daß ihr im wesentlichen entgeht, was sie nach dem Vertrag hätte erwarten dürfen, es sei denn, daß die vertragsbrüchige Partei diese Folge nicht vorausgesehen hat und eine vernünftige Person der gleichen Art diese Folge unter den gleichen Umständen auch nicht vorausgesehen hätte.

Art. 30 CISG. Der Verkäufer ist nach Maßgabe des Vertrages und dieses Übereinkommens verpflichtet, die Ware zu liefern, die sie betreffenden Dokumente zu übergeben und das Eigentum an der Ware zu übertragen.

Art. 45 CISG. (1) Erfüllt der Verkäufer eine seiner Pflichten nach dem Vertrag oder diesem Übereinkommen nicht, so kann der Käufer

a) die in Artikel 46 bis 52 vorgesehenen Rechte ausüben;
b) Schadensersatz nach Artikel 74 bis 77 verlangen.

(2) Der Käufer verliert das Recht, Schadensersatz zu verlangen, nicht dadurch, daß er andere Rechtsbehelfe ausübt.

(3) [...]

Art. 49 CISG. (1) Der Käufer kann die Aufhebung des Vertrages erklären,

a) wenn die Nichterfüllung einer dem Verkäufer nach dem Vertrag oder diesem Übereinkommen obliegenden Pflicht eine wesentliche Vertragsverletzung darstellt oder

b) wenn im Falle der Nichtlieferung der Verkäufer die Ware nicht innerhalb der vom Käufer nach Artikel 47 Absatz 1 gesetzten Nachfrist liefert oder wenn er erklärt, daß er nicht innerhalb der so gesetzten Frist liefern wird.

(2) [...]

Art. 50 CISG. Ist die Ware nicht vertragsgemäß, so kann der Käufer unabhängig davon, ob der Kaufpreis bereits gezahlt worden ist oder nicht, den Preis in dem Verhältnis herabsetzen, in dem der Wert, den die tatsächlich gelieferte Ware im Zeitpunkt der Lieferung hatte, zu dem Wert steht, den die vertragsgemäße Ware zu diesem Zeitpunkt gehabt hätte. Behebt jedoch der Verkäufer nach Artikel 37 oder 48 einen Mangel in der Erfüllung seiner Pflichten oder weigert sich der Käufer, Erfüllung durch den Verkäufer nach den genannten Artikeln anzunehmen, so kann der Käufer den Preis nicht herabsetzen.

Art. 53 CISG. Der Käufer ist nach Maßgabe des Vertrages und dieses Übereinkommens verpflichtet, den Kaufpreis zu zahlen und die Ware abzunehmen.

Art. 60 CISG. Die Pflicht des Käufers zur Abnahme besteht darin,

a) alle Handlungen vorzunehmen, die vernünftigerweise von ihm erwartet werden können, damit dem Verkäufer die Lieferung ermöglicht wird, und
b) die Ware zu übernehmen.

Art. 61 CISG. (1) Erfüllt der Käufer eine seiner Pflichten nach dem Vertrag oder diesem Übereinkommen nicht, so kann der Verkäufer

a) die in Artikel 62 bis 65 vorgesehenen Rechte ausüben;
b) Schadenersatz nach Artikel 74 bis 77 verlangen.

(2) Der Verkäufer verliert das Recht, Schadenersatz zu verlangen, nicht dadurch, daß er einen anderen Rechtsbehelf ausübt.

(3) [...]

Art. 62 CISG. Der Verkäufer kann vom Käufer verlangen, daß er den Kaufpreis zahlt, die Ware abnimmt sowie seine sonstigen Pflichten erfüllt, es sei denn, daß der Verkäufer einen Rechtsbehelf ausgeübt hat, der mit diesem Verlangen unvereinbar ist.

Art. 68 CISG. Wird Ware, die sich auf dem Transport befindet, verkauft, so geht die Gefahr im Zeitpunkt des Vertragsabschlusses auf den Käufer über. Die Gefahr wird jedoch bereits im Zeitpunkt der Übergabe der Ware an den Beförderer, der die Dokumente über den Beförderungsvertrag ausgestellt hat, von dem Käufer übernommen, falls die Umstände diesen Schluß nahelegen. Wenn dagegen der Verkäufer bei Abschluß des Kaufvertrags wußte oder wissen mußte, daß die Ware untergegangen oder beschädigt war und er dies dem Käufer nicht offenbart hat, geht der Untergang oder die Beschädigung zu Lasten des Verkäufers.

Art. 74 CISG. Als Schadenersatz für die durch eine Partei begangene Vertragsverletzung ist der anderen Partei infolge der Vertragsverletzung entstandene Verlust, einschließlich des entgangenen Gewinns, zu ersetzen. Dieser Schadenersatz darf jedoch den Verlust nicht übersteigen, den die vertragsbrüchige Partei bei Vertragsabschluß als mögliche Folge der Vertragsverletzung vorausgesehen hat oder unter Berücksichtigung der Umstände, die sie kannte oder kennen mußte, hätte voraussehen müssen.

Art. 77 CISG. Die Partei, die sich auf eine Vertragsverletzung beruft, hat alle den Umständen nach angemessenen Maßnahmen zur Verringerung des aus der Vertragsverletzung folgenden Verlusts, einschließlich des entgangenen Gewinns, zu treffen. Versäumt sie dies, so kann die vertragsbrüchige Partei Herabsetzung des Schadenersatzes in Höhe des Betrags verlangen, um den der Verlust hätte verringert werden sollen.

Art. 79 CISG. (1) Eine Partei hat für die Nichterfüllung einer ihrer Pflichten nicht einzustehen, wenn sie beweist, daß die Nichterfüllung auf einem außerhalb ihres Einflußbereichs liegenden Hinderungsgrund beruht und daß von ihr vernünftigerweise nicht erwartet werden konnte, den Hinderungsgrund bei Vertragsschluß in Betracht zu ziehen oder den Hinderungsgrund oder seine Folgen zu vermeiden oder zu überwinden.

(2) - (4) [...]

(5) Dieser Artikel hindert die Parteien nicht, ein anderes als das Recht auszuüben, Schadenersatz nach diesem Übereinkommen zu verlangen.

Art. 80 CISG. Eine Partei kann sich auf die Nichterfüllung von Pflichten durch die andere Partei nicht berufen, soweit diese Nichterfüllung durch ihre Handlung oder Unterlassung verursacht wurde.

Literaturverzeichnis

Ahrens, Martin: Unmöglichkeit, Leistungsstörung, Pflichtverletzung, in: ZRP 1995, 417-422

Alternativkommentar zum Bürgerlichen Gesetzbuch. Band 1, Allgemeiner Teil (§§ 1-240), Neuwied, Darmstadt 1987. Band 2, Allgemeines Schuldrecht (§§ 241-432), Neuwied, Darmstadt 1980 (zit.: AltKomm-Bearbeiter)

Arp, Torsten: Anfängliche Unmöglichkeit, Paderborn, München, Wien, Zürich 1988

Audit, Bernard: La vente internationale de marchandises, Paris 1990

Baumann, Horst / *Haut*, Wolfram: Die rechtliche Problematik beiderseits zu vertretender Unmöglichkeit, in: JuS 1983, 273-280

Beuthien, Volker: Zweckerreichung und Zweckstörung im Schuldverhältnis, Tübingen 1969

Bianca, Cesare Massimo / *Bonell*, Michael Joachim: Commentary on the International Sales Law, Mailand 1987 (zit.: Bianca / Bonell-Bearbeiter)

Blomeyer, Arwed: Allgemeines Schuldrecht, 4. Auflage, Berlin, Frankfurt a.M. 1969

Braun, Johann: Unmöglichkeit der Leistung, in: JA 1983, 571-577

Brehm, Wolfgang: Grundfälle zum Recht der Leistungsstörungen, in: JuS 1989, 112-116

Brox, Hans: Allgemeines Schuldrecht, 23. Auflage, München 1996

- Fragen der rechtsgeschäftlichen Privatautonomie, in: JZ 1966, 761-767

Bundesminister der Justiz (Hrsg.): Abschlußbericht der Kommission zur Überarbeitung des Schuldrechts, Köln, 1992 (zit.: Abschlußbericht)

Bunte, Hermann-Josef: Ergänzende Vertragsauslegung bei Unwirksamkeit von AGB-Klauseln. in: NJW 1974, 1145-1150

Bydlinski, Franz: Juristische Methodenlehre und Rechtsbegriff, 2. Auflage, Wien, New York 1991

von Caemmerer, Ernst / *Schlechtriem*, Peter: Kommentar zum Einheitlichen UN-Kaufrecht, 2. Auflage, München 1995 (zit.: v.Caemmerer / Schlechtriem-Bearbeiter)

Canaris, Claus-Wilhelm: Die Feststellung von Lücken im Gesetz, 2. Auflage, Berlin 1983

Deutsch, Erwin: Allgemeines Haftungsrecht, Köln, Berlin, Bonn, München 1976 (zit.: Deutsch HaftR)

- Unerlaubte Handlung, Schadensersatz und Schmerzensgeld, 3. Auflage, Köln, Berlin, Bonn, München 1995 (zit.: Deutsch SchE)

Diederichsen, Uwe: Der Schuldnerverzug ("mora debitoris"), in: JuS 1985, 825-835

Dunz, Walter: Beiderseitige Leistungsstörungen beim Werkvertrag, in: NJW 1991, 1527

Eichenhofer, Eberhard: Haftung des Schuldners für anfängliches Unvermögen, in: JuS 1989, 777-783

Eisenhardt, Ulrich: Die Beendigung des Schuldnerverzugs und die daraus erwachsenden Folgen, in: JuS 1970, 489-494

Emmerich, Volker: Das Recht der Leistungsstörungen, 4. Auflage, München 1997

- Besprechung von OLG Oldenburg, Urteil v. 4.6.1975 - 2 U 41/75, in: JuS 1976, 50 f

Enderlein, Fritz / *Maskow*, Dietrich / *Strohbach*, Heinz: Internationales Kaufrecht, Berlin 1991

Enneccerus, Ludwig / *Lehmann*, Heinrich: Recht der Schuldverhältnisse, 15. Auflage, Tübingen 1958

Erman, Handkommentar zum Bürgerlichen Gesetzbuch, Band 1, §§ 1-853, 9. Auflage, Münster 1993 (zit.: Erman-Bearbeiter)

Erman, Walter: Der Sphärengedanke als Gesichtspunkt für die Verteilung der Preisgefahr beim Werkvertrag, in: JZ 1965, 657-661

Esser, Josef: Schuldrecht, Allgemeiner und Besonderer Teil, 2. Auflage, Karlsruhe 1960 (zit.: Esser [2. Aufl.])

- Schuldrecht, Band I: Allgemeiner Teil, 3. Auflage, Karlsruhe 1968 (zit.: Esser [3. Aufl.])

Esser, Josef / *Schmidt*, Eike: Schuldrecht, Band I: Allgemeiner Teil, Teilband 2, 7. Auflage, Heidelberg 1993

Fikentscher, Wolfgang: Schuldrecht, 9. Auflage, Berlin, New York 1997 (zit.: Fikentscher SR)

- Schuldrecht, 4. Auflage, Berlin, New York 1973 (zit.: Fikentscher SR [4. Aufl.])
- Methoden des Rechts. Band 3: Mitteleuropäischer Rechtskreis, Tübingen 1976. Band 4: Dogmatischer Teil, Tübingen 1977 (zit.: Fikentscher MR [Band])

Flume, Werner: Allgemeiner Teil des Bürgerlichen Rechts, 2. Band: Das Rechtsgeschäft, 4. Auflage, Berlin, Heidelberg, New York 1996 (zit.: Flume AT)

- Rechtsgeschäft und Privatautonomie, in: Festschrift Deutscher Juristentag, "Hundert Jahre Deutschen Rechtslebens", hrsg. von Ernst von Caemmerer, Ernst Friesenhahn, Richard Lange, Band I, 135-238, Karlsruhe 1960 (zit.: Flume FS)
- Die Vertragsfreiheit - Möglichkeiten und Grenzen aus der Sicht der Kautelarjurisprudenz, in: DNotZ Sdh. Notartag 1969, 30-51
- Zu dem Vorhaben der Neuregelung des Schuldrechts, in: ZIP 1994, 1497-1501

Frohberg, Gerhard: Die ernsthafte und endgültige Erfüllungsverweigerung – Tatbestand und Rechtsfolgen, Jur. Diss. Münster 1979

Gernhuber, Joachim: Bürgerliches Recht, 3. Auflage, München 1991

Großkommentar zum Handelsgesetzbuch. II. Band, 1. Halbband, §§ 105-144, 3. Auflage, Berlin, New York 1973. IV. Band, §§ 373-382, 3. Auflage, Berlin, New York 1970 (zit.: GroßKomm-Bearbeiter)

Hadding, Walther: Die Rechtswirkungen beiderseits zu vertretender Unmöglichkeit der Leistung, in: AcP 168 (1968), 150-174

- Anmerkung zu BAG, Urteil v. 27.2.74 - 4 AZR 544/72, in: AP § 306 BGB Nr. 2 Bl. 4-6

Haft, Fritjof: Juristische Rhetorik, 4. Auflage, Freiburg, München 1990

Heck, Philipp: Grundriß des Schuldrechts, Tübingen 1929

Heilmann, Jan: Mängelgewährleistung im UN-Kaufrecht, Berlin 1994

Henckel, Wolfram: Die ergänzende Vertragsauslegung, in: AcP 159, 106-126

Henle, Rudolf: Anmerkung zu RG, Urteil v. 20.12.1924 - I 587/23, in: JW 1925, 940

Herber, Rolf / *Czerwenka*, Beate: Internationales Kaufrecht, München 1991

Heuzé, Vincent: La vente internationale de marchandises, Paris 1992

Honnold, John O.: Uniform Law for International Sales under the 1980 United Nations Convention, 2. Auflage, Deventer, Boston 1991 (zit.: Honnold Uniform Law)

- Uniform Law for International Sales under the 1980 United Nations Convention, 1. Auflage, Deventer 1982 (zit.: Honnold Uniform Law [1. Aufl.])

- Documentary History of the Uniform Law for International Sales, Deventer 1989 (zit.: Honnold Documentary)

Honsell, Heinrich: Die Vertragsverletzung des Verkäufers nach dem Wiener Kaufrecht, in: SJZ 1992, 361-365

- (Hrsg.) Kommentar zum UN-Kaufrecht, Berlin, Heidelberg, New York 1997 (zit.: Honsell-Bearbeiter)

Honsell, Thomas: Die beiderseits zu vertretende Unmöglichkeit im gegenseitigen Vertrag, in: JuS 1979, 81-86

Huber, Ulrich: Leistungsstörungen - Empfiehlt sich die Einführung eines Leistungsstörungsrechts nach dem Vorbild des Einheitlichen Kaufgesetzes?, in: Gutachten und Vorschläge zur Überarbeitung des Schuldrechts, hrsg. vom Bundesministerium der Justiz, Band I, S. 647-909, Köln, 1981

Hübner, Heinz: Allgemeiner Teil des Bürgerlichen Gesetzbuchs, 2. Auflage, Berlin, New York 1996

Hüffer, Uwe: Leistungsstörungen durch Gläubigerhandeln, Berlin 1975

Jakobs, Horst Heinrich / *Schubert*, Werner: Die Beratung des Bürgerlichen Gesetzbuchs, Recht der Schuldverhältnisse I (§§ 241-432), Berlin, New York 1978

Jauernig, Othmar (Hrsg.): Bürgerliches Gesetzbuch, 8. Auflage, München 1997 (zit.: Jauernig-Bearbeiter)

Jessen, J. Christoph: Das Problem der beiderseits zu vertretenden Unmöglichkeit, in: JA 1973, 171-173

Jung, Herbert: Die sogenannte Gesamtursache, in: AcP 170 (1970), 427-436

Kahrs, Hans Jürgen: Kausalität und überholende Kausalität im Zivilrecht, Hamburg 1969

Karollus, Martin: UN-Kaufrecht, Wien, New York 1991

Keil, Andreas: Die Haftungsbefreiung des Schuldners im UN-Kaufrecht, Frankfurt a.M., Berlin, Bern 1993

Kisch, Wilhelm: Die Wirkungen der nachträglich eintretenden Unmöglichkeit der Erfüllung bei gegenseitigen Verträgen nach dem Bürgerlichen Gesetzbuche, Jena 1900

Klauss-Hartung, Susanne: Mitverschulden bei Vertragsbruch im US-amerikanischen, englischen und deutschen Recht, Pfaffenweiler 1991

Koch, Harald / *Magnus*, Ulrich / *Winkler von Mohrenfels*, Peter: IPR und Rechtsvergleichung, 2. Auflage, München 1996

Köbler, Gerhard: Schuldrecht, Allgemeiner und Besonderer Teil, 2. Auflage, München 1995

Köhler, Helmut: Prüfe dein Wissen, BGB, Schuldrecht I, 16. Auflage, München 1996 (zit.: Köhler PdW)

- Unmöglichkeit und Geschäftsgrundlage bei Zweckstörungen im Schuldverhältnis, München 1971 (zit.: Köhler Unmöglichkeit)

Kötz, Hein: Vertragsauslegung, in: Festschrift für Albrecht Zeuner, hrsg. von Karl August Bettermann, Manfred Löwisch, Hansjörg Otto, Karsten Schmidt, S. 219-241, Tübingen 1994

Krapp, Thea: Die Abkommen der Vereinten Nationen über den Kauf und die Verjährung beim internationalen Warenkauf, in: ZSR 103 (1984), 289-317

Kreß, Hugo: Lehrbuch des Allgemeinen Schuldrechts, München 1929

Kropholler, Jan / *Berenbrok*, Marius B.: Studienkommentar BGB, 2. Auflage, München 1995

Lange, Hermann: Schadensersatz, in: Handbuch des Schuldrechts, Band 1, 2. Auflage, Tübingen 1990

Larenz, Karl: Allgemeiner Teil des deutschen bürgerlichen Rechtes, 7. Auflage, München 1989 (zit.: Larenz AT)

- Lehrbuch des Schuldrechts, Allgemeiner Teil, 14. Auflage, München 1987 (zit.: Larenz SAT)

- Methodenlehre der Rechtswissenschaft, 6. Auflage, Berlin, New York 1991 (zit.: Larenz ML)

- Ergänzende Vertragsauslegung und dispositiv70es Recht, in: NJW 1963, 737-741

Lautenbach, Boris: Die Haftungsbefreiung im internationalen Warenkauf nach dem UN-Kaufrecht und dem schweizerischen Kaufrecht, Jur. Diss. Zürich, ohne Angabe von Verlagsort oder Erscheinungsjahr

Leonhard, Franz: Allgemeines Schuldrecht des BGB, München, Leipzig 1929

Löwisch, Manfred: Schuldrecht - Allgemeiner Teil, 2. Auflage, München 1982

Lotmar, Philipp: Der Arbeitsvertrag nach dem Privatrecht des Deutschen Reiches, Band II, Leipzig 1908

Lüderitz, Alexander: Auslegung von Rechtsgeschäften, Karlsruhe 1966

- Besprechung von Otto Sandrock, Zur ergänzenden Vertragsauslegung im materiellen und internationalen Schuldvertragsrecht, in: AcP 171 (1971), 160-167

Magnus, Ulrich: Währungsfragen im Einheitlichen Kaufrecht, in: RabelsZ 53 (1989), 116-143

Marburger, Peter: 20 Probleme aus dem BGB. Schuldrecht, Allgemeiner Teil, 5. Auflage, Neuwied, Kriftel, Berlin 1994

Medicus, Dieter: Allgemeiner Teil des Bürgerlichen Gesetzbuches, 6. Auflage, Heidelberg 1994 (zit.: Medicus AT)

- Bürgerliches Recht, 17. Auflage, Köln, Berlin, Bonn, München 1996 (zit.: Medicus BürgR)

- Schuldrecht I, Allgemeiner Teil, 9. Auflage, München 1996 (zit.: Medicus SAT)

- Anmerkung zu BGH, Urteil v. 1.10.1986 - VII ZR 132/85, in: BGH EWiR § 254 BGB 3/86, 1175 f

- Vorschläge zur Überarbeitung des Schuldrechts: Das allgemeine Recht der Leistungsstörungen, in: NJW 1992, 2384-2389

Motive zu dem Entwurf eines Bürgerlichen Gesetzbuches, Band II, Recht der Schuldverhältnisse, Berlin, Leipzig 1888 (zit.: Mot. II)

Münchener Kommentar zum Bürgerlichen Gesetzbuch. Band 1, Allgemeiner Teil (§§ 1-240), 3. Auflage, München 1993. Band 2, Schuldrecht - Allgemeiner Teil (§§ 241-432), 3. Auflage, München 1994 (zit.: MünchKomm-Bearbeiter)

- Band 2, Schuldrecht - Allgemeiner Teil (§§ 241-432), 2. Auflage, München 1985 (zit.: MünchKomm-Bearbeiter [2. Aufl.])

von Münchhausen, Marco / *Bauchhenss*, Christine: Schuldrecht, Allgemeiner Teil I, München 1994

Neumayer, Karl H.: Offene Fragen zur Anwendung des Abkommens der Vereinten Nationen über den internationalen Warenkauf, in: RIW 1994, 99-109

Neumayer, Karl H. / Ming, Catherine: Convention de Vienne sur les contrats de vente internationale de marchandises, Lausanne 1993

Oertmann, Paul: Recht der Schuldverhältnisse, 1. Abteilung, §§ 241-432, 5. Auflage, Berlin 1928 (zit.: Oertmann Schuldverhältnisse)

- Rechtsordnung und Verkehrssitte insbesondere nach Bürgerlichem Recht, Leipzig 1914 (zit.: Oertmann Rechtsordnung)

- Anmerkung zu RG, Urteil v. 14.2.1919 - III 369/18, in: JW 1919, 308

Palandt, Kommentar zum Bürgerlichen Gesetzbuch, 56. Auflage, München 1997 (zit.: Palandt-Bearbeiter)

Pawlowski, Hans-Martin: Methodenlehre für Juristen, 2. Auflage, Heidelberg 1991

Piltz, Burghard: Internationales Kaufrecht, München 1993

Planck, (Hrsg.): Kommentar zum Bürgerlichen Gesetzbuch, II. Band, 1. Hälfte (§§ 241-432), 4. Auflage, Berlin 1914 (zit.: Planck-Bearbeiter)

Plantard, Jean-Pierre: Un nouveau droit uniforme de la vente internationale: La Convention des Nations Unies du 11 avril 1980, in: Clunet 1988, 311-367

Protokolle der Kommission für die zweite Lesung des Entwurfs des Bürgerlichen Gesetzbuchs, Band I, Berlin 1897 (zit.: Prot. I)

Rehbinder, Eckard: Vertragsgestaltung, 2. Auflage, Neuwied, Kriftel, Berlin 1993

Reichsgerichtsräte und Richter am Bundesgerichtshof: Das Bürgerliche Gesetzbuch. Band 1, §§ 1-240, 12. Auflage, Berlin, New York 1982. Band 2, 1. Teil: §§ 241-413, 12. Auflage, Berlin, New York 1976 (zit.: RGRK-Bearbeiter)

Reinhart, Gert: UN-Kaufrecht, Heidelberg 1991

Reinicke, Dietrich / *Tiedtke*, Klaus: Kaufrecht, 5. Auflage, Neuwied, Kriftel, Berlin 1992

Rheinstein, Max / *von Borries*, Reimer: Einführung in die Rechtsvergleichung, 2. Auflage, München 1987

Röhl, Klaus F.: Allgemeine Rechtslehre, Köln, Berlin, Bonn, München 1995

Rolland, Walter: Schuldrechtsreform - Allgemeiner Teil, in: NJW 1992, 2377-2384

Rudolph, Helga: Kaufrecht der Export- und Importverträge; Kommentierung des UN-Übereinkommens über internationale Warenkaufverträge mit Hinweisen für die Vertragspraxis, Freiburg, Berlin 1996

Rummel, Peter: Schadensersatz, höhere Gewalt und Fortfall der Geschäftsgrundlage, in: Hoyer, Hans / Posch, Willibald (Hrsg.), Das Einheitliche Wiener Kaufrecht, S. 177-193, Wien 1992

Sandrock, Otto: Zur ergänzenden Vertragsauslegung im materiellen und internationalen Schuldvertragsrecht, Köln, Opladen 1966

Schildt, Bernd: Ein Fixgeschäft mit ungewissem Erfüllungszeitraum, in: Jura 1995, 66-71

Schlechtriem, Peter: Schuldrecht, Allgemeiner Teil, 3. Auflage, Tübingen 1997 (zit.: Schlechtriem SAT)

- Internationales UN-Kaufrecht, Tübingen 1996 (zit.: Schlechtriem UN-KaufR)
- Einheitliches UN-Kaufrecht, in: JZ 1988, 1037-1048
- Rechtsvereinheitlichung in Europa und Schuldrechtsreform in Deutschland, in: ZEuP 1993, 217-246

Schlosshauer-Selbach, Stefan: Anmerkung zu OLG Karlsruhe, Urteil v. 14.7.1981 - 8 U 86/80, in: JZ 1982, 861-864

Schmitz, Günther: Grundfälle zum Recht der Leistungsstörungen, in: JuS 1973, 430-433

Schreiber, Klaus: Der Schuldnerverzug, in: Jura 1990, 193-200

- Die Unmöglichkeit der Leistung, in: Jura 1995, 529-536

Schultze, Jörg-Martin: Die Problematik beiderseits zu vertretender Unmöglichkeit, in: JA 1987, 177-180

Seichter, Detlef Karl-Heinz: Beiderseits zu vertretende Unmöglichkeit beim gegenseitigen Vertrag, Jur. Diss. Hamburg 1971

Soergel, Kommentar zum Bürgerlichen Gesetzbuch. Band 1, Allgemeiner Teil (§§ 1-240), 12. Auflage, Stuttgart, Berlin, Köln, Mainz 1987. Band 2, Schuldrecht I (§§ 241-432), 12. Auflage, Stuttgart, Berlin, Köln, Mainz 1990. Band 3, Schuldrecht II (§§ 433-515; UN-KaufAbk), 12. Auflage, Stuttgart, Berlin, Köln, Mainz 1991 (zit.: Soergel-Bearbeiter)

Sonnenberger, Hans Jürgen: Verkehrssitten im Schuldvertrag, München 1970

Staudinger, Kommentar zum Bürgerlichen Gesetzbuch. 13. Bearbeitung: Band I, Allgemeiner Teil, §§ 134-163, Berlin 1996. Band II, Recht der Schuldverhältnisse,

Einleitung zu §§ 241 ff; §§ 241-243, Berlin 1995. Band II, Recht der Schuldverhältnisse, §§ 255-292, Berlin 1995. Band II, Recht der Schuldverhältnisse, §§ 293-327, Berlin 1995. Wiener UN-Kaufrecht (CISG), Berlin 1994 (zit.: Staudinger-Bearbeiter)

- 12. Auflage: Band I, Allgemeiner Teil, §§ 90-240, Berlin 1980. Band II, Recht der Schuldverhältnisse, §§ 243-254, Berlin 1983 (zit.: Staudinger-Bearbeiter [12. Aufl.])

- 11. Auflage: Band I, Allgemeiner Teil, §§ 1-240, Berlin 1957 (zit.: Staudinger-Bearbeiter [11. Aufl.])

- 10./11. Auflage: Band II, Recht der Schuldverhältnisse, §§ 249-327, Berlin 1967 (zit.: Staudinger-Bearbeiter [10./11. Aufl.])

Studienkommentar zum Bürgerlichen Gesetzbuch, Erstes bis Drittes Buch (§§ 1-1296), 2. Auflage, Frankfurt a.M. 1979 (zit.: StudK-Bearbeiter)

Stürner, Rolf: Empfiehlt sich die von der Schuldrechtskommission vorgeschlagene Neuregelung des allgemeinen Leistungsstörungsrechts (...), in: NJW 1994, Beilage zu Heft 25, S. 2-6

Teubner, Gunther: Gegenseitige Vertragsuntreue, Tübingen 1975

- Anmerkung zu OLG Oldenburg, Urteil v. 4.6.1975 - 2 U 51/75, in: NJW 1975, 2295-2296

Walchshöfer, Alfred: Voraussetzungen und Folgen des Schuldnerverzugs, in: JuS 1983, 598-602

von Wallenberg, Gabriela: Rechtsfolgen bei anfänglicher Unmöglichkeit der Leistung – geltendes Recht und Vorschlag der Schuldrechtskommission, in: ZRP 1994, 306-309

Welser, Rudolf: Die Vertragsverletzung des Verkäufers und ihre Sanktion, in: Peter Doralt, (Hrsg.), Das UNCITRAL-Kaufrecht im Vergleich zum österreichischen Recht, S. 105-132, Wien 1985

Wertenbruch, Johannes: Das Wahlrecht des Gläubigers zwischen Erfüllungsanspruch und den Rechten aus § 326 BGB nach einer Erfüllungsverweigerung des Schuldners, in: AcP 193 (1993), 191-203

Wertheimer, Frank: Die Leistungsstörung im Bürgerlichen Recht, Köln, Berlin, Bonn, München 1993

- Der Gläubigerverzug im System der Leistungsstörungen, in: JuS 1993, 646-651

Westermann, Harm Peter: BGB Schuldrecht, Allgemeiner Teil, 3. Auflage, Heidelberg, Karlsruhe 1981

Westhelle, Fritz: Nichterfüllung und positive Vertragsverletzung, Stuttgart 1978

Wilhelm, Georg: UN-Kaufrecht, Wien 1992

Woopen, Herbert: Für eine systematische Auslegung von § 327 Satz 2 BGB, in: JZ 1991, 539-541

Ziegler, Ulrich: Leistungsstörungen nach dem UN-Kaufrecht, Baden-Baden 1995

Zippelius, Reinhold: Juristische Methodenlehre, 6. Auflage, München 1994

Zweigert, Konrad / *Kötz*, Hein: Einführung in die Rechtsvergleichung auf dem Gebiete des Zivilrechts, 3. Auflage, Tübingen 1996

Zu den im Text verwendeten Abkürzungen sei verwiesen auf:

Kirchner, Hildebert: Abkürzungsverzeichnis der Rechtssprache, 4. Auflage, Berlin, New York 1993

Duden, Rechtschreibung der deutschen Sprache, 21. Auflage, Mannheim, Leipzig, Wien, Zürich 1996.

Sachwortverzeichnis

Abnahme 46, 233, 239, 251
Abschlußschaden 111, 256
Abstandnahme 114, 137, 145
Abwägung der Parteibeiträge
- Notwendigkeit 25, 79, 192, 223, 247
- Maßstab 177, 259
Alles-oder-Nichts-Lösung 91, 221, 245
Annahmeverzug 35
- als Unmöglichkeitsbeitrag 38
- zu vertretender 40
Aufwendungsersparnis 187, 250

Betragsgerechtigkeit 118, 141, 183, 266

CISG *siehe UN-Kaufrecht*
Conditio-sine-qua-non 21, 24, 39
siehe auch Kausalität

Differenzmethode 111, 136, 141, 180, 219, 238
Dispositives Recht 151, 161

Eigene Vertragsuntreue 47, 59
Einheitstatbestand 208, 228
Erfüllungsanspruch 77, 211, 235
Erfüllungsverweigerung *siehe Vertragsaufsage*
Ergänzende Vertragsauslegung 149
- und dispositives Recht 161
- und Rechtsfortbildung 173
Ersatzgegenstand *siehe Surrogat*

Garantiehaftung 195
Gegenleistung 217, 238
- Naturalerfüllung 119, 181
- Geldschuld 74, 119, 181
Gegenleistungsgefahr 66
Gewohnheitsrecht 173, 190
Gläubigerverzug *siehe Annahmeverzug*
Gleichgewichtslage 85, 92, 222, 257
Grenzen der Leistungspflicht 211, 227

Haftungsprivilegierung 37, 40

Kausalität
- Kumulativ 21
- Alternativ 27
- Haftungsausfüllend 34
- Hypothetisch 32
Kommissionsentwurf *siehe Schuldrechtsreform*

Leistungsverzug 45
- als Unmöglichkeitsbeitrag 48
Lex privata 173

Maßstäbe der Bewertung
- dogmatische Stimmigkeit 83
- sachgerechte Ergebnisse 78
Mitverschulden (§ 254 BGB) 71, 98, 201, 223

Nichterfüllung 211, 236, 246

Ockhams Rasiermesser 189

Parteiwille
- tatsächlicher 150
- hypothetischer 154, 159, 168
Pflichtverletzung 208, 211
Positive Forderungsverletzung 58
- und Unmöglichkeit 88, 107, 125, 146

Preisgefahr *siehe Gegenleistungsgefahr*
Proportionalität 80, 102

Rechtsreflex 49, 234
Rechtssicherheit 61, 81, 150, 171, 222
Rechtswahl
- des Gläubigers 91, 117, 178, 263
- des Schuldners 118, 251
Reserveursache *siehe Kausalität, hypothetisch*
Richterrecht 173
Rücktritt 90, 99, 114, 137, 145, 182, 214, 217, 221

Schadenersatz 179, 236, 246, 251; *siehe auch Differenzmethode und Surrogationsmethode*
- statt der Leistung 212, 218
- wegen Nichtausführung 213, 219
- neben Rücktritt 225, 237, 258
Schuldnerverzug *siehe Leistungsverzug*
Schuldrechtsreform 207, 211
Schwebezustand 60, 64, 75
Sphärentheorie 23, 67, 199
Surrogat 116, 138, 147, 185, 220
Surrogationsmethode 104, 109, 135, 144, 179, 218

Teilrücktritt 146, 189, 253
Treu und Glauben 150, 158, 169, 243
Tu quoque siehe *Eigene Vertragsuntreue*
Typizität 156, 161, 176

UN-Kaufrecht 207, 232
Unmöglichkeit
- Anfänglich 191, 229, 261
- Beiderseitig 74
- Nachträglich 20, 229, 261
- Objektiv 191, 229, 261
- Subjektiv 196, 229, 261
Unmöglichkeitsnormen (Anwendung der §§ 324, 325 BGB)
- Alternativ 84
- Einseitig 101
- als Extrema 79
- Kumulativ 127
- „Teilweise“ 129, 139
- Unmittelbar 89
Unmöglichkeitsschaden
- und Rechtswahl 115, 187, 226
- Reduktion 184
- gemeinsame Verursachung *siehe Kausalität, haftungsausfüllend*
Unterlassen 21, 29
Unvermögen *siehe Unmöglichkeit, subjektiv*

Vertragsaufhebung 237, 252
Vertragsaufsage 57
Vertragslücke 152, 158, 164
Vertragsverletzung 208, 232
Vertretenmüssen
- Beiderseitig 25, 199
- des Gläubigers 22, 38, 198
- des Schuldners 22, 37, 196
- von keiner Seite zu vertreten 30
Vorvertragliches Verschulden 70

Waffensymmetrie 117, 134
Wesentliche Vertragsverletzung 233, 262

Zufall 48, 67, 224
Zurechnungszusammenhang 24
Zusammenwirken der Parteien 21, 29

MÜNSTERISCHE BEITRÄGE ZUR RECHTSWISSENSCHAFT

Herausgegeben im Auftrag der Rechtswissenschaftichen Fakultät der Westfälischen Wilhelms-Universität in Münster durch die Professoren
Dr. Hans-Uwe Erichsen Dr. Helmut Kollhosser Dr. Jürgen Welp

72 **Der urheberrechtliche Schutz von Mikrochips.** Von A. Wippermann. Vier farbige Bildtafeln; 190 S. 1993 ⟨3-428-07722-9⟩ DM 98,– / öS 715,– / sFr 98,–

73 **Minderjährigenschutz durch das Vormundschaftsgericht bei der Änderung von Gesellschaftsverträgen.** Von S. Hilsmann. 265 S. 1993 ⟨3-428-07781-4⟩ DM 98,– / öS 715,– / sFr 98,–

74 **Die Verfassungsbindung der politischen Parteien.** Von G. König. 139 S. 1993 ⟨3-428-07750-4⟩ DM 84,– / öS 613,– / sFr 84,–

75 **Normung und Rechtsangleichung in der Europäischen Wirtschaftsgemeinschaft.** Von G. Breulmann. 290 S. 1993 ⟨3-428-07747-4⟩ DM 112,– / öS 818,– / sFr 112,–

76 **Die soziale Sicherung von Leiharbeitnehmern und vergleichbaren Arbeitnehmergruppen in Italien.** Von A. Feuerborn. 431 S. 1993 ⟨3-428-07720-2⟩ DM 128,– / öS 934,– / sFr 128,–

77 **Die Subsidiarität der Verfassungsbeschwerde.** Von H. Posser. 517 S. 1993 ⟨3-428-07782-2⟩ DM 148,– / öS 1.080,– / sFr 148,–

78 **Vollstreckung und Abänderung ausländischer Entscheidungen der freiwilligen Gerichtsbarkeit.** Von M. Krefft. 133 S. 1993 ⟨3-428-07848-9⟩ DM 86,– / öS 628,– / sFr 86,–

79 **Die Prozeßführungsbefugnis des Zwangsverwalters.** Von J. Wrobel. 175 S. 1993 ⟨3-428-07850-5⟩ DM 84,– / öS 613,– / sFr 84,–

80 **Teilzeitarbeit in der Republik Irland.** Von C. Siemes. 334 S. 1993 ⟨3-428-07760-1⟩ DM 124,– / öS 905,– / sFr 124,–

81 **Erhaltung des Stammkapitals und Haftung nach §§ 30, 31 GmbHG.** Von T. Kleffner. 205 S. 1994 ⟨3-428-07930-2⟩ DM 94,– / öS 686,– / sFr 94,–

82 **Internationalprivatrechtliche Aspekte des Kulturgüterschutzes.** Von S. Schmeinck. 224 S. 1994 ⟨3-428-08042-4⟩ DM 92,– / öS 672,– / sFr 92,–

83 **Möglichkeiten und Grenzen der Gewinnthesaurierung im Konzern.** Von J. Frodermann. 203 S. 1994 ⟨3-428-07911-6⟩ DM 86,– / öS 628,– / sFr 86,–

84 **Die Geschäftsführung ohne Auftrag im Öffentlichen Recht.** Von C. Nedden. 233 S. 1994 ⟨3-428-08181-1⟩ DM 92,– / öS 672,– / sFr 92,–

85 **Die Erledigung eines Verwaltungsakts im Widerspruchsverfahren.** Von C. Huxholl. 457 S. 1995 ⟨3-428-08203-6⟩ DM 128,– / öS 934,– / sFr 128,–

86 **Die Urteilspraxis des nationalsozialistischen Volksgerichtshofs.** Von H. Schlüter. Tab., Abb.; 239 S. 1995 ⟨3-428-08283-4⟩ DM 94,– / öS 686,– / sFr 94,–

87 **Die Übersicherung des Geldkreditgebers bei Sicherungsübertragungen.** Von T. Seeker. 197 S. 1995 ⟨3-428-08286-9⟩ DM 74,– / öS 540,– / sFr 74,–

88 **Erkennungsmerkmale der illegalen Arbeitnehmerüberlassung in Form von Scheindienst- und Scheinwerkverträgen.** Von W. Hamann. 281 S. 1995 ⟨3-428-08344-X⟩ DM 94,– / öS 686,– / sFr 94,–

89 **Die Durchsetzbarkeit von Verhaltensbindungen im Recht der begünstigenden Verwaltung.** Von C. Heydemann. 180 S. 1995 ⟨3-428-08278-8⟩ DM 76,– / öS 555,– / sFr 76,–

90 **Die Reichweite der lex fori im internationalen Zivilprozeßrecht.** Von F. Jaeckel. 222 S. 1995 ⟨3-428-08354-7⟩ DM 94,– / öS 686,– / sFr 94,–

91 **Die gewerkschaftliche Urabstimmung vor einem Arbeitskampf.** Eine Untersuchung zum deutschen und britischen Recht. Von F. F. J. Michlik. 327 S. 1995 ⟨3-428-08153-6⟩ DM 108,– / öS 788,– / sFr 108,–

92 **Die Rechtsstellung des Testamentsvollstreckers.** Von A. Offergeld. 243 S. 1995 ⟨3-428-08404-7⟩ DM 98,– / öS 715,– / sFr 98,–

93 **Die Durchsetzbarkeit des Rechts auf Kenntnis der eigenen Abstammung aus der Sicht des Kindes.** Eine Analyse des geltenden Rechts und Vorschläge für eine künftige Rechtsgestaltung. Von H. von Sethe. 421 S. 1995 ⟨3-428-08433-0⟩ DM 124,– / öS 905,– / sFr 124,–

94 **Norminhalt und Formenstrenge im Recht der Nottestamente.** Ein Beitrag zur Analyse und Reform der außerordentlichen Testamentsformen. Von H. von der Beck. 200 S. 1995 ⟨3-428-08451-9⟩ DM 94,– / öS 686,– / sFr 94,–

95 **Exekutive Normsetzung in den Vereinigten Staaten von Amerika und der Bundesrepublik Deutschland.** Von H. Pünder. 339 S. 1995 ⟨3-428-08479-9⟩ DM 128,– / öS 934,– / sFr 128,–

96 **Die Heilung von Zustellungsfehlern im internationalen Zivilrechtsverkehr.** Von J. Kondring. 426 S. 1995 ⟨3-428-08480-2⟩ DM 138,– / öS 1.007,– / sFr 138,–

97 **Die verfassungsrechtliche Stellung der nichtehelichen Lebensgemeinschaft im Spannungsfeld zwischen Freiheits- und Gleichheitsrechten.** Von T. Kingreen. 332 S. 1995 ⟨3-428-08573-6⟩ DM 112,– / öS 818,– / sFr 112,–

98 **Die Einrede ausländischer Rechtshängigkeit im deutschen internationalen Zivilprozeßrecht.** Von C. Dohm. 328 S. 1996 ⟨3-428-08608-2⟩ DM 118,– / öS 861,– / sFr 118,–

99 **Kausalität und Gesamttat.** Von F. Dencker. 284 S. 1996 ⟨3-428-08611-2⟩ DM 98,– / öS 715,– / sFr 98,–

100 **Recht der Persönlichkeit.** Hrsg. von H.-U. Erichsen, H. Kollhosser und J. Welp. 429 S. 1996 ⟨3-428-08899-9⟩ DM 148,– / öS 1.080,– / sFr 131,–

101 **Die Verwirklichung des Verursacherprinzips im Abfallrecht.** Von W. Frenz. 232 S. 1996 ⟨3-428-08582-5⟩ DM 92,– / öS 672,– / sFr 92,–

102 **Der Vertrauensgrundsatz als eine Regel der Erfahrung.** Eine Untersuchung am Beispiel des Lebensmittelstrafrechts. Von B. Brinkmann. 163 S. 1996 ⟨3-428-08689-9⟩ DM 82,– / öS 599,– / sFr 82,–

103 **Die Vereinbarkeit von Regierungsamt und Aufsichtsratsmandat in Wirtschaftsunternehmen.** Von T. Veen. 269 S. 1996 ⟨3-428-08838-7⟩ DM 94,– / öS 686,– / sFr 85,50

104 **Sonntagsarbeit nach dem Arbeitszeitgesetz und tarifliche Regelung der Sonntagsarbeit.** Von M. Schnieders. 230 S. 1996 ⟨3-428-08892-1⟩ DM 78,– / öS 569,– / sFr 71,–